警官高等职业教育"十三五"规划教材
编审委员会

主　任：胡来龙　尹树东

副主任：周善来　彭　晔

委　员：刘传兰　印　荣　阚明旗　姚亚辉

安徽省高水平高职教材

警官高等职业教育"十三五"规划教材

刑事诉讼法教程

XINGSHI SUSONG FA JIAOCHENG

（第二版）

主　编◎刘　军

副主编◎周善来

撰稿人◎（以撰写章节先后为序）

刘　军　潘家永　王汝惠

田恒胜　张朝东　周善来

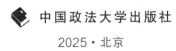中国政法大学出版社

2025·北京

图书在版编目（ＣＩＰ）数据

刑事诉讼法教程 / 刘军主编. -- 2版. -- 北京 ：
中国政法大学出版社, 2025. 1. -- ISBN 978-7-5764
-1231-4

　　Ⅰ. D925.2

中国国家版本馆CIP数据核字第2025UW2744号

出　版　者　　中国政法大学出版社

地　　　址　　北京市海淀区西土城路 25 号

邮　　　箱　　fadapress@163.com

网　　　址　　http://www.cuplpress.com (网络实名：中国政法大学出版社)

电　　　话　　010-58908435(第一编辑部) 58908334(邮购部)

承　　　印　　北京鑫海金澳胶印有限公司

开　　　本　　720mm×960mm　1/16

印　　　张　　25.25

字　　　数　　467 千字

版　　　次　　2025 年 1 月第 2 版

印　　　次　　2025 年 1 月第 1 次印刷

印　　　数　　1~3000 册

定　　　价　　69.00 元

···❖ 主编简介

刘　军　安徽警官职业学院法学副教授，安徽省高职高专专业带头人。曾获
安徽警官职业学院十佳教师、安徽省优秀教学管理工作者、安徽省
高校教学名师、安徽司法行政年度榜样人物、安徽省优秀教师等称
号，先后主持安徽警官职业学院精品课程《刑事诉讼法原理与实
务》、安徽省精品资源共享课程《刑事诉讼法》、司法部精品课程
《刑事诉讼法原理与实务》的建设工作。研究方向：刑事诉讼法学、
刑法学。主编、参编教材四部。代表论文：《论辩护律师讯问在场
权制度的建立》《论刑事简易程序中被告人权利的保障》《附条件
不起诉制度探讨》等。

⋯❖ 编写说明

　　作为高等职业教育的重要组成部分，警官高等职业教育正随着经济社会的快速发展和一线政法工作对专门人才的迫切需求而与时俱进。近年来，全国司法类高职院校都积极探索高职教育教学规律、完善专业人才培养模式，以适应经济社会发展对司法类专门人才的客观需求，创新内容涉及各个方面，包括专业建设、课程建设、师资队伍建设等，当然也少不了至关重要的教材建设。编写一套以促进就业为导向、以能力培养为核心、以服务学生职业生涯发展为目标、突出当前警官高等职业教育教学特点的系列规划教材就显得尤为重要。

　　为适应司法类专业人才培养的需要，安徽警官职业学院决定遴选理论功底扎实、教学能力突出、实践经验丰富的优秀教师组成编写组，对警官高等职业教育原有的系列教材进行重新编写。本次编写按照"就业导向、能力本位、任务驱动"等职业教育新理念的要求，紧紧围绕培养高素质技术技能型人才开展工作。基础课程教材体现以应用为目的，以必需、够用为度，以讲清概念、强化应用为教学重点；专业课程教材加强针对性和实用性。同时，遵循高职学生自身的认知规律，紧密联系司法工作实务、相关专业人才培养模式以及课程教学模式改革实践，对教材结构和内容进行了革故鼎新的整合，力求符合教育部提出的"注重基础、突出适用"的要求，在强调基本知识和专业技能的同时，强化社会能力（含职业道德）和应用能力的培养，把基础知识、基本技能和职业素养三者有机融合起来。

　　本系列教材的主要特点是：

　　1. 创新编写思路，培养职业能力。"以促进就业为导向，注重培养学生的职业能力"是高等职业教育课程改革的方向，也是职业教育的本质要求。本系列教材针对司法类高职院校学生的特点，在教材编写过程中突出实用性和职业性，以我国现行的法律、法规和司法解释为依据，使学生既掌握法学原理，又明晓现行法律制度，提高学生运用法律知识解决实际问题的能力。同时，在教材内容编排上，本系列教材遵循由浅入深和工作过程系统化的编写思路，为学生搭建合理的知识结构，以充分体现高职的办学要求。

2. 体例设计新颖，表现形式丰富。为了突出实践技能培养，践行以能力为本位的职业教育理念，本系列教材改变以往教材以理论讲述为主的教学模式，采用新颖的编写体例。除基本理论外，本系列教材在体例上设置了学习目标、工作任务、导入案例、案例评析、实务训练、延伸阅读等相关教学项目，并在每章结束时通过思考题的形式，启发学生巩固本章教学内容。该编写体例为学生课后复习和检验学习效果提供便利，对提高学生的学习兴趣、促进学以致用、丰富教学形式、拓宽学生视野、提升职业素养具有积极的推动作用。

3. 课程针对性强，职业特色明显。高等职业教育教材突出相关职业或岗位群所需实务能力的教育和培养，并针对专业职业能力构成来组织教材内容。法律实务类专业在社会活动中具有与各方面接触频繁、涉及面广的特点，要求学生具有较高的综合素质和良好的应变能力。因此，本系列教材采用案例教学法，通过案例导入，并辅以简洁的案例分析，提供规范的实务操作范例，使学生能够更为直观地体会法律的适用，体验工作的情境和流程，增强学生的综合能力。

4. 文字表述简洁，方便学生使用。本系列教材在概念等内容编写中，尽量采用简洁明了的语言表述，使学生明确概念的要点即可，从而避免教材"一个概念多个观点""理论争论较多"的现象。

本系列教材共 16 本，在其编写过程中借鉴吸收了相关教材、论著的成果和资料；中国政法大学出版社也给予作者们大力支持和指导，责任编辑在审读校阅过程中更是付出了辛勤的劳动，在此我们深表谢忱。同时，由于时间紧、任务重，教材中难免出现不足和疏漏，恳请广大师生和读者给予批评指教，以便我们再版时进一步改进和提高教材质量，更好地服务于警官高等职业教育事业的发展。

警官高等职业教育"十三五"规划教材编审委员会
2019 年 3 月

∴❖ 修订说明

2020 年 2 月《刑事诉讼法教程》出版后，公安部、最高人民法院先后发布了修正的《公安机关办理刑事案件程序规定》《最高人民法院关于适用〈中华人民共和国刑事诉讼法〉的解释》，对贯彻落实认罪认罚从宽、缺席审判等制度作出了进一步的规定。为及时反映有关司法解释的变化，我们对《刑事诉讼法教程》的相关章节内容进行了修订完善。

因时间及水平所限，书中的谬误之处难免，恳请读者的批评和建议，编者将倾力完善。

编　者

2024 年 12 月

❖ 前　言

　　《刑事诉讼法教程》是为高职法律类专业学生编写的一本专业课教材。作为高等法学教育的重要组成部分，高职法律类教育注重学生法律应用能力的培养，对法律基本原理的掌握以必需、够用为度。本书立足于中国刑事诉讼法律规定和刑事诉讼实践，遵循高职教育的基本规律，体现"问题（案例）—理解（法理）—应用（案件处理）"的递进层次，以2018年10月26日修正后施行的《中华人民共和国刑事诉讼法》主干的、核心的内容为教材主体，对理论知识，以基本概念、基本原理为限，在相关内容方面引述最高人民法院、最高人民检察院的司法解释，注重联系刑事司法实践和法律应用能力的培养。

　　刑事诉讼法是程序法，刑事诉讼基本原理在刑事诉讼程序运行中得到适用。中国刑事诉讼程序包括立案、侦查、起诉、审判和执行五个诉讼环节，公诉案件和自诉案件的诉讼阶段有所不同，但刑事诉讼的制度、原理是不变的。《刑事诉讼法教程》教材考虑学生对于中国刑事诉讼程序过程性的理解，以及刑事诉讼原理、制度与刑事诉讼程序的衔接性，尝试按照模块化体系进行编写，围绕"刑事诉讼法基础""刑事诉讼制度""刑事诉讼的核心：证据""刑事诉讼的保障""刑事诉讼审前程序""刑事审判程序""刑事裁判生效后的执行"和"特别案件特别处理程序"八大模块来选择和组织教材内容，突出工作任务、诉讼程序与刑事诉讼基本制度的联系，增强教材内容与法律职业岗位能力要求的相关性，提高学生的法律应用能力。

　　在体例上，本教材在每个模块下依次设置各章，在每章中分别设置"学习目标""导入案例""思考题""实务训练"。根据需要再设置"案例",安排"延伸阅读",便于学生深入学习相关知识。

1. 学习目标。在每章起首设置,用于指导学生了解本教学章的重点内容与学习要求。

2. 导入案例。在正文之前设置,选择较为典型的案例作为本章内容的引子,同时提出相应的"工作任务"引导学生思考,并在正文中对相关问题加以分析。

3. 思考题和实务训练(附有分析提示)。在每章末尾设置,引导学生进一步理解教材内容,学习运用刑事诉讼原理分析、解决实际问题。

本教材由安徽警官职业学院的教师编写,又特别邀请到入选教育部、中央政法委"卓越人才双千计划"的安徽省检察业务专家张朝东检察长加入。刘军任主编,周善来任副主编。全书由刘军拟定编写修订大纲,并统稿、修改和定稿。各章修订撰写分工如下(以撰写章节先后为序):

刘　军:第一章、第二章、第八章、第九章;

潘家永:第三章、第十八章;

王汝惠:第四章、第五章、第十一章、第十六章、第十七章、第十九章;

田恒胜:第六章、第七章、第十章、第十二章;

张朝东:第十三章;

周善来:第十四章、第十五章。

编者在本书的编写过程中参考了国内已经出版发行的诸多文献资料,在此一并表示感谢!

因水平所限,书中的谬误之处难免,欢迎读者的批评和建议,编者将倾力完善。

编　者

2019 年 8 月

❖目 录

模块一　刑事诉讼法基础

模块二　刑事诉讼制度

模块三　刑事诉讼的核心：证据

模块四　刑事诉讼的保障

模块五　刑事诉讼审前程序

模块六　刑事审判程序

模块七　刑事裁判生效后的执行

模块八　特别案件特别处理程序

模块一　刑事诉讼法基础

第一章

刑事诉讼与刑事诉讼法

学习目标

　　通过本章的学习，了解刑事诉讼的概念、特征，能够在诉讼实践中识别刑事诉讼与民事诉讼的不同；掌握刑事诉讼法的概念及其渊源，能够准确运用各种刑事诉讼法的相关规定判断、分析刑事案件；了解刑事诉讼法与刑法的关系，建立明确的程序正义观念，能够坚持依法处理案件。

导入案例

　　2017年6月22日，杭州蓝色钱江小区一住户家中发生大火，4人不幸殒命。经现场勘查等工作，认定是人为放火，公安机关遂立案侦查，该户保姆方某因涉嫌放火罪被依法刑事拘留。又查明，方某在该雇主家工作期间多次窃取家中财物。经人民检察院批准逮捕，杭州市公安局依法对犯罪嫌疑人方某执行了逮捕。侦查期间，方某家属依法委托律师党某担任方某的辩护人。公安机关侦查终结，以犯罪嫌疑人方某构成放火罪、盗窃罪移送检察机关审查起诉。8月21日，杭州市人民检察院以被告人方某犯放火罪、盗窃罪依法提起公诉。12月21日，杭州市中级人民法院公开开庭审理此案。因辩护人自行退庭，法庭休庭。在被告人方某表示接受指派的法律援助律师担任辩护人后，2018年2月1日，杭州中院继续公开开庭审理此案。被告人方某及其辩护人、被害人的代理律师及被害人近亲属林某到庭参加诉讼。经法庭调查、举证质证、法庭辩论、被告人最后陈述等环节，法庭宣布择期宣判。2月9日，杭州市中级人民法院一审宣判，以放火罪判处被告人方某死刑，剥夺政治权利终身；以盗窃罪判处其有期徒刑5年，并处罚金人民币1万元，两罪并罚，决定执行死刑，剥夺政治权利终身，并处罚金人民币1万元。被告人方某不服提出上诉。2018年5月17日，浙江省高级人民法院依法开庭审理方某上诉案。律师仝某某和吴某某接受委托依法担任被告人方某的二审辩护人参加了诉讼。辩护人对盗窃罪的定罪量刑不持异议，主要围绕放火罪的定罪量刑发表辩护意见。2018 年 6 月 4 日，浙江省高级人民法院依法对被告人方某放火、盗窃（上诉）案作出二审裁定：驳回上诉，维持原判。后浙江省高院依法报请最高人民法院对被告人方某放火、盗窃死刑案进行复核。律师仝某某接受被告人方某的委托担任其死刑复核阶段的辩护人，向最高人民法院提交了死刑复核辩护意见。经死刑复核审理，最高人民法院依法裁定核准方某死刑。2018 年 9 月 21 日，杭州市中级人民法院向方某宣告最高人民法院核准死刑裁定书，对罪犯方某执行了死刑。

［任务提出］

根据本案，思考并完成以下学习任务：

1. 本案的刑事诉讼程序经过了哪几个阶段？各诉讼阶段是如何连接的？
2. 本案的诉讼过程是如何体现刑事诉讼法的程序规定的？

第一节　刑事诉讼

一、诉讼

要了解刑事诉讼，应当先从"诉讼"说起。"诉讼"一词由"诉"和"讼"两个字组成。《说文解字》称，"诉，告也"，"讼，争也"。从文字意义上说，"诉"是告诉、控告、告发的意思；"讼"是言词争论、争辩的意思，有争曲直于官府的内容。在我国，诉讼又俗称为"打官司"，它形象地传达出诉讼在本质上是一种国家权力活动，具有鲜明的阶级性和国家强制性。从法学意义上来说，诉讼实际是"程序""过程"的意思，是指有纠纷的双方将争议的原因、内容、主张及理由等告知中立的裁决方，要求判定是非曲直，解决纠纷的一种活动。现代意义的诉讼，是指国家司法机关在当事人及其他诉讼参与人的参加下，依照法定程序解决各种讼争的专门活动。其他国家机关处理纠纷不具有诉讼的性质。在现代社会，诉讼已经成为国家司法活动的重要内容。国家通过诉讼活动，实现国家的司法权，达到解决社会纠纷，体现法律正义的目的。

作为一种专门性的法律活动，诉讼具有以下特征：①诉讼是解决社会冲突的一种公力救济方式。诉讼产生于社会冲突，但解决冲突的方式有很多。诉讼的本质是由国家强制力来解决社会冲突以实现社会统治，因此，诉讼不同于调解、仲裁等纠纷解决方式。②诉讼的基本结构是一种特殊的三方组合。诉讼的构成必须具备原告、被告和裁决者。原告、被告处于平等地位，国家司法机关应是超然于冲突双方的独立第三者。③诉讼是由一套法定程序构成的动态过程。诉讼是运用国家权力解决社会冲突的活动，其目的在于解决纠纷，实现公平正义。因此，诉讼是由一系列活动过程构成的，如事实调查、诉讼准备、提起诉讼、法院进行审理和裁决、当事人不服上诉等，而这一过程又是依照法律规定的方式、方法进行的，不能随心所欲、随意而为。遵循法定程序的、复杂的处理方式，使诉讼裁决具有了权威性。

由于诉讼所解决的案件性质不同，诉讼的内容和形式也有所不同，所以，诉讼又分为刑事诉讼、民事诉讼和行政诉讼。

二、刑事诉讼

（一）刑事诉讼的概念、特征

简而言之，刑事诉讼是指依法处理刑事案件的活动。在我国，刑事诉讼是指人民法院、人民检察院和公安机关（包括国家安全机关，下同）在当事人及其他诉讼参与人的参加下，依照法律规定的程序，解决被追诉者刑事责任问题的活动。刑事诉讼具有以下特征：

1. 刑事诉讼是国家专门机关依法行使国家刑罚权的活动。刑事诉讼的中心问题是解决犯罪嫌疑人、被告人是否犯罪，犯了什么罪，是否应当给予刑事处罚，应当处以什么刑罚的问题。这也是刑事诉讼区别于民事诉讼、行政诉讼的核心问题。

现代刑事诉讼实行国家追诉主义，对犯罪的侦查、指控和审判主要由国家专门机关实施。国家通过其警察机关、司法机关处理刑事案件的活动，实质上是国家行使其独占的刑罚权。在我国，公安机关、人民检察院和人民法院在刑事诉讼中通过行使侦查权、检察权和审判权，依法追究犯罪嫌疑人、被告人的刑事责任，这正是国家权力的具体体现。

2. 刑事诉讼是由国家专门机关主导的，在当事人和其他诉讼参与人的参加下共同进行的活动。刑事诉讼过程由国家专门机关主导进行。在我国，刑事诉讼的专门机关是指公安机关、人民检察院和人民法院。[1] 当事人（包括被害人、自诉人、犯罪嫌疑人、被告人、附带民事诉讼当事人等）与诉讼的结局有直接的利害关系，是刑事诉讼中不可缺少的诉讼主体，当事人参与刑事诉讼，也是体现诉讼民主、程序正义性的要求。为了查明案件事实，惩罚犯罪，保障公民的合法权益，证人、鉴定人、辩护人、诉讼代理人等其他诉讼参与人依法也应参加刑事诉讼。

3. 刑事诉讼是依照法定程序进行的活动。现代刑事诉讼既要准确、及时地揭露和证实犯罪，又要保障无罪的人不受刑事追究，必须严格依照刑事诉讼法规定的程序和方式进行。刑事诉讼法规定的程序、方式，是国家专门机关和当

---

〔1〕 各专门机关在刑事诉讼中的地位和职权详见本书第二章"刑事诉讼的专门机关与诉讼参与人"有关内容。

事人及其他诉讼参与人进行刑事诉讼的依据和行为准则。专门机关和诉讼参与人都必须严格依法进行刑事诉讼活动。

（二）刑事诉讼的过程与原则

在现代国家，刑事诉讼是一个依法逐步展开的、有次序的活动过程，呈现出明显的阶段性，每一个阶段都有其特定的任务和程序，只有完成前一个阶段的任务，才能进入下一个阶段；各个阶段又相互连接，具有连续性，前一个阶段是后一个阶段的基础，后一个阶段是前一个阶段的发展。阶段之间有严格的次序，不能颠倒，不能超越。现代世界各国一般将刑事诉讼划分为侦查、起诉、审判、执行四个基本诉讼阶段。[1] 这些阶段依次完成，才能构成刑事诉讼程序的完整过程。根据我国刑事诉讼法的规定，刑事案件分为公诉案件和自诉案件，刑事诉讼相应地分为公诉案件的诉讼和自诉案件的诉讼。公诉案件的诉讼可以分为立案、侦查、起诉、审判、执行五大诉讼阶段。此外，还包括具有特殊适用条件的死刑复核程序和审判监督程序。自诉案件的诉讼由立案（起诉和受理）、审判和执行三个诉讼阶段构成。[2]

本章导入案例是因犯罪嫌疑人方某涉嫌放火、盗窃犯罪引发的公诉案件。整个案件的诉讼过程严格依照我国刑事诉讼法规定的程序进行，诉讼过程经历了以下几个阶段：立案阶段、侦查阶段、提起公诉阶段、第一审程序、第二审程序、死刑复核程序和执行程序。各诉讼阶段根据刑事诉讼法的规定依次进行。当杭州市公安局确定有放火的犯罪事实并需要追究刑事责任后，迅速决定立案并开展侦查工作，确定了犯罪嫌疑人，进一步查明了放火和盗窃犯罪事实，并根据法律规定依法对犯罪嫌疑人方某提请检察机关批准逮捕、执行逮捕；侦查终结后认为需要追究犯罪嫌疑人放火罪、盗窃罪的刑事责任，依法对犯罪嫌疑人方某提出起诉意见移送同级检察机关审查起诉，案件进入起诉阶段。杭州市人民检察院依法审查后认为应当追究被告人方某放火罪、盗窃罪的刑事责任，决定依法向同级人民法院提起公诉。杭州市中级人民法院受理起诉后，依法按照第一审程序公开开庭审理案件，作出一审判决。被告人不服，在法定期限内提出上诉，案件进入第二审程序。经浙江省高级人民法院二审审理，依法作出

---

〔1〕 理论上刑事诉讼有广义和狭义之分。认为刑事诉讼仅指起诉至审判的诉讼程序，由起诉产生控诉、辩护和裁判"三方组合"，诉讼由法院审理和判决得到解决，执行程序只是为实现裁判的内容，起诉前的侦查程序，只是诉讼程序的准备阶段，这是狭义的理解。广义的理解，认为刑事诉讼是指国家为实现刑罚权所实施的全部具有诉讼意义的行为，其程序分为侦查、起诉、审判、执行四个阶段，侦查是决定应否起诉的前提和基础，执行是实现裁判内容达到诉讼目的的最后保障。

〔2〕 民事诉讼和行政诉讼也是由立案（起诉和受理）、审判和执行三个诉讼阶段构成。在我国，立案是诉讼的开始阶段，但刑事诉讼的立案与民事诉讼、行政诉讼的立案意义不同。刑事公诉案件是侦查机关立案，自诉案件是法院立案。民事诉讼和行政诉讼都是法院立案。

驳回上诉，维持原判的裁定。因被告人被判处执行死刑，依法应当经过死刑复核程序，由浙江省高级人民法院报请最高人民法院进行死刑复核。经最高人民法院复核审理后，作出核准被告人方某被判处执行死刑，剥夺政治权利终身的裁定。该死刑裁定是发生法律效力的裁定，由执行机关（一审人民法院）依法对罪犯方某执行死刑。

在刑事诉讼过程中，各个诉讼阶段的衔接、展开都应当遵循一定的规则。主要有：①控审分离。即在诉讼中，控诉职能与审判职能分别由不同的国家专门机关承担。没有控诉就没有审判，审判必须由控诉启动，同时控诉限制和决定审判的内容。这是调整控诉与审判职能的重要原则。②裁判者中立。在刑事诉讼中，被指控的犯罪是否成立，被告人是否有罪，是否承担刑事责任等刑事诉讼的核心问题，由裁判者予以确认。因此，审判职能在诉讼中应当独立于控诉和辩护双方，保持中立，依据证据和法律对争议事项作出裁判。这是诉讼公正理念与司法独立原则的必然要求。③控辩平等对抗。在刑事诉讼中，控诉职能与辩护职能是一种"进攻与防御"的对抗状态，但应当从程序上保障双方的"平等对抗"。一方面，控诉方与辩护方在诉讼中法律地位平等；另一方面，控诉方与辩护方的诉讼权利应当相同或者相对应。这是保证刑事诉讼客观、公正的前提。

第二节 刑事诉讼法

一、刑事诉讼法的概念

刑事诉讼法是国家的基本法之一，是规范刑事诉讼活动的法律规范的总称。它调整的对象是侦查机关、人民检察院或者自诉人为揭露犯罪、证实犯罪而实施的追诉活动，被追诉者实施的辩护与防御活动，人民法院的审查、裁判活动，以及其他诉讼参与人参加刑事诉讼的活动。[1]

可以从以下两方面理解刑事诉讼法的概念：

1. 刑事诉讼法是刑事程序法。刑事诉讼旨在解决犯罪与刑事责任问题，具有严格的法律性质，必须有步骤、按规则地进行。刑事诉讼法正是有关刑事诉讼程序的法律规范，其内容主要包括刑事诉讼的基本原则与制度，国家专门机关在刑事诉讼中的职权和相互关系，当事人及其他诉讼参与人的权利、义务，以及刑事案件自立案到侦查、起诉、审判以及执行的整个办案流程，等等。简而言之，刑事诉讼法是国家专门机关办理刑事案件的操作规程，是诉讼参与人

---

〔1〕《刑事诉讼法学》编写组编：《刑事诉讼法学》，高等教育出版社 2017 年版，第 3 页。

参与刑事诉讼活动的法律依据和权利保障。

2. 刑事诉讼法有狭义和广义之分。狭义的刑事诉讼法，单指国家立法机关制定的成文的刑事诉讼法典。广义的刑事诉讼法，即指一切有关刑事诉讼的法律规范，在我国法律体系中表现为宪法、刑事诉讼法及其关联法律、立法解释与司法解释等法律解释、国际公约与准则。

二、刑事诉讼法的渊源

刑事诉讼法的渊源是指刑事诉讼法的表现形式，是刑事诉讼法律规范的存在形式或载体。我国刑事诉讼法的渊源表现为：

1. 宪法。宪法作为根本法，是制定其他法律的基础和依据，是一国法律制度的基石，是公民权利的保障书。刑事诉讼法的制定和修改，也必须以宪法为根据。《刑事诉讼法》第 1 条就明确规定"根据宪法，制定本法"。几乎宪法规定的有关公民的政治权利、人身权利和财产权利内容，在刑事诉讼中都会涉及。国家通过制定刑事诉讼法，将宪法中有关刑事诉讼程序的抽象的法律规范变为可操作的、具体的刑事诉讼法的法律条文，使宪法性原则得以具体化。宪法中许多与刑事诉讼直接相关的条文就是刑事诉讼法的内容，如国家尊重和保障人权（《宪法》第 33 条第 3 款，《刑事诉讼法》第 2 条）；任何公民，非经人民检察院批准或者决定或者人民法院决定，并由公安机关执行，不受逮捕（《宪法》第 37 条第 2 款，《刑事诉讼法》第 80 条）；人民法院审理案件，除法律规定的特别情况外，一律公开进行，被告人有权获得辩护（《宪法》第 130 条，《刑事诉讼法》第 11 条）；监察委员会依照法律规定独立行使监察权、人民法院依照法律规定独立行使审判权、人民检察院依照法律规定独立行使检察权，不受行政机关、社会团体和个人的干涉（《宪法》第 127 条、第 131 条、第 136 条、《监察法》第 4 条、《刑事诉讼法》第 5 条）；人民法院、人民检察院和公安机关办理刑事案件，应当分工负责，互相配合，互相制约，以保证准确有效地执行法律（《宪法》第 140 条，《刑事诉讼法》第 7 条）；等等。这些内容成为刑事诉讼法中的基本原则或者重要制度。

2. 刑事诉讼法典。在我国，刑事诉讼法典是指 1979 年 7 月 1 日第五届全国人民代表大会第二次会议通过的，经 1996 年 3 月 17 日第八届全国人民代表大会第四次会议修正、2012 年 3 月 14 日第十一届全国人民代表大会第五次会议修正和 2018 年 10 月 26 日第十三届全国人民代表大会常务委员会第六次会议修正的《刑事诉讼法》，共五编一个附则，共 308 条，全面系统地规定了刑事诉讼的任务、基本原则、基本制度和具体程序，涉及立案、侦查、起诉、审判、执行的刑事诉讼过程，是我国刑事诉讼法的主要载体。

3. 其他有关法律。其他有关法律是指除《刑事诉讼法》以外的，全国人民代表大会及其常委会制定的与刑事诉讼有关的法律，如《刑法》《监察法》《人民检察院组织法》《人民法院组织法》《人民陪审员法》《律师法》《法律援助法》《监狱法》《社区矫正法》等。

4. 全国人大常委会制定的条例、决定等。如 2005 年 2 月 28 日通过、2015 年 4 月 24 日修正的《关于司法鉴定管理问题的决定》等。

5. 有关法律解释。有关法律解释指全国人大常委会及其授权的单位所作出的有关刑事诉讼法的解释，主要有：2014 年 4 月 24 日第十二届全国人大常委会第八次会议通过的《关于〈中华人民共和国刑事诉讼法〉第七十九条第三款的解释》《关于〈中华人民共和国刑事诉讼法〉第二百五十四条第五款、第二百五十七条第二款的解释》《关于〈中华人民共和国刑事诉讼法〉第二百七十一条第二款的解释》；最高人民法院、最高人民检察院、公安部、国家安全部、司法部、全国人大常委会法制工作委员会 2012 年 12 月 26 日公布的《关于实施刑事诉讼法若干问题的规定》（简称《六机关规定》）、最高人民法院 2021 年 1 月 26 日公布的《关于适用〈中华人民共和国刑事诉讼法〉的解释》（简称《高法解释》）、最高人民检察院 2019 年 12 月 30 日公布施行的《人民检察院刑事诉讼规则》（简称《高检诉讼规则》）；最高人民法院、最高人民检察院、公安部、国家安全部、司法部 2010 年 6 月 13 日公布的《关于办理刑事案件排除非法证据若干问题的规定》（简称《排除非法证据规定》）和《关于办理死刑案件审查判断证据若干问题的规定》（简称《死刑案件证据规定》）以及 2017 年 6 月 20 日公布的《关于办理刑事案件严格排除非法证据若干问题的规定》（简称《严格排除非法证据规定》）。

6. 有关行政法规、规定。有关行政法规、规定指国务院及其主管部门依职权制定的行政法规、决定、规章中有关刑事诉讼程序的规定。如公安部 2020 年 7 月 20 日修正公布的《公安机关办理刑事案件程序规定》（简称《公安部规定》），等等。

7. 有关国际条约与准则。我国缔结或加入的国际条约，经全国人大常委会批准后，其中与刑事诉讼有关的内容，即成为刑事诉讼法的渊源。如《禁止酷刑和其他残忍、不人道或有辱人格的待遇或处罚公约》《联合国少年司法最低限度标准规则》（《北京规则》）《联合国反腐败公约》等。1998 年中国政府签署了《公民权利和政治权利国际公约》，其中列明了包括公正审判原则的最低标准等大量有关刑事司法的最低标准要求。

三、刑事诉讼法与刑法的关系

刑事诉讼法与刑法的关系是刑事程序法与刑事实体法的关系。刑法是关于犯罪、刑事责任与刑罚的法律；刑事诉讼法是关于如何追诉犯罪、保障无罪的人不受刑事追究的法律。就处理具体刑事案件而言，刑法解决行为人的行为是否构成犯罪，是否应当给予刑事处罚的实体性问题，故称为"实体法"；刑事诉讼法解决的是如何查明犯罪、认定犯罪、惩罚犯罪，追诉机关、审判机关的职权范围，被追诉人、被害人等的诉讼权利保障的一系列程序性问题，又称为"程序法"。

在现代国家法律体系中，刑法和刑事诉讼法共同构成刑事法治的整体内容，二者相辅相成、相得益彰。就惩罚犯罪、保障人权而言，刑事诉讼法与刑法同等重要，密不可分。刑法关于定罪量刑的内容，只有通过刑事诉讼程序才能得到实施。没有刑事诉讼法从程序上保证刑法的执行，刑法的规定就是一纸空文，不能发挥其应有的作用。我国《刑事诉讼法》第 1 条就明确规定，"为了保证刑法的正确实施，……根据宪法，制定本法"。同样，没有刑法作为刑事诉讼的内容和标准，刑事诉讼法关于追诉犯罪的程序规定也就失去了目的和意义。对具体刑事案件处理的刑事诉讼过程，既是适用刑法的过程，也是适用刑事诉讼法的过程。既要有刑法作为定罪量刑的依据，又要有刑事诉讼法明确规定如何开展追诉活动，以保证刑法的正确实施。否则既不能准确查明案件事实，及时惩罚犯罪，也不能有效保障无辜的人不受刑事追诉，维护国家安全和社会稳定。

本章导入案例的诉讼过程体现了刑事诉讼法和刑法在具体案件处理过程中的适用。在立案阶段，正是依照刑事诉讼法案件管辖的规定，放火罪由杭州市公安机关立案管辖，办理相关的立案手续；但是否符合刑事立案的条件（是否有犯罪事实且需要追究刑事责任），则要适用刑法关于放火罪的规定予以认定。在侦查阶段，公安机关如何收集证据，审查判断和运用证据，查明方某实施放火、盗窃犯罪的事实；如何提请人民检察院批准逮捕，如何执行逮捕；案件侦查终结如何移送人民检察院审查起诉等工作的进行，要适用刑事诉讼法的规定；而方某的行为是否构成放火罪、盗窃罪，是否应当追究刑事责任则属于实体问题，需要根据刑法的规定作出认定。在案件的审判阶段，第一审程序、第二审程序如何开展，法庭审判的具体步骤，辩护人退庭后的处理，被告人方某享有哪些诉讼权利等程序性问题，应严格遵循刑事诉讼法规定的程序进行；而人民法院确认被告人方某的行为是否构成放火罪、盗窃罪，应当给予何种刑罚惩罚的实体问题，则必须根据刑法的规定才能解决。

四、刑事诉讼法的任务

《刑事诉讼法》第 2 条规定："中华人民共和国刑事诉讼法的任务，是保证准确、及时地查明犯罪事实，正确应用法律，惩罚犯罪分子，保障无罪的人不受刑事追究，教育公民自觉遵守法律，积极同犯罪行为作斗争，维护社会主义法制，尊重和保障人权，保护公民的人身权利、财产权利、民主权利和其他权利，保障社会主义建设事业的顺利进行。"这一规定，指出了我国刑事诉讼法的三项任务：

1. 保证准确、及时地查明犯罪事实，正确应用法律、惩罚犯罪分子，保障无罪的人不受刑事追究。这是刑事诉讼法的首要任务。

准确、及时地查明犯罪事实，是正确应用法律，惩罚犯罪分子的基础和前提，也是从程序方面保证刑法的正确实施的要求。所谓准确，就是做到案件的事实清楚，证据确实、充分。所谓及时，就是在法定期间内尽快办理案件。

要实现刑事诉讼法惩罚犯罪、保障无罪的人不受刑事追究的任务，必须在准确、及时地查明犯罪事实的基础上，正确应用法律。犯罪嫌疑人、被告人是否犯罪，犯什么罪，应该受到什么样的惩罚，应严格依照刑法认定。公安司法机关在刑事诉讼中必须依照法定的程序处理案件。未经人民法院的依法判决，不能确定任何人有罪。

惩罚犯罪与保障人权是刑事诉讼法任务中不可分割的两个方面。在刑事诉讼中，既要准确、有效地惩罚犯罪，实现国家的刑罚权，又要依法行使国家权力，保护公民的合法权益不受侵犯，避免无罪的人受到错误追究。

2. 教育公民自觉遵守法律，积极同犯罪行为作斗争。这是刑事诉讼法的重要任务。

公安司法机关依法进行刑事诉讼活动，进行案件的侦查、起诉、审判和执行，正确、及时地惩罚犯罪，保障无罪的人不受刑事追究，是对公民进行法制宣传教育的基础。在刑事诉讼的过程中，专门机关应当采取适当的方式、方法，开展法制宣传教育，培养群众的法制意识，动员群众支持和协助司法人员的工作，以便更有效地同犯罪行为作斗争。同时，在刑事诉讼活动中，应当保障证人及其近亲属的安全，以鼓励和保护群众同犯罪行为作斗争。

3. 维护社会主义法制，尊重和保障人权，保护公民的人身权利、财产权利、民主权利和其他权利，保障社会主义建设事业的顺利进行。这是刑事诉讼法的根本任务。

维护社会主义法制是指维护社会主义法制的权威和尊严，做到有法必依，执法必严，违法必究，有罪必罚。刑事诉讼法正是通过保证刑法的正确实施，使法制的尊严得到维护。

"国家尊重和保障人权"是宪法的重要原则，《刑事诉讼法》中也明确了"尊重和保障人权"的原则，这不仅是体现宪法的精神和要求，也是强调司法机关依法办理刑事案件的责任。在刑事诉讼中，通过正确、及时地惩罚犯罪，保护被害人、广大公民的人身权利、民主权利、财产权利和其他权利，同时保障无罪的人不受刑事追究，是保障人权的重要方面，但不是全部。尊重和保障犯罪嫌疑人、被告人、被害人及其他诉讼参与人的诉讼权利，保障有罪的人受到公正的惩罚，也是刑事诉讼法尊重和保障人权的重要内容。

本章导入案例对方某犯放火罪、盗窃罪依法追究刑事责任的过程，是严格依照刑事诉讼法规定的程序进行的，体现了我国刑事诉讼法保证刑法正确实施的作用，也体现了依法查明案件事实，正确处理案件，充分保障犯罪嫌疑人、被告人诉讼权利的程序价值。在侦查阶段，犯罪嫌疑人方某涉嫌犯放火罪、盗窃罪被公安机关依法逮捕后，立即依法由其家属委托律师进行辩护；案件侦查终结移送检察机关审查起诉后，辩护律师依法开展会见犯罪嫌疑人、到检察机关查阅、复制案件材料等辩护活动；在审判阶段，法院依法通知法律援助机构为被告人指派辩护人，被告人方某及其辩护律师参加了法庭调查、法庭辩论，被告人方某在法庭上作了最后陈述。一审判决后，被告人方某行使了上诉权。第二审程序中同样依法保障了方某的辩护权和参加法庭审理的权利，在第二审程序中，辩护人着重围绕放火罪的定罪量刑发表了辩护意见。在死刑复核阶段，被告人方某委托的辩护律师依法向最高人民法院法官提交了死刑复核的辩护意见。

五、刑事诉讼法的作用

只要有犯罪，就要有追究犯罪和惩罚犯罪的刑事诉讼活动。刑事诉讼法通过确立诉讼原则、建立诉讼制度、设计诉讼程序等，规范刑事诉讼活动的正确进行，达到保证刑法的正确实施的目的、保证办案质量的重要作用。但刑事诉讼法又不仅仅是为了刑法的实施而存在的。随着现代国家诉讼民主化的发展，刑事诉讼法关于诉讼结构、基本原则、诉讼制度、追诉程序的内容，不仅具有保证刑法的正确实施的作用，其本身更体现出了保证刑事追诉过程公平与正义的独立的程序作用。刑事诉讼法的制定与实施已经成为一个国家司法公正乃至社会公正的重要标志。

（一）刑事诉讼法对刑法实施的保障作用

1. 刑事诉讼法通过规定办理刑事案件的专门机关及其职权，为刑法的正确实施提供了组织保证。《刑事诉讼法》明确规定，在刑事诉讼中，公安机关行使侦查权，人民检察院行使批准逮捕权、公诉权、对直接受理案件的侦查权以及法律监督权，人民法院行使审判权。公安机关、人民检察院、人民法院在诉讼过程中，分工负责、互相配合、互相制约，确保刑事案件得到及时、正确处理，保证刑法的实施。

2. 刑事诉讼法通过规定证据制度、辩护制度等，为刑法的正确实施提供了防错机制。《刑事诉讼法》规定了证据的种类，非法证据排除规则，明确重证据不轻信口供、证据必须经过控辩双方质证才能作为定案根据等证据采用规则，促使司法人员依法收集和运用证据，准确认定案件事实，为正确适用刑法提供事实基础。刑事诉讼法还充分保障了当事人的诉讼主体地位，明确规定被告人、被害人等享有的各项诉讼权利；规定了辩护与代理制度，使当事人充分参与刑事诉讼过程，对程序结果产生积极的影响，进而准确查明案件事实，使刑法得到更准确的适用。《刑事诉讼法》还规定了回避制度、强制措施制度等，在防止司法人员滥用权力、有效打击犯罪的同时，保证无辜的人不受非法侵害。

3. 刑事诉讼法通过科学的程序设计，为刑法的正确实施提供了纠错机制。刑事诉讼法规定刑事诉讼由立案、侦查、起诉、审判、执行等相互独立又彼此联系的阶段组成，在诉讼过程中，前一阶段为后一阶段作准备，前一阶段的缺陷、错误，也可以通过后一阶段得到发现、弥补和纠正。例如，为保障裁判的结果，规定了第一审裁判的错误可以通过第二审程序，甚至死刑复核程序得到纠正；生效判决、裁定的错误，可以通过审判监督程序予以纠正等等。这有助于从整体上保障案件得到公正处理，尽可能地避免错案的产生。

4. 刑事诉讼法通过规定诉讼期限、刑事和解程序、刑事简易程序、刑事速裁程序等，保证刑法的高效实施。"迟来的正义非正义"，案件的及时解决是正确实施刑法的必然要求。高效、及时惩罚犯罪分子，及时解脱无辜，才能产生最佳的社会效果。如对事实清楚、证据充分的案件适用简易程序的制度设计，对被告人认罪认罚案件通过速裁程序及时、便捷的处理，保证了刑法的高效实施。

（二）刑事诉讼法的独立作用

1. 保障公民的权利。刑事诉讼是一种国家活动，涉及国家和公民之间的关系，刑事诉讼活动的进行涉及对公民的生命、财产和自由的剥夺。刑事诉讼法通过规范国家专门机关的权力行使范围和程序，防止或者减少司法人员的随意、专断，保障刑事诉讼参与人特别是犯罪嫌疑人和被告人在诉讼过程中的合法权益。

2. 促进司法的过程公正。刑事诉讼法使当事人成为刑事诉讼的主体，保障其在诉讼中得到公正的对待，当事人能够有效参与诉讼过程，对裁判结果的形成施加积极影响。这不仅使案件当事人的主体意识得以满足，意见观点得以充分主张，还有助于其从心理上接受案件的处理结果；与此同时，社会公众通过审判公开等途径了解诉讼的进程，了解犯罪嫌疑人、被告人等在诉讼中的处遇，切实感受到刑事诉讼过程的公开、民主，从而增强对司法制度的信心，这可以起到良好的社会教育作用，对刑事诉讼过程产生积极的影响。

思考题

1. 什么是刑事诉讼？刑事诉讼有哪些特征？

2. 什么是刑事诉讼法？刑事诉讼法的法律渊源有哪些？

3. 刑事诉讼法与刑法是怎样的关系？

4. 法谚"正义不仅应当得到实现，而且应以人们看得见的方式得到实现"说明了什么内容？

延伸阅读

刑事诉讼结构与刑事诉讼职能

刑事诉讼的结构是刑事诉讼的基本框架，又称刑事诉讼模式，是指控诉、辩护和审判三方在刑事诉讼过程中的组合方式和相互关系。它反映了刑事诉讼中控、辩、审三方的不同地位以及国家权力与个人权利之间的关系。

刑事诉讼结构有三角结构和线性结构。"三角结构"呈现的形式是作为双方当事人的原告、被告平等对立，法官作为第三方居中裁判、解决纠纷。"线形结构"则将诉讼视为"双方组合"，一方是作为整体的国家司法机关，另一方是被告人（包括犯罪嫌疑人），诉讼活动的基本内容是司法机关积极地推进司法活动。近现代国家的刑事诉讼兼采三角结构和线性结构，形成了"混合式"诉讼。

中国刑事诉讼结构的特点表现为：在侦查阶段，侦查机关的侦查行为的自由度高，允许辩护人参与诉讼，赋予犯罪嫌疑人更多的诉讼权利。在起诉阶段，控方起诉时必须随案移送一切证据材料，以便法官决定是否正式启动刑事审判程序。在审判阶段，加强控、辩双方的对抗性，允许控、辩双方在庭审的证据调查阶段进行辩论，适当削减法官在证据调查方面的职权行为，等等。

刑事诉讼职能，是指根据法律规定，刑事诉讼主体在刑事诉讼中承担的特定职责或发挥的特定作用。现代刑事诉讼中，由于控诉与审判的分离、被告人获得为自己辩护的权利，形成控、辩、审三种基本诉讼职能共存的局面。控、辩、审三大诉讼职能相互联系、相互制约、缺一不可，但审判始终是刑事诉讼的中心。控诉是审判的前提和根据，审判必须限定在控诉的事实和被告人范围内；审判是控诉的法律结果，控诉没有审判的支持毫无意义；辩护必然针对控诉进行，对控诉成立起制衡作用；在审判中必须保障被告人的辩护权；辩护则促进审判的民主和公正。控诉、审判和辩护共同构成刑事诉讼活动的主要内容。

刑事诉讼法再修改的观察与期待 （卞建林、吴思远）[1]

2018 年 10 月 26 日，第十三届全国人大常委会第六次审议通过《关于修改〈中华人民共和国刑事诉讼法〉的决定》。修改决定共 26 条，对 2012 年《刑事

---

〔1〕　内容来源：http://www.spp.gov.cn/spp/llyj/201811/t20181107_397969.shtml，内容有删节。

诉讼法》18 个条款进行了修改，新增条款 18 条，修改后《刑事诉讼法》条文总数由原 290 条增至 308 条。

一、刑诉法再修改的意义

相对于 1996 年和 2012 年的两次"大修"，这次刑事诉讼法的修改紧紧围绕党中央的重大决策部署，特别是对深化国家监察体制改革、反腐败国际追逃追赃、深化司法体制改革，进一步完善中国特色的刑事诉讼制度，推进国家治理体系和治理能力现代化而作出的修改，意义重大。

二、刑诉法再修改的内容

第一，保障国家监察体制改革的顺利进行，完善监察与刑事诉讼的衔接，保障监察法的顺利实施。其内容包括：监察法确定对于公职人员的职务犯罪由监察机关负责调查，刑诉法据此对人民检察院的侦查职权作出相应调整，即删除了人民检察院对贪污贿赂犯罪的侦查权，保留了人民检察院在对诉讼活动实行法律监督中发现的司法工作人员利用职权实施的非法拘禁、刑讯逼供、非法搜查等侵犯公民权利、损害司法公正的犯罪的立案侦查权。同时，完善了监察机关移送案件的衔接机制，包括监察调查与审查起诉的衔接，以及留置与刑事诉讼强制措施的衔接等。

第二，加强反腐败国际追逃追赃的工作力度，建立刑事缺席审判制度。本次刑诉法再修改于特别程序中增设了缺席审判程序一章，对刑事缺席审判的适用范围、适用程序、权利保障、法律监督等问题作出了具体规定，构建了具有中国特色的刑事缺席审判制度，丰富了反腐败国际合作和追逃追赃工作的手段。

第三，在总结认罪认罚从宽制度和速裁程序试点工作经验的基础上，将在实践中可复制、可推广、行之有效的成功经验上升为法律。修改决定在刑诉法基本原则部分增加规定："犯罪嫌疑人、被告人自愿如实供述自己的罪行，承认指控的犯罪事实，愿意接受处罚的，可以依法从宽处理。"并为此在侦查、审查起诉、审判等各个诉讼环节增加了认罪认罚从宽处理的程序规定。

三、刑诉法再修改的争议

第一，关于缺席审判范围的确定。缺席审判的适用范围，不仅关系到反腐败国际追逃追赃的效果，更与保障被告人合法权利密切关联。在修改过程中，缺席审判的范围存在一些争议，有人主张严格控制，主要顺应反腐败斗争的需要；也有人建议可以适度扩大，对于其他严重犯罪，在被告人外逃的情况下也可以适用。修改决定对此持谨慎立场，将缺席审判适用范围主要限定为腐败犯罪。

第二，关于值班律师制度的定位。此次刑事诉讼法再修改正式确立了值班律师制度，规定为没有委托律师、没有获得法律援助机构指派律师辩护的当事人提供法律帮助，这对于保障犯罪嫌疑人、被告人合法权益、促进司法公正，无疑是一个很大的进步。但围绕值班律师的定位问题，修法过程中出现了不同意见。修改决定将值班律师定位为提供法律帮助，包括为犯罪嫌疑人、被告人提供法律咨询、程序选择建议、申请变更强制措施、对案件处理提出意见等，并且要求办案机关应当为值班律师开展工作提供便利。

第三，关于量刑建议的效力。按照修改后的刑事诉讼法的规定，人民检察院的量刑建议实际存在两种，一种是在检察院提起公诉时，在明确指控犯罪事实和适用法律的基础上，具体对法院量刑提出的建议性意见，此种量刑建议严格来讲，对法院只有参考作用，不具拘束力。另外一种是修改决定新增的量刑建议，即建立在犯罪嫌疑人认罪认罚基础上的量刑建议，是犯罪嫌疑人自愿认罪、同意量刑建议和程序适用，并且在律师在场的情况下签署了认罪认罚具结书的，此种量刑建议的效力显然与前一种不同。

四、刑诉法再修改的期待

除以上内容外，本次刑诉法修改，为了与已经通过的其他法律相衔接，还就辩护人任职条件、人民陪审员人数、部分刑罚执行等问题作了一致性、配套性的规定。令人遗憾的是，尽管此次刑诉法修改取得了较大进步，但与司法实践的需要、人民群众的期待还有一些差距，近几年来，司法改革取得的一些重要成果和进步，如以审判为中心的诉讼制度改革，保障法官、检察官依法独立行使职权，保证证人、鉴定人出庭，严格排除非法证据等，也未能在立法中得到体现和反映。

第二章

刑事诉讼的专门机关与诉讼参与人

学习目标

通过本章的学习与训练，理解公安机关、人民检察院、人民法院等专门机关在刑事诉讼中的性质、地位，熟练掌握各专门机关在刑事诉讼中的职权划分。

明确刑事诉讼参与人的范围；明确犯罪嫌疑人、被告人的诉讼地位，能够熟练掌握其在不同诉讼阶段的诉讼权利；明确被害人与自诉人在刑事诉讼中不同的法律地位，能够熟练掌握各自的诉讼权利；理解法定代理人与诉讼代理人的不同诉讼地位。

导入案例

张某故意伤害案

2019 年 1 月 1 日 19 时许，张某找到在县城欢乐练歌广场的朋友李某。在二人进入 10 号包房时，李某因琐事与被害人于某及其朋友徐某等人打了起来。张某手持砍刀要帮李某打架，被于某从身后抱着腰拉出包房外，在包房外的走廊内，张某挣脱于某后回身用砍刀砍被害人于某头部和后背部数刀，将被害人于某砍倒后，张某逃离现场。县公安局接到报案后展开了现场勘查，提取了有关物证材料，对李某、徐某等人依法进行询问。2019 年 2 月 26 日，张某到县公安局投案自首，因涉嫌故意伤害罪被刑事拘留，4 月 3 日经县人民检察院批准逮捕，次日由县公安局执行逮捕。被害人于某经救治脱险，经法医鉴定：于某的损伤构成重伤。县公安局以张某犯故意伤害罪依法移送县人民检察院审查起诉。2019 年 6 月 28 日，县检察院以被告人张某犯故意伤害罪向县人民法院提起公诉。被害人于某向县人民法院提起附带民事诉讼，要求被告人张某赔偿医药费、护理费、鉴定费、伤残补助费等合计人民币 115 110 元。县人民法院依法组成合议庭，适用普通程序公开开庭进行了合并审理。张某委托了辩护律师孙某，于某委托了代理律师乔某到庭参加了诉讼。法院依法判决被告人张某犯故意伤害罪，判处有期徒刑 4 年，同时赔偿附带民事诉讼原告人于某医药费等合理的经济损失合计人民币 115 110 元。宣判后，被告人没有上诉。判决依法发生法律效力。

[任务提出]

根据本案，思考并完成以下学习任务：

1. 本案中有哪些专门机关？这些专门机关在刑事诉讼中分别行使什么职能？
2. 本案中参与刑事诉讼的人有哪些？哪些人是当事人？
3. 在侦查阶段，张某依法享有哪些诉讼权利？

第一节　刑事诉讼的专门机关

一、概述

刑事诉讼的专门机关，是指依照法定职权进行刑事诉讼活动的国家专门机关。刑事诉讼是国家专门机关在诉讼参与人的参加下严格依照法定的程序进行的活动。根据刑事诉讼法规定，我国的刑事诉讼程序一般分为立案、侦查、起诉、审判和执行五个阶段，在各诉讼阶段依法行使职权的国家专门机关分别称为侦查机关、公诉机关、审判机关和执行机关。

《刑事诉讼法》第 3 条第 1 款规定："对刑事案件的侦查、拘留、执行逮捕、预审，由公安机关负责。检察、批准逮捕、检察机关直接受理的案件的侦查、提起公诉，由人民检察院负责。审判由人民法院负责。除法律特别规定的以外，其他任何机关、团体和个人都无权行使这些权力。"根据这一规定，公安机关、人民检察院和人民法院是刑事诉讼中分别行使侦查权、公诉权、审判权的专门机关，即我们通常所说的公、检、法三机关。根据我国宪法的规定，从国家机构的性质上看，公安机关与人民检察院和人民法院是不同的。人民检察院和人民法院由同级人民代表大会产生并对其负责，在性质上属于司法机关。而公安机关是同级人民政府的一个职能部门，在性质上属于行政机关。因此，刑事诉讼中的专门机关，通常表述为公安司法机关。

现代刑事诉讼实行国家追诉主义，公安司法机关在国家机构中的性质和地位各不相同，但在刑事诉讼中均占有主导地位，都是依法行使职权的国家专门机关，是刑事诉讼的主要诉讼主体。

二、刑事诉讼中的公安机关等侦查机关

（一）公安机关的性质、任务

公安机关是国家的治安保卫机关，是各级人民政府即行政机关的组成部分，

担负着维护社会治安和国内安全保卫工作的重要任务。由于惩罚犯罪的刑事诉讼活动与社会治安紧密相关，刑事诉讼法授权公安机关直接参加刑事诉讼活动，确认了公安机关在刑事诉讼中与人民检察院和人民法院处于同样重要的地位。

公安机关的任务是通过治安、户籍、交通、边防等管理工作和刑事侦查活动，维护社会治安秩序，预防和打击犯罪，保卫国家、集体的财产和公民合法的私有财产，保护公民的人身安全和其他合法权益，保卫社会主义制度，保障社会主义现代化建设的顺利进行。

作为各级人民政府的职能部门，公安机关均设置在各级人民政府之中。公安机关上下级之间是领导与被领导的关系，上级公安机关可以直接指挥和参与下级公安机关的侦查活动，不同地区、不同类型的公安机关之间实行互相配合和协调作战的原则。

（二）公安机关在刑事诉讼中的职权

在刑事诉讼中，公安机关的主要任务是负责刑事案件的侦查。《刑事诉讼法》第19条第1款规定："刑事案件的侦查由公安机关进行，法律另有规定的除外。"在刑事诉讼中，除人民检察院、国家安全机关、军队保卫部门、中国海警局、监狱侦查的案件以外，绝大部分刑事案件由公安机关进行侦查。公安机关处在同犯罪作斗争的第一线，肩负着收集犯罪证据、查清犯罪事实、查获犯罪人的职责，在刑事诉讼中行使侦查职能。

在刑事诉讼中，公安机关的主要职权有：

1. 立案权。对于法律规定属于公安机关管辖的案件，在认为有犯罪事实发生并且需要追究刑事责任时，公安机关有权决定立案。

2. 侦查权。公安机关是刑事诉讼中的主要侦查机关。在侦查过程中，公安机关有权依法讯问犯罪嫌疑人；询问证人；进行勘验、检查、搜查；有权扣押物证、书证；查询、冻结犯罪嫌疑人的存款、汇款、债券、股票、基金份额等财产；组织鉴定、辨认和侦查实验；实施通缉；有权对犯罪嫌疑人采取拘传、取保候审、监视居住等强制措施；对现行犯或重大嫌疑分子有权先行拘留；对符合逮捕条件的犯罪嫌疑人有权提请检察机关批准逮捕；对经人民检察院批准逮捕或人民检察院、人民法院决定逮捕的犯罪嫌疑人、被告人，有权执行逮捕；对有证据证明有犯罪事实的案件，有权进行预审；对符合法定条件的案件，有权依法作出侦查终结的处理。

3. 执行权。在刑事执行阶段，对被判处拘役、剥夺政治权利的罪犯，由公安机关负责执行；对被判处有期徒刑的罪犯，在被交付执行刑罚前，剩余刑期在3个月以下的，由公安机关看守所代为执行。

（三）刑事诉讼中其他行使侦查权的机关

《刑事诉讼法》第4条规定："国家安全机关依照法律规定，办理危害国家安全的刑事案件，行使与公安机关相同的职权。"《刑事诉讼法》第 308 条规定："军队保卫部门对军队内部发生的刑事案件行使侦查权。中国海警局履行海上维权执法职责，对海上发生的刑事案件行使侦查权。对罪犯在监狱内犯罪的案件由监狱进行侦查。军队保卫部门、中国海警局、监狱办理刑事案件，适用本法的有关规定。"可见，国家安全机关、军队保卫部门、海警局、监狱在刑事诉讼中也是依法行使侦查权的专门机关。

国家安全机关是国家的安全保卫机关，与公安机关的性质相同，是各级人民政府的组成部分。根据《国家安全法》等法律法规的规定，国家安全机关对境外机构、组织、个人实施或者指使、资助他人实施的，或者境内组织、个人与境外机构、组织、个人相互勾结实施的危害中华人民共和国国家安全的行为依法予以预防、制止和追究。

军队保卫部门是中国人民解放军的政治安全保卫机关，不是国家公安机关的组成部分，在行政、业务上自成体系，不受公安机关的领导。军队保卫部门的重要任务之一是负责侦查军队内部发生的刑事案件，在刑事诉讼中，可以行使与公安机关相同的职权。

2013 年 3 月 14 日第十二届全国人大第一次会议通过《国务院机构改革和职能转变方案》，将中国海监、公安部边防海警、农业部中国渔政、海关总署海上缉私警察等队伍统一整合组成新的中华人民共和国海警局，并接受公安部业务指导。2018 年 6 月 22 日第十三届全国人大常委会第三次会议通过《关于中国海警局行使海上维权执法职权的决定》，规定海警队伍整体划归中国人民武装警察部队领导指挥，调整组建中国人民武装警察部队海警总队，称中国海警局，中国海警局统一履行海上维权执法职责。在刑事诉讼中，中国海警局履行海上治安和安全保卫等任务，对海上发生的刑事案件行使侦查权。

监狱是国家的刑罚执行机关，是实现人民法院的生效裁判，对罪犯进行监管改造的主要场所。依据法律有关规定，被判处死刑缓期二年执行、无期徒刑、有期徒刑的罪犯，在监狱内执行刑罚。在长期的实践中，我国监狱机关形成了一整套行之有效的管理制度，建立了比较完整、严密的侦查部门，负责立案侦查罪犯在监狱中的犯罪案件。在刑事诉讼过程中，监狱享有与公安机关侦查案件同等的职权。

国家安全机关、军队保卫部门、海警局、监狱在各自所参与的刑事诉讼活动中，同人民检察院和人民法院之间实行分工负责、互相配合、互相制约的原则，以保证准确有效地执行法律。国家安全机关、军队保卫部门、海警局、监狱在刑事案件的侦查中需要逮捕犯罪嫌疑人时，由相应的检察机关批准；侦查终结后，需要对犯罪嫌疑人提起公诉的，应当写出起诉意见书，连同案卷材料、证据一并移送同级人民检察院审查决定。

三、刑事诉讼中的人民检察院

（一）人民检察院的性质、任务

根据《宪法》第 134 条的规定，人民检察院是国家的法律监督机关，是代表国家行使检察权的专门机关。人民检察院通过行使检察权，追诉犯罪，维护国家安全和社会秩序，维护个人和组织的合法权益，维护国家利益和社会公共利益，保障法律正确实施，维护社会公平正义，维护国家法制统一、尊严和权威，保障中国特色社会主义建设的顺利进行。

根据《宪法》规定，人民检察院的组织设置包括最高人民检察院、地方各级人民检察院、军事检察院等专门人民检察院。一方面，各级人民检察院由同级人民代表大会产生，对它负责，受它监督；另一方面，最高人民检察院领导地方各级人民检察院和专门人民检察院的工作，上级人民检察院领导下级人民检察院的工作。根据《人民检察院组织法》规定，人民检察院检察长领导本院检察工作。各级人民检察院设检察委员会。检察官在检察长领导下开展工作，重大办案事项由检察长决定。检察长可以根据案件情况，提交检察委员会讨论决定。人民检察院实行检察官办案责任制。检察官对其职权范围内就案件作出的决定负责。检察长、检察委员会对案件作出决定的，承担相应责任。

（二）人民检察院在刑事诉讼中的职权

在刑事诉讼中，人民检察院既是侦查机关，又是公诉机关，还是法律监督机关，其职权贯穿刑事诉讼的全过程。

1. 立案侦查权。为落实宪法有关规定，做好与监察法的衔接，保障国家监察体制改革顺利进行，2018 年《刑事诉讼法》调整了人民检察院的侦查职权。根据《刑事诉讼法》第 19 条第 2 款的规定，人民检察院在对诉讼活动实行法律监督中发现的司法工作人员利用职权实施的非法拘禁、刑讯逼供、非法搜查等侵犯公民权利、损害司法公正的犯罪案件，有权直接立案侦查。对立案侦查的案件，检察机关依法采取讯问犯罪嫌疑人、询问证人、被害人，进行勘验、检查，搜查，查封、扣押物证和书证，组织鉴定等侦查手段；有权对犯罪嫌疑人采取拘传、取保候审、监视居住、拘留、逮捕等强制措施。

2. 公诉权。人民检察院是国家唯一的公诉机关，代表国家行使公诉案件的控诉权。有权对监察机关调查终结、侦查机关侦查终结移送起诉的案件进行审查，决定提起公诉或者不起诉；对国家财产、集体财产遭受损失的，有权在提起公诉的同时提起附带民事诉讼；有权派员出席法庭支持公诉。在法庭上，有权讯问被告人；有权向证人、鉴定人发问；有权宣读未到庭证人的证言笔录、鉴定人的鉴定意见、勘验笔录和其他作为证据的文书；有权向法庭出示物证；

有权参加法庭辩论。

3. 法律监督权。人民检察院依法对刑事诉讼实行法律监督，这种监督贯穿于刑事诉讼活动的始终，主要包括：对公安机关的立案活动进行监督，认为不立案的决定有错误的，有权要求公安机关立案；对公安机关、国家安全机关、军队保卫部门、海警局、监狱等侦查的案件进行审查，决定是否批准逮捕；对侦查机关的侦查活动是否合法实行监督，发现有违法情况的，有权通知侦查机关予以纠正；有权对审判活动是否合法进行监督，发现有违法情形的，有权提出纠正意见；对人民法院确有错误的裁判，有权依照法定程序提出抗诉；对人民法院、监狱、公安机关、看守所、社区矫正机构等执行判决、裁定的执行活动进行监督；对不负刑事责任的精神病人的强制医疗的决定和执行活动进行监督。

四、刑事诉讼中的人民法院

（一）人民法院的性质、任务

根据《宪法》第 128 条的规定，人民法院是国家的审判机关，代表国家行使审判权。审判权是依法对刑事案件、民事案件、行政案件以及法律规定的其他案件进行审理和裁判的权力，是国家权力的重要组成部分。人民法院通过审判活动，惩罚犯罪，保障无罪的人不受刑事追究，解决民事、行政纠纷，保护个人和组织的合法权益，监督行政机关依法行使职权，维护国家安全和社会秩序，维护社会公平正义，维护国家法制统一、尊严和权威，保障中国特色社会主义建设的顺利进行。

根据《宪法》规定，我国人民法院组织体系由最高人民法院、地方各级人民法院、军事法院等专门人民法院构成。地方各级人民法院分为高级人民法院、中级人民法院和基层人民法院。根据《宪法》和《人民法院组织法》的规定，最高人民法院对全国人民代表大会及其常务委员会负责并报告工作。地方各级人民法院对本级人民代表大会及其常务委员会负责并报告工作。人民法院上下级之间在审判案件上是审判监督关系，而不是行政隶属关系。最高人民法院监督地方各级人民法院和专门人民法院的审判工作，上级人民法院监督下级人民法院的审判工作。人民法院依法独立行使审判权，上级人民法院通过第二审程序、死刑复核程序、审判监督程序等对下级人民法院的审判工作实行监督，而不是通过对具体案件的指导实现监督。上级人民法院不应对下级人民法院正在审理的案件作出决定，指令下级人民法院执行；下级人民法院也不应将案件在判决之前报送上级人民法院，请求审查批示。

（二）人民法院在刑事诉讼中的职权

审判是刑事诉讼的中心环节和最重要的诉讼阶段。《刑事诉讼法》第 12 条规定："未经人民法院依法判决，对任何人都不得确定有罪。"明确了人民法院是刑事诉讼中唯一有权审理和判决有罪的专门机关。只有经过人民法院审判，才能确定被告人是否有罪，应否判处刑罚及判处何种刑罚。人民法院在刑事诉讼中的主要任务是通过审判活动调查、核实证据，查明案件事实，确定被告人的行为是否构成犯罪，构成何种犯罪，应否判处刑罚，判处何种刑罚，并作出相应的判决和裁定。为保证人民法院有效地执行审判职能，独立行使审判权，刑事诉讼法赋予人民法院的职权主要有：

1. 对自诉案件，有权直接决定是否立案、开庭审理，并依法作出判决、裁定。

2. 对人民检察院提起公诉的案件进行审查，决定是否开庭审理，并依法作出判决、裁定。

3. 有权采取庭审保障措施。可以决定对被告人采取拘传、取保候审、监视居住和逮捕等强制措施；对违反法庭秩序的行为采取警告制止、强行带出法庭、罚款、拘留等处罚措施。

4. 对生效的判决、裁定，有权交付执行机关执行；对生效的死刑立即执行、罚金和没收财产的判决、裁定，有权直接执行。

本章导入案例中，张某故意伤害他人导致被害人重伤，根据《刑事诉讼法》规定，该案是属于公安机关立案侦查的公诉案件。某县公安局、县人民检察院、县人民法院属于刑事诉讼中的国家专门机关。在对张某犯故意伤害罪追究刑事责任的过程中，县公安局、县人民检察院、县人民法院依法开展立案侦查、审查起诉和提起公诉、进行第一审审判的活动，依照法律规定行使侦查权、检察权、审判权，完成了各自的诉讼任务。

第二节　刑事诉讼参与人

刑事诉讼参与人，是指在刑事诉讼过程中享有一定的诉讼权利、承担一定的诉讼义务的，除国家专门机关工作人员以外的人。诉讼参与人通过行使诉讼权利、承担诉讼义务，对刑事诉讼的进程和结局发挥着不同程度的影响和作用，保证刑事诉讼活动得以顺利、有效地进行。没有诉讼参与人的参与，刑事诉讼活动就会变成一种单纯的国家职权活动，而不再具有诉讼性质，也不可能完成刑事诉讼的任务。根据《刑事诉讼法》第108条第4项的规定，诉讼参与人包括当事人、法定代理人、诉讼代理人、辩护人、证人、鉴定人和翻译人员。根据与案件处理结果的利害关系的不同，诉讼参与人可以划分为当事人和其他诉讼参与人。当事人和其他诉讼参与人在诉讼地位、参与诉讼活动的范围和方式以及对刑事诉讼过程的影响程度等方面，有着很大的差异。

一、刑事诉讼当事人

刑事诉讼当事人，是指在刑事诉讼中执行控诉职能或辩护职能，与案件处理结果有直接利害关系的诉讼参与人。根据《刑事诉讼法》第108条第2项的规定，刑事诉讼中的当事人包括被害人、自诉人、犯罪嫌疑人、被告人、附带民事诉讼的原告人和被告人。

本章导入案例是一起故意伤害致人重伤引发的刑事公诉案件。于某直接遭受故意伤害犯罪行为的侵害，造成重伤结果，是行使控诉职能的刑事被害人。在县公安局侦查过程中和县人民检察院审查起诉阶段，实施故意伤害犯罪行为的张某是犯罪嫌疑人；在被县人民检察院依法起诉到县人民法院后的审判阶段，张某是刑事被告人。犯罪嫌疑人、被告人与案件的处理结果有直接的利害关系，参与刑事诉讼的目的是依法维护本人的合法权益，属于依法执行辩护职能的当事人。被害人于某因张某的故意伤害犯罪行为遭受身体损害，住院治疗支付了医药费等必要的费用，于某在刑事诉讼中依法提起附带民事诉讼要求被告人张某赔偿经济损失。附带民事诉讼是刑事诉讼的一部分，于某是附带民事诉讼原告人，行使起诉职能；张某是附带民事诉讼被告人，行使答辩职能；二者都是刑事诉讼的当事人。

根据《刑事诉讼法》的规定，以下诉讼权利是当事人共同享有的：①使用本民族语言文字进行诉讼；②在具有法定理由时申请侦查人员、检察人员、审判人员或者书记员、鉴定人、翻译人员回避；对于驳回申请回避的决定，有权申请复议一次；③对侦查人员、检察人员、审判人员侵犯其诉讼权利或者对其人身进行侮辱的行为，有权提出控告；④有权参加法庭调查和法庭辩论，向证人发问并质证，辨认物证和其他证据，并就证据发表意见；申请通知新的证人到庭和调取新的物证，申请重新勘验或者鉴定，互相辩论，等等；⑤对已经发生法律效力的判决、裁定不服的，向人民法院或者人民检察院提出申诉。

（一）被害人

总体而言，被害人是指其人身、财产或者其他权益遭受犯罪行为直接侵害的人。无论是公诉案件还是自诉案件都存在被害人，包括自然人和单位。在刑事诉讼中，遭受犯罪行为侵害的人可能以不同的身份参加诉讼：在人民检察院代表国家提起公诉的案件中，以个人身份参与诉讼，与人民检察院共同行使控诉职能的，称为"被害人"；在法定的自诉案件中，受到犯罪行为侵害的人以自己的名义提起刑事诉讼的，称为"自诉人"；由于被告人的犯罪行为而遭受物质损失的被害人，有权提起附带民事诉讼，在刑事附带民事诉讼中，称为"附带民事诉讼原告人"。不同的诉讼身份具有不同的诉讼地位，依法享有不同的诉讼权利，承担不同的诉讼义务。本章所指"被害人"专指公诉案件被害人。

1. 被害人的诉讼地位。

（1）作为遭受犯罪行为侵害的人，被害人与案件结局有着直接的利害关系。被害人既有权要求公安司法机关追究犯罪和惩罚犯罪，保护其人身权利、民主权利和其他权益，也有权要求经济赔偿，保护其财产权利。

（2）被害人通常也是了解案件情况的人，其陈述本身是法定的证据来源之一。被害人有义务接受侦查人员、检察人员、审判人员的传唤，到场或出庭提供有关案件事实的陈述，并接受各方的询问和质证。在提供陈述方面，被害人与证人具有相似的地位。

（3）被害人与犯罪嫌疑人、被告人居于大致相同的诉讼地位，也拥有许多与犯罪嫌疑人、被告人相对应的诉讼权利。但是，为维护控辩双方总体上的地位平衡，刑事诉讼法对被害人的诉讼地位作了限制性规定，如被害人不享有完全的上诉权。

2. 被害人的诉讼权利和诉讼义务。除当事人共有的诉讼权利以外，在刑事诉讼中，被害人还享有以下诉讼权利：

（1）对侵犯其合法权利的犯罪嫌疑人、被告人，有权向公安机关、人民检察院或者人民法院报案或者控告，要求依法追究犯罪、查获犯罪人、惩罚犯罪，保护其合法权利。

（2）对公安机关应当立案而不立案的，有权向人民检察院提出意见，请求人民检察院责令公安机关向检察机关说明不立案的理由。

（3）因被害人在刑事诉讼中作证，本人或者其近亲属的人身安全面临危险的，有权向公安司法机关请求予以保护。

（4）自刑事案件移送审查起诉之日起，有权委托诉讼代理人。

（5）对人民检察院作出的不起诉决定不服的，有权向上一级人民检察院提出申诉。

（6）如有证据证明公安机关、人民检察院对侵犯其人身权利、财产权利的行为应当追究刑事责任而不予追究的，有权直接向人民法院起诉。

（7）不服地方各级人民法院的第一审刑事判决的，有权请求人民检察院提出抗诉。

在刑事诉讼中，被害人的诉讼义务主要有：

（1）如实向公安司法人员进行陈述。

（2）接受公安司法机关的传唤，按时出席法庭参加审判。

（3）遵守法庭纪律，回答提问并接受询问和调查。

（二）自诉人

自诉人，是指在自诉案件中，以自己的名义直接向人民法院提起诉讼，要求追究被告人刑事责任的人。我国刑事诉讼实行"公诉为主，自诉为辅"的制度，自诉人通常是自诉案件的被害人。

1. 自诉人的诉讼地位。自诉人是自诉案件的一方当事人，独立承担控诉职能，其诉讼地位相当于原告，其诉讼行为对自诉案件的诉讼进程具有决定性作用。

（1）刑事自诉程序由自诉人的告诉而启动。没有自诉人的告诉，就没有刑事自诉案件的审判。在诉讼过程中，如果自诉人撤诉，或者与被告人自行和解，符合法律规定的，诉讼就不再进行。

（2）如果自诉案件的被告人提出反诉，自诉人具有双重身份：在其自行提起的自诉中是自诉人，行使控诉职能；在反诉中是被告人，行使辩护职能。

2. 自诉人的诉讼权利和义务。除当事人共有的诉讼权利以外，自诉人在自诉案件中的主要诉讼权利有：①直接向人民法院提起自诉和附带民事诉讼。②随时委托诉讼代理人参加诉讼。③请求人民法院调解，或者与自诉案件被告人自行和解。④撤回自诉。⑤对地方各级人民法院的第一审的判决、裁定不服的，有权提出上诉。

自诉人的主要诉讼义务是：①承担举证责任，自诉人对自己的主张和请求应当提供证据证明。法院已经立案的自诉案件，经审查缺乏罪证的，自诉人应当补充证据。如果自诉人提不出补充证据，人民法院应当说服自诉人撤回自诉或者裁定驳回自诉。②不得捏造事实诬告陷害他人或者伪造证据，否则应承担法律责任。③按时出席法庭参加审判。自诉人经两次依法传唤，无正当理由拒不到庭的，或者未经法庭许可中途退庭的，人民法院将按照撤诉处理。④遵守法庭纪律，听从审判人员的指挥。

（三）犯罪嫌疑人、被告人

"犯罪嫌疑人""被告人"是对涉嫌犯罪而受到刑事追诉的人的两种称谓。公诉案件，受刑事追诉者在检察机关向人民法院提起公诉以前，称为"犯罪嫌疑人"，在检察机关正式向人民法院提起公诉以后，则称为"被告人"。自诉案件中，自诉人向人民法院提起自诉后，被追诉的人称为"被告人"。

1. 犯罪嫌疑人、被告人的诉讼地位。

（1）犯罪嫌疑人、被告人处于被追诉者的地位，与案件结局有直接利害关系。犯罪嫌疑人、被告人是刑事诉讼的核心人物。刑事诉讼活动的中心任务是解决犯罪嫌疑人、被告人的刑事责任问题，刑事诉讼的侦查、起诉、审判活动都是围绕犯罪嫌疑人、被告人展开的；犯罪嫌疑人、被告人死亡的，刑事诉讼活动即告终止。作为被追诉者，犯罪嫌疑人、被告人在一定程度上负有承受强制性措施、按时出庭接受审判等诉讼义务。

（2）犯罪嫌疑人、被告人是拥有广泛诉讼权利的诉讼当事人。犯罪嫌疑人、被告人依法享有辩护权，可以通过积极主动的防御活动与追诉方展开对抗，并对裁判活动施加积极影响。

（3）犯罪嫌疑人、被告人本身是重要的证据来源。根据《刑事诉讼法》的规定，犯罪嫌疑人、被告人供述和辩解是法定的证据。法律"严禁刑讯逼供和以威胁、引诱、欺骗以及其他非法方法收集证据，不得强迫任何人证实自己有罪"，以确保犯罪嫌疑人、被告人的供述是出于自愿而不是受强迫。

2. 犯罪嫌疑人、被告人的诉讼权利和义务。刑事诉讼中，犯罪嫌疑人、被告人享有广泛的诉讼权利。这些诉讼权利按其性质和作用的不同，可分为防御性权利和救济性权利。[1]

（1）犯罪嫌疑人、被告人的防御性权利。防御性权利是指犯罪嫌疑人、被告人为对抗追诉方的指控、抵销其控诉效果所享有的诉讼权利。根据《刑事诉讼法》的规定，犯罪嫌疑人、被告人享有的防御性权利主要有：①有权使用本民族语言文字进行诉讼；②有权自行辩护，或者委托辩护人进行辩护；有权拒绝辩护人继续为其辩护，也有权另行委托辩护人辩护；③有权拒绝回答侦查人员提出的与本案无关的问题；④有权在开庭 10 日前收到人民检察院起诉书副本；⑤有权参加法庭调查，向证人、鉴定人等发问，辨认、鉴别物证，听取未到庭的证人的证言笔录、鉴定人的鉴定意见、勘验、检查笔录和其他证据文书，并就书面证据发表意见；有权申请通知新的证人到庭，调取新的物证，申请重新鉴定或者勘验；⑥有权参加法庭辩论，对事实的认定和法律的适用发表意见，并且可以与控诉方展开辩论；⑦有权向法庭作最后陈述；⑧自诉案件的被告人有权对自诉人提出反诉。

（2）犯罪嫌疑人、被告人的救济性权利。救济性权利是指犯罪嫌疑人、被告人对国家专门机关所作的对其不利的行为、决定或裁判，要求另一专门机关予以审查并作出改变或撤销的诉讼权利。犯罪嫌疑人、被告人享有的救济性权利主要包括：①有权申请侦查人员、检察人员、审判人员、书记员、鉴定人、翻译人员回避；对驳回申请回避的决定不服的，有权申请复议；②对审判人员、检察人员和侦查人员侵犯公民诉讼权利和人身侮辱的行为，有权提出控告；③犯罪嫌疑人、被告人被羁押的，有权申请变更强制措施；④对采取强制措施超过法定期限的，有权要求解除强制措施；⑤对司法机关及其工作人员在侦查过程中违法行使职权，侵犯其合法权益的，有权申诉或者控告；⑥对于人民检察院作出的酌定不起诉决定，有权向人民检察院提出申诉；⑦对地方各级人民

---

〔1〕　孙孝福、雷震主编：《刑事诉讼法学》，中国政法大学出版社 2011 年版，第 43 页。

法院第一审的判决、裁定不服的，有权提出上诉；⑧对各级人民法院已经发生法律效力的判决、裁定，有权向人民法院、人民检察院提出申诉。

本章导入案例中，犯罪嫌疑人张某在公安机关侦查阶段依法享有下列权利：自行辩护；委托律师进行辩护；对侦查人员有法定回避情形的，依法申请其回避；如果被依法逮捕的，有权申请变更为取保候审；有权要求解除超期限的强制措施；对侦查人员侵犯其诉讼权利的行为有权依法提出控告。

为保障刑事诉讼任务的顺利完成，刑事诉讼法在赋予犯罪嫌疑人、被告人一系列诉讼权利的同时，也规定其必须承担一定的诉讼义务。根据《刑事诉讼法》的规定，犯罪嫌疑人、被告人必须承担的诉讼义务主要有：①在符合法定条件的情况下承受逮捕、拘留、监视居住、取保候审、拘传等强制措施；②接受侦查人员的讯问、搜查、扣押等侦查行为；③对侦查人员的讯问，应当如实回答；④承受检察机关的起诉，依法按时出席法庭并接受法庭审判；⑤遵守法庭纪律，听从审判人员的指挥；⑥对于生效的判决和裁定，有义务执行或协助执行。

（四）附带民事诉讼当事人

附带民事诉讼当事人包括附带民事诉讼原告人和附带民事诉讼被告人。

附带民事诉讼原告人是指在刑事诉讼中，因被告人的犯罪行为遭受物质损失，并在刑事诉讼过程中提出赔偿请求的人。附带民事诉讼被告人是指在刑事诉讼中，对犯罪行为所造成的物质损失负有赔偿责任的人。附带民事诉讼原告人和附带民事诉讼被告人都是附带民事诉讼案件的当事人，具有独立的诉讼地位，依法享有相应的诉讼权利、承担相应的诉讼义务。

附带民事诉讼原告人和被告人的范围、诉讼权利和义务等具体内容，详见本书"刑事附带民事诉讼"一章。

（五）单位当事人

1. 单位犯罪嫌疑人、被告人。在单位犯罪的情况下，单位可以独立成为犯罪嫌疑人、被告人，与对单位直接负责的主管人员和其他直接责任人员一起参与刑事诉讼。

根据《高法解释》第336条第1款规定，代表被告单位参加刑事诉讼的诉讼代表人，应当是单位的法定代表人、实际控制人或者主要负责人；法定代表人、实际控制人或者主要负责人被指控为单位犯罪直接责任人员或者因客观原因无法出庭的，应当由被告单位委托其他负责人或者职工作为诉讼代表人出庭。但是，有关人员被指控为单位犯罪的其他直接责任人员或者知道案件情况、负有作证义务的除外。

单位犯罪嫌疑人、被告人的诉讼权利和诉讼义务，与自然人犯罪嫌疑人、被告人大致相同。《高法解释》对此作了明确的规定：①单位被告人有权委托辩护人。②诉讼代表人有出庭的义务。人民法院开庭审理单位犯罪案件，应当通知被告单位的诉讼代表人出庭。[1] 诉讼代表人是被告单位的法定代表人、实际控制人或者主要负责人，无正当理由拒不出庭的，人民法院可以拘传其到庭。③专门机关有权对单位财产采取强制性措施。为保证判决的执行，人民法院可以先行查封、扣押、冻结被告单位的财产，或者由被告单位提出担保。

2. 单位被害人。单位被害人参与刑事诉讼时，应由其法定代表人作为代表参加刑事诉讼。单位被害人在刑事诉讼中的诉讼权利和诉讼义务，与自然人作为被害人时大体相同。

二、其他诉讼参与人

其他诉讼参与人，是指除当事人以外的诉讼参与人。根据《刑事诉讼法》第108条第4项的规定，其他诉讼参与人包括法定代理人、诉讼代理人、辩护人、证人、鉴定人和翻译人员。其他诉讼参与人与诉讼的结局无直接利害关系，不独立承担诉讼职能。在刑事诉讼中，他们或者协助一方当事人充分行使诉讼权利，或者为诉讼各方提供证据材料，或者为诉讼的顺利进行提供帮助或服务。因此，其他诉讼参与人依法享有参加诉讼活动所必需的诉讼权利，同时承担相应的诉讼义务。

本章导入案例中，当时在案发现场的李某、徐某是了解故意伤害发生情况的证人，向公安司法机关提供其所知道的有关案件情况；对被害人的受伤情况作出伤情鉴定的法医是鉴定人；律师孙某是被告人张某委托的辩护人，在刑事诉讼中的主要职责是帮助张某行使辩护权，依法维护张某的诉讼权利和其他合法权益；律师乔某是被害人于某委托的诉讼代理人，主要职责是帮助被代理人行使诉讼权利。他们属于当事人以外的其他诉讼参与人，故意伤害案件的处理结果不会对其实体权益产生不利或者有利的影响。但在参与这起故意伤害案件的诉讼过程中，他们均依法享有一定的诉讼权利，承担一定的诉讼义务。

（一）法定代理人

法定代理人是指由法律规定的，对被代理人负有专门保护义务并代其进行诉讼的人。根据《刑事诉讼法》第108条第3项的规定，法定代理人包括被代理人的父母、养父母、监护人和负有保护责任的机关、团体的代表。《民法典》第23条规定，无民事行为能力人、限制民事行为能力人的监护人是其法定代理人。

---

[1]《高法解释》第338条明确规定，被告单位的诉讼代表人享有刑事诉讼法规定的有关被告人的诉讼权利。开庭时，诉讼代表人席位置于审判台前左侧，与辩护人席并列。

根据法律规定，刑事诉讼中，当事人或者某些诉讼参与人是未成年人、无行为能力人或者限制行为能力人时，需要法定代理人代为参加刑事诉讼，代为行使诉讼权利。因此，法定代理人参加刑事诉讼是依据法律的规定，而不是基于委托关系。法定代理人具有独立的诉讼地位，享有法律赋予的诉讼权利和承担相应的诉讼义务。法定代理人依法代理被代理人参加刑事诉讼，不受被代理人意志的约束，行使代理权限时无须经被代理人的同意。

法定代理人参与刑事诉讼的职责，是依法保护无行为能力人或者限制行为能力人的人身权利、财产权利、诉讼权利以及其他一切合法权利，同时，法定代理人有责任监督被代理人的行为。法定代理人享有广泛的与被代理人相同的诉讼权利，但法定代理人不能代替被代理人作证据的陈述，也不能代替被代理人承担与人身自由相关联的义务，比如服刑等。

法定代理人的诉讼权利，因代理的被代理人不同而存在差异。如被告人、自诉人的法定代理人，不服地方各级人民法院第一审的判决、裁定的，有权独立提出上诉，而被害人的法定代理人对第一审的判决不服的，只能请求人民检察院抗诉，而无权提起上诉。附带民事诉讼当事人的法定代理人，只能对地方各级人民法院第一审的判决、裁定中的附带民事诉讼部分提出上诉，无权对刑事部分提起上诉。

（二）诉讼代理人

诉讼代理人，是指基于被代理人的委托而代表被代理人参与刑事诉讼的人。依据《刑事诉讼法》第108条第5项的规定，公诉案件的被害人及其法定代理人或者近亲属有权委托诉讼代理人；自诉案件的自诉人及其法定代理人有权委托诉讼代理人；附带民事诉讼的当事人及其法定代理人有权委托诉讼代理人。《刑事诉讼法》第108条第6项规定："'近亲属'是指夫、妻、父、母、子、女、同胞兄弟姊妹。"

诉讼代理人与法定代理人不同。诉讼代理人参与刑事诉讼是基于被代理人的委托，依据双方签订的委托协议进行代理，而不是依据法律的规定。诉讼代理人只能在被代理人授权范围内进行诉讼活动，既不能超越代理范围，也不能违背被代理人的意志。在刑事诉讼中，诉讼代理人的职责是帮助其代理的公诉案件被害人及其法定代理人或者近亲属、自诉案件自诉人及其法定代理人、附带民事诉讼案件当事人及其法定代理人等行使诉讼权利。诉讼代理人只能以被代理人的名义并在其授权的范围内进行诉讼活动。如果没有被代理人的授权，诉讼代理人代替被代理人进行的诉讼活动将不具有法律效力。

刑事诉讼代理人的范围、诉讼权利和义务等内容，详见本书第六章"刑事辩护与刑事代理"一章中的"刑事代理"一节。

（三）辩护人

辩护人，是指在刑事诉讼中接受犯罪嫌疑人、被告人的委托，或者接受法律援助机构的指派，依法为犯罪嫌疑人、被告人进行辩护，维护其合法权益的诉讼参与人。辩护人主要由律师担任，也可以是犯罪嫌疑人、被告人的亲友、监护人、人民团体或者犯罪嫌疑人、被告人所在单位推荐的人。辩护人是犯罪嫌疑人、被告人合法权益的专门维护者，依法独立行使辩护权，不受犯罪嫌疑人、被告人意志的约束，其诉讼地位不同于诉讼代理人。

辩护人的范围、诉讼地位和责任、诉讼权利和义务等内容，详见本书"刑事辩护与刑事代理"一章中的"刑事辩护"一节。

（四）证人

证人，是指除当事人以外的了解案件情况并在刑事诉讼中提供证言的诉讼参与人。《刑事诉讼法》第 62 条第 1 款规定："凡是知道案件情况的人，都有作证的义务。"

1. 证人的诉讼地位。

（1）证人是除当事人以外的了解案件情况的第三人，与案件裁判结果没有直接利害关系。因而证人在诉讼中具有不可替代性，必须亲自参加诉讼。

（2）证人是一种重要的证据来源。刑事诉讼实践中，证人所作的口头或者书面的陈述（证人证言）对于查明案件事实，审查判断其他证据材料具有重要的作用。

2. 证人在刑事诉讼中的权利和义务。依据法律规定，刑事诉讼中的证人享有以下诉讼权利：①有权使用本民族语言文字进行诉讼；②有权查阅证言笔录，并在发现笔录的内容与作证的内容不符时，有权要求予以补充或者修改；③对公安司法机关工作人员侵犯其诉讼权利或者人身侮辱的行为，有权提出控告；④对于其因履行作证义务而支出的交通、住宿、就餐等费用，有权要求补助（《刑事诉讼法》第 65 条第 1 款）；⑤因在诉讼中作证，本人或者其近亲属的人身安全面临危险的，有权向公安司法机关请求予以保护（《刑事诉讼法》第 64 条）。

证人依法应当承担以下诉讼义务：①如实提供证言，证人如果有意作伪证或者隐匿罪证，应当承担法律责任；②有义务回答公安司法人员的询问；③出席法庭审判并接受控辩双方的询问和质证，但被告人的配偶、父母、子女不得被强制出庭（《刑事诉讼法》第 193 条第 1 款）；④遵守法庭纪律，听从审判人员的指挥；⑤对于公安司法人员询问的内容予以保密。

（五）鉴定人

鉴定人，是指接受公安司法机关的指派或者聘请，运用自己的专门知识或者技能对刑事案件中的专门性问题进行分析判断，并提出书面鉴定意见的诉讼参与人。鉴定人的书面分析判断意见称为鉴定意见，是刑事诉讼法规定的证据种类之一。

为保障诉讼活动的顺利进行，根据全国人大常委会 2015 年 4 月 24 日修正通过的《关于司法鉴定管理问题的决定》，对鉴定人和鉴定机构实行统一登记管理制度，司法鉴定实行鉴定人负责制度。鉴定人参与诉讼具有中立的诉讼地位，应当依法独立进行鉴定，对鉴定意见负责并在鉴定书上签名或者盖章。多人参加的鉴定，对鉴定意见有不同意见的，应当注明。

刑事诉讼中的鉴定人依法享有以下诉讼权利：①有权了解与鉴定有关的案件情况。②有权要求指派或者聘请的机关提供足够的鉴定材料。在提供的鉴定材料不充分、不具备作出鉴定意见的条件时，有权要求聘请或者指派机关补充材料，否则有权拒绝鉴定。③有权要求为鉴定提供必要的条件。④有权收取鉴定费用。⑤因在诉讼中作证，本人或者其近亲属的人身安全面临危险的，有权向公安司法机关请求予以保护（《刑事诉讼法》第 64 条）。

鉴定人依法承担以下诉讼义务：①如实作出鉴定。鉴定人如果故意作虚假鉴定的，应承担相应的法律责任。②依法回避。鉴定人如果与案件或者案件当事人有利害关系的，应当回避。③保密义务。对于在鉴定过程中了解的案件情况和有关人员的隐私，应当保密。④出庭的义务。在接到人民法院出庭通知时，应当亲自出庭作证，说明作出鉴定意见的根据和理由，并接受公诉人、当事人和辩护人、诉讼代理人以及审判人员的发问、询问。⑤遵守法庭纪律，听从审判人员的指挥。

（六）翻译人员

翻译人员，是指在刑事诉讼过程中接受公安司法机关的指派或者聘请，为参与诉讼的外国人、少数民族人员、聋人、哑人等进行语言、文字或者手势翻译的诉讼参与人。

《刑事诉讼法》第 9 条第 1 款规定："各民族公民都有用本民族语言文字进行诉讼的权利。人民法院、人民检察院和公安机关对于不通晓当地通用的语言文字的诉讼参与人，应当为他们翻译。"因此，翻译人员必须具备通晓诉讼参与人所使用的语言文字（包括哑语）和当地通用的语言文字，并正确传达被翻译人意愿的能力。

翻译人员参与刑事诉讼，依法享有以下权利：①了解与翻译有关的案件情况；②要求公安司法机关提供与翻译内容有关的材料；③查阅记载其翻译内容的笔录，如果笔录同实际翻译内容不符，有权要求修正或补充；④有权获得相应的报酬和经济补偿。

翻译人员依法应当履行的义务：①实事求是，如实进行翻译。翻译应当力求准确无误，不得隐瞒、歪曲或伪造，如果有意弄虚作假，应当承担法律责任。②依法回避。翻译人员如果与案件或者案件当事人有利害关系的，应当回避。③保密的义务。对提供翻译活动所获知的案件情况和他人的隐私，翻译人员应当保密。

思考题

1. 刑事诉讼中的专门机关有哪些？在刑事诉讼中分别依法有哪些职权？
2. 刑事诉讼当事人有哪些？在刑事诉讼中享有哪些共同的权利？
3. 如何有效保障犯罪嫌疑人、被告人在刑事诉讼中的诉讼权利？
4. 被害人和自诉人在刑事诉讼中的地位有何不同？
5. 法定代理人与诉讼代理人有什么不同？

实务训练

案例一[1]：王某某系某餐饮公司部门主管，因长期沉迷网络赌博欠下大量赌债。2022 年 3 月，王某某为偿还赌债，伙同在该餐饮公司门店担任厨师长的张某，趁餐厅员工下班后，摆拍 4 段有关餐厅管理混乱、存在卫生问题的虚假视频。同年 5 月 12 日，王某某以曝光视频相威胁，联系该餐饮公司负责人刘某索要 500 万元。后刘某及时报警，二人敲诈勒索未遂。

本案由某市公安局朝阳分局立案侦查，朝阳区人民检察院以涉嫌敲诈勒索罪对王某某、张某依法批准逮捕。2022 年 11 月 16 日，朝阳区人民检察院以敲诈勒索罪对王某某、张某提起公诉。同年 12 月 23 日经朝阳区人民法院审理，依法认定王某某、张某构成敲诈勒索罪，并分别作出了判决。

[问题]

本案中，人民检察院实施了哪些诉讼行为？

[分析提示]

监督公安机关立案、批准逮捕、审查起诉、提起公诉、出庭支持公诉。

案例二：某年 7 月 6 日 13 时许，被告人崔某翻墙进入本村代某家行窃时发现代某在家，便威逼代某给其钱，代某将其手上戴的黄金戒指给崔某，并让崔某把自己的小米手机拿走，崔某仍不满足，将代某拽到客厅并把代某的手脚捆上。后在屋内搜现金时，代某呼喊，崔某从东屋窗台上拿一秤锤，照代某头部

---

〔1〕　案例来源：检察机关依法惩治利用网络暴力侵犯企业合法权益典型案例，https://www.spp.gov.cn/xwfbh/wsfbt/202407/t20240728_661728.shtml#2，根据报道内容改写。

猛击数下，直至其不会动。后崔某拿着黄金戒指、手机逃离现场。法医鉴定：代某系被他人持钝器打击头部致失血性休克死亡。起诉书指控被告人崔某犯抢劫罪、故意杀人罪，向某县人民法院提起公诉。在诉讼过程中，被害人代某之夫、之子、代某父母向法院提起附带民事诉讼，请求判令被告人崔某赔偿丧葬费等共计人民币 55 064 元，并委托律师李某某参加诉讼。县人民法院依法组成合议庭，公开开庭进行了合并审理。县法律援助中心依法指派律师胡某某到庭为被告人崔某辩护。

[问题]

根据本案，分析各相关诉讼参与人的诉讼地位。

[分析提示]

犯罪嫌疑人、被告人、附带民事诉讼被告人：崔某；

被害人：代某；

附带民事诉讼原告人：代某之夫、之子、代某父母；

鉴定人：县公安局法医；

诉讼代理人：律师李某某；

辩护人：律师胡某某。

第三章

刑事诉讼的基本原则

学习目标

　　通过本章的学习与训练，了解刑事诉讼基本原则的体系，侦查权、检察权、审判权的概念，明确专门机关依法行使职权原则，分工负责、互相配合、互相制约原则，法律监督原则，犯罪嫌疑人、被告人有权获得辩护原则，未经依法判决不得确定有罪原则，保障诉讼参与人权利原则，认罪认罚从宽原则，依法不追究刑事责任原则的法律依据、涵义、内容和相关要求。在识记和领会的基础上，具有运用基本概念、基本原理和法律规定解决有关实际问题的能力。

导入案例

蔡某、陈某等（抢劫）不核准追诉案[1]

　　1991 年初，犯罪嫌疑人蔡某、林某认识了在福建、安徽两地从事鳗鱼苗经营的一男子（姓名身份不详），该男子透露莆田市多人集资 14 万余元赴芜湖市购买鳗鱼苗，让蔡某、林某设法将钱款偷走或抢走，自己作为内应。蔡、林遂召集陈某、李某等 4 人赶到芜湖市。经事先"踩点"，蔡某、陈某等 6 人携带凶器及作案工具，于 1991 年 3 月 12 日上午租乘一辆面包车到被害人林某某租住的房屋附近。按照事先约定，蔡某在车上等候，其余 5 名犯罪嫌疑人进入屋内，陈某上前按住林某某，其他人用水果刀逼迫林某某，抢到装在一个密码箱内的 14 万余元现金后逃跑。

　　1991 年 3 月 12 日，被害人林某某到芜湖市公安局报案，4 月 18 日芜湖市公

---

　　[1]　案例来源：蔡某等人（抢劫）不核准追诉案，http：//www. hatanghe. jcy. gov. cn/sitesources/thxjcy/page_pc/dxal/articleff3bcebaa48a41f0a59aab29ad6ef1c6. html，根据报道内容改写。

安局对犯罪嫌疑人李某等 3 人进行通缉，4 月 23 日对李某等 3 人作出刑事拘留决定。李某于 2011 年 9 月 21 日被江苏省连云港市公安局抓获，其余 2 人在福建省莆田市投案（3 名犯罪嫌疑人另案处理，均已判刑）。李某等 3 人到案后，供出同案犯罪嫌疑人蔡某、陈某、林某（已死亡）3 人。莆田市公安局于 2012 年 3 月 9 日将犯罪嫌疑人蔡某、陈某抓获。2012 年 3 月 12 日，芜湖市公安局对 2 名犯罪嫌疑人刑事拘留（后取保候审），并通过芜湖市人民检察院层报最高人民检察院核准追诉。

芜湖市人民检察院、安徽省人民检察院分别对案件进行审查并开展了必要的调查。2012 年 12 月 4 日，安徽省人民检察院报最高人民检察院对蔡某、陈某核准追诉。

最高人民检察院审查认为：犯罪嫌疑人蔡某、陈某伙同他人入户抢劫 14 万余元，依据《刑法》第 12 条、1979 年《刑法》第 150 条规定，应当适用的法定量刑幅度的最高刑为死刑。本案发生在 1991 年 3 月 12 日，案发后公安机关只发现了犯罪嫌疑人李某等 3 人，在追诉期限内没有发现犯罪嫌疑人蔡某、陈某，2 人在案发后也没有再犯罪，因此已超过 20 年追诉期限。本案虽然犯罪数额巨大，但未造成被害人人身伤害等其他严重后果。犯罪嫌疑人与被害人达成和解协议，并实际赔偿了被害人损失，被害人不再要求追究其刑事责任。综合上述情况，本案不属于必须追诉的情形，依据 1979 年《刑法》第 76 条第 4 项规定，决定对蔡某、陈某不予核准追诉。

2012 年 12 月 31 日，最高人民检察院作出对蔡某、陈某不予核准追诉决定。2013 年 2 月 20 日，芜湖市公安局对蔡某、陈某解除取保候审。

[任务提出]

根据本案，思考并完成以下学习任务：

1. 本案的处理适用了刑事诉讼法规定的哪一项基本原则？
2. 此项刑事诉讼基本原则的具体内容是什么？

第一节　刑事诉讼基本原则的体系

刑事诉讼的基本原则，是指在刑事诉讼的整个过程或主要诉讼阶段起指导作用，人民法院、人民检察院、公安机关和诉讼参与人进行刑事诉讼时所必须遵循的基本行为准则。刑事诉讼的基本原则，体现了刑事诉讼法的基本精神，反映了刑事诉讼法的基本内容和特征，它对于指导司法机关的诉讼活动，保证刑事诉讼的顺利进行，实现刑事诉讼法的任务具有重要意义。

作为刑事诉讼程序的基础，刑事诉讼基本原则既是立法机关设计刑事诉讼具体程序的基本依据，也是评判刑事诉讼实践活动正当性的标准。关于刑事诉讼的基本原则包括哪些，因各国的历史传统和现实情况不同而有所差异，但是，由于刑事诉讼内在规律的指引，以及当代人类社会对刑事诉讼目的和价值的理解与追求，出现了各国普遍遵循的、具有共性的刑事诉讼原则，或者说国际通行的原则，例如，程序法定原则、控审分离原则、控辩平等原则、辩护原则、诉讼及时原则、审判中立原则、无罪推定原则、禁止强迫自证其罪原则、禁止双重危险原则等。

对于前述国际通行的刑事诉讼原则，我国现行立法或者作出了明确规定，或者在有关具体制度设计中予以体现。《刑事诉讼法》第 1 章第 3～17 条对刑事诉讼的基本原则作了集中规定，可以分为两类：一类是根据宪法规定制定的基本原则，另一类是根据刑事诉讼法的特殊要求制定的基本原则。具体包括以下 15 项：

1. 专门机关依法行使职权原则。

2. 人民法院、人民检察院独立行使职权原则。《刑事诉讼法》第 5 条规定："人民法院依照法律规定独立行使审判权，人民检察院依照法律规定独立行使检察权，不受行政机关、社会团体和个人的干涉。"

3. 依靠群众的原则。《刑事诉讼法》第 6 条规定："人民法院、人民检察院和公安机关进行刑事诉讼，必须依靠群众，必须以事实为根据，以法律为准绳。对于一切公民，在适用法律上一律平等，在法律面前，不允许有任何特权。"

4. 以事实为根据，以法律为准绳的原则。

5. 对于一切公民在适用法律上一律平等的原则。

6. 分工负责、互相配合、互相制约的原则。

7. 法律监督的原则。

8. 使用本民族语言文字进行诉讼的原则。《刑事诉讼法》第 9 条规定："各民族公民都有用本民族语言文字进行诉讼的权利。人民法院、人民检察院和公安机关对于不通晓当地通用的语言文字的诉讼参与人，应当为他们翻译。在少数民族聚居或者多民族杂居的地区，应当用当地通用的语言进行审讯，用当地通用的文字发布判决书、布告和其他文件。"

9. 审判公开的原则。《刑事诉讼法》第 11 条规定："人民法院审判案件，除本法另有规定的以外，一律公开进行。……"

10. 犯罪嫌疑人、被告人有权获得辩护的原则。

11. 未经依法判决不得确定有罪的原则。

12. 保障诉讼参与人的诉讼权利的原则。

13. 认罪认罚从宽的原则。

14. 依法不追究刑事责任的原则。

15. 追究外国人刑事责任适用我国刑事诉讼法的原则。《刑事诉讼法》第 17 条规定："对于外国人犯罪应当追究刑事责任的，适用本法的规定。对于享有外交特权和豁免权的外国人犯罪应当追究刑事责任的，通过外交途径解决。"

前述各项基本原则是一个互相联系的统一整体，任何一项原则的实现均以其他原则的正确执行为条件，违反其中某一项原则，其他有关原则的贯彻也必然会受到影响。鉴于前述基本原则有的在宪法、法理教材和教学中已作介绍，本章仅对其中属于我国刑事诉讼特有的基本原则和部分一般性基本原则加以阐述。

另外，《刑事诉讼法》第 1 章规定的其他一些原则，如两审终审、人民陪审员陪审、刑事司法协助等，仅属于在某一诉讼阶段发挥功能的规则，不符合刑事诉讼基本原则的特征，属于刑事诉讼的基本制度，这些内容将在本书其他章节中予以介绍。

第二节　专门机关依法行使职权原则

一、专门机关依法行使职权原则的法律依据

《刑事诉讼法》第 3 条明确了专门机关依法行使职权原则："对刑事案件的侦查、拘留、执行逮捕、预审，由公安机关负责。检察、批准逮捕、检察机关直接受理的案件的侦查、提起公诉，由人民检察院负责。审判由人民法院负责。除法律特别规定的以外，其他任何机关、团体和个人都无权行使这些权力。人民法院、人民检察院和公安机关进行刑事诉讼，必须严格遵守本法和其他法律的有关规定。"

二、专门机关依法行使职权原则的涵义

专门机关依法行使职权原则，是指侦查权、检察权、审判权分别由公安机关、人民检察院、人民法院等机关依法行使，其他任何机关、团体和个人都无权行使这些权力的原则。侦查权、检察权、审判权由专门机关依法行使的原则，是我国刑事诉讼法科学化、民主化的重要表现之一。正确执行该原则，不仅有利于提高工作效率，更好地惩罚犯罪，而且能够有效防止冤假错案的发生。

根据上述规定，专门机关依法行使职权原则应从以下几个方面理解：

（一）侦查权、检察权、审判权分别由公安机关等侦查机关、人民检察院和人民法院行使

1. 侦查权由公安机关等侦查机关负责行使。侦查权，是指侦查机关在办理案件过程中，依法享有的对刑事案件实施专门调查工作和采取有关强制性措施，

以收集犯罪证据、揭露和证实犯罪、查获犯罪嫌疑人的权力。刑事案件的侦查、拘留、执行逮捕、预审是侦查权和侦查工作的最主要和最集中的体现。除了《刑事诉讼法》第 3 条明确规定公安机关和人民检察院是侦查机关外，根据《刑事诉讼法》第 4 条和第 308 条的规定，国家安全机关、军队保卫部门、中国海警局和监狱也是我国的侦查机关。不过，这些侦查机关行使侦查权是有明确分工和各自的案件范围的。

2. 检察权由人民检察院负责行使。检察权，是指对法律的执行与遵守进行专门监督的权力。根据法律规定，人民检察院是国家的法律监督机关，行使国家的检察权。检察权在刑事诉讼中表现为一种复合性权力，包括检察、批准逮捕、检察机关直接受理的案件的侦查、提起公诉等权力。

3. 审判权由人民法院负责行使。审判权，是指对案件进行审理并作出裁判的权力。它包括初审权、复审权和再审权。根据法律规定，审判权只能由人民法院行使。在刑事诉讼中，人民法院负责对公诉案件和自诉案件进行审理并依法作出裁判。

公安机关、人民检察院和人民法院在刑事诉讼活动中，必须严格按照法律规定的职权分工和管辖范围，各司其职，各负其责，共同完成刑事诉讼法的任务，决不能逾越职权、混淆职责、互相推诿或者包办代替，也不能各行其是。但是，根据《刑事诉讼法》第 110 条第 3 款的规定，公、检、法三机关在立案时对于不属于自己管辖而又必须采取紧急措施的，应当先采取紧急措施，然后移送主管机关。

（二）其他任何机关、团体和个人都无权行使侦查权、检察权、审判权

侦查权、检察权和审判权统称为国家司法权，是国家权力的重要组成部分。运用司法权进行刑事诉讼追究犯罪，关系到实现国家的刑罚权，维护国家和人民利益的重大问题，也关系到公民个人的合法权益不受侵犯的重大问题，是一项极其严肃和重要的工作。因此，国家必须严格掌握和控制司法权，只能赋予公安机关、人民检察院和人民法院行使司法权。

由于侦查权、检察权、审判权具有专属性，必然产生这些权力主体的排他性，即除法律特别规定的以外，其他任何机关、团体和个人都无权行使这些权力。否则，就会造成司法上的混乱，公民的合法权益就很容易受到侵害。"法律特别规定"，如前所述，是指《刑事诉讼法》第 4 条和第 308 条规定的国家安全机关、军队保卫部门、中国海警局和监狱对特定刑事案件分别行使侦查权。这里讲的"其他任何机关"，是指除享有司法权以外的各级各类国家机关，包括中央和地方的权力机关、行政机关等；这里讲的"团体"，包括各政党、群众组织和社会团体；这里讲的"个人"，是指所有自然人，包括党和国家领导人以及普

通民众。某些国家机关、社会团体和个人虽然享有一定的权力、具有一定的社会地位，但由于法律没有赋予其司法权，因此不能擅自拘人、捕人、搜查、扣押、审讯，否则就是违法甚至构成犯罪。另外，单位的保卫部门对于本单位内部发生的刑事案件并不享有侦查权，只是可以协助公安机关进行现场勘查、询问证人、追缴赃款赃物等工作。

（三）各机关行使职权必须严格遵守法律规定

《刑事诉讼法》第 3 条第 2 款规定："人民法院、人民检察院和公安机关进行刑事诉讼，必须严格遵守本法和其他法律的有关规定。"这要求公、检、法机关必须依法行使职权，依法办案。刑事诉讼的全过程，都是适用法律的过程。公、检、法机关在刑事诉讼中行使任何权力，都必须接受法律的约束，严格遵守法定的立案、侦查、起诉、审判和执行等程序的具体操作规程和要求，以及适用强制措施的条件和程序，准确执行刑法等实体法，决不能有法不依、滥用权力、出入人罪。例如，《刑事诉讼法》规定逮捕犯罪嫌疑人、被告人必须由人民检察院批准或者决定，或者由人民法院决定，由公安机关执行。如果没有人民检察院的批准或决定、没有人民法院的决定，公安机关就不能行使逮捕他人的权力，否则就会侵犯人权，造成冤假错案。只有严格遵守和正确执行法律规定，才能保证准确、及时地查明犯罪事实，惩罚犯罪分子，保障无罪的人不受刑事追究，完成刑事诉讼法的任务。

第三节　分工负责、互相配合、互相制约原则

一、分工负责、互相配合、互相制约原则的法律依据

《刑事诉讼法》第 7 条规定："人民法院、人民检察院和公安机关进行刑事诉讼，应当分工负责，互相配合，互相制约，以保证准确有效地执行法律。"《宪法》第 140 条有相同的规定。这项原则是指导和处理公、检、法三机关在刑事诉讼中的相互关系的一项极为重要的基本准则。

二、分工负责、互相配合、互相制约原则的涵义

分工负责，是指在刑事诉讼中，公、检、法三机关分别按照法律的规定行使职权，各负其责，各尽其职，严格按照法定的分工进行刑事诉讼活动，既不可混淆也不可代替或者互相推诿，更不允许任何一个机关独自包办。《刑事诉讼法》第 3 条对公、检、法三机关的职权作了明确的分工，即公安机关行使侦查权，包括对刑事案件的侦查、拘留、执行逮捕、预审。人民检察院行使检察权，包括检察、批准逮捕、检察机关直接受理的案件的侦查、提起公诉。人民法院行使审判权，并直接受理自诉案件。公、检、法三机关必须在法定的各自职权

范围内进行刑事诉讼活动，各负其责，充分发挥各自的能动作用。

互相配合，是指公、检、法三机关进行刑事诉讼，应当在分工负责的基础上，通力合作，互相支持，互通情报，协调一致，使刑事诉讼程序顺利衔接，共同完成刑事诉讼法的任务。公、检、法三机关互相配合，在刑事诉讼中有广泛的体现。例如，公安机关在侦查中需要逮捕犯罪嫌疑人时，提请人民检察院审批的，人民检察院要适时进行批捕；经人民检察院批准或决定或者人民法院决定逮捕的犯罪嫌疑人、被告人，公安机关应当立即执行，及时将犯罪嫌疑人、被告人抓捕归案；对公安机关侦查终结移送人民检察院审查起诉的案件，人民检察院要认真审查并作出相应决定；人民检察院对侦查机关移送起诉的案件，经审查认为依法应当追究刑事责任的，应制作起诉书，向人民法院提起公诉，并为人民法院的审判打下良好的基础；对于人民检察院提起公诉的案件，人民法院应当依法审理并作出判决；人民法院审判公诉案件时，人民检察院应当派员出席法庭支持公诉，充分论证被告人的行为构成犯罪和应当承担刑事责任；等等。

互相制约，是指公、检、法三机关在分工负责、互相配合的基础上要互相约束，即不仅应认真履行自己的职责，配合其他机关的刑事诉讼活动，而且应依照法律规定的职权和程序，对有关问题和其他机关作出的有关决定提出自己的主张和意见，防止和纠正可能发生、已经发生的错误，确保不错不漏、不枉不纵，正确地执行法律。公、检、法三机关互相制约的原则在刑事诉讼中同样有着广泛的体现。例如，人民检察院对公安机关提请批准逮捕犯罪嫌疑人的，经审查认为理由不足的，应当作出不批准逮捕的决定；公安机关对人民检察院不批准逮捕的决定，认为有错误的，可以要求复议或者提请复核；人民检察院对公安机关移送起诉的案件，经审查认为犯罪嫌疑人没有犯罪事实，或者有《刑事诉讼法》第16条规定的情形之一的，应当作出不起诉决定；公安机关认为不起诉的决定有错误的时候，可以要求复议或者提请复核；人民法院对于人民检察院提起公诉的案件，经审查发现案件不属于本院管辖，或者被告人不在案的，应当决定退回人民检察院；人民法院对人民检察院提起公诉的案件进行审理后，对于证据不足，不能认定被告人有罪的，应当作出证据不足、指控的犯罪不能成立的无罪判决；地方各级人民检察院认为本级人民法院的第一审判决或裁定确有错误的，应当向上一级人民法院提出抗诉；等等。

三、分工负责、互相配合、互相制约原则之间的关系

分工负责、互相配合、互相制约是一个完整的、不可分割的准则，是刑事诉讼中公、检、法三机关处理相互关系的准绳，必须全面贯彻，不能过分偏执于其中某一方面。

分工负责是互相配合、互相制约的基础和前提，互相配合、互相制约是分工负责的结果和必然要求。分工负责本身包含着配合与制约的因素。如果没有分工负责，刑事诉讼的职能由单一的机关来履行，就谈不上互相配合、互相制约，势必会造成司法专横。互相配合、互相制约是分工负责的保证，也是分工负责的体现。只有实行互相配合，才能保证刑事诉讼工作的高效开展，完成刑事诉讼法的任务；只有实行互相制约，才可以防止司法权的滥用，避免出现错误或偏差，从而保证刑事诉讼的科学性和公正性。

同时，互相配合、互相制约二者之间是辩证统一、相互渗透的关系，而非对立关系，配合之中有制约，制约之中体现配合。互相配合便于协调工作，互相制约有利于避免和纠正错误，保障人权。配合和制约都是为了保证法律的正确实施，正确地完成刑事诉讼法的任务。配合和制约都必须依法进行。互相配合是建立在以事实为根据、以法律为准绳的基础上的，反对不讲原则的配合，更不允许越权配合。互相配合与互相制约二者不可偏废。如果只强调配合而忽视制约，就会放弃原则，放弃分工，互相迁就，掩盖矛盾，司法权就可能会被滥用，终究会发生错误或偏差；如果只强调制约而忽视配合，公、检、法三机关就会互相扯皮，互相拆台，互相刁难，甚至互相对立，从而影响或妨害刑事诉讼活动的正常进行，甚至会放纵犯罪。

只有对分工负责、互相配合、互相制约的原则作全面、正确的理解，才能正确地贯彻执行，才能发挥它的积极作用。

第四节　法律监督原则

一、法律监督原则的法律依据和基本含义

法律监督原则，即人民检察院对刑事诉讼活动实行法律监督的原则。《宪法》第 134 条规定："中华人民共和国人民检察院是国家的法律监督机关。"《刑事诉讼法》第 8 条规定："人民检察院依法对刑事诉讼实行法律监督。"

法律监督原则，是指在刑事诉讼中，人民检察院除行使法律赋予的职权，履行自身的诉讼职能外，还要依法对整个刑事诉讼活动实行法律监督，防止和纠正违法情况，以保证法律的正确统一实施。实行法律监督原则，对于保障人民法院等专门机关严格按照法律规定进行刑事诉讼，保障诉讼参与人的诉讼权利，以及维护法律的尊严与权威等，均具有重要意义。

二、法律监督原则的内容

人民检察院对刑事诉讼活动实行法律监督，体现在刑事诉讼的每一道程序和每一个环节中。概括起来，主要包括以下六个方面：

1. 对公安机关立案活动的监督。《刑事诉讼法》第113条规定:"人民检察院认为公安机关对应当立案侦查的案件而不立案侦查的,或者被害人认为公安机关对应当立案侦查的案件而不立案侦查,向人民检察院提出的,人民检察院应当要求公安机关说明不立案的理由。人民检察院认为公安机关不立案理由不能成立的,应当通知公安机关立案,公安机关接到通知后应当立案。"

2. 对公安机关侦查活动的监督。人民检察院依法对公安机关的侦查活动是否合法实行监督,人民检察院在审查公安机关移送起诉的案件时,必须查明公安机关的侦查活动是否合法。人民检察院对公安机关侦查活动进行法律监督,主要是通过审查批捕、监督逮捕执行、派员参加公安机关对于重大案件的讨论和其他侦查活动以及审查起诉的方式,检查公安机关的侦查活动是否合法。

3. 对自身侦查活动的监督。检察机关对直接受理的案件行使侦查权,其侦查活动也存在着接受监督的问题。例如《高检诉讼规则》第345条规定:"人民检察院负责捕诉的部门对本院负责侦查的部门移送起诉的案件进行审查后,认为犯罪事实不清、证据不足或者存在遗漏罪行、遗漏同案犯罪嫌疑人等情形需要补充侦查的,应当制作补充侦查提纲,连同案卷材料一并退回负责侦查的部门补充侦查。必要时,也可以自行侦查,可以要求负责侦查的部门予以协助。"

4. 对人民法院审判活动的监督。人民检察院依法对人民法院的审判活动是否合法实行监督,人民检察院可以通过调查、审阅案卷、受理申诉等活动,监督审判活动是否合法。人民检察院对人民法院审判活动的监督,主要包括对审判行为的监督和对审判结果的监督两个方面。

[案例] 甘肃省人民检察院复查"沈某案"认为原审身份认定错误,提出抗诉获改判[1]

2013年3月1日,甘肃省西和县农民沈某因涉嫌故意杀人罪被西和县公安局刑事拘留,4月2日被逮捕。同年8月5日,陇南市人民检察院以沈某涉嫌故意杀人罪提起公诉。同年12月18日,陇南市中级人民法院以故意杀人罪判处沈某死刑,缓期二年执行,剥夺政治权利终身。沈某未上诉,附带民事诉讼原告提出上诉。

2014年5月20日,甘肃省高级人民法院裁定驳回上诉,维持原判。同年12月15日,原审被告人沈某向甘肃省人民检察院提出申诉,称其真名叫方某某,系西和县西高山乡方集村人,本人不是沈某,也没有杀人。甘肃省人民检察院经复查,认为原审将方某某认定为犯罪人沈某,属于身份认定错误,于2016年3月2日向甘肃省高级人民法院提出抗诉。2016年7月15日,甘肃省高级人民

---

〔1〕 案例来源:http://www.spp.gov.cn/zdgz/201701/t20170110_178044.shtml。

法院依法再审判决方某某无罪，当庭释放。

5. 对刑罚执行活动的监督。人民检察院依法对执行刑事判决、裁定的活动实行监督，保障刑事判决、裁定的正确执行。《刑事诉讼法》第 276 条规定："人民检察院对执行机关执行刑罚的活动是否合法实行监督。如果发现有违法的情况，应当通知执行机关纠正。"人民检察院对刑罚执行活动的监督包括：执行死刑临场监督、暂予监外执行的监督、减刑和假释的监督、社区矫正的监督和其他各种生效裁判执行的监督。

6. 其他方面的监督。《刑事诉讼法》第 307 条规定："人民检察院对强制医疗的决定和执行实行监督。"

第五节　犯罪嫌疑人、被告人有权获得辩护原则

一、犯罪嫌疑人、被告人有权获得辩护原则的法律依据

我国《宪法》第 130 条规定："人民法院审理案件，除法律规定的特别情况外，一律公开进行。被告人有权获得辩护。"《刑事诉讼法》第 11 条规定："人民法院审判案件，除本法另有规定的以外，一律公开进行。被告人有权获得辩护，人民法院有义务保证被告人获得辩护。"第 14 条规定："人民法院、人民检察院和公安机关应当保障犯罪嫌疑人、被告人和其他诉讼参与人依法享有的辩护权和其他诉讼权利……"这些规定明确了犯罪嫌疑人和被告人有权获得辩护的原则。

二、犯罪嫌疑人、被告人有权获得辩护原则的基本内容

（一）在刑事诉讼的各个阶段，犯罪嫌疑人、被告人都可以依法行使辩护权

辩护，是指犯罪嫌疑人、被告人及其辩护人反驳控诉一方对犯罪嫌疑人、被告人的指控，从实体和程序上提出有利于犯罪嫌疑人、被告人的事实和理由，维护犯罪嫌疑人、被告人合法权益的诉讼活动。辩护权是犯罪嫌疑人和被告人享有的一项最基本、最重要的诉讼权利。犯罪嫌疑人、被告人所享有的其他诉讼权利，都以辩护权为核心。因此，刑事诉讼中的犯罪嫌疑人、被告人，不论他是危害国家安全的犯罪分子还是其他刑事犯罪分子，不论案件性质如何，案情如何重大，都依法享有辩护权。根据《刑事诉讼法》第 33 条的规定，犯罪嫌疑人、被告人除可以自己行使辩护权外，还可以委托律师、监护人、亲友以及人民团体或者犯罪嫌疑人、被告人所在单位推荐的人担任辩护人，帮助其行使辩护权。

（二）公安机关和人民检察院应当保障犯罪嫌疑人依法享有的辩护权

公安机关和人民检察院在侦查和审查起诉阶段必须保证犯罪嫌疑人充分行

使辩护权。为此，应当做到以下几点：

1. 告知犯罪嫌疑人享有辩护权，允许犯罪嫌疑人进行辩护，并认真听取其申辩意见。

2. 告知犯罪嫌疑人有权委托辩护人。侦查机关在第一次讯问犯罪嫌疑人或者对犯罪嫌疑人采取强制措施的时候，应当告知犯罪嫌疑人有权委托辩护人。人民检察院自收到移送审查起诉的案件材料之日起 3 日以内，应当告知犯罪嫌疑人有权委托辩护人。

3. 在审查批捕、案件侦查终结前以及审查公诉活动中，要依法听取辩护人的意见。

（三）人民法院有义务保证被告人获得辩护

人民法院审判案件，应当充分保障被告人依法享有的辩护权利。人民法院在审判阶段主要应当做到以下几点：

1. 自受理案件之日起 3 日以内，应当告知被告人有权委托辩护人。

2. 在决定开庭审判后，应当将起诉书副本至迟在开庭 10 日以前送达被告人及其辩护人。

3. 在开庭的时候，告知被告人享有辩护权利。

另外，人民法院、人民检察院和公安机关还应当做到以下两点：

1. 犯罪嫌疑人、被告人在押期间要求委托辩护人的，应当及时转达其要求。

2. 对于符合法律援助条件的犯罪嫌疑人、被告人，应当通知法律援助机构指派律师为其提供辩护。

第六节 未经依法判决不得确定有罪原则

一、未经依法判决不得确定有罪原则的法律依据

《刑事诉讼法》第 12 条规定："未经人民法院依法判决，对任何人都不得确定有罪。"这项基本原则是对我国刑事诉讼制度的重大发展，它吸收了无罪推定原则中的一些合理部分，体现了社会主义法制原则的精神，反映了我国刑事诉讼更加尊重人权、保护人权的特点。

二、未经依法判决不得确定有罪原则的涵义

该原则包括以下三方面基本涵义或者说基本要求：

1. 确定被告人有罪的权力由人民法院统一行使。在我国，参加刑事诉讼的机关是公安机关、人民检察院和人民法院。公安机关和人民检察院在刑事诉讼中行使侦查权和检察权，承担着控诉职能，他们都属于控诉一方。人民法院行使刑事审判权，承担审判职能。在刑事诉讼中，控诉与辩护、控诉方和被告人

（犯罪嫌疑人）相对立，审判居于二者中间，而且定罪权是刑事审判权的核心，在这种情况下，确定被告人（犯罪嫌疑人）有罪的任务只能由人民法院来完成，否则就会使被告人（犯罪嫌疑人）处于极为不利的地位。因此，除人民法院外，其他任何机关（包括公安机关、检察机关）、社会团体和个人都无权行使这项权力。公安机关、检察机关在行使侦查权、检察权的诉讼活动中，仅在特定情形和法定范围内享有认定无罪的权力。

2. 在人民法院确定被告人有罪的判决、裁定发生法律效力之前，不能把犯罪嫌疑人、被告人当作罪犯看待，不得将任何人确定有罪。在刑事案件的侦查和审查起诉程序中，公安机关和人民检察院根据已经查明的事实和证据，所作出的认定犯罪嫌疑人涉嫌犯罪的决定并移送起诉和提起公诉，这只是程序意义上的认定，只会带来诉讼程序意义上的效果，而不是最后法律上的定性。所以，在人民法院确定被告人有罪的判决、裁定发生法律效力之前，不能把犯罪嫌疑人、被告人当作罪犯看待，而只应把他们作为特殊的公民。对于这样的特殊公民，既可以根据刑事诉讼需要，限制或者暂时剥夺他们一定的人身自由权，也要依法赋予他们以辩护权为核心的诉讼权利，并应保护其合法权益不受侵犯。任何把犯罪嫌疑人、被告人当作罪犯看待的想法和做法，都将会侵犯公民的合法权益，损害刑事司法的公平和公正。

3. 人民法院确定被告人有罪，必须严格依照法定程序。在刑事诉讼中要确定被告人有罪，人民法院必须按照刑法和刑事诉讼法的规定，对案件进行审理，根据查明的案件事实，以法律为依据作出有罪的判决，并公开宣告。未经依法开庭审理并正式宣判，人民法院也不得确定任何人有罪。

三、未经依法判决不得确定有罪原则在刑事诉讼中的体现

1. 《刑事诉讼法》区分了"犯罪嫌疑人""被告人""罪犯"的称谓。犯罪嫌疑人、被告人是被追究刑事责任的对象，即是被追诉人。被追诉人自侦查机关立案到人民检察院提起公诉之前这段时间，称为"犯罪嫌疑人"；在人民检察院向人民法院提起公诉后，称为"被告人"；经过人民法院生效裁判确定有罪之后，才被称为"罪犯"。这种区分，有利于被追诉人充分行使诉讼权利，反驳错误的控诉，保护自己的合法权益。

2. 明确规定举证责任由控诉方承担。《刑事诉讼法》第51条规定："公诉案件中被告人有罪的举证责任由人民检察院承担，自诉案件中被告人有罪的举证责任由自诉人承担。"因此，控诉方有责任收集和提供能够证明犯罪嫌疑人、被告人有罪的各种证据，并应使这一"证明"达到确实充分的程度，而犯罪嫌疑人、被告人不负提供证明自己有罪或无罪证据的义务，不得因犯罪嫌疑人、被告人不能证明自己无罪，便推定其有罪。当然，犯罪嫌疑人对侦查人员的提问

应当如实回答，但是对与本案无关的问题有权拒绝回答。

3. 确立了"疑罪从无"的原则。我国《刑事诉讼法》规定，人民检察院提起公诉，人民法院对被告人判决有罪，都必须建立在案件事实清楚、证据确实充分的基础上，因此，对于事实不清、证据不足的疑案、疑罪，应当作出有利于被追诉人的处理，并且应当按无罪处理，而不能是从轻处理。根据《刑事诉讼法》第 175 条第 4 款和第 200 条第 3 项的规定，在审查起诉阶段，对于二次补充侦查的案件，人民检察院仍然认为证据不足，不符合起诉条件的，应当作出不起诉的决定；在审判阶段，对于证据不足，不能认定被告人有罪的，人民法院应当作出证据不足、指控的犯罪不能成立的无罪判决。

第七节　保障诉讼参与人权利原则

一、保障诉讼参与人权利原则的法律依据

《刑事诉讼法》第 14 条规定："人民法院、人民检察院和公安机关应当保障犯罪嫌疑人、被告人和其他诉讼参与人依法享有的辩护权和其他诉讼权利。诉讼参与人对于审判人员、检察人员和侦查人员侵犯公民诉讼权利和人身侮辱的行为，有权提出控告。"诉讼参与人，是指除司法人员以外的参加诉讼的人员，即当事人、法定代理人、诉讼代理人、辩护人、证人、鉴定人和翻译人员。这些人员中，有的与诉讼结果有着切身的利害关系，主要是指当事人，其参加诉讼的目的是保护自身的合法权益；有的则与诉讼结果无利害关系，如证人、鉴定人和翻译人员等，他们参加诉讼是履行法律规定的义务或执行一定的职务。赋予并切实保障诉讼参与人的诉讼权利，特别是犯罪嫌疑人、被告人的辩护权，不仅是实现程序公平正义的前提，也是诉讼民主、公正、文明的必然要求。

二、保障诉讼参与人权利原则的内容

根据《刑事诉讼法》第 14 条的规定，保障诉讼参与人权利原则包括以下两个方面的内容：

1. 人民法院、人民检察院和公安机关对所有诉讼参与人依法享有的诉讼权利，都必须给予切实保障，不得限制或者剥夺。由于各种诉讼参与人在刑事诉讼中的地位不同，法律赋予了他们不同的诉讼权利，以便保护公民的合法权益，保证刑事诉讼活动顺利进行。为此，人民法院、人民检察院和公安机关应当切实做到以下几点：①司法人员应当告知诉讼参与人依法享有的诉讼权利，如侦查机关在第一次讯问犯罪嫌疑人或者对犯罪嫌疑人采取强制措施的时候，应当告知犯罪嫌疑人有权委托辩护人；②司法机关应当为诉讼参与人行使诉讼权利创造方便条件，确保诉讼参与人享有的诉讼权利落到实处，如通知法律援助机

构指派律师为符合法律援助条件的犯罪嫌疑人、被告人提供辩护等；③对于刑事诉讼中妨碍诉讼参与人的各种行为，有责任采取措施予以制止；④不得限制或者剥夺诉讼参与人依法享有的诉讼权利。

2. 诉讼参与人对于侵犯其诉讼权利和人身侮辱的行为，依法享有控告权。根据法律规定，诉讼参与人对于审判人员、检察人员和侦查人员侵犯公民诉讼权利和人身侮辱的行为，有权提出控告。这是诉讼权利的保护性措施。有关机关对于诉讼参与人提出的控告，应当认真查处。

第八节　认罪认罚从宽原则

一、认罪认罚从宽原则的法律依据

《刑事诉讼法》第 15 条规定："犯罪嫌疑人、被告人自愿如实供述自己的罪行，承认指控的犯罪事实，愿意接受处罚的，可以依法从宽处理。"这一原则是 2018 年修改《刑事诉讼法》时新增的规定，是对司法实践中在北京等 18 个城市开展刑事案件认罪认罚从宽制度试点工作的经验总结。[1]

认罪认罚从宽是宽严相济刑事政策的一个重要方面，包括实体和程序两个方面。刑法中对认罪认罚从宽有一系列的规定，如犯罪后自动投案，如实供述自己罪行的犯罪分子，可以从轻或者减轻处罚；对认罪的犯罪分子，考虑其悔罪表现、是否有再犯罪的危险等，可以适用缓刑；等等。本原则是在刑事诉讼程序中，为认罪认罚的案件的犯罪嫌疑人、被告人在采取强制措施、量刑建议、审判程序、办案期限等程序上从宽提供基本依据。

二、认罪认罚从宽原则的内容

1. 犯罪嫌疑人、被告人必须有"认罪"和"认罚"两个方面的态度和行为。根据 2019 年 10 月 11 日发布的最高人民法院、最高人民检察院、公安部、国家安全部、司法部《关于适用认罪认罚从宽制度的指导意见》（以下称《适用认罪认罚从宽意见》）第 6 条、第 7 条的规定，所谓"认罪"，是指犯罪嫌疑人、被告人自愿如实供述自己的罪行，对指控的犯罪事实没有异议，或者对侦查机关已经掌握并指出的犯罪事实，明确主动表示承认。所谓"认罚"，是指犯罪嫌疑人、被告人真诚悔罪，愿意接受处罚。"认罚"，在侦查阶段表现为表示愿意接受处罚；在审查起诉阶段表现为接受人民检察院拟作出的起诉或不起诉

---

〔1〕　具体内容可参见 2016 年 9 月 3 日第十二届全国人大常委会第二十二次会议通过的《关于授权最高人民法院、最高人民检察院在部分地区开展刑事案件认罪认罚从宽制度试点工作的决定》，在北京、天津、上海、重庆等 18 个城市开展为期 2 年的刑事案件认罪认罚从宽制度试点工作。2018 年修改的《刑事诉讼法》对这一制度予以明确规定。

决定，认可人民检察院的量刑建议，签署认罪认罚具结书；在审判阶段表现为当庭确认自愿签署具结书，愿意接受刑罚处罚。

2. 对认罪认罚的犯罪嫌疑人、被告人，可以依法在实体上从宽处罚，在程序上从简处理。从程序上说，对认罪认罚的犯罪嫌疑人、被告人，结合其犯罪事实、情节等，可以依法采取宽缓的强制措施，适用轻缓的程序处理，或者适用刑事简易程序、刑事速裁程序等更为便利的诉讼程序，提出从宽处理的量刑建议等。

为确保认罪认罚从宽原则的实施，刑事诉讼法还规定了有关认罪认罚从宽的一系列具体程序内容，例如，侦查机关、人民检察院讯问犯罪嫌疑人，以及人民法院在开庭审判时，应当告知犯罪嫌疑人、被告人认罪认罚从宽处理的法律规定（《刑事诉讼法》第 120 条第 2 款，第 173 条第 2 款，第 190 条第 2 款）；侦查机关、人民检察院应当将犯罪嫌疑人认罪认罚情况记录在案，并随案移送（《刑事诉讼法》第 162 条第 2 款，第 176 条第 2 款）；人民检察院在审查起诉阶段就案件处理听取意见，犯罪嫌疑人认罪认罚的要签署具结书（《刑事诉讼法》第 174 条第 1 款），人民检察院应当提出量刑建议（《刑事诉讼法》第 176 条第 2 款），人民法院审理认罪认罚案件，依法作出判决时，一般应当采纳人民检察院指控的罪名和量刑建议（《刑事诉讼法》第 201 条第 1 款）；人民法院应当审查认罪认罚的自愿性和认罪认罚具结书内容的真实性、合法性（《刑事诉讼法》第 190 条第 2 款）。

《适用认罪认罚从宽意见》对正确有效实施认罪认罚从宽制度也提出了一些具体要求。①适用认罪认罚从宽没有诉讼阶段和案件范围的限定。所有刑事案件，在侦查、起诉、审判各个阶段都可以适用认罪认罚从宽。但"可以"适用不是一律适用，犯罪嫌疑人、被告人认罪认罚后是否从宽，由司法机关根据案件具体情况决定。②办理认罪认罚案件，要坚持贯彻宽严相济刑事政策，实行区别对待，做到该宽则宽，当严则严，宽严相济，罚当其罪。要坚持罪责刑相适应原则，确保罚当其罪，避免罪刑失衡。要坚持证据裁判原则。侦查终结、提起公诉、作出有罪裁判应当做到犯罪事实清楚，证据确实、充分，防止因犯罪嫌疑人、被告人认罪而降低证据要求和证明标准。对犯罪嫌疑人、被告人认罪认罚，但证据不足，不能认定其有罪的，依法作出撤销案件、不起诉决定或者宣告无罪。

第九节　依法不追究刑事责任原则

一、依法不追究刑事责任原则的法律依据

《刑事诉讼法》第 16 条规定："有下列情形之一的，不追究刑事责任，已经追究的，应当撤销案件，或者不起诉，或者终止审理，或者宣告无罪：（一）情节显著轻微、危害不大，不认为是犯罪的；（二）犯罪已过追诉时效期限的；（三）经特赦令免除刑罚的；（四）依照刑法告诉才处理的犯罪，没有告诉或者撤回告诉的；（五）犯罪嫌疑人、被告人死亡的；（六）其他法律规定免予追究刑事责任的。"

二、依法不追究刑事责任的情形

1. 情节显著轻微、危害不大，不认为是犯罪的。这是指犯罪嫌疑人、被告人的行为虽然违法，也具有社会危害性，但情节显著轻微、危害不大，根据我国《刑法》第 13 条的规定"不认为是犯罪"，所以不能追究刑事责任。对于这种违法行为虽然不追究刑事责任，但可以根据其情节轻重，移送有关主管机关进行处理，如移送公安机关依据我国《治安管理处罚法》进行处理。

2. 犯罪已过追诉时效期限的。这是指犯罪嫌疑人、被告人的行为虽已经构成犯罪，但由于已经超过了刑法追诉期限，追诉权已经消灭，所以不能再追究刑事责任。根据《刑法》第 87 条规定，对犯罪的追诉时效期限分别是：①法定最高刑为不满 5 年有期徒刑的，经过 5 年；②法定最高刑为 5 年以上不满 10 年有期徒刑的，经过 10 年；③法定最高刑为 10 年以上有期徒刑的，经过 15 年；④法定最高刑为无期徒刑、死刑的，经过 20 年。如果 20 年以后认为必须追诉的，须报请最高人民检察院核准。但是，在人民检察院、公安机关、国家安全机关立案侦查或者在人民法院受理案件以后，逃避侦查或者审判的，以及被害人在追诉期限内提出控告，人民法院、人民检察院、公安机关应当立案而不予立案的，不受追诉期限的限制。

本章导入案例是一起因犯罪已过追诉时效期限依法不追究刑事责任的案例。该案件发生在 1997 年《刑法》之前。1991 年 3 月 12 日，犯罪嫌疑人实施了抢劫犯罪，根据 1979 年《刑法》的规定，该抢劫罪的法定最高刑为死刑，追诉时效应为 20 年。该案是共同犯罪，司法机关在追诉期限内未发现蔡某、陈某两名犯罪嫌疑人，依法应当受追诉时效期限的限制。该二人实施抢劫犯罪已过 20 年追诉期限，经依法报请最高人民检察院核准作出了不予核准追诉的决定。

3. 经特赦令免除刑罚的。特赦是对受罪刑宣告的特定犯罪人免除执行部分或者全部刑罚的一种赦免制度，特赦的效果是只免除刑罚的执行而不消灭犯罪

记录。特赦由全国人大常委会决定，由国家主席发布特赦令。经特赦令免除刑罚的犯罪分子，不论其刑罚已经执行一部分还是完全没有执行，都等同于刑罚执行完毕。以后无论何时，都不能以其刑罚没有执行或者没有执行完毕为由，再次对其进行刑事追究，包括不得按审判监督程序进行追诉。

4. 依照刑法告诉才处理的犯罪，没有告诉或者撤回告诉的。《刑法》把某些犯罪确定为"告诉才处理的"犯罪，具体包括：侮辱罪（严重危害社会秩序和国家利益的除外）、诽谤罪（严重危害社会秩序和国家利益的除外）、暴力干涉婚姻自由罪（致使被害人死亡的除外）、虐待罪（致使被害人重伤、死亡的除外）和侵占罪。对于上述五种犯罪，法律把被害人向司法机关告诉作为追究犯罪分子刑事责任的前提条件。如果被害人没有起诉或者起诉后又撤回起诉的，司法机关无权追究犯罪分子的刑事责任。但是，被害人死亡或者丧失行为能力的，被害人的法定代理人、近亲属有权向人民法院起诉，人民法院应当依法受理；如果被害人因受强制、威吓等原因无法告诉，或者是限制行为能力人以及由于年老、患病、盲、聋、哑等原因不能亲自告诉，其法定代理人、近亲属代为告诉的，人民法院也应当依法受理。

5. 犯罪嫌疑人、被告人死亡的。我国刑法实行罪责自负的原则，只能对犯罪分子本人依法追究刑事责任，不得株连无辜。因此，犯罪嫌疑人、被告人在被追诉前死亡的或者在诉讼中死亡的，刑事责任的承担者不复存在，诉讼失去了追究对象，所以应终结诉讼，不再追究。

6. 其他法律规定免予追究刑事责任的。一个人的行为，根据刑法的规定已经构成犯罪，但由于具有某些情节和特殊情况，其他法律规定免除刑事责任的，也不予追究。例如，根据《刑法》的规定，对犯间谍罪的行为人一律要追诉，而《反间谍法》第55条第2款则规定："在境外受胁迫或者受诱骗参加间谍组织、敌对组织，从事危害中华人民共和国国家安全的活动，及时向中华人民共和国驻外机构如实说明情况的，或者入境后直接或者通过所在单位及时向国家安全机关如实说明情况，并有悔改表现的，可以不予追究。"

三、依法不追究刑事责任案件的处理

对于具有法定不追究刑事责任的六种情形之一的刑事案件，《刑事诉讼法》和有关司法解释规定了不同的处理办法。

（一）立案审查阶段的处理办法

在立案审查阶段，人民法院发现自诉案件有前述情形之一的，应当决定不予受理；公诉案件有前述情形之一的，公安机关和人民检察院应当作出不立案的决定。

（二）立案受理后的处理办法

在立案受理后的诉讼过程中，发现案件具有前述情形之一的，公安司法机关应区别不同情况，作出相应的处理，以终止诉讼活动。

1. 在侦查阶段发现的，侦查机关应当作出撤销案件的决定。

2. 在审查起诉阶段发现的，人民检察院应当作出不起诉的决定。

3. 在审判阶段，人民法院发现案件具有前述第一种情形的，应当作出宣告无罪的判决；对于具有其他5种情形的案件，人民法院应当裁定终止审理。但是，对于被告人死亡的案件，如果根据已查明的案件事实和认定的证据材料，能够确认被告人无罪的，应当判决宣告被告人无罪。《刑事诉讼法》第297条明确规定对被告人死亡的案件可以缺席审判。被告人死亡的，人民法院应当裁定终止审理，但有证据证明被告人无罪，人民法院经缺席审理确认无罪的，应当依法作出判决。

4. 在执行阶段发现的，由刑罚执行机关转人民法院按审判监督程序处理。根据《刑事诉讼法》第297条第2款规定，人民法院按照审判监督程序重新审判的案件，被告人死亡的，人民法院可以缺席审理，依法作出判决。

需要说明的是，前述法定不追究刑事责任的情形无论在哪个诉讼阶段发现，负责该阶段诉讼的公安司法机关都应当依法采取相应的处理措施，而不应把案件再往下一个诉讼阶段移送。

思考题

1. 什么是侦查权和检察权？侦查权和检察权的主要内容是什么？

2. 应当怎样正确理解和执行分工负责、互相配合、互相制约原则？

3. 简述犯罪嫌疑人、被告人有权获得辩护原则的基本内容。

4. 论述未经依法判决不得确定有罪原则。

5. 保障诉讼参与人权利原则的内容是什么？

6. 如何正确理解认罪认罚从宽原则？

7. 具有法定情形不追究刑事责任的情形有哪些？在不同诉讼阶段对具体法定情形的案件应如何处理？

实务训练

案例一[1]：某日，个体司机李某驾驶客运中巴车故意冲向因拉客有纠纷的另一中巴车的2名司乘人员，致二人当场死亡。作案后李某逃往外地。案发后，某县公安机关没有进行刑事立案，而是仅以普通交通肇事加以处理，引起被害

[1] 根据王册、宋家宁主编：《刑事诉讼法学案例评析》，中国人民公安大学出版社2005年版，第53页内容改编。

人家属不满。后家属来到某市人民检察院。该人民检察院认为此案属于利用交通工具实施的故意杀人犯罪。公安机关接到检察院要求说明不立案理由通知书后，随即进行立案。检察机关还督促公安机关对涉嫌窝藏罪的李某的妻子赵某立案侦查。后人民法院一审以故意杀人罪判处李某死刑，缓期二年执行，检察机关以判决量刑畸轻提起抗诉。二审法院采纳了抗诉意见，依法改判被告人李某死刑立即执行。赵某因窝藏罪被一审法院判处有期徒刑 3 年。

[问题]

本案体现了刑事诉讼法的哪项基本原则？结合本案说明该原则的具体内容。

[分析提示]

体现了法律监督原则。本案中检察机关主要开展了立案监督和审判监督活动。

案例二：2018 年 7 月 23 日，李某在某县"V8 烧烤店"内吃宵夜，酗酒后无故将店内顾客方某某、尹某打伤。案件移送人民检察院审查起诉后，检察官审查发现，案件犯罪事实清楚，证据确实、充分，且李某到案后能如实供述自己的罪行，承认指控的犯罪事实，并愿意接受处罚。检察官遂向犯罪嫌疑人李某送达了《认罪认罚从宽制度告知书》，告知了其认罪认罚从宽制度的相关法律规定，并将法律援助机构指派的值班律师带到现场，为其提供法律咨询。李某在律师见证下，自愿签署了认罪认罚具结书。12 月 12 日法院开庭审理，被告人同意适用认罪认罚程序审理本案，检察官认为李某到案后能如实供述犯罪事实，自愿认罪认罚，可依法从宽处罚，建议判处有期徒刑 6 个月。审判员采纳了检察机关的量刑建议，当庭宣判。整个案件从受案到判决仅用了 1 个月。

[问题]

本案体现了刑事诉讼法的哪项基本原则？结合本案说明该原则的具体内容。

[分析提示]

认罪认罚从宽处罚原则。

模块二　刑事诉讼制度

第四章

刑事案件管辖

学习目标

通过本章的学习与训练，了解刑事案件管辖、立案管辖、审判管辖的概念；掌握公安机关、人民检察院、人民法院直接受理的刑事案件范围，掌握刑事诉讼法关于级别管辖、地区管辖、指定管辖的具体规定，能够依法判断案件的管辖机关和处理程序。

导入案例

范某，男，40岁，系某县县长。某日晚，范某利用收取公路建设集资款的机会，以暴力手段将前去县办公室请求缓交的女青年许某强奸。许某被害后，立即到县人民检察院告发，县检察院按管辖规定转往县公安局并通知其及时查处。县公安局派人前去调查，范某矢口否认，县公安局因而没有立案。县检察院经调查发现某许某被强奸属实，遂通知县公安局立案侦查，但县公安局立案后又作了撤销案件的处理。

[任务提出]

根据本案，思考并完成以下学习任务：

1. 人民检察院认为公安机关不立案的行为是错误的，人民检察院应该怎么做？公安机关又应如何处理？

2. 在本案中，县检察院将案件转往县公安局查处的做法对吗？

3. 在上述情况下，人民检察院是否有权直接受理该案件？

第一节　公诉与自诉案件的管辖分工

一、案件管辖与刑事案件立案程序的关系

我国刑事诉讼中的管辖，是指监察机关[1]与公安机关、人民检察院、人民法院在直接受理刑事案件范围上的权限划分以及人民法院系统内在审判第一审刑事案件的权限范围上的分工。它所要解决的问题分为两个方面：其一，确定哪些刑事案件由监察机关立案调查或者由公安机关或人民检察院直接立案侦查，哪些刑事案件由人民法院直接立案审理；其二，由人民法院审判的第一审刑事案件，确定案件应由哪一类（普通法院或专门法院）、哪一级（基层法院、中级法院、高级法院或最高法院）、哪一个（同级法院中的不同地区法院）人民法院进行审判的分工问题。

管辖是进行刑事诉讼时首先需要解决的问题。在我国，刑事诉讼程序是从立案活动开始的。立案是指公安机关、人民检察院和人民法院发现犯罪事实或犯罪嫌疑人，或者对接受的报案、控告、自首材料，或者自诉人的自诉材料进行审查后，判明有无犯罪事实和应否追究刑事责任，并决定是否作为刑事案件进行侦查或审理的诉讼活动。而公安机关、人民检察院和人民法院等只能依法对属于自己管辖的案件决定是否立案，对不属于自己管辖的案件无权决定立案。哪类刑事案件应当由公安机关、人民检察院、人民法院哪一个机关立案受理，哪一个人民法院对此案件有管辖权，是立案程序必须要解决的问题。所以，确定管辖是刑事立案的前提。

二、立案管辖

根据刑事诉讼法的规定，管辖分为立案管辖和审判管辖。立案管辖，又称职能管辖或部门管辖，是指监察机关与公、检、法等国家专门机关之间在直接受理刑事案件上的权限划分。根据《监察法》第 3 条的规定，各级监察委员会是行使国家监察职能的专责机关，依法对所有行使公权力的公职人员进行监察，调查职务违法和职务犯罪，开展廉政建设和反腐败工作，维护宪法和法律的尊严。此外，除公、检、法机关具有刑事立案权之外，国家安全机关、军队保卫部门、中国海警局和监狱，都负责一定范围内的刑事案件的立案侦查任务。

立案管辖首先需要明确公诉案件和自诉案件的受理分工，不需要侦查的自

---

〔1〕　根据《监察法》第 3 条、第 4 条第 2 款的规定，各级监察委员会是行使国家监察职能的专责机关，依法对所有行使公权力的公职人员进行监察，调查职务违法和职务犯罪，开展廉政建设和反腐败工作，维护宪法和法律的尊严。监察机关办理职务违法和职务犯罪案件，应当与审判机关、检察机关、执法部门互相配合，互相制约。

诉案件由人民法院直接受理；之后确定需要立案调查或者侦查的公诉案件的具体管辖机关。

（一）监察委员会立案调查的职务犯罪案件

《监察法》第11条规定，"监察委员会依照本法和有关法律规定履行监督、调查、处置职责：……（二）对涉嫌贪污贿赂、滥用职权、玩忽职守、权力寻租、利益输送、徇私舞弊以及浪费国家资财等职务违法和职务犯罪进行调查；（三）……对涉嫌职务犯罪的，将调查结果移送人民检察院依法审查、提起公诉"。该条规定确立了监察机关立案调查公职人员职务犯罪的案件范围。2018年4月16日，中央纪委、国家监察委员会发布了《国家监察委员会管辖规定（试行）》，规定了监察机关立案调查的职务犯罪案件的管辖范围，包括刑法规定的贪污贿赂犯罪案件、滥用职权犯罪案件、玩忽职守犯罪案件、徇私舞弊犯罪案件、公职人员行使公权力过程中发生的重大责任事故犯罪案件和公职人员行使公权力过程中发生的其他犯罪案件等六大类88个罪名。[1]

（二）人民检察院立案侦查的刑事案件

1. 人民检察院管辖的刑事案件范围。为保障国家监察体制改革的顺利进行，完善监察与刑事诉讼的衔接，保障监察法的顺利实施，2018年《刑事诉讼法》修改的一项重要内容就是调整了人民检察院的侦查职权。《刑事诉讼法》第19条第2款规定："人民检察院在对诉讼活动实行法律监督中发现的司法工作人员利用职权实施的非法拘禁、刑讯逼供、非法搜查等侵犯公民权利、损害司法公正的犯罪，可以由人民检察院立案侦查。对于公安机关管辖的国家机关工作人员利用职权实施的重大犯罪案件，需要由人民检察院直接受理的时候，经省级以上人民检察院决定，可以由人民检察院立案侦查。"

（1）司法工作人员利用职权实施的非法拘禁、刑讯逼供、非法搜查等侵犯公民权利、损害司法公正的犯罪案件。2018年11月24日最高人民检察院发布的《关于人民检察院立案侦查司法工作人员相关职务犯罪案件若干问题的规定》（以下简称《检察院立案侦查规定》）明确规定，人民检察院在对诉讼活动实行法律监督中，发现司法工作人员涉嫌利用职权实施的14个侵犯公民权利、损害司法公正的犯罪案件，可以立案侦查。包括：非法拘禁罪（非司法工作人员除外）；非法搜查罪（非司法工作人员除外）；刑讯逼供罪；暴力取证罪；虐待被监管人罪；滥用职权罪（非司法工作人员滥用职权侵犯公民权利、损害司法公正的情形除外）；玩忽职守罪（非司法工作人员玩忽职守侵犯公民权利、损害司

---

[1] 具体犯罪的规定参见《国家监察委员会管辖规定（试行）》，载 https://www.pkulaw.com/chl/04cee45c194e2e9fbdfb.html? keyword。

法公正的情形除外）；徇私枉法罪；民事、行政枉法裁判罪；执行判决、裁定失职罪；执行判决、裁定滥用职权罪；私放在押人员罪；失职致使在押人员脱逃罪；徇私舞弊减刑、假释、暂予监外执行罪。[1]

（2）公安机关管辖的国家机关工作人员利用职权实施的重大犯罪案件。此类案件需要由人民检察院直接立案侦查的，应当层报省级人民检察院决定。省级人民检察院可以决定由设区的市级人民检察院立案侦查，也可以自行立案侦查。

本章导入案例中，范某实施的强奸犯罪，依法属于公安机关的案件管辖范围；从案情来看，可以认为属于国家机关工作人员利用职权实施的重大犯罪案件。本案中县人民检察院已经掌握了范某构成犯罪的重要证据，应当依法层报省人民检察院决定是否立案侦查。

2. 人民检察院的侦查管辖。根据《高检诉讼规则》第14条的规定，人民检察院办理直接受理侦查的案件，由设区的市级人民检察院立案侦查。基层人民检察院发现犯罪线索的，应当报设区的市级人民检察院决定立案侦查。设区的市级人民检察院根据案件情况也可以将案件交由基层人民检察院立案侦查，或者要求基层人民检察院协助侦查。对于刑事执行派出检察院辖区内与刑事执行活动有关的犯罪线索，可以交由刑事执行派出检察院立案侦查。《高检诉讼规则》第19条进一步明确规定，人民检察院立案侦查的案件，"由犯罪嫌疑人工作单位所在地的人民检察院管辖。如果由其他人民检察院管辖更为适宜的，可以由其他人民检察院管辖"。

（三）公安机关立案侦查的刑事案件

1. 公安机关管辖的刑事案件范围。《刑事诉讼法》第19条第1款规定："刑事案件的侦查由公安机关进行，法律另有规定的除外。"这一规定说明，除法律另有规定的情形外，所有刑事案件的侦查都由公安机关负责。法律的除外规定包括两类情况：①不需要立案调查、侦查的刑事案件，由人民法院直接受理审判。②由其他机关侦查、调查的刑事案件，包括：其一，监察机关管辖的职务犯罪案件；其二，《刑事诉讼法》第19条第2款规定的由人民检察院立案侦查的刑事案件；其三，《刑事诉讼法》第4条规定的国家安全机关立案侦查的危害国家安全的刑事案件；其四，《刑事诉讼法》第308条规定的军队保卫部门对军队内部发生的刑事案件行使侦查权；中国海警局对海上发生的刑事案件行使侦

---

[1]　最高人民检察院《关于人民检察院立案侦查司法工作人员相关职务犯罪案件若干问题的规定》，载 https://www.66law.cn/tiaoli/11004.aspx。

查权;〔1〕罪犯在监狱内犯罪的案件由监狱负责侦查。

本章导入案例为强奸犯罪案件，在立案管辖上应该由公安机关管辖。因此，县人民检察院接受了被害人许某的告发后，又按照管辖的规定移送公安机关处理的做法是正确的。

2. 公安机关的侦查管辖。根据《公安部规定》，在案件的具体管辖上，应注意以下几个问题：①县级公安机关负责侦查发生在本辖区内的刑事案件。设区的市一级以上公安机关负责危害国家安全犯罪、恐怖活动犯罪、涉外犯罪、经济犯罪、集团犯罪、跨区域犯罪中重大案件的侦查。②刑事案件由犯罪地的公安机关管辖，如果由犯罪嫌疑人居住地的公安机关管辖更为适宜的，可以由犯罪嫌疑人居住地的公安机关管辖。几个公安机关都有权管辖的刑事案件，由最初受理的公安机关管辖。必要时，可以由主要犯罪地的公安机关管辖。有下列情形之一的，公安机关可以在职责范围内并案侦查：一人犯数罪的；共同犯罪的；共同犯罪的犯罪嫌疑人还实施其他犯罪的；多个犯罪嫌疑人实施的犯罪存在关联，并案处理有利于查明犯罪事实的。③对管辖不明确或者有争议的刑事案件，可以由有关公安机关协商。协商不成的，由共同的上级公安机关指定管辖。对情况特殊的刑事案件，可以由共同的上级公安机关指定管辖。

（四）人民法院直接受理的刑事案件

《刑事诉讼法》第19条第3款规定："自诉案件，由人民法院直接受理。"自诉案件是指被害人及其法定代理人、近亲属，为追究被告人的刑事责任而直接向人民法院提出诉讼的案件。根据《刑事诉讼法》第210条的规定，自诉案件包括下列案件：

1. 告诉才处理的案件。告诉才处理的案件，是指在被害人及其法定代理人提出控告和起诉时，人民法院才予以受理的案件。如果被害人及其法定代理人没有告诉或者告诉后又撤回告诉的，人民法院就不予追究。被害人不起诉必须是他本人真实意思的体现，如果被害人因受到强制、威吓等原因无法告诉的，人民检察院或者被害人的近亲属也可以告诉。我国《刑法》规定的告诉才处理的案件有：第246条第1款规定的侮辱案（严重危害社会秩序和国家利益的除外）、诽谤案（严重危害社会秩序和国家利益的除外），第257条第1款规定的暴力干涉婚姻自由案，第260条第1款规定的虐待案（被害人没有能力告诉或者因受到强制、威吓无法告诉的除外），第270条规定的侵占案。

2. 被害人有证据证明的轻微刑事案件。这类自诉案件必须符合两个条件：

---

〔1〕　海警部门具体管辖海（岛屿）岸线以外我国管辖海域内发生的刑事案件。对于发生在沿海港岙口、码头、滩涂、台轮停泊点等区域的刑事案件，由公安机关管辖。见《公安部规定》第14条第6项。

一是必须是轻微的刑事案件；二是被害人必须有相应的证据证明被告人有罪。被害人在追诉时，处于原告地位，应负举证责任，提出证据证明其诉讼主张。根据《高法解释》第 1 条第 2 项的规定，这类案件包括：故意伤害案（轻伤）；非法侵入住宅案；侵犯通信自由案；重婚案；遗弃案；生产、销售伪劣商品案（严重危害社会秩序和国家利益的除外）；侵犯知识产权案（严重危害社会秩序和国家利益的除外）；属于刑法分则第四章、第五章规定的，可能判处 3 年有期徒刑以下刑罚的案件。上述所列八项案件中，被害人直接向人民法院起诉的，人民法院应当依法受理，对于其中证据不足、可由公安机关受理的，或者认为对被告人可能判处 3 年有期徒刑以上刑罚的，应当告知被害人向公安机关报案，或者移送公安机关立案侦查。《公安部规定》第 14 条明确，对人民法院直接受理的被害人有证据证明的轻微刑事案件，因证据不足驳回起诉，人民法院移送公安机关或者被害人向公安机关控告的，公安机关应当受理；被害人直接向公安机关控告的，公安机关应当受理。公安机关依法受理案件后，案件将按照公诉案件程序进行追诉。这表明，对此类案件，被害人有权选择以自诉还是公诉方式追究被告人的刑事责任。

3. 被害人有证据证明对被告人侵犯自己人身权利、财产权利的行为应当依法追究刑事责任，而公安机关或者人民检察院不予追究被告人刑事责任的案件。"公安机关或者人民检察院不予追究被告人刑事责任"，是指经向公安机关或者人民检察院报案、控告、举报，公安机关或者人民检察院未立案侦查，或者撤销案件，或者不起诉。根据《高法解释》第 1 条第 3 项规定，当被害人有证据证明对被告人的行为应当依法追究刑事责任，且有证据证明曾经提出控告的，人民法院就可以直接受理。根据《刑事诉讼法》第 180 条规定，对人民检察院维持不起诉决定的，被害人可以向人民法院起诉。被害人也可以不经申诉，直接向人民法院起诉。被害人对人民检察院不起诉决定不服而向人民法院起诉的案件，属于这类自诉案件。这类案件原本属于公诉案件范围，因公安机关或者人民检察院不予追究被告人刑事责任，为保障被害人的控告权，才确定由被害人自行提起诉讼，成为自诉案件，所以称为"公诉转自诉案件"。

（五）案件涉及不同机关管辖的处理

司法实践中，存在犯罪嫌疑人同时涉嫌依法由监察机关立案调查的犯罪和公安机关、人民检察院立案侦查的案件的情况，应依照有关法律和司法解释的规定办理。

《监察法》第 34 条规定："人民法院、人民检察院、公安机关、审计机关等国家机关在工作中发现公职人员涉嫌贪污贿赂、失职渎职等职务违法或者职务犯罪的问题线索，应当移送监察机关，由监察机关依法调查处置。被调查人既涉嫌严重职务违法或者职务犯罪，又涉嫌其他违法犯罪的，一般应当由监察机关为主调查，其他机关予以协助。"《高检诉讼规则》第17条要求，人民检察院办理直接受理侦查的案件，"发现犯罪嫌疑人同时涉嫌监察机关管辖的职务犯罪线索的，应当及时与同级监察机关沟通。经沟通，认为全案由监察机关管辖更为适宜的，人民检察院应当将案件和相应职务犯罪线索一并移送监察机关；认为由监察机关和人民检察院分别管辖更为适宜的，人民检察院应当将监察机关管辖的相应职务犯罪线索移送监察机关，对依法由人民检察院管辖的犯罪案件继续侦查。"根据《六机关规定》第1条的精神，人民检察院立案侦查犯罪时，发现犯罪嫌疑人同时涉嫌公安机关管辖的犯罪线索的，应当将属于公安机关管辖的刑事案件移送公安机关。同样，公安机关侦查刑事案件如果涉及人民检察院管辖案件范围时，应当将案件移送人民检察院。在这种互涉案件中，如果涉嫌主罪属于公安机关管辖，由公安机关为主侦查，人民检察院予以配合；如果涉嫌主罪属于人民检察院管辖，由人民检察院为主侦查，公安机关予以配合。

第二节　审判法院的确定

审判管辖，是指各级人民法院之间、同级人民法院之间以及普通人民法院与专门人民法院之间、各专门人民法院之间在审判第一审刑事案件上的权限分工。根据《刑事诉讼法》的规定，刑事审判管辖分为级别管辖、地区管辖和专门管辖。

一、级别管辖

级别管辖是指各级人民法院之间在审判第一审刑事案件上的权限划分，解决的是上、下级人民法院之间的权限分工。级别管辖的划分主要考虑下列因素：①案件的性质；②罪行的轻重和可能判处刑罚的轻重；③案件涉及面和社会影响的大小；④不同级别人民法院在审判体系中的地位、职责和条件；等等。刑事诉讼法对各级人民法院管辖的第一审刑事案件作了明确规定。

（一）基层人民法院管辖的第一审刑事案件

《刑事诉讼法》第20条规定："基层人民法院管辖第一审普通刑事案件，但是依照本法由上级人民法院管辖的除外。"可见，绝大多数刑事案件都由基层人民法院进行第一审审判，其审判任务是十分繁重的。法律之所以这样规定，是因为基层人民法院在人民法院组织体系中数量最多，而且案件的发生地都在其辖区内，由其进行审判，便于核查证据，也便于诉讼参与人参加诉讼。

（二）中级人民法院管辖的第一审刑事案件

《刑事诉讼法》第21条规定："中级人民法院管辖下列第一审刑事案件：

（一）危害国家安全、恐怖活动案件；（二）可能判处无期徒刑、死刑的案件。"立法上之所以将这些案件划分为由中级以上人民法院进行第一审审判，是因为其案件性质严重，或者案情重大复杂、影响范围大或者处刑较重，其目的在于保证办案质量。立法上对中级人民法院管辖的第一审刑事案件采用了列举方式，并不是说这两类案件必须由中级人民法院进行第一审审判，而是最低的管辖级别应由中级人民法院进行第一审审判，并不排除最高人民法院、高级人民法院对这些案件进行第一审审判。

此外，根据《刑事诉讼法》第 291 条的规定，对于贪污贿赂等犯罪案件，犯罪嫌疑人、被告人潜逃境外，人民法院决定缺席审判的，由犯罪地、被告人离境前居住地或者最高人民法院指定的中级人民法院组成合议庭进行审理。根据《刑事诉讼法》第 299 条第 1 款规定，没收违法所得的案件，由犯罪地或者犯罪嫌疑人、被告人居住地的中级人民法院组成合议庭进行审理。

（三）高级人民法院管辖的第一审刑事案件

《刑事诉讼法》第 22 条规定："高级人民法院管辖的第一审刑事案件，是全省（自治区、直辖市）性的重大刑事案件。"可见，高级人民法院管辖的第一审刑事案件，应符合两个条件：①全省（自治区、直辖市）性的案件；②重大刑事案件。司法实践中，由高级人民法院直接审理的第一审刑事案件很少，这是与高级人民法院在法院系统中所处的位置和工作量负担相适应的。按照法律规定，高级人民法院负责不服中级人民法院第一审判决的上诉、抗诉案件的第二审审理；死刑缓期二年执行案件的复核核准；以及中级人民法院判处死刑立即执行、没有上诉和抗诉，也要由高级人民法院复核后报最高人民法院核准；对省、自治区、直辖市内下级人民法院的审判工作实行监督和业务指导；等等。

[案例]　陈某某在担任北京市委书记期间，没有按照规定上交在对外交往中接受的价值 50 多万元的贵重礼品，而是个人非法占有。另外，还指使、纵容他人擅自动用财政资金建造豪华别墅，其中，违规动用财政资金 3000 多万元，耗用服务管理费用 200 多万元。1998 年 6 月北京市人民检察院提起了公诉，北京市高级人民法院审理了此案，以贪污罪判处陈某某有期徒刑 13 年，以玩忽职守罪判处有期徒刑 4 年，决定执行有期徒刑 16 年。

本案例中，陈某某身为北京市委书记，犯贪污罪、玩忽职守罪，给国家造成了巨大损失，社会影响极其恶劣，且案情复杂，审理难度很大，为保证公正处理案件，由北京市高级人民法院管辖本案的做法是完全正确的。

（四）最高人民法院管辖的第一审刑事案件

《刑事诉讼法》第 23 条规定："最高人民法院管辖的第一审刑事案件，是全国性的重大刑事案件。"最高人民法院是国家的最高审判机关，既要监督、指导地方各级人民法院和专门人民法院的审判工作，对审判过程中具体应用法律问题作出司法解释；又要对不服各高级人民法院一审裁判的上诉、抗诉案件和最高人民检察院按照审判监督程序提出抗诉的案件进行审理；还要对死刑案件进行复核；等等，其工作量十分繁重。因此，最高人民法院审理的第一审刑事案件，仅为全国性的重大刑事案件。

除上述法定情形外，在级别管辖方面，人民法院还应遵守下列规定：

1. 《刑事诉讼法》第 24 条规定："上级人民法院在必要的时候，可以审判下级人民法院管辖的第一审刑事案件；下级人民法院认为案情重大、复杂需要由上级人民法院审判的第一审刑事案件，可以请求移送上一级人民法院审判。"根据这一规定，上级人民法院不得将自己管辖的第一审刑事案件交给下级人民法院管辖，但下级人民法院管辖的案件可以移送上级人民法院管辖。

《高法解释》对移送管辖作了明确的规定。《高法解释》第 17 条规定，基层人民法院对可能判处无期徒刑、死刑的第一审刑事案件，应当移送中级人民法院审判。对下列第一审刑事案件，基层人民法院可以请求移送中级人民法院审判：①重大、复杂案件；②新类型的疑难案件；③在法律适用上具有普遍指导意义的案件。"有管辖权的人民法院因案件涉及本院院长需要回避或者其他原因，不宜行使管辖权的，可以请求移送上一级人民法院管辖。上一级人民法院可以管辖，也可以指定与提出请求的人民法院同级的其他人民法院管辖。"（《高法解释》第 18 条）

2. 根据《高法解释》第 14 条的规定，人民检察院认为可能判处无期徒刑、死刑而向中级人民法院提起公诉的普通刑事案件，中级人民法院受理后，认为不需要判处无期徒刑以上刑罚的，应当依法审判，不再交基层人民法院审判。

3. 根据《高法解释》第 15 条的规定，一人犯数罪、共同犯罪和其他需要并案审理的案件，只要其中一人或者一罪属于上级人民法院管辖的，全案由上级人民法院管辖。

4. 根据 2013 年 1 月 17 日最高人民法院、最高人民检察院、公安部、国家安全部、司法部《关于外国人犯罪案件管辖问题的通知》规定，第一审外国人犯罪案件，除《刑事诉讼法》第 21 条至 23 条[1]规定的以外，由基层人民法院管辖。外国人犯罪案件较多的地区，中级人民法院可以指定辖区内一个或者几个基层人民法院集中管辖第一审外国人犯罪案件；外国人犯罪案件较少的地区，中级人民法院可以依照《刑事诉讼法》第 24 条[2]的规定，审理基层人民法院

---

[1] 指 2018 年《刑事诉讼法》第 22 条至 24 条。

[2] 指 2018 年《刑事诉讼法》第 25 条。

管辖的第一审外国人犯罪案件。

二、地区管辖

地区管辖是指同级人民法院之间在审判第一审刑事案件权限上的划分。级别管辖是从纵向上确定案件由哪一级人民法院管辖，地区管辖则是在明确案件的级别管辖的基础上，从横向上确定某一案件由同级人民法院中的哪一个人民法院管辖的问题。只有同时确定级别管辖和地区管辖，才能最终落实案件的管辖权。刑事诉讼法既规定了地区管辖的一般原则，又对特殊情况作了具体规定。

（一）确定地区管辖的原则

1. 犯罪地人民法院管辖为主、被告人居住地人民法院管辖为辅的原则。《刑事诉讼法》第 25 条规定："刑事案件由犯罪地的人民法院管辖。如果由被告人居住地的人民法院审判更为适宜的，可以由被告人居住地的人民法院管辖。"

《高法解释》第 2 条规定："犯罪地包括犯罪行为地和犯罪结果地。针对或者主要利用计算机网络实施的犯罪，犯罪地包括用于实施犯罪行为的网络服务使用的服务器所在地，网络服务提供者所在地，被侵害的信息网络系统及其管理者所在地，犯罪过程中被告人、被害人使用的信息网络系统所在地，以及被害人被侵害时所在地和被害人财产遭受损失地等。"

确定地区管辖时，要求以"犯罪地法院管辖"为主，是因为：①犯罪地是犯罪证据最多的地方，案件由犯罪地人民法院管辖，便于人民法院就地调查、核实证据，正确、及时地处理案件；②犯罪地往往是被害人、证人等所在地，由犯罪地人民法院审理，便于他们参与诉讼活动，有利于审判工作的顺利进行；③犯罪地的群众最关心本地发生的案件的处理，由犯罪地人民法院审判，便于当地群众旁听，也更能有效地结合案件进行法制宣传教育。

在犯罪地人民法院管辖的同时，如果由被告人居住地的人民法院管辖更为适宜时，也可以由被告人居住地人民法院管辖。所谓更为适宜，一般包括：①被告人流窜作案，难以确定主要犯罪地，而其居住地的群众更多地了解案件的情况；②被告人在居住地引起的民愤极大，居住地群众要求在当地审判的；③可能对被告人适用缓刑、管制或者单独适用剥夺政治权利等刑罚，因而需要在其居住地执行的；等等。被告人居住地包括其户籍所在地、经常居住地、工作或学习的地点等，《高法解释》第 3 条规定："被告人的户籍地为其居住地。经常居住地与户籍地不一致的，经常居住地为其居住地。经常居住地为被告人被追诉前已连续居住一年以上的地方，但住院就医的除外。被告单位登记的住所地为其居住地。主要营业地或者主要办事机构所在地与登记的住所地不一致的，主要营业地或者主要办事机构所在地为其居住地。"

2. 最初受理人民法院审判为主、主要犯罪地人民法院审判为辅的原则。《刑事诉讼法》第 26 条规定："几个同级人民法院都有权管辖的案件，由最初受理的人民法院审判。在必要的时候，可以移送主要犯罪地的人民法院审判。"按前述管辖原则，有时候并不能确定案件的管辖权，如一个犯罪涉及几个地点，按照犯罪地管辖原则，几个人民法院都有权审判；而以被告人居住地确定管辖，也可能出现多个法院都具有管辖权的情形，遇到这种情况，原则上由最初受理的人民法院审判。在必要的时候，最初受理的人民法院可以把案件移送主要犯罪地人民法院审判。所谓主要犯罪地，包括案件涉及多个地点时对该犯罪的成立起主要作用的行为地，也包括一人犯数罪时，主要罪行的实行地。必要的时候，是指对查清主要犯罪事实以及及时处理案件更为有利的情况。

（二）指定管辖

指定管辖是指由上级人民法院以指定的方式确定案件管辖权的情况。《刑事诉讼法》第 27 条规定："上级人民法院可以指定下级人民法院审判管辖不明的案件，也可以指定下级人民法院将案件移送其他人民法院审判。"可见，我国的指定管辖分为两种情况：

1. 由上级人民法院以指定的方式确定管辖权有争议或管辖不明的案件的管辖权。根据《高法解释》第 19 条第 2 款、第 20 条第 1 款规定，管辖权发生争议的，应当在审理期限内协商解决；协商不成的，由争议的人民法院分别层报共同的上级人民法院指定管辖。管辖不明的案件，上级人民法院可以指定下级人民法院审判。

2. 由上级人民法院以指定的方式改变管辖权。司法实践中可能会出现有管辖权的法院不宜行使审判权的情况。《高法解释》第 20 条第 2 款规定："有关案件，由犯罪地、被告人居住地以外的人民法院审判更为适宜的，上级人民法院可以指定下级人民法院管辖。"[1]

（三）几种特殊刑事案件的管辖

根据《高法解释》第 4~13 条的规定，确定下列特殊案件的管辖：

1. 在中华人民共和国内水、领海发生的刑事案件，由犯罪地或者被告人登陆地的人民法院管辖。由被告人居住地的人民法院审判更为适宜的，可以由被告人居住地的人民法院管辖。

2. 在列车上的犯罪，被告人在列车运行途中被抓获的，由前方停靠站所在

---

[1] 根据《高法解释》第 21~22 条的规定，上级人民法院指定管辖的，应当将指定管辖决定书送达被指定的人民法院及其他有关的人民法院。原受理案件的人民法院，在收到上级人民法院指定其他人民法院管辖的决定书后，不再行使管辖权。对于公诉案件，应当书面通知提起公诉的同级人民检察院，并将全部案卷材料退回，同时书面通知当事人；对于自诉案件，应当将全部案卷材料移送被指定管辖的人民法院，并书面通知当事人。

地负责审判铁路运输刑事案件的人民法院管辖。必要时，也可以由始发站或者终点站所在地负责审判铁路运输刑事案件的人民法院管辖。

被告人不是在列车运行途中被抓获的，由负责该列车乘务的铁路公安机关对应的审判铁路运输刑事案件的人民法院管辖；被告人在列车运行途经车站被抓获的，也可以由该车站所在地负责审判铁路运输刑事案件的人民法院管辖。

3. 在国际列车上的犯罪，根据我国与相关国家签订的协定确定管辖；没有协定的，由该列车始发或者前方停靠的中国车站所在地负责审判铁路运输刑事案件的人民法院管辖。

4. 在中华人民共和国领域外的中国船舶内的犯罪，由该船舶最初停泊的中国口岸所在地或者被告人登陆地、入境地的人民法院管辖。

5. 在中华人民共和国领域外的中国航空器内的犯罪，由该航空器在中国最初降落地的人民法院管辖。

6. 中国公民在中国驻外使领馆内的犯罪，由其主管单位所在地或者原户籍地的人民法院管辖。

7. 中国公民在中华人民共和国领域外的犯罪，由其登陆地、入境地、离境前居住地或者现居住地的人民法院管辖；被害人是中国公民的，也可由被害人离境前居住地或者现居住地的人民法院管辖。

8. 外国人在中华人民共和国领域外对中华人民共和国国家或者公民犯罪，根据《刑法》应当受处罚的，由该外国人登陆地、入境地或者入境后居住地的人民法院管辖，也可以由被害人离境前居住地或者现居住地的人民法院管辖。

9. 对中华人民共和国缔结或者参加的国际条约所规定的罪行，中华人民共和国在所承担条约义务的范围内行使刑事管辖权的，由被告人被抓获地、登陆地或者入境地的人民法院管辖。

10. 正在服刑的罪犯在判决宣告前还有其他罪没有判决的，由原审地人民法院管辖；由罪犯服刑地或者犯罪地的人民法院审判更为适宜的，可以由罪犯服刑地或者犯罪地的人民法院管辖。罪犯在服刑期间又犯罪的，由服刑地的人民法院管辖。罪犯在脱逃期间犯罪的，由服刑地的人民法院管辖。但是，在犯罪地抓获罪犯并发现其在脱逃期间犯罪的，由犯罪地的人民法院管辖。

三、专门管辖

《刑事诉讼法》第 28 条规定："专门人民法院案件的管辖另行规定。"专门管辖，是指专门人民法院与普通人民法院之间、各专门人民法院之间在第一审刑事案件受理范围上的分工。

根据 2018 年修订的《人民法院组织法》的规定，人民法院分为：最高人民法院、地方各级人民法院和专门人民法院。专门人民法院包括军事法院和海事法院、知识产权法院、金融法院等。根据全国人大常委会《关于在沿海港口城市设立海事法院的决定》《关于在北京、上海、广州设立知识产权法院的决定》《关于设立上海金融法院的决定》，海事法院、知识产权法院和金融法院不受理刑事案件。我国已建立的具有刑事管辖权的专门法院是军事法院。

《高法解释》第 26 条规定："军队和地方互涉刑事案件，按照有关规定确定管辖。"

根据 2009 年 8 月 1 日生效的最高人民法院、最高人民检察院、公安部、国家安全部、司法部、解放军总政治部《办理军队和地方互涉刑事案件规定》第 4 条规定："对军人的侦查、起诉、审判，由军队保卫部门、军事检察院、军事法院管辖。军队文职人员、非现役公勤人员、在编职工、由军队管理的离退休人员，以及执行军事任务的预备役人员和其他人员，按照军人确定管辖。对地方人员的侦查、起诉、审判，由地方公安机关、国家安全机关、人民检察院、人民法院管辖。列入中国人民武装警察部队序列的公安边防、消防、警卫部队人员，按照地方人员确定管辖。"对发生在营区的案件，由军队保卫部门或者军事检察院立案侦查；其中犯罪嫌疑人不明确且侵害非军事利益的，由军队保卫部门或者军事检察院与地方公安机关或者国家安全机关、人民检察院，按照管辖分工共同组织侦查，查明犯罪嫌疑人属于地方管辖的，移交地方公安机关或者国家安全机关、人民检察院处理。

思考题

1. 人民检察院立案侦查的刑事案件有哪些？
2. 人民法院直接受理的刑事案件有哪些？
3. 我国刑事诉讼法对人民法院的级别管辖是怎样划分的？
4. 什么是地区管辖？如何确定刑事案件地区管辖？

实务训练

案例一： A 县的宣某、潘某合伙从本县将同村的女青年郑某拐骗外省 B 县，在 B 县伺机寻找买主，后经人贩子介绍将郑某卖给 C 县的钱某为妻，后郑某到 C 县公安机关报案。C 县公安机关将犯罪嫌疑人宣某、潘某抓获。

[问题]

本案中 C 县人民法院有管辖权吗？为什么？

[分析提示]

C 县人民法院可以管辖。C 县是犯罪地，而且 C 县人民法院最先接受被害人的报案，是最初受理的人民法院。

案例二：罪犯甲因在 B 县犯抢劫罪，被判处 7 年有期徒刑，后在 B 县监狱服刑。在监狱服刑期间，甲打伤同监犯人乙后越狱。3 日后甲逃至 D 县又犯抢劫罪，被 D 县公安机关抓获，并由 D 县人民法院受理此案。同时，B 县人民法院在 D 县人民法院受理此案 10 日后，也受理此案。

[问题]

本案的管辖权如何确定？

[分析提示]

《高法解释》第 13 条第 3 款规定，罪犯在脱逃期间又犯罪的，由服刑地的人民法院管辖。但是，在犯罪地抓获罪犯并发现其在脱逃期间犯罪的，由犯罪地的人民法院管辖。本案应由 D 县人民法院受理。

案例三：某中学住校学生甲、乙因琐事发生争吵继而发生殴打，甲手抓一玻璃杯砸向乙，致其右眼球破裂、右眼失明，脑功能遭到严重损害，经法医鉴定，属于重伤。乙父亲向公安机关控告，要求立案追究甲的刑事责任。公安机关认为本案事实清楚，不需采用特别的侦查手段，遂让乙父直接去法院起诉。

[问题]

本案例中公安机关的做法是否正确？为什么？

[分析提示]

不正确。属于公安机关的立案侦查范围。

第五章

刑事诉讼回避

学习目标

通过本章的学习与训练，了解刑事诉讼中回避制度的意义；掌握回避的概念、适用回避的理由、回避适用的人员范围以及回避的程序；能够运用所学的回避知识分析实际案例，解决实际问题。

导入案例

某县发生一起抢夺案，该县公安机关组成以宋某为组长的侦查小组进行侦查，后来抓获了以乙为首的专门实施抢夺活动的犯罪团伙。经过讯问，宋某发现乙是当年狠心抛弃其母子的亲生父亲，乙也认出了宋某。乙认为宋某可能会公报私仇，就要求宋某退出侦查小组，不能参与对自己的讯问。宋某认为自己会公正办案，坚决不同意退出侦查小组。

[任务提出]

根据本案，思考并完成以下学习任务：

1. 这种情况属于刑事诉讼法中的何种制度？具体有哪些要求？

2. 乙的要求合理吗？为什么？

3. 宋某认为自己会公正办案，坚决不同意退出侦查小组的做法是否正确？

第一节 回避的理由和适用范围

一、回避的概念和意义

我国刑事诉讼中的回避，是指根据刑事诉讼法和有关法律的规定，审判人员、检察人员、侦查人员，以及书记员、鉴定人员、翻译人员，因与案件或者案件的当事人有某种利害关系或者其他可能影响案件公正处理关系的，不得参加该案件诉讼活动的一种诉讼制度。

回避是一项比较古老的诉讼制度，也是现代各国刑事诉讼普遍确立的一项诉讼制度。回避制度的建立，对于使公安司法人员在诉讼中保持中立无偏的地位、确保当事人在刑事诉讼过程中受到公正的对待、确保刑事案件得到客观公正的处理、确保法律制度和法律实施过程得到当事人和社会公众的普遍尊重具有重要的意义。

本章导入案例中出现的情况就属于刑事诉讼法中的回避制度。本案例内容符合回避的概念。

二、回避的适用人员范围

回避的适用人员，是指在法律明确规定的回避情形下应当回避的公安司法及有关人员的范围。只有属于这一范围内的人员才需要自行回避，或者当事人等申请回避。根据《刑事诉讼法》第 29 条、第 32 条规定，适用回避的人员包括审判人员、检察人员、侦查人员以及书记员、翻译人员和鉴定人。《高法解释》《高检诉讼规则》对具体人员范围作了明确规定。

1. 审判人员。包括直接负责审理本案的审判员和人民陪审员，还包括参与案件讨论、作出处理决定的人民法院院长、副院长、审判委员会委员、庭长、副庭长。

2. 检察人员。包括直接负责本案审查批捕、审查起诉、出庭支持公诉的检察官，也包括有权参与案件讨论、作出处理决定的人民检察院检察长、副检察长、检察委员会委员。

3. 侦查人员。包括负责本案侦查工作的公安机关和检察机关的侦查人员，其他依法行使侦查权的机关的侦查人员，还有对本案有权参与讨论和作出处理决定的公安机关负责人、检察长和检察委员会委员、其他有侦查权的机关对侦查工作具体组织指挥的负责人。

4. 书记员。在侦查、起诉、审判阶段担任记录工作的人员。

5. 翻译人员。在侦查、起诉、审判阶段担任语言文字或手势翻译工作的人员。

6. 鉴定人。在侦查、起诉、审判阶段对本案某个专门性问题进行鉴定提供鉴定意见的人员。

此外，根据《高法解释》《高检诉讼规则》规定，法官助理、人民检察院司法警察适用回避的有关规定。

三、回避的理由

回避的理由，是指法律明确规定实施回避所必备的事实根据。从理论上讲，可作为公安司法人员回避根据的情形主要是他们与案件或者当事人有某种利害关系或者其他关系，以致于难以使案件得到公正的处理。为了使这一抽象的根据具有可操作性,《刑事诉讼法》第29、30条对回避的理由作出了明确的规定。

（一）是本案的当事人或者是当事人的近亲属

根据《刑事诉讼法》第108条第2项和第6项的规定,本案的当事人是指本案的被害人、自诉人、犯罪嫌疑人、被告人、附带民事诉讼的原告人和被告人。当事人的近亲属包括当事人的夫、妻、父、母、子、女、同胞兄弟姊妹[1]。审判人员、检察人员、侦查人员等如果本身就是本案的当事人,那么他们的实体利益和诉讼目标就会与其所担当的诉讼角色发生激烈的冲突,他们极可能会从维护自身利益的角度进行诉讼活动,以致难以使各方当事人受到公正的对待,也难以对案件作出公正客观的处理。同样,这些人员如果是某一方当事人的近亲属,也很可能出于亲情而对该当事人予以偏袒,或者使其他当事人受到歧视性待遇,以致影响诉讼的公正性。即使公安司法人员事实上没有偏袒一方当事人,能够公正无私地处理案件,但只要他们与案件当事人存有上述关系,刑事诉讼的公正性就会受到其他当事人乃至社会公众的怀疑。因此,具备这种情形的公安司法人员等都应当回避。

本章导入案例中乙的要求合理。《刑事诉讼法》第29条规定,审判人员、检察人员、侦查人员是本案的当事人或者是当事人的近亲属的应当自行回避,当事人及其法定代理人也有权要求他们回避。因为宋某是乙当年抛弃的亲生儿子,两人之间有着利害关系,属于上述法律规定的情形。乙有理由认为宋某在侦查过程中会加入主观感情因素而作出对自己不利的行为。所以乙的要求合理,应予支持。

（二）本人或者他的近亲属和本案有利害关系

如果侦查、检察或者审判人员本人或者他们的近亲属与本案有着某种利害关系,案件的处理结果会直接影响到他们及其近亲属的利益,那么再由他们主持或者参与诉讼活动,就可能使案件得不到公正客观的处理。因此,具备这一情形的公安司法人员等应当回避。《高法解释》第27条第4项明确规定,审判人员与本案的辩护人、诉讼代理人有近亲属关系的,应当回避。

（三）担任过本案的证人、鉴定人、辩护人或者诉讼代理人[2]

审判、检察或者侦查人员等如果在本案中曾担任过证人、鉴定人,为本案提供过证言或者鉴定意见,即可能对案件事实或者案件的实体结局已产生先入为主的预断,无法再从容、冷静、客观地收集、审查、判断证据,因而易导致误判。同时,公安司法人员等如果曾担任过本案的辩护人或者诉讼代理人,既

---

〔1〕 最高人民法院《关于审判人员在诉讼活动中执行回避制度若干问题的规定》第1条第2款将"近亲属"解释为与审判人员有夫妻、直系血亲、三代以内旁系血亲及近姻亲关系的亲属。

〔2〕《高法解释》第27条第3项规定,审判人员担任过本案的翻译人员的,应当回避。

可能与委托过他们的当事人发生过某种特殊关系，而且也对案件事实有所了解，以致无法公正、客观地进行刑事诉讼活动。因此，公安司法人员等有此种情形的，应当回避。

（四）与本案当事人有其他关系，可能影响案件的公正处理

社会生活是十分复杂的，法律不可能将公安司法人员等与当事人之间可能发生的各种社会关系全部列举出来。审判、检察或者侦查人员等如果与当事人存有前述三种情形以外的其他关系，以致无法使案件得到公正处理的，也应当回避。当然，这些人员与当事人之间存有其他特殊关系这一事实本身尚不足以单独构成回避的理由，只有这种特殊关系的存在导致案件无法得到公正处理时，公安司法人员等才应回避。

（五）违反规定会见当事人及其委托人或者接受其请客送礼

《刑事诉讼法》第30条第1款规定："审判人员、检察人员、侦查人员不得接受当事人及其委托的人的请客送礼，不得违反规定会见当事人及其委托的人。"第2款规定："审判人员、检察人员、侦查人员违反前款规定的，应当依法追究法律责任。当事人及其法定代理人有权要求他们回避。"根据这两款规定，公安司法人员接受当事人及其委托人的"请客送礼"，违反规定会见当事人及其委托人的，构成回避的理由。

为严格执行这一规定，《高法解释》第28条规定："审判人员具有下列情形之一的，当事人及其法定代理人有权申请其回避：（一）违反规定会见本案当事人、辩护人、诉讼代理人的；（二）为本案当事人推荐、介绍辩护人、诉讼代理人，或者为律师、其他人员介绍办理本案的；（三）索取、接受本案当事人及其委托的人的财物或者其他利益的；（四）接受本案当事人及其委托的人的宴请，或者参加由其支付费用的活动的；（五）向本案当事人及其委托的人借用款物的；⑥有其他不正当行为，可能影响公正审判的。"对上述几种情形的回避，当事人及其法定代理人应当提供相关证据材料。

（六）在本诉讼阶段以前曾参与办理过本案

《刑事诉讼法》第239条规定："原审人民法院对于发回重新审判的案件，应当另行组成合议庭，依照第一审程序进行审判……"《刑事诉讼法》第256条规定："人民法院按照审判监督程序重新审判的案件，由原审人民法院审理的，应当另行组成合议庭进行……"根据上述规定，对于经过第二审程序裁定发回重审的案件，原审法院负责审理此案的原合议庭组成人员不得再参与对案件的审理；对于人民法院按照审判监督程序重新审判的案件，原负责审判此案的合议庭组成人员也不得再参与对该案的处理。

《高法解释》第29条进一步规定，凡参与过本案调查、侦查、审查起诉工

作的监察、侦查、检察人员，调至人民法院工作的，不得担任本案的审判人员。凡在一个审判程序中参与过本案审判工作的合议庭组成人员或者独任审判员，不得再参与本案其他程序的审判。但是，发回重新审判的案件，在第一审人民法院作出裁判后又进入第二审程序、在法定刑以下判处刑罚的复核程序或者死刑复核程序的，原第二审程序、在法定刑以下判处刑罚的复核程序或者死刑复核程序中的合议庭组成人员不受有关回避规定的限制。根据《高检诉讼规则》第 35 条规定，参加过同一案件侦查的人员，不得承办该案的审查逮捕、审查起诉、出庭支持公诉和诉讼监督工作，但在审查起诉阶段参加自行补充侦查的人员除外。

第二节　适用回避的程序

一、回避的提出

回避的提出，根据法律规定，可以是自行回避，也可以是申请回避或者指令回避。

1. 自行回避。审判人员、检察人员、侦查人员以及书记员、翻译人员、鉴定人员等在诉讼过程中遇有法定回避情形时，自行主动提出不参加该案件诉讼活动。《刑事诉讼法》第 29 条、《高法解释》第 27 条、《高检诉讼规则》第 24 条和《公安部规定》第 32 条都规定了自行回避制度。回避制度的实质是通过公安司法人员的职业自律和自我约束意识，消除可能导致案件得不到公正处理的人为因素，使符合法定回避情形的公安司法人员自觉退出诉讼活动。

本章导入案例中宋某的做法是不对的。根据刑事诉讼法的规定，宋某应该自己主动提出回避，不参与本案的侦查工作。

2. 申请回避。当事人及其法定代理人、辩护人、诉讼代理人认为审判人员、检察人员、侦查人员以及书记员、翻译人员、鉴定人有法定应当回避的情形，向人民法院、人民检察院或者公安机关提出要求有关人员回避的申请。

根据《刑事诉讼法》第 29 条和第 32 条的规定，申请公安司法人员等回避，是当事人及其法定代理人、辩护人、诉讼代理人的一项重要的诉讼权利。公安司法机关有义务保证当事人及其法定代理人、辩护人、诉讼代理人充分有效地行使这一权利。

3. 指令回避。应当回避的侦查人员、检察人员、审判人员等，本人没有自行回避，当事人和他们的法定代理人、辩护人、诉讼代理人也没有申请其回避的，公安机关的负责人、人民检察院的检察长、人民法院的院长，或者人民检察院的检察委员会、人民法院的审判委员会应当决定其回避。指令回避是回避制度的重要组成部分，是对自行回避和申请回避的必要补充。

二、回避的期间

回避的期间，是指回避适用的诉讼阶段范围。根据刑事诉讼法的规定，回避适用于审判人员、检察人员和侦查人员等，因而适用于侦查、起诉和审判等各个诉讼阶段。

《刑事诉讼法》第190条第1款规定："开庭的时候，审判长查明当事人是否到庭，宣布案由；宣布合议庭的组成人员、书记员、公诉人、辩护人、诉讼代理人、鉴定人和翻译人员的名单；告知当事人有权对合议庭组成人员、书记员、公诉人、鉴定人和翻译人员申请回避；告知被告人享有辩护权利。"根据这一规定，审判长在告知当事人等所享有的申请回避权后，当事人等即可以申请有关人员回避。换言之，在法庭审判开始以后，审判长应首先向当事人等告知申请回避权，然后由当事人及其法定代理人等行使这一权利。只有这样，符合法定回避情形的审判人员、公诉人等才能被排除出法庭审判过程。刑事诉讼法有关审判阶段适用回避的规定，既适用于第一审程序，也适用于第二审程序和审判监督程序。

《刑事诉讼法》对侦查、起诉阶段回避的程序没有作出明确的规定，但是在《高检诉讼规则》和《公安部规定》中有所规定。为确保回避制度在这两个诉讼阶段能得到切实的贯彻实施，侦查人员和检察人员在侦查、审查起诉活动开始后，应分别向犯罪嫌疑人、被害人等当事人告知回避申请权。在侦查阶段，诉讼各方难以集中在同一场所进行诉讼活动，一般认为侦查阶段的回避应以自行回避和指令回避为主，同时兼采申请回避。与此同时，检察机关应当加强对侦查程序合法性的监督。在审查起诉阶段，检察官如果有法定回避情形的，应自行主动回避。检察长或者检察委员会如果发现某一检察官有法定回避情形而没有自行回避的，可以指令其回避。同时，犯罪嫌疑人、被害人等各方当事人也可以向检察机关提出要求该检察官回避的申请。对于案件已被决定移送法院审判的，当事人在开庭后也可以要求出庭支持公诉的检察官回避。

三、回避的决定

《刑事诉讼法》第31条第1款规定："审判人员、检察人员、侦查人员的回避，应当分别由院长、检察长和公安机关负责人决定；院长的回避，由本院审判委员会决定；检察长和公安机关负责人的回避，由同级人民检察院检察委员会决定。"根据这一法律规定，审判人员、检察人员、侦查人员的回避，应当分别由院长、检察长和公安机关负责人决定。[1] 院长的回避，由本院审判委员会决定。审判委员会讨论院长回避问题时，由副院长主持，院长不得参加。检察长和公安机关负责人的回避，由同级人民检察院检察委员会决定。检察委员会讨论检察长回避问题时，由副检察长主持，检察长不得参加。公安机关内部没有类似于审判委员会或者检察委员会这样的组织，为确保检察机关对侦查工作的有效法律监督，对公安机关负责人的回避，要由同级检察机关的检察委员会讨论决定。书记员、鉴定人和翻译人员的回避，在侦查阶段由公安机关负责人决定，在审查起诉阶段由检察长决定，在审判阶段由人民法院院长决定。

回避决定一经作出，即发生法律效力，该司法人员应立即退出刑事诉讼活动。对于检察人员、审判人员的回避一经提出，诉讼活动一律暂停进行。

考虑到刑事侦查工作的紧迫性和特殊性，也为了防止审查回避影响侦查活动的及时进行，《刑事诉讼法》第31条第2款规定："对侦查人员的回避作出决定前，侦查人员不能停止对案件的侦查。"根据这一规定，侦查人员在提出自行回避或者当事人提出要求其回避的申请以后，可以照常进行刑事侦查活动，直到有关组织或者个人依法对这一回避进行审查并作出正式的准许回避决定之后，该侦查人员才能停止对案件的侦查工作，但同时其他侦查人员应立即接替其继续或者重新开始侦查工作。在侦查过程中，对鉴定人、书记员和翻译人员提出回避的，是否停止他们的诉讼活动，适用侦查人员的规定。同时，根据《公安部规定》和《高检诉讼规则》的规定，对符合《刑事诉讼法》第29条和第30条规定的情形之一而回避的侦查人员、检察人员在回避决定作出以前所取得的证据和进行的诉讼行为是否有效，由作出决定的公安机关负责人、检察长或者检察委员会根据案件具体情况决定。

四、回避申请的驳回与复议

有关组织或个人经过审查，如果认为自行请求回避或者被当事人申请回避的公安司法人员事实上并不具有法定的回避情形，其参加诉讼活动并不会影响案件的公正处理，就可以作出驳回回避申请的决定。

驳回回避申请的决定，一经作出即具有法律效力。为保障当事人申请回避的合法权利，同时防止当事人无根据地利用这一权利妨碍案件的及时处理，《刑

---

〔1〕 关于出庭检察人员的回避，《高法解释》第36条规定，当事人及其法定代理人申请出庭的检察人员回避的，人民法院应当区分情况作出处理：①属于刑事诉讼法第29条、第30条规定情形的回避申请，应当决定休庭，并通知人民检察院尽快作出决定；②不属于刑事诉讼法第29条、第30条规定情形的回避申请，应当当庭驳回，并不得申请复议。《高检诉讼规则》28条规定，在开庭审理过程中，当事人及其法定代理人向法庭申请出庭的检察人员回避的，在收到人民法院通知后，人民检察院应当作出回避或者驳回申请的决定。不属于刑事诉讼法第29条、第30条规定情形的回避申请，出席法庭的检察人员应当建议法庭当庭驳回。

事诉讼法》第31条第3款，第32条第2款规定，当事人及其法定代理人、辩护人、诉讼代理人对驳回回避申请的决定不服时，可以申请复议一次。原作出驳回回避申请的组织或者个人应当复议，并将复议的最终结果及时告知申请复议的当事人及其法定代理人、辩护人、诉讼代理人。在作出复议决定前（复议期间），不影响被申请回避的人员参与案件的处理活动。

根据《高法解释》第35条第2款的规定，对当事人及其法定代理人提出的不属于《刑事诉讼法》第29条、第30条规定情形的回避申请，由法庭当庭驳回，并不得申请复议。

思考题

1. 什么是回避？回避的方式有哪几种？
2. 刑事诉讼中，应当回避的理由是什么？
3. 回避的适用对象有哪些？
4. 简述刑事诉讼法对回避程序的规定。

实务训练

案例一： 某县人民法院在审理一起体罚、虐待被监管人案件时，被害人何某以与自己存在利害关系为由，申请人民法院让以下人员回避：审判委员会委员宋某、刑庭庭长朱某、参加本案合议庭的人民陪审员李某以及辩护方提出传唤的证人胡某。

[问题]

对何某的申请应如何处理？

[分析提示]

对申请刑庭庭长朱某、证人胡某回避的要求不能支持。朱某不是审判委员会委员也不是合议庭人员，不回避；证人不属于回避的范围。

宋某、李某依法应当回避。

案例二： 某市公安局对一起共同抢夺案进行立案侦查，以公安局长宋某为首组成侦破小组，查获犯罪嫌疑人甲、乙涉嫌共同抢夺。侦查过程中，甲聘请的律师崔某未与甲商量，独立提出本案的侦查员何某与被害人是同一个村的村民，关系密切，申请其回避的请求。侦查科的科长立即停止了何某的侦查工作，何某为避免别人的闲话也立即退出了侦查活动。接着甲申请公安局长回避，理由是公安局长与被害人的父亲是大学同学，关系很好，后来上级公安机关作出了回避决定。本案经市检察院起诉至市法院，审理期间，乙提出书记员尤某原是本案侦查人员，后因工作调动至法院，不应担任本案书记员；甲提出出庭支持公诉检察院的书记员李某在参与案件审查起诉过程中曾经和被害人一起吃饭，应当回避；甲提出陪审员周某相貌凶恶，语气严厉，不应参与案件的审判。审判长王某当庭决定准许李某、尤某回避，驳回甲对周某的回避申请。

[问题]

1. 律师崔某有权提出回避吗？律师崔某提出回避的理由正确吗？

2. 何某回避与否应由侦查科科长来决定吗？对侦查人员的回避作出决定前，侦查人员能否停止对案件的侦查活动？

3. 甲申请公安局长回避的理由对吗？由上级公安机关来决定公安局长的回避是否正确？

4. 乙提出尤某不应担任本案书记员，甲提出书记员李某应当回避的要求正确吗？

5. 甲提出陪审员周某不应参与案件的审判工作的理由对吗？

6. 审判长有权决定法院尤某、李某的回避吗？

[分析提示]

1. 律师有权申请回避。理由符合法律规定。

2. 侦查科科长不能决定回避与否。对侦查员何某的回避作出决定前，不应停止其侦查工作。

3. 甲申请公安局长回避，符合法定理由。公安局长的回避不应由上级公安机关来作决定。

4. 乙提出书记员尤某回避、甲提出书记员李某回避的理由符合法律规定。

5. 甲提出陪审员周某回避不是法定的理由。

6. 审判长无权决定回避问题。

案例三：在某市人民法院公开审理的一起故意伤害案件中，被告人杨某提出公诉人朱某与被害人李某是同学，有可能妨碍案件的公正审理，要求公诉人回避。审判长受理后，将该回避请求报告给法院院长，院长在调查核实后，认为被告人杨某的回避请求不能成立，遂驳回了其申请。

[问题]

此案中法院院长的处理正确吗？

[分析提示]

法院院长无权决定公诉人朱某的回避。根据《刑事诉讼法》第31条第1款的规定，检察人员的回避，由检察长决定。所以，虽然案件已经进入到审判阶段，本案公诉人的回避也应当由公诉人所在的检察机关的检察长决定，而不能由法院院长决定。

第六章

刑事辩护与刑事代理

学习目标

通过本章的学习与训练，了解辩护制度的基本内容，明确辩护人参与刑事辩护的作用。了解辩护的种类，明确辩护人的范围、辩护人的诉讼地位、辩护人的责任和义务，能够熟练掌握和运用辩护人的诉讼权利，依法为犯罪嫌疑人、被告人提供法律帮助。

了解刑事代理制度的基本内容，明确诉讼代理人在不同刑事代理中的职责，能够熟练掌握和运用法律规定依法为委托人提供法律帮助。

导入案例

林某故意杀人案[1]

2013 年 4 月 11 日，上海市公安局文保分局接到某大学保卫处报案称，该校学生黄某自 4 月 1 日饮用了寝室内饮水机中的水后出现身体不适，有中毒迹象，正在医院抢救。后确定，黄某应为二甲基亚硝胺中毒。经现场勘查和调查走访，警方认为黄某同寝室同学林某有重大作案嫌疑，并于 4 月 12 日对其传唤，林某如实供述了其向寝室饮水机投放二甲基亚硝胺的事实，当晚林某被公安机关依法刑事拘留。4 月 16 日黄某经救治无效去世。经法医鉴定，黄某系因二甲基亚硝胺中毒致急性肝坏死引起急性肝功能衰竭，继发多器官功能衰竭死亡。2013年 4 月 25 日，上海市黄浦区人民检察院以涉嫌故意杀人罪对犯罪嫌疑人林某依法批捕。2014 年 1 月 27 日，上海市第二中级人民法院对上海市人民检察院第二分院提起公诉的被告人林某故意杀人罪一案公开开庭审理。被害人黄某亲属委

---

〔1〕 根据网络报道内容编写。

托的诉讼代理人刘某雷、叶某，被告人林某及其委托的辩护人周某红、江某洪，鉴定人陈某某到庭参加了诉讼。

庭审中，检方指控，被告人林某因琐事与被害人黄某不和，采用投毒方法故意杀害黄某并致其死亡，手段残忍，社会危害极大，其行为已构成故意杀人罪，提请法院依法严惩。被害人的代理律师提出，林某到案后回避主观动机，没有悔罪表现，建议对其依法严惩。被告人林某辩称，其只是出于"愚人节"作弄黄某的动机而实施投毒，没有杀人的故意。辩护人对起诉书指控不持异议，但提出林某系间接故意杀人，到案后能如实供述罪行，有认罪表现，建议对其依法从轻处罚。

[任务提出]

根据本案，思考并完成以下学习任务：

1. 法律对委托辩护人参与刑事诉讼的时间是如何规定的？

2. 作为林某的辩护人，周律师、江律师在刑事诉讼中的职责是什么？

3. 作为辩护律师，在侦查、起诉、审判阶段应如何开展辩护活动？

4. 作为诉讼代理人，刘律师、叶律师在刑事诉讼中的职责与辩护人有何不同？

第一节　刑事辩护

一、辩护与辩护制度

（一）辩护

刑事诉讼中的辩护，是指在刑事诉讼中，犯罪嫌疑人、被告人及其辩护人针对控诉方的指控，根据事实和法律，提出有利于犯罪嫌疑人、被告人的证据和意见，使其免受不公正对待和处理的一系列诉讼行为的总和。关于辩护的含义，可以从不同的角度理解：

第一，辩护是一种基本的诉讼职能。现代刑事诉讼中，控诉、辩护和审判是三大基本的诉讼职能，控审分离、控辩平等、审判中立是刑事诉讼的基本原则。控诉、辩护和审判职能依法分别由不同的诉讼主体承担，其分工和作用贯穿于刑事诉讼活动的始终。辩护职能是针对控诉职能提出的，其是与控诉相对立的一种诉讼职能。没有控诉，就没有辩护。同时，为了保持控、辩力量的均衡，刑事诉讼法赋予犯罪嫌疑人、被告人较多的诉讼权利。

第二，辩护是一种基本的诉讼权利。在我国，辩护是宪法和法律专门赋予犯罪嫌疑人、被告人反驳控诉，维护自身合法权益的一种诉讼权利。犯罪嫌疑人、被告人在刑事诉讼中享有较多的权利，其出发点都在于保障犯罪嫌疑人、被告人的辩护权。

第三，辩护是一种诉讼活动。辩护是犯罪嫌疑人、被告人针对控诉进行的反驳、申辩，提出说明无罪、罪轻或者应当从轻、减轻、免除刑事责任的材料和意见，维护其诉讼权利和其他合法权益的一项诉讼活动。

根据法律规定，犯罪嫌疑人、被告人可以委托律师或者其他辩护人帮助其行使辩护权。辩护人参与刑事诉讼成为现代刑事诉讼的一项重要内容。世界各国对辩护人参与刑事诉讼的地位、责任、权利和义务等也有相应的法律规定，由此形成了基本的刑事辩护制度。

（二）辩护制度

辩护制度是围绕犯罪嫌疑人、被告人行使辩护权而形成的一项刑事诉讼制度。具体是指法律规定的关于辩护权的内容、辩护的种类、辩护的方式、辩护人资格、辩护人的责任与义务、辩护人的权利等一系列规则和制度的总称。辩护制度的健全和完善，是衡量现代国家刑事诉讼程序科学、民主程度的重要标志。

我国是社会主义国家，保障犯罪嫌疑人、被告人的辩护权是我国宪法和刑事诉讼法的重要原则。《宪法》第 130 条规定，"被告人有权获得辩护"。《刑事诉讼法》第 11 条明确规定，"被告人有权获得辩护，人民法院有义务保证被告人获得辩护"。《律师法》对律师的业务、律师的权利义务、法律援助、律师协会、律师的法律责任等有系统的规定。相关法律的规定为律师和其他辩护人更好地履行职责，维护犯罪嫌疑人、被告人的合法权益，维护法律的正确实施，维护社会公平和正义提供了法律保障。

作为现代国家法律制度的重要组成部分，刑事辩护制度对于确保犯罪嫌疑人、被告人积极参与刑事诉讼过程、维护自身的合法权益，促使公安司法人员正确处理案件、防止主观片面，保障司法公正、促进司法民主都具有重要的意义。

二、辩护的种类

根据《刑事诉讼法》第 33~35 条的规定，我国刑事诉讼中的辩护形式有三种：自行辩护、委托辩护和法律援助辩护。2018 年《刑事诉讼法》增加规定了"值班律师法律帮助"。

（一）自行辩护

犯罪嫌疑人、被告人依法享有辩护权。自行辩护，即犯罪嫌疑人、被告人自己行使辩护权，针对指控进行反驳、申辩和辩解的行为。这种辩护方式贯穿刑事诉讼活动的始终。

犯罪嫌疑人、被告人是被侦查机关怀疑涉嫌犯罪，被公诉机关或者自诉人指控实施了犯罪行为的人，是刑事诉讼的中心人物，本身有针对指控进行辩护，维护自身合法权益的强烈愿望。特别是在侦查、起诉过程中，犯罪嫌疑人处于侦查措施、强制措施的监控之下，及时进行自行辩护能够最有效地保护自身的权益。在刑事诉讼中，自行辩护是犯罪嫌疑人、被告人进行辩护的重要形式。

（二）委托辩护

《刑事诉讼法》第 33 条第 1 款规定，"犯罪嫌疑人、被告人除自己行使辩护权以外，还可以委托一至二人作为辩护人"。由此可知，在刑事诉讼中，犯罪嫌疑人、被告人有获得辩护人帮助的权利，犯罪嫌疑人、被告人可以按照自己的意愿选择特定的人为自己辩护。

委托辩护，是指犯罪嫌疑人、被告人为维护其合法权益，依法委托律师或者其他公民协助其进行辩护的一种辩护形式。关于委托辩护，根据《刑事诉讼法》第 34 条的规定，具体分为两种情形：

1. 犯罪嫌疑人自被侦查机关第一次讯问或者采取强制措施之日起，有权委托辩护人。但在侦查期间，"只能委托律师作为辩护人"。这表明，在刑事侦查程序开始后，犯罪嫌疑人就享有获得辩护人帮助的权利。将辩护人参与刑事诉讼的时间提前至侦查阶段，是 2012 年《刑事诉讼法》修正对辩护制度作出的重大完善，这对于保障犯罪嫌疑人的合法权益，监督侦查机关依法办案具有一定的作用。

允许辩护人在侦查阶段开始就介入刑事诉讼，是世界各国的一般做法。在犯罪嫌疑人被采取强制措施，被限制、剥夺人身自由的情况下，辩护人较早地介入刑事诉讼，可以更有效地保障犯罪嫌疑人、被告人的辩护权，防止侦查阶段的程序不公，也可以为后续的庭审辩护提供有效、充分的条件。

为保障犯罪嫌疑人行使辩护权，法律特别强调了办案机关的诉讼关照义务。《刑事诉讼法》第 34 条第 2 款规定："侦查机关在第一次讯问犯罪嫌疑人或者对犯罪嫌疑人采取强制措施的时候，应当告知犯罪嫌疑人有权委托辩护人。人民检察院自收到移送审查起诉的案件材料之日起三日以内，应当告知犯罪嫌疑人有权委托辩护人。……"

2. 被告人有权随时委托辩护人。即在人民法院受理案件后的审判阶段，无论是公诉案件的被告人还是自诉案件的被告人都有权随时委托辩护人。

同样，人民法院负有诉讼关照义务。《刑事诉讼法》第 34 条第 2 款要求，"人民法院自受理案件之日起三日以内，应当告知被告人有权委托辩护人"。

根据《高法解释》第 392 条的规定，第二审期间，被告人除自行辩护外，还可以继续委托第一审辩护人或者另行委托辩护人辩护。共同犯罪案件，只有部分被告人提出上诉，或者自诉人只对部分被告人的判决提出上诉，或者人民检察院只对部分被告人的判决提出抗诉的，其他同案被告人也可以委托辩护人辩护。

在委托辩护的主体上，为进一步保障犯罪嫌疑人、被告人辩护权的行使，《刑事诉讼法》第34条规定，犯罪嫌疑人、被告人可以自己委托辩护人，也可以由其监护人、近亲属代为委托辩护人。犯罪嫌疑人、被告人在押期间要求委托辩护人的，人民法院、人民检察院和公安机关应当及时向其监护人、近亲属、其想委托的人或者有关律师事务所、律师协会等转达其要求。辩护人接受犯罪嫌疑人、被告人委托后，应当及时告知办理案件的机关。

从法律规定看，公诉案件和自诉案件中委托辩护人参与刑事诉讼的时间是不同的。

本章导入案例中，根据法律规定，侦查阶段，犯罪嫌疑人林某被公安机关第一次讯问或者被刑事拘留之日起，即有权委托辩护人，但依法只能委托律师担任辩护人。

（三）法律援助辩护

法律援助辩护，是指对于因经济困难等原因，或者符合法定情形而没有委托辩护人的犯罪嫌疑人、被告人，由法律援助机构指派律师为其进行辩护的形式，也称为指派辩护。

根据《刑事诉讼法》的规定，法律援助辩护是有条件的。具体可以分为两类：

1. 申请法律援助辩护，也称申请指派辩护，是指犯罪嫌疑人、被告人因经济困难或者其他原因没有委托辩护人的，本人及其近亲属可以向法律援助机构提出申请。对符合法律援助条件的，法律援助机构应当指派律师为其提供辩护（《刑事诉讼法》第35条第1款）。

2. 通知法律援助辩护，也称应当指派辩护，是指对于具有法定情形而没有委托辩护人的犯罪嫌疑人、被告人，人民法院、人民检察院和公安机关应当通知法律援助机构指派律师为其提供辩护。根据《刑事诉讼法》第35条、第278条、第293条的规定，属于通知法律援助辩护的情形有：

（1）犯罪嫌疑人、被告人是盲、聋、哑人，没有委托辩护人的；

（2）犯罪嫌疑人、被告人是尚未完全丧失辨认或者控制自己行为能力的精神病人，没有委托辩护人的；

（3）犯罪嫌疑人、被告人可能被判处无期徒刑、死刑，没有委托辩护人的；

（4）犯罪嫌疑人、被告人是未成年人，没有委托辩护人的；

（5）人民法院缺席审判案件，被告人及其近亲属没有委托辩护人的。

此外，根据《高法解释》第47条第2款的规定，高级人民法院复核死刑案件，被告人没有委托辩护人的，人民法院应当通知法律援助机构指派律师为其提供辩护。根据《高法解释》第 48 条的规定，具有下列情形之一，被告人没有委托辩护人的，人民法院可以通知法律援助机构指派律师为其提供辩护：①共同犯罪案件中，其他被告人已经委托辩护人；②有重大社会影响的案件；③人民检察院抗诉的案件；④被告人的行为可能不构成犯罪；⑤有必要指派律师提供辩护的其他情形。

为切实保障被告人获得辩护人的帮助，《高法解释》第 44 条要求，被告人没有委托辩护人的，人民法院自受理案件之日起 3 日内，应当告知其有权委托辩护人；被告人因经济困难或者其他原因没有委托辩护人的，应当告知其可以申请法律援助；被告人属于应当提供法律援助情形的，应当告知其将依法通知法律援助机构指派律师为其提供辩护。

法律援助是国家建立的为经济困难公民和符合法定条件的其他当事人无偿提供法律咨询、代理、刑事辩护等法律服务的制度，是公共法律服务体系的组成部分。刑事法律援助，是指刑事案件的犯罪嫌疑人、被告人，在符合法律规定的条件下，申请或者直接由国家减免收费，提供法律帮助的一项司法救济保障制度。[1] 保障所有的犯罪嫌疑人、被告人都能得到律师的帮助是许多国家法律的规定。联合国《公民权利和政治权利国际公约》也将获得律师帮助权作为每个受到刑事指控的人所享有的"最低限度的保障"之一加以规定。联合国《关于律师作用的基本原则》第 6 条规定："任何没有律师的人在司法需要情况下均有权获得按犯罪性质指派给他的一名有经验和能力的律师以便得到有效的法律协助，如果他无足够力量为此种服务支付费用，可不交费。"《法律援助法》明确规定，人民法院、人民检察院、公安机关应当在各自职责范围内保障当事人依法获得法律援助，为法律援助人员开展工作提供便利。律师应当依法履行法律援助义务。从法律规定看，在刑事诉讼中，法律援助不仅适用于公诉案件，也适用于自诉案件。自诉案件的被告人具备指派辩护条件的，人民法院应当通知法律援助机构指派律师为其提供辩护。

应当明确的是，犯罪嫌疑人、被告人是辩护权的主体。犯罪嫌疑人、被告人有权随时终止对辩护人的委托。对法律援助机构为其指派的辩护律师，犯罪嫌疑人、被告人有权决定是否接受。在审判过程中，被告人可以拒绝辩护人继续为他辩护，也可以另行委托辩护人辩护（《刑事诉讼法》第 45 条）。但变更辩护人不应影响审判的正常进行。《高法解释》第 50 条规定，被告人拒绝法律援

---

〔1〕《刑事诉讼法》第 304 条第 2 款有一项特别规定，人民法院审理强制医疗案件，对没有委托诉讼代理人的被申请人或者被告人，应当通知法律援助机关指派律师为其提供法律帮助。

助机构指派的律师为其辩护，坚持自己行使辩护权的，人民法院应当准许。属于应当提供法律援助的情形，被告人拒绝指派的律师为其辩护的，人民法院应当查明原因。理由正当的，应当准许，但被告人应当在 5 日以内另行委托辩护人；被告人未另行委托辩护人的，人民法院应当在 3 日以内通知法律援助机构另行指派律师为其提供辩护。

（四）值班律师法律帮助

值班律师法律帮助，是指对于没有辩护人的犯罪嫌疑人、被告人，由法律援助机构在人民法院、看守所派驻的值班律师为其提供法律咨询、程序选择建议、申请变更强制措施、对案件处理提出意见等法律帮助的活动。

《刑事诉讼法》第 36 条规定："法律援助机构可以在人民法院、看守所等场所派驻值班律师。犯罪嫌疑人、被告人没有委托辩护人，法律援助机构没有指派律师为其提供辩护的，由值班律师为犯罪嫌疑人、被告人提供法律咨询、程序选择建议、申请变更强制措施、对案件处理提出意见等法律帮助。人民法院、人民检察院、看守所应当告知犯罪嫌疑人、被告人有权约见值班律师，并为犯罪嫌疑人、被告人约见值班律师提供便利。"这一规定明确了值班律师的性质、产生方式和职责。

1. 值班律师不是指派的法律援助辩护律师。值班律师主要是在犯罪嫌疑人、被告人没有辩护人的情况下，作为委托辩护或者指派辩护的补充，尽快为其提供必要的法律帮助，弥补犯罪嫌疑人、被告人没有辩护人的缺陷。可以说是一种"急诊律师"。[1]犯罪嫌疑人、被告人已经委托辩护人，或者法律援助机构已经指派律师为其提供辩护的，不再由值班律师提供法律帮助。

2. 值班律师的职责，是依法为没有辩护人的犯罪嫌疑人、被告人提供法律咨询、程序选择建议、申请变更强制措施、对案件处理提出意见等法律帮助。[2]

3. 值班律师的派驻由法律援助机构负责。需要派驻值班律师的场所，可以

---

〔1〕　王爱立、雷建斌主编：《〈中华人民共和国刑事诉讼法〉释解与适用》，人民法院出版社 2018 年版，第 62 页。

〔2〕　2020 年 8 月 20 日最高人民法院、最高人民检察院、公安部、国家安全部、司法部印发《法律援助值班律师工作办法》，进一步明确了对值班律师的工作职责。第 6 条规定，值班律师依法提供以下法律帮助：①提供法律咨询；②提供程序选择建议；③帮助犯罪嫌疑人、被告人申请变更强制措施；④对案件处理提出意见；⑤帮助犯罪嫌疑人、被告人及其近亲属申请法律援助；⑥法律法规规定的其他事项。值班律师在认罪认罚案件中，还应当提供以下法律帮助：①向犯罪嫌疑人、被告人释明认罪认罚的性质和法律规定；②对人民检察院指控罪名、量刑建议、诉讼程序适用等事项提出意见；③犯罪嫌疑人签署认罪认罚具结书时在场。值班律师办理案件时，可以应犯罪嫌疑人、被告人的约见进行会见，也可以经办案机关允许主动会见；自人民检察院对案件审查起诉之日起可以查阅案卷材料、了解案情。

由法律援助机构与公安机关、看守所、人民法院、人民检察院等根据诉讼需要确定。

4. 人民法院、人民检察院、看守所负有告知义务。人民法院、人民检察院、公安机关（看守所）应当告知犯罪嫌疑人、被告人有权约见值班律师，并为犯罪嫌疑人、被告人约见值班律师提供便利，包括提供律师花名册、联系方式，提供约见的场所和设施。告知可以采取口头或者书面方式。

三、辩护人

（一）辩护人的范围

根据法律规定，辩护人是指在刑事诉讼中，接受犯罪嫌疑人、被告人等的委托或者法律援助机构的指派，帮助犯罪嫌疑人、被告人行使辩护权，以维护其合法权益的诉讼参与人。

根据《刑事诉讼法》第33条的规定，辩护人的范围包括：

1. 律师。根据《律师法》第2条第1款的规定，律师是指依法取得律师执业证书，接受委托或者指定，为当事人提供法律服务的执业人员。《律师法》第11条规定："公务员不得兼任执业律师。律师担任各级人民代表大会常务委员会组成人员的，任职期间不得从事诉讼代理或者辩护业务。"第41条又规定："曾经担任法官、检察官的律师，从人民法院、人民检察院离任后二年内，不得担任诉讼代理人或者辩护人。"

2. 人民团体或者犯罪嫌疑人、被告人所在单位推荐的人。人民团体是指工会、妇联、共青团、学联等群众性团体。

3. 犯罪嫌疑人、被告人的监护人、亲友。这表明法律对犯罪嫌疑人、被告人委托辩护人的选择范围规定得非常宽泛。这一规定有利于犯罪嫌疑人、被告人能够及时委托到辩护人，维护其权益，也解决了犯罪嫌疑人、被告人委托律师的经济承受能力以及律师数量和精力方面的冲突问题。

根据法律规定，犯罪嫌疑人、被告人"可以委托一至二人作为辩护人"。其中可以都是律师，也可以一名是律师，另一名是其他公民。根据《刑事诉讼法》第34条的规定，在侦查期间，犯罪嫌疑人"只能委托律师作为辩护人"。由于犯罪嫌疑人、被告人之间存在着利害冲突，一名辩护人不得为二名以上的同案犯罪嫌疑人、被告人辩护，不得为二名以上的未同案处理但实施的犯罪存在关联的犯罪嫌疑人、被告人辩护。《公安部规定》369条要求，外国籍犯罪嫌疑人委托辩护人的，应当委托在中华人民共和国的律师事务所执业的律师。

根据《刑事诉讼法》第33条第2、3款和《高法解释》第40条第2款的规定，下列人员不得担任辩护人：

不得担任辩护人的范围	说明
正在被执行刑罚或者处于缓刑、假释考验期间的人	任何情况下不能担任辩护人
依法被剥夺、限制人身自由的人	
无行为能力或者限制行为能力的人	
人民法院、人民检察院、监察机关、公安机关、国家安全机关、监狱的现职人员	如果是犯罪嫌疑人、被告人的近亲属、监护人，犯罪嫌疑人、被告人可以委托其担任辩护人
人民陪审员	
被开除公职和被吊销律师执业证书、公证员执业证书的人	
与本案审理结果有利害关系的人	
外国人或者无国籍人	

（二）辩护人的诉讼地位

根据《刑事诉讼法》第 108 条关于诉讼参与人的规定，在刑事诉讼中，辩护人是享有独立的法律地位的诉讼参与人。辩护人与犯罪嫌疑人、被告人共同承担辩护职能，是犯罪嫌疑人、被告人诉讼权利和其他合法权益的专门维护者。辩护人根据事实和法律进行辩护，不受控诉机关或者审判机关的干涉。

一般认为，辩护人的诉讼地位可以概括为以下三个方面：

1. 辩护人独立于犯罪嫌疑人、被告人，依法独立履行辩护职责。辩护人与犯罪嫌疑人、被告人同处于执行辩护职能的一方，但辩护人是以自己的名义，根据自己对案件事实的掌握和对法律的理解，独立地提出辩护意见，依法维护犯罪嫌疑人、被告人的诉讼权利和其他合法权益。辩护人不是犯罪嫌疑人、被告人的代理人，不完全服从于犯罪嫌疑人、被告人的意志。但辩护人不可能极端地坚持"独立辩护"，应根据案件的具体情况，在与委托人沟通、协商和联络的前提下形成辩护思路和观点。[1] 如果犯罪嫌疑人、被告人不同意辩护人拟提出的辩护意见，有权解除与辩护人的委托关系，拒绝辩护人为其辩护。

2. 辩护人独立于侦控机关，双方的诉讼职能对立，诉讼地位平等。辩护是与控诉相对立的诉讼职能。辩护人以维护犯罪嫌疑人、被告人的诉讼权利和其他合法权益为出发点，与侦查人员、出庭支持公诉的检察人员，依法履行各自不同的诉讼职能，辩护人不受侦查、起诉意见的左右，也不能成为"第二公诉人"。当然，辩护、控诉双方的法律地位应当是平等的，诉讼目标在于保证客观

---

〔1〕　参见陈瑞华："独立辩护人理论的反思与重构"，载《政法论坛》2013 年第 6 期。

公正地查明案件事实。

3. 辩护人独立于审判人员，促使法官正确处理案件。在参与案件审判的过程中，辩护人依法履行辩护职能，从有利于被告人的角度依法提出辩护观点，协助法官全面、客观地查明案件事实，促使法官兼听控辩双方的不同意见，对案件作出公正、合法的裁判。

（三）辩护人的职责

《刑事诉讼法》第 37 条规定："辩护人的责任是根据事实和法律，提出犯罪嫌疑人、被告人无罪、罪轻或者减轻、免除其刑事责任的材料和意见，维护犯罪嫌疑人、被告人的诉讼权利和其他合法权益。"《律师法》第 31 条也有相同的规定。根据法律规定，在刑事诉讼中辩护人的责任具体包括：

1. 根据事实和法律为犯罪嫌疑人、被告人辩护。这是辩护人的首要职责。

辩护人只有辩护的职责，没有控诉的义务。辩护人应当依据事实和法律，为犯罪嫌疑人、被告人进行辩护，不得捏造事实和歪曲法律。在现代国家，这是辩护人必须遵守的基本行为准则。辩护人只有依据案件事实和法律规定，提出中肯的辩护意见，才会收到应有的辩护效果。

辩护人不得教唆、帮助犯罪嫌疑人、被告人翻供、串供、编造口供，或者威胁、引诱证人改变证言，以及进行其他妨碍诉讼活动的行为。

2. 提出证明犯罪嫌疑人、被告人无罪、罪轻或者减轻、免除其刑事责任的材料和意见。这是辩护人的主要职责。

辩护的出发点是有利于犯罪嫌疑人、被告人。辩护人利用其所获得的证据材料，依据刑法的规定，提出有利于犯罪嫌疑人、被告人的事实和理由，以证明犯罪嫌疑人、被告人无罪、罪轻或者应当减轻、免除其刑事责任。也可以结合犯罪嫌疑人、被告人的一贯表现，认罪、悔罪态度等，提出若干酌定从轻、减轻处罚情节的材料和意见。同时，还可以针对具体案情，提出对被告人适用缓刑、监外执行等相关的材料和意见。

[案例][1] 某区人民检察院指控被告人孔某伙同同案人"小黑""华侨"（均另案处理），到本区金碧花园附近，冒充公安人员，以抓贩毒为由，采取用拳头殴打、手铐拷住等方法，并以采取强制措施相威胁，抢得被害人梁某某人民币 3000 元。检察院认定孔某的行为已构成抢劫罪，并列举了被害人陈述、证人证言、书证、被告人的供述等证据。辩护律师提出，被告人孔某以非法占有为目的，以查贩毒为借口，以送交司法机关处理相要挟，强行索要被害人的钱财，其行为是敲诈勒索行为而非抢劫行为。并认为孔某是被"小黑"胁迫参与

---

〔1〕 案例来源：http：//www.110.com/ziliao/article-272144.html。

犯罪，是胁从犯，且无前科，请求对被告人孔某从轻处罚。某区人民法院经过审理，采纳了辩护人的意见，于 2004 年 9 月 7 日作出刑事判决，以敲诈勒索罪判处被告人孔某有期徒刑 1 年 6 个月。

本案中，辩护人就是根据刑法规定，结合案件证据材料，重点从抢劫罪和敲诈勒索罪的区别方面对案件性质加以分析，为被告人提出轻罪（敲诈勒索罪）的辩护意见。同时又从被告人在共同犯罪中的作用，提出应以胁从犯进行处罚的辩护意见。

3. 依法维护犯罪嫌疑人、被告人的诉讼权利和其他合法权益。这是辩护人的重要职责。

在刑事诉讼中，犯罪嫌疑人、被告人依法享有广泛的诉讼权利，如申请回避权、会见辩护人权、通信权、拒绝回答与案件无关问题的权利、要求解除超期限强制措施的权利等。在审判前的侦查、起诉程序中，特别是在侦查程序中，侦查机关可能存在滥用侦查权，侵犯犯罪嫌疑人诉讼权利的情形，从程序上保障犯罪嫌疑人、被告人的权利，是刑事辩护的一项重要内容。根据法律规定，辩护人对于公安司法机关侵犯犯罪嫌疑人、被告人诉讼权利的行为，有权提出意见，要求予以纠正。在刑事诉讼过程中，辩护人依照刑事诉讼法的有关规定，对公安司法人员在办案过程中的违法取证、非法搜查、超期限羁押等行为，应当有针对性地提出辩护意见，维护犯罪嫌疑人、被告人的合法权益。

在本章导入案例中，被告人林某的辩护人以事实为根据，以法律为准绳，为被告人作了罪轻的辩护，提出被告人林某系间接故意杀人，到案后能如实供述罪行，有认罪表现，建议对其依法从轻处罚，维护了被告人的诉讼权利和其他合法权益。

（四）辩护人的权利和义务

辩护人依法享有诉讼权利和履行诉讼义务是正确开展辩护活动的重要保障。根据我国《刑事诉讼法》和《律师法》的规定，辩护人的诉讼权利主要有：

1. 职务保障权。根据《律师法》第 36 条、第 37 条的规定，律师在刑事诉讼中担任辩护人的，其辩护的权利应当依法受到保障，其人身权利不受侵犯。律师在法庭上发表的辩护意见不受法律追究。但是，发表危害国家安全、恶意诽谤他人、严重扰乱法庭秩序的言论除外。

2. 会见权和通信权。辩护律师可以同在押或者被监视居住的犯罪嫌疑人、被告人会见和通信。其他辩护人经人民检察院、人民法院许可，也可以同在押的犯罪嫌疑人、被告人会见和通信（《刑事诉讼法》第 39 条第 1 款）。

会见权和通信权是犯罪嫌疑人、被告人获得辩护人帮助权利的重要组成部分，也是辩护人有效开展辩护工作的基础和前提。通过与在押的犯罪嫌疑人、被告人的会见和通信，有助于辩护人发现有利的线索和证据，理清辩护内容，确立辩护观点。

为保障辩护律师行使会见权，《刑事诉讼法》第39条有诸多具体的规定：①辩护律师可以持律师执业证书、律师事务所证明和委托书或者法律援助公函，要求会见在押的犯罪嫌疑人、被告人。对此看守所应当及时安排会见，至迟不得超过48小时。[1] ②辩护律师会见在押或者被监视居住的犯罪嫌疑人、被告人，可以了解案件有关情况，提供法律咨询等；自案件移送审查起诉之日起，可以向犯罪嫌疑人、被告人核实有关证据。③辩护律师会见犯罪嫌疑人、被告人时不被监听。

但同时《刑事诉讼法》对辩护律师的会见权也有限制。《刑事诉讼法》第39条第3款规定："危害国家安全犯罪、恐怖活动犯罪，在侦查期间辩护律师会见在押的犯罪嫌疑人，应当经侦查机关许可。上述案件，侦查机关应当事先通知看守所。"

3. 阅卷权。根据《刑事诉讼法》第40条的规定，辩护律师自人民检察院对案件审查起诉之日起，可以查阅、摘抄、复制本案的案卷材料。其他辩护人经人民法院、人民检察院许可，也可以查阅、摘抄、复制上述材料。案卷材料包括案件的诉讼文书和证据材料。人民检察院检察委员会的讨论记录、人民法院合议庭、审判委员会的讨论记录以及其他依法不能公开的材料除外。[2]

通过查阅、复制相关案卷材料，律师和其他辩护人可以全面了解有利于犯罪嫌疑人、被告人的材料，更好地履行辩护职责，切实维护犯罪嫌疑人、被告人的合法权益。

4. 调查取证权。辩护人有权自行收集有关犯罪嫌疑人不在犯罪现场、未达到刑事责任年龄、属于依法不负刑事责任的精神病人的证据，但应当及时告知公安机关、人民检察院（《刑事诉讼法》第42条）。辩护律师经证人或者其他有关单位和个人同意，可以向他们收集与本案有关的材料，也可以申请人民检察院、人民法院收集、调取证据，或者申请人民法院通知证人出庭作证。辩护律师经人民检察院或者人民法院许可，并且经被害人或者其近亲属、被害人提供

---

[1] 2015年9月16日最高人民法院、最高人民检察院、公安部、国家安全部、司法部联合印发的《关于依法保障律师执业权利的规定》（简称《保障律师权利规定》）第7条第3、4款要求，看守所应当设立会见预约平台，采取网上预约、电话预约等方式为辩护律师会见提供便利。看守所应当采取必要措施，保障会见顺利和安全进行。律师会见在押的犯罪嫌疑人、被告人的，看守所应当保障律师履行辩护职责需要的时间和次数。

[2] 《保障律师权利规定》第14条第4款要求，辩护律师查阅、摘抄、复制的案卷材料属于国家秘密的，应当经过人民检察院、人民法院同意并遵守国家保密规定。律师不得违反规定，披露、散布案件重要信息和案卷材料，或者将其用于本案辩护、代理以外的其他用途。

的证人同意,可以向他们收集与本案有关的材料(《刑事诉讼法》第43条)。根据《律师法》第35条第2款的规定,律师自行调查取证的,只需要提供律师执业证书和律师事务所证明,无须调查对象的同意。

5. 申请调取证据材料的权利。《刑事诉讼法》第41条规定,辩护人认为在侦查、审查起诉期间公安机关、人民检察院收集的证明犯罪嫌疑人、被告人无罪或者罪轻的证据材料未提交的,有权申请人民检察院、人民法院调取。《高法解释》第61条第1款要求,辩护人申请人民法院调取证据材料,应当以书面形式提出,并说明理由,写明需要收集、调取证据材料的内容或者需要调查问题的提纲。

6. 提出辩护意见的权利。辩护律师在侦查期间可以为犯罪嫌疑人提供法律帮助;代理申诉、控告;申请变更强制措施;向侦查机关了解犯罪嫌疑人涉嫌的罪名和案件的有关情况,提出意见(《刑事诉讼法》第38条)。在案件侦查终结前,辩护律师提出要求的,侦查机关应当听取辩护律师的意见,并记录在案。辩护律师提出书面意见的,侦查机关应当附卷(《刑事诉讼法》第161条)。在审查起诉阶段,辩护人有权依据事实和法律向公诉机关提出辩护意见。辩护人提出书面意见的,应当附卷(《刑事诉讼法》第173条第1款)。适用速裁程序审理案件,第二审法院决定不开庭审理的,应当听取辩护人的意见(《刑事诉讼法》第224条第1款、第234条第2款)。

在侦查、起诉、审判阶段,辩护人进行辩护,应注重向公安机关、人民检察院、人民法院提供书面辩护意见,使辩护意见能在侦查、起诉和审判程序中得到充分重视和采纳。

7. 参加法庭调查和法庭辩论的权利。根据《刑事诉讼法》关于第一审程序的规定,法庭调查阶段,辩护人在公诉人讯问被告人后,经审判长许可,可以向被告人发问(《刑事诉讼法》第191条第2款);辩护人有权对证人证言、鉴定意见提出异议(《刑事诉讼法》第192条第1款、第3款);经审判长许可,可以对证人、鉴定人发问(《刑事诉讼法》第194条第1款);应当向法庭出示物证,让当事人辨认,应当当庭宣读未到庭的证人的证言笔录、鉴定人的鉴定意见和其他作为证据的文书(《刑事诉讼法》第195条);在法庭审理过程中,辩护人有权申请通知新的证人到庭,调取新的物证,申请重新鉴定或者勘验(《刑事诉讼法》第197条第1款)。辩护人可以申请法庭通知有专门知识的人出庭,就鉴定人作出的鉴定意见提出意见(《刑事诉讼法》第197条第2款)。法庭辩论阶段,辩护人可以对证据和案件情况发表意见并且可以和控方展开辩论(《刑事诉讼法》第198条第2款、第218条)。

8. 申请回避、申请复议的权利。根据《刑事诉讼法》第32条的规定,辩护人对于侦查人员、检察人员、审判人员、书记员、翻译人员、鉴定人，认为其具有法定的回避情形的，有权申请其回避，要求其不得参加办理该案件或者参与案件的处理活动。对于驳回申请回避的决定，辩护人可以向决定机关申请复议一次。

9. 申请解除强制措施的权利。根据《刑事诉讼法》第 99 条的规定，辩护人对于人民法院、人民检察院或者公安机关采取强制措施超过法定期限的，有权要求解除强制措施。

10. 申诉、控告权。辩护人认为公安机关、人民检察院、人民法院及其工作人员阻碍其依法行使诉讼权利的，有权向同级或者上一级人民检察院申诉或者控告。人民检察院对申诉或者控告应当及时进行审查，情况属实的，通知有关机关予以纠正（《刑事诉讼法》第 49 条）。辩护人对于司法机关及其工作人员有下列行为之一的，有权向该机关申诉或者控告：①采取强制措施法定期限届满，不予以释放、解除或者变更的；②应当退还取保候审保证金不退还的；③对与案件无关的财物采取查封、扣押、冻结措施的；④应当解除查封、扣押、冻结不解除的；⑤贪污、挪用、私分、调换、违反规定使用查封、扣押、冻结的财物的（《刑事诉讼法》第 117 条）。

11. 拒绝辩护权。根据《刑事诉讼法》和《律师法》的规定，拒绝辩护的情形，包括犯罪嫌疑人、被告人拒绝辩护人继续辩护和辩护人具有法定理由中途不再为犯罪嫌疑人、被告人辩护的行为。《律师法》第 32 条第 2 款规定："律师接受委托后，无正当理由的，不得拒绝辩护或者代理。但是，委托事项违法、委托人利用律师提供的服务从事违法活动或者委托人隐瞒与案件有关的重要事实的，律师有权拒绝辩护或者代理。"

12. 经被告人同意，提出上诉的权利。根据《刑事诉讼法》第 227 条第 1 款的规定，经被告人同意，辩护人可以提出上诉。辩护人提出上诉是为被告人的利益，因此，为保证辩护人行使这项权利，保障被告人的上诉权，第一审人民法院应及时将判决书送达被告人及被告人的辩护人。

辩护人在享有诉讼权利的同时，还应承担相应的诉讼义务。根据法律规定，辩护人的主要诉讼义务是：

1. 不得干扰司法机关诉讼活动的义务。辩护人或者其他任何人，不得帮助犯罪嫌疑人、被告人隐匿、毁灭、伪造证据或者串供，不得威胁、引诱证人作伪证以及进行其他干扰司法机关诉讼活动的行为。违反规定的，应当依法追究法律责任（《刑事诉讼法》第 44 条）。[1]

2. 保护犯罪嫌疑人、被告人合法权益的义务。辩护人接受委托后，应当尽职尽责履行辩护职责，无正当理由的，不得拒绝辩护（《律师法》第 32 条第 2 款）。

3. 承担法律援助的义务。律师、律师事务所应当按照国家规定履行法律援助义务，为受援人提供符合标准的法律服务，维护受援人的合法权益（《律师法》第 42 条）。

4. 保守秘密的义务。律师应当保守在执业活动中知悉的国家秘密、商业秘密，不得泄露当事人的隐私（《律师法》第 38 条第 1 款）。"辩护律师对在执业活动中知悉的委托人的有关情况和信息，有权予以保密。但是，辩护律师在执业活动中知悉委托人或者其他人，准备或者正在实施危害国家安全、公共安全以及严重危害他人人身安全的犯罪的，应当及时告知司法机关。"（《刑事诉讼法》第 48 条）

5. 服从诉讼指挥的义务。辩护人会见在押犯罪嫌疑人、被告人时，要遵守看管场所的规定；参加法庭审判时要遵守法庭规则，不得干扰法庭秩序，不能干扰诉讼活动的正常进行。

6. 正当执业的义务。律师不得私自接受委托，私自向委托人收取费用，收受委托人的财物，也不得利用提供法律服务的便利接受对方当事人的财物；律师不得违反规定会见法官、检察官；不得向法官、检察官以及其他有关工作人员请客送礼或者行贿，或者指使、诱导当事人行贿；律师不得提供虚假证据，隐瞒事实或者威胁、引诱他人提供虚假证据，隐瞒事实以及妨碍对方当事人合法取得证据（《律师法》第 40 条）。

第二节　刑事代理

[案例] 2009 年 9 月 19 日上午，被告人孙某驾驶一辆大众轿车载其妻子在一餐饮店门口欲停靠时，因车轮将积水溅到路过此地的男子叶某脚上，遭到叶某的指责。孙某下车与叶某发生争吵并扭打，后被人劝阻。孙某启动轿车准备离开，叶某骑摩托车至孙某车旁，用手拍打车窗并指责孙某之后离开。孙某驾车加速追上叶某，故意用轿车左侧车头碰撞叶的摩托车右侧尾部，致摩托车摔倒。叶某被迎面驶来的出租车碾压，后抢救无效死亡。公安机关最初以故意杀

---

[1] 为确保案件侦查的公正性，防止打击报复，《刑事诉讼法》第 44 条第 2 款特别强调，对于辩护人违反该项义务，涉嫌犯罪，应当依法追究刑事责任的，应当由办理辩护人所承办案件的侦查机关以外的侦查机关办理。辩护人是律师的，应当及时通知其所在的律师事务所或者所属的律师协会。

人罪立案侦查，批捕时定性改为故意伤害（致人死亡）。检察机关以故意伤害罪提起公诉。在审查起诉和一审程序中，辩护人提出被告人的行为应定性为交通肇事。受被害人近亲属的委托，李律师担任被害人的诉讼代理人，在参加一审刑事部分审理时，提出以故意杀人罪定性并酌情从重处罚的代理意见。一审法院采纳了代理人的相关意见，以故意杀人罪对被告人孙某定罪量刑。[1]

本案中，被害人委托的诉讼代理人依法开展代理活动，提出的代理意见有效地对抗了被告人的辩护，有力地维护了被害人的权利。

一、刑事代理的特征

（一）刑事代理的概念和特征

刑事代理，是指代理人接受公诉案件的被害人及其法定代理人或者近亲属、自诉案件的自诉人及其法定代理人以及附带民事诉讼的当事人及其法定代理人的委托，以被代理人的名义参加诉讼活动，由被代理人承担代理行为法律后果的一项法律制度。

由于代理权限产生的根据不同，刑事诉讼中的代理分为法定代理与委托代理两种。法定代理，是基于法律规定而产生的代理，法定代理人由被代理人的父母、养父母、监护人和负有保护责任的机关、团体的代表担任，法定代理人的权限就是被代理人的诉讼权利范围。委托代理，是基于被代理人的委托授权行为而产生的代理。这里阐述的刑事代理是指委托代理。委托代理分为一般委托代理和特别授权代理。一般委托代理的，代理人只能代理被代理人进行诉讼行为，无权处分其实体权利；特别授权代理的，代理人除代理被代理人进行诉讼外，可以根据被代理人特别授权的内容，代为处分其相关的实体权利。

刑事代理与刑事辩护不同。刑事代理具有以下特征：①诉讼代理人是基于被代理人及其法定代理人的授权参加刑事诉讼。被代理人限定于公诉案件的被害人、自诉案件的自诉人和附带民事诉讼的当事人。②诉讼代理人是以被代理人的名义进行诉讼活动，必须根据被代理人的意志进行诉讼。③诉讼代理人必须在代理权限范围内进行代理活动。代理人在代理权限范围内的诉讼行为和法律行为，产生的法律后果由被代理人承担。超越代理授权范围进行的活动，除非得到被代理人的追认，否则被代理人不承担法律上的后果。

（二）刑事代理的意义

刑事代理制度有利于维护公诉案件被害人、自诉人、附带民事诉讼当事人的诉讼权利；有利于司法机关严格遵守诉讼程序，及时查明事实、分清是非，正确适用法律、公正处理案件；有利于宣传社会主义法制，提高公民的法律

---

[1]　浙江省律师协会编：《浙江省经典刑事辩护案例选》，中国法制出版社 2010 年版，第 224 页。

意识。

二、刑事诉讼代理人

(一) 诉讼代理人的范围

根据《刑事诉讼法》第47条的规定，诉讼代理人的范围与辩护人的范围相同，包括：律师；人民团体或者被代理人所在单位推荐的人；被代理人的监护人、亲友。相应地，具有不能充当辩护人的情形的人，也不能被委托为诉讼代理人。

(二) 诉讼代理人的责任

根据《高法解释》第64条的规定，诉讼代理人的责任是根据事实和法律，维护被害人、自诉人和附带民事诉讼当事人的诉讼权利和其他合法权益。诉讼代理人参加诉讼时，应当向人民检察院、人民法院提交被代理人签名或者盖章的授权委托书，律师作为代理人的，还应当提供律师事务所证明律师身份的信函。

(三) 诉讼代理人的诉讼权利和义务

诉讼代理人行使的诉讼权利包括两个方面，一是来自被代理人的授权，在授权范围内代为行使被代理人的全部或者部分诉讼权利。二是行使法律、司法解释赋予诉讼代理人的权利：①诉讼代理人依法享有申请回避的权利（《刑事诉讼法》第32条第2款）；②可以查阅、摘抄、复制本案的案卷材料（《高法解释》第65条第1款、《高检诉讼规则》第56条第1款）；③可以收集、调取与案件有关的证据材料（《高法解释》第65条第2款）；④在法庭审理阶段，经审判长的同意，可以向被告人、证人、鉴定人发问（《刑事诉讼法》第191条第2款、194条第1款）；⑤可以对未到庭的证人的证言笔录、鉴定人的鉴定意见、勘验笔录等发表意见（《刑事诉讼法》第195条）；⑥有权申请通知新的证人到庭，调取新的物证，申请重新鉴定或者勘验（《刑事诉讼法》第197条第1款）；⑦有权申请有专门知识的人出庭，就鉴定人提出的鉴定意见提出意见（《刑事诉讼法》第197条第2款）；⑧可以参加法庭辩论（《刑事诉讼法》第198条第2款）；等等。此外，《刑事诉讼法》第49条规定："辩护人、诉讼代理人认为公安机关、人民检察院、人民法院及其工作人员阻碍其依法行使诉讼权利的，有权向同级或者上一级人民检察院申诉或者控告。人民检察院对申诉或者控告应当及时进行审查，情况属实的，通知有关机关予以纠正。"

本章导入案例中，律师刘某雷、叶某接受被害人黄某近亲属的委托，担任被害人的代理人，在授权范围内以被代理人的名义参与刑事诉讼，依法行使包括参加法庭审理、发表代理意见等诉讼权利。在法庭上，代理律师提出，"被告人林某到案后回避主观动机，没有悔罪表现，建议对其依法严惩"，就是依法行使代理权、发表代理意见的行为。

根据法律规定，委托人有权改变授权内容或者解除代理权，诉讼代理人也可依法辞去代理，从而导致代理权的变更或解除。《律师法》第 32 条规定，委托人可以拒绝律师为其继续代理，也可以另行委托律师担任代理人。律师接受委托后，无正当理由的，不得拒绝代理，但委托事项违法，委托人利用律师提供的服务从事违法活动或者委托人隐瞒事实的，律师有权拒绝代理。代理权的变更或解除，应当及时以书面形式通知人民法院。

诉讼代理人应当依法履行相应的诉讼义务：①按照人民法院的通知及时到庭依法履行职务，不得借故妨碍诉讼的正常进行；②严格遵守法庭的规则和秩序，依法履行职务；③协助自诉人（包括提起反诉的被告人）担负举证义务；④对于人民法院已经生效的判决、裁定或者调解协议，代理律师认为是正确的，有义务教育委托人认真遵守执行；⑤对执业中接触到的国家机密、商业秘密和个人隐私，应当严格保守秘密。

三、刑事代理的种类

根据法律规定，刑事诉讼代理包括以下三种：

（一）公诉案件中的代理

公诉案件中的代理，是指代理人接受公诉案件被害人及其法定代理人或者近亲属的委托，担任被害人的诉讼代理人参加刑事诉讼的活动，以维护被害人的权益。

《刑事诉讼法》第 46 条规定，公诉案件的被害人及其法定代理人或者近亲属，自案件移送审查起诉之日起，有权委托诉讼代理人。人民检察院自收到移送审查起诉的案件材料之日起 3 日以内，应当告知被害人及其法定代理人或者其近亲属有权委托诉讼代理人。

根据此项法律规定，公诉案件中的刑事代理的特点是：

1. 公诉案件的被害人及其法定代理人或者近亲属都有权委托诉讼代理人，但是委托的诉讼代理人是被害人的代理人，而不是被害人的法定代理人或者近亲属的代理人。

2. 诉讼代理人参与刑事诉讼的时间是从案件移送人民检察院审查起诉开始的。代理活动包括在人民检察院提起公诉阶段的活动和在人民法院审判阶段的活动。在侦查阶段，被害人不能委托诉讼代理人代为参与诉讼。

3. 诉讼代理人依法代理公诉案件为被害人行使控诉职能，而不是辩护职能。

（二）自诉案件中的代理

自诉案件中的代理，是指在刑事自诉案件中，律师接受自诉人及其法定代理人的委托，作为自诉人的代理人参加诉讼活动，维护自诉人的合法权益。

《刑事诉讼法》第 46 条规定，自诉案件的自诉人及其法定代理人，有权随时委托诉讼代理人。人民法院自受理自诉案件之日起 3 日以内，应当告知自诉人及其法定代理人有权委托诉讼代理人。

自诉案件中的刑事代理具有以下特点：

1. 有权委托诉讼代理人的是自诉人及其法定代理人，但法定代理人是为自诉人委托诉讼代理人，不是为自己委托诉讼代理人。

2. 自诉人及其法定代理人在法院立案前就可以委托诉讼代理人，包括向人民法院呈递列明代理人姓名的刑事自诉状。

3. 自诉案件的代理人可能同时行使控诉职能和辩护职能。

自诉人及其诉讼代理人行使的是控诉职能。《刑事诉讼法》第 213 条规定："自诉案件的被告人在诉讼过程中，可以对自诉人提起反诉。……"在自诉案件被告人提起反诉后，自诉人可以委托代理律师兼作辩护人。当然反诉是否成立，应由人民法院决定。代理律师是否接受委托兼作辩护人，要由受委托的诉讼代理人决定。如果代理人接受委托担任辩护人，则要办理相应的法律手续，同时做好辩护的准备工作。此时，自诉人的诉讼代理人即行使双重职能。

相应的，自诉案件的被告人在接到自诉人的诉状后委托辩护人的过程中，如果提起反诉，可以同时委托该辩护人兼作诉讼代理人，并办理辩护、代理委托手续，辩护、代理委托书均应递交人民法院。

此外，《刑事诉讼法》第 212 条第 1 款规定："人民法院对自诉案件，可以进行调解；自诉人在宣告判决前，可以同被告人自行和解或者撤回自诉。……"这一规定涉及处分自诉人的实体权利。根据委托代理的规定，诉讼代理人除代理被代理人进行诉讼外，必须经被代理人特别授权，才能代为承认、放弃或者变更诉讼请求、进行和解、提起反诉等。因此，在自诉案件的代理中，诉讼代理人非经委托人的特别授权，无权代理自诉人放弃或者变更诉讼请求，也无权决定同被告人和解或者撤回起诉。

（三）附带民事诉讼中的代理

附带民事诉讼中的代理，是指诉讼代理人接受附带民事诉讼当事人及其法定代理人的委托，在委托权限范围内，代理附带民事诉讼当事人进行诉讼活动，维护附带民事诉讼当事人的合法经济权益。

附带民事诉讼代理，是自诉案件中诉讼代理与公诉案件中诉讼代理的重要组成部分。根据《刑事诉讼法》第 46 条的规定，附带民事诉讼的当事人及其法定代理人，有权随时委托诉讼代理人。人民检察院自收到移送审查起诉的案件材料之日起 3 日以内，应当告知附带民事诉讼的当事人及其法定代理人有权委托诉讼代理人。人民法院自受理自诉案件之日起 3 日以内，应当告知附带民事诉讼的当事人及其法定代理人有权委托诉讼代理人。

附带民事诉讼的代理具有独特性:

1. 在公诉案件和自诉案件中,附带民事诉讼的当事人及其法定代理人都有权依法委托诉讼代理人。诉讼代理人依法代理附带民事诉讼当事人参与诉讼活动。

附带民事诉讼的当事人,是指附带民事诉讼的原告人和被告人。附带民事诉讼的原告人,是指因被告人的犯罪行为遭受物质损失并在刑事诉讼过程中提起附带民事诉讼的人。附带民事诉讼原告人通常是刑事被害人(可能是公诉案件被害人和自诉案件自诉人),也可以是死亡的被害人的近亲属,或者其他因犯罪行为受到物质损失的单位、个人。附带民事诉讼的被告人,是指在刑事诉讼中受到附带民事诉讼原告人或者人民检察院的控告,对因被告人的犯罪行为遭受物质损失的人负有赔偿责任的诉讼参与人。附带民事诉讼被告人通常就是同一案件的刑事被告人,也可以是刑事被告人的监护人,或者其他对刑事被告人的行为负有赔偿责任的单位、个人。

2. 公诉案件中,附带民事诉讼当事人及其法定代理人委托诉讼代理人,只能在案件侦查终结移送人民检察院审查起诉之日起进行。自诉案件中,附带民事诉讼当事人及其法定代理人可以随时委托诉讼代理人。根据法律规定,在刑事立案以后,被害人及其法定代理人和其他有权提起附带民事诉讼的人就可以提起附带民事诉讼请求。但在侦查阶段,他们还不能委托诉讼代理人参与诉讼。

3. 自诉人、被害人及其法定代理人委托的诉讼代理人,特别是代理律师,在其同时提起附带民事诉讼时,可以兼作附带民事诉讼原告人的代理人。一般无须另行办理法律手续。

刑事被告人及其监护人或者对被告人的犯罪行为负有赔偿责任的单位、个人,作为附带民事诉讼被告人的,可以委托刑事被告人的辩护人作为诉讼代理人。但要征得该辩护人的同意,并另行办理有关的法律手续。辩护人与诉讼代理人由同一人承担时,应当注意区分不同的诉讼职能和诉讼地位。

附带民事诉讼中的代理,实质是民事诉讼代理。附带民事诉讼当事人的诉讼代理,也分为一般代理和特别代理。一般代理,即授权诉讼代理人代理进行基本的诉讼活动,如代为起诉、应诉答辩、管辖异议权、申请回避、出庭辩论等。特别代理,要在授权委托书中注明授权内容,如授权代理人代为承认、放弃或者变更诉讼请求,进行和解、调解等。委托书、特别授权委托书应由委托人签字后送交受案的人民法院。

思考题

1. 犯罪嫌疑人、被告人实现辩护权的方式有哪些?

2. 委托辩护的情形有哪些?

3. 哪些情形下，应当为犯罪嫌疑人、被告人提供法律援助辩护?

4. 关于选任辩护人，法律是如何规定的?

5. 辩护人在侦查阶段有哪些诉讼权利?

6. 辩护人应当履行哪些义务?

7. 刑事辩护与刑事代理的主要区别有哪些?

实务训练

案例一： 李某敏、龙某、徐某是同事。一日，李某敏得知原公司保卫工作非常松懈，约龙某、徐某同去"弄点钱用"。徐某说："你们要弄你们去弄。"后李某敏、龙某进入公司作案，由龙某在楼下望风，李某敏上楼撬开财务室，窃得现金 28 000 余元。

诉讼过程中，李某敏要求委托甲、乙、徐某三人共同为自己辩护，因为三人都是自己的好友。经查，甲，无固定职业，3 年前因妨害公务罪被判处有期徒刑 3 年。甲不服判决，上诉后二审法院维持原判。甲仍不服，屡次申诉。经查，对甲的定罪量刑完全正确，但甲刑满释放后到处告状，成了告状专业户。乙，能说会道，有铁嘴之名。1 年前因煽动拒不缴纳税款，构成妨害公务罪，被判处管制 2 年，尚未执行完毕。检察院认为，甲有前科，又喜欢胡搅蛮缠；乙正在被执行刑罚，徐某只能作为证人，所以不允许三人为李某敏辩护。龙某在被公安机关第一次讯问时，就提出要求委托其在法院工作的哥哥龙某京为自己辩护。公安机关认为，龙某的案子将来要由龙某京所在的法院审判，由龙某京担任辩护人势必会影响案件的公正处理，于是要求龙某另行委托辩护人。

[问题]

根据法律规定分析本案中人民检察院和公安机关的处理是否正确? 说明理由。

[分析提示]

1. 人民检察院不允许甲、乙、徐某三人共同为李某敏辩护的处理是正确的，但理由不符合法律规定。

2. 公安机关要求龙某另行委托辩护人的处理是正确的，但理由不符合法律规定。

案例二： 犯罪嫌疑人燕某因涉嫌参与黑社会性质组织犯罪被公安机关立案侦查，后被依法逮捕。侦查期间，燕某委托了律师张某为自己辩护。张某在接受委托后就向公安机关提出要会见燕某。但被公安机关以案情保密为由予以拒绝。后来该案件被移送人民检察院审查起诉。在此期间，燕某委托其好友小陈为自己辩护。小陈是一所中学的政治课老师，接受委托后，他向人民检察院提出申请和燕某会见并通信。检察院以案件事实不清、证据不足为由拒绝了小陈的申请。

[问题]

根据法律规定分析公安机关、人民检察院对辩护人申请会见的处理是否正确？说明理由。

[分析提示]

1. 公安机关拒绝张律师会见犯罪嫌疑人燕某，不正确。

2. 人民检察院拒绝小陈与犯罪嫌疑人会见、通信，不正确。

案例三：马某、邵某涉嫌共同抢劫一案，被人民检察院起诉到人民法院。在法院受理案件后，马某依法委托律师黄某为自己辩护，邵某委托在某公司担任高管的哥哥邵某明担任辩护人。黄律师提出要向被害人收集一些材料；作为辩护人的邵某明提出要向被害人提供的一名证人收集一些材料。

[问题]

本案中，辩护律师黄某、辩护人邵某明有权向被害人一方收集材料吗？

[分析提示]

1. 被告人邵某委托的辩护人依法不能向被害人提供的证人收集案件材料。

2. 被告人马某委托的辩护律师依法有权向被害人收集案件材料，但是需要经过人民法院的许可和被害人的同意。

案例四：王某因琐事与周某发生争执，猛地向周某的小腹踢去，致周某肠穿孔，并实施了手术。案发后，周某要求追究王某的刑事责任，并且要求王某赔偿医疗费等共计 12 300 元。此案经公安机关侦查终结，于某年 12 月 10 日移送人民检察院审查起诉。12 月 15 日人民检察院告知被害人周某可以委托诉讼代理人。周某因手术尚未出院，其表兄李某为周某委托了自己的朋友、律师徐某担任诉讼代理人。审查起诉后人民检察院以故意伤害罪对王某提起公诉。

[问题]

本案中，在委托诉讼代理人方面有哪些不妥之处？为什么？

[分析提示]

1. 本案中，被害人周某的表兄没有为周某委托诉讼代理人的权利。

2. 本案中，检察机关履行告知义务不符合法律规定。

第七章

刑事附带民事诉讼

学习目标

通过本章的学习与训练，了解刑事附带民事诉讼的概念、性质；明确刑事附带民事诉讼的成立条件，熟练掌握刑事附带民事诉讼的提起要求；了解人民法院对刑事附带民事诉讼案件的审理方式和审理程序，能够运用法律规定为相关当事人提供法律服务。

导入案例

张某（男，23岁）高中毕业后未就业。学会开车后，张某决定买车帮人拉活。因缺乏资金，张某便向其经营饭馆的同学李某借钱2万元，约定"半年内还清"。一年过去了，张某却一直未还。李某想开分店，急需资金，向张某索款。张某无力还债。某日，李某又来要钱，张某赖账，反说李某欠他5000元钱。二人发生争吵并动手。李某当众打了张某几拳，被人拉开。张某感觉当众受辱，没有面子。第二天，张某到李某的饭店，用菜刀将李某砍伤，并砸坏店里一台高级音响（价值8000多元）。李某经医院治疗共花费医疗费等共计36 350元。李某的伤势经鉴定为重伤。张某故意伤害案由公安机关立案侦查终结，后张某被依法逮捕。在人民检察院提起公诉时，李某提起诉讼请求，要求张某归还借款1万元，赔偿被损坏的音响价金8000元，医疗费等36 350元，精神损害赔偿金5万元，要求人民法院一并审理。

[任务提出]

根据本案，思考并完成以下学习任务：

1. 在本案中，李某提出的诉讼请求属于什么性质？

2. 李某提出的诉讼请求合法吗？为什么？

3. 对李某的诉讼请求，人民法院应如何处理？

第一节　刑事附带民事诉讼的成立

一、刑事附带民事诉讼的概念、性质

《刑事诉讼法》第 101 条规定："被害人由于被告人的犯罪行为而遭受物质损失的，在刑事诉讼过程中，有权提起附带民事诉讼。被害人死亡或者丧失行为能力的，被害人的法定代理人、近亲属有权提起附带民事诉讼。如果是国家财产、集体财产遭受损失的，人民检察院在提起公诉的时候，可以提起附带民事诉讼。"所谓附带民事诉讼，是指公安司法机关在刑事诉讼过程中，在解决被告人刑事责任的同时，附带解决由于被告人的犯罪行为所引起的物质损失的赔偿而进行的诉讼，又称为刑事诉讼附带民事诉讼。

附带民事诉讼的本质，是在刑事诉讼过程中处理物质损失的赔偿问题，与民事诉讼中的损害赔偿的性质相同。但附带民事诉讼与一般的民事诉讼不完全相同，其实质是一种特殊的民事诉讼。其特殊之处表现在：

第一，附带民事诉讼要解决的是由犯罪行为所引起的损害赔偿。具体而言，被告人的行为在刑法上构成犯罪，依法应当追究刑事责任；在民法上属于侵权损害，造成了物质损失，应当承担损害赔偿责任。被告人的犯罪行为引起了两种不同的法律责任，在追究刑事责任的刑事诉讼中可以解决民事损害赔偿。

第二，附带民事诉讼以刑事诉讼程序为依托。附带民事诉讼是在刑事诉讼的过程中提起的，是由审判刑事案件的审判组织一并审理并判决的。因而它又是依附于刑事诉讼的一种民事诉讼。

第三，解决附带民事诉讼问题，需要交叉适用刑法、刑事诉讼法和民法、民事诉讼法。附带民事诉讼所解决的是犯罪行为引起的民事赔偿责任，在案件处理上，对于损害事实的认定，既要遵循刑法关于具体犯罪构成的规定，也要受民法规范的调整；就处理程序而言，除刑事诉讼法有特殊规定的以外，应当适用民事诉讼法的规定，如诉讼原则、证据、财产保全、调解、撤诉等，都要遵循民事诉讼法的有关规定。

本章导入案例中，李某提出的是附带民事诉讼请求，即在刑事诉讼过程中，要求人民法院在追究被告人张某故意伤害罪刑事责任的同时，一并解决因张某的犯罪行为造成的物质损失赔偿的民事诉讼。其在性质上属于特殊的民事诉讼。

附带民事诉讼是在审理刑事案件过程中一并解决民事赔偿问题，在程序上方便诉讼参与人参加诉讼，有利于节约诉讼资源，提高诉讼效率。附带民事诉讼制度的确立，对于及时弥补被害人因犯罪行为遭受的物质损害，保护被害人权益，正确处理刑事案件具有重要的意义。

二、附带民事诉讼的成立条件

根据附带民事诉讼的性质和刑事诉讼法的规定，附带民事诉讼的成立应符合以下两个条件：

1. 刑事诉讼成立。这是附带民事诉讼成立的前提条件。附带民事诉讼是由刑事诉讼所追究的犯罪行为引起的，是在追究被告人刑事责任的同时，附带解决因犯罪行为造成的物质损失的民事赔偿责任。因此，附带民事诉讼必须以刑事诉讼的成立为前提，如果刑事诉讼不成立，附带民事诉讼就失去了存在的基础，遭受物质损失的人就应当提起独立的民事诉讼，而不能提起附带民事诉讼。此外，如果刑事诉讼程序尚未启动，或者刑事诉讼程序已经结束，被害人也只能提起独立的民事诉讼，而不能提起附带民事诉讼。

本章导入案例中，张某实施了故意伤害行为，造成被害人李某身体重伤的结果，是依法应当追究刑事责任的。张某故意伤害案经公安机关立案、侦查终结，由人民检察院向人民法院提起了公诉，刑事诉讼正在进行之中。由于张某的犯罪行为同时给被害人李某造成了医药费等物质损失，李某有权要求张某承担民事赔偿责任。被害人李某在刑事诉讼进行中提起附带民事诉讼，要求被告人张某赔偿其因故意伤害犯罪行为而遭受的物质损失，这是符合刑事诉讼法规定的。

2. 被害人因被告人的犯罪行为遭受物质损失。这是成立附带民事诉讼的实质条件。这一条件包括以下三方面的内容：

第一，被告人的行为是犯罪行为。这里的"犯罪行为"是指在刑事诉讼过程中被指控的犯罪行为，而不要求是人民法院以生效裁判确定构成犯罪的行为。只要行为人依法被公安司法机关进行追诉，刑事诉讼就已经开始，因其犯罪行为遭受损失的人就可以提起附带民事诉讼。如果被告人的行为最终没有被人民法院以生效裁判确定为实体的犯罪行为，也不影响附带民事诉讼的提起和进行。

[案例][1] 谢某以李某犯故意伤害罪（轻伤）向人民法院提起自诉，要求追究李某的刑事责任，并赔偿医疗费、陪护费、精神损失费等。经某区人民法院审理查明：自诉人与被告人系同事，平时来往密切，关系融洽，事发当日，被告人找车和自诉人及其朋友一起从某地返回居住地。因车辆超载，引起被告人不满，自诉人随后下车拉被告人上车。二人拉扯中摔倒在地，导致自诉人左膝胫骨粉碎性骨折，且达六级伤残。自诉人住院治疗花费了住院医疗费 19 893 元、门诊医药费 1057 元、陪护费 995 元、交通费 200 元、营养费 645 元、伤残

---

[1]　陈立主编：《刑事诉讼疑难案例评析》，厦门大学出版社 2005 年版，根据第 441~444 页内容编写。

补助费 44 230 元。某区人民法院认为：自诉人与被告人平时关系密切，没有矛盾和利害冲突。事发时因被告人下车，自诉人担心，并下车劝被告人上车。因二人酒后情绪激动，拉扯中同时倒地，造成自诉人伤害的结果。这是被告人没有预料到的过失行为，不是故意实施而发生的。因此，自诉人指控被告人犯故意伤害的理由不能成立。但被告人的行为的确给自诉人造成了身体上的损失，理应承担赔偿责任；双方在拉扯过程中，自诉人摔倒受伤，双方均有过错，被告人应承担与其过错相应的赔偿责任。被告人的行为造成了自诉人精神上的痛苦，但精神损失赔偿请求不符合法律规定，依法不予支持。某区人民法院依照《刑法》《民法通则》的有关规定，作出刑事附带民事判决：①被告人李某无罪。②被告人李某赔偿自诉人谢某各项经济损失 67 020 元的 60%。

本案是一起刑事自诉附带民事诉讼的案件。人民法院依法受理自诉案件，刑事诉讼已经开始。法院经审理认为，被告人的行为不构成犯罪，但确实给自诉人造成了物质损失，仍然依法对自诉人提出的民事赔偿请求作出了判决。

《高法解释》第 197 条第 1 款明确规定："人民法院认定公诉案件被告人的行为不构成犯罪，对已经提起的附带民事诉讼，经调解不能达成协议的，可以一并作出刑事附带民事判决，也可以告知附带民事原告人另行提起民事诉讼。"

第二，附带民事诉讼的成立，应当是被害人因犯罪行为而遭受物质损失的赔偿。所谓物质损失，一般认为是指与精神损失相对的可以用金钱计算和给付的损失。对于被害人因强奸、诬告陷害、侮辱、诽谤等犯罪行为遭受人格、名誉等精神损失的，按照《刑事诉讼法》第 101 条的规定，是不能提起附带民事诉讼的[1]。《高法解释》第 175 条第 2 款进一步规定："因受到犯罪侵犯，提起附带民事诉讼或者单独提起民事诉讼要求赔偿精神损失的，人民法院一般不予受理。"

诉讼实践中，被害人因犯罪行为遭受的物质损失可以分为两类：①被害人因犯罪行为直接遭受的财物损失或者人身权利受到犯罪行为侵害遭受的经济损失，被告人并未因此占有或者取得被害人的财物，如故意杀人、故意伤害、故意毁坏财物、交通肇事、生产、销售伪劣商品等犯罪行为给被害人造成的物质损失；②被害人因被犯罪分子非法占有、处置其财产而遭受的物质损失，如抢劫、盗窃、抢夺、诈骗、侵占、敲诈勒索等犯罪行为直接造成被害人的财物损失。对于第一类情况遭受的物质损失，被害人可以提起附带民事诉讼请求赔偿，对于第二类情况被害人遭受的物质损失，依照《刑法》第 64 条的规定，应当由

---

〔1〕　尽管《民法典》侵权责任编确立了精神损害赔偿原则。应当说，刑事案件被害人因犯罪行为遭受的精神痛苦和损害往往大于一般的民事侵权案件，在刑事附带民事诉讼中确立精神损害赔偿，有利于更好地保护刑事被害人的合法权益，也符合现实需求。

公安机关、人民检察院或者人民法院通过追缴赃款赃物、责令退赔的途径解决。无法追缴、退赃的，应当参照《刑法》第61条的规定，作为犯罪行为造成的社会危害性程度的酌定情节，在对被告人处刑时予以考虑。《高法解释》第176条具体规定："被告人非法占有、处置被害人财产的，应当依法予以追缴或者责令退赔。被害人提起附带民事诉讼的，人民法院不予受理。追缴、退赔的情况，可以作为量刑情节考虑。"

第三，被害人遭受的物质损失必须是由被告人的犯罪行为直接造成的，即被告人的犯罪行为与物质损失之间存在因果关系。这种物质损失具体包括：

（1）被害人因犯罪行为已经遭受的实际损失。这种损失又称为积极损失，应当包括两个方面：①财物被犯罪行为损毁的损失，如犯罪分子作案时破坏的门窗、车辆、物品等的损失；②犯罪行为造成被害人人身损害的经济损失，如被害人为治疗和康复所支付的医疗费、护理费、交通费等合理费用，因误工减少的收入，造成残疾者的生活辅助具的费用，被害人死亡的丧葬费、亲属的奔丧费，等等。但如果是被害人因被告人的故意伤害行为致重伤，其母不能承受打击致生病住院治疗而产生的医疗费等，不能作为因犯罪行为遭受的损失请求赔偿。

（2）犯罪行为使被害人将来必然遭受的物质利益的损失。这种损失又称消极损失，如被害人因伤残减少的劳动收入、今后继续医疗的费用、死者生前扶养的人的生活补助费，等等。但如果是被害人因受到伤害，耽误了一笔重要的业务洽谈，造成可能得到的经济利益损失，则不属于因犯罪行为造成的损失，不能要求赔偿。

[案例]　甲（女）以被告人乙、丙犯重婚罪为由向某人民法院提起自诉。诉讼过程中，甲提起附带民事诉讼，请求判令乙赔偿其调查乙犯重婚罪的事实而支付的律师费、业务费、交通费、餐费及为此减少的收入等经济损失共计人民币3万元。

人民法院经公开审理，查明被告人乙与丙公开以夫妻名义共同生活，事实清楚，证据确实、充分，依法确认甲关于乙与丙的行为构成重婚罪的指控成立。但对于附带民事诉讼原告人甲要求判令被告人乙赔偿其因调查被告人犯罪事实而支付的人民币3万元的诉讼请求，法院不予支持，因为这些经济损失与乙的犯罪行为没有直接必然的联系。人民法院依法作出判决：被告人乙、丙犯重婚罪，分别判处有期徒刑；附带民事诉讼被告人乙不承担民事赔偿责任。

应当指出的是，犯罪行为之前的债权债务问题，不能在刑事诉讼过程中解决；即使是因民事上的债权债务纠纷而引起刑事犯罪的，也不能在刑事诉讼过程中提起附带民事诉讼。

本章导入案例中，被害人李某提出的诉讼请求事项并不完全符合《刑事诉讼法》关于附带民事诉讼的规定。李某的诉讼请求内容可以归纳为三个方面：首先，对于李某要求赔偿其被损坏的音响价金 8000 元，住院医疗费等 36 350 元的诉讼请求，人民法院应当支持，这是被害人李某因张某的故意伤害犯罪行为已经遭受的物质损失，是属于刑事附带民事诉讼赔偿范围的。其次，李某要求张某归还借款 2 万元的诉讼请求，则不属于附带民事诉讼赔偿范围。本案虽然是因借款债务纠纷引起，但债务不是犯罪行为造成的物质损失，李某不能通过提起附带民事诉讼实现债权。最后，被害人李某确因张某的故意伤害犯罪行为遭受了身体和精神的痛苦，但根据法律规定，李某提出的精神损失赔偿请求不能得到人民法院的支持。

第二节　刑事附带民事诉讼的提起

[案例] 某年 5 月 23 日上午 8 时许，被告人夏某某驾驶大货车，行驶至某县顺河集十字路口时，因靠左侧通行，将在此处卖水果的徐某某当场轧死。公安机关认定夏某某负事故的全部责任，认为夏某某的行为已构成交通肇事罪，依法立案侦查。经查，夏某某为季某所雇的运煤司机。夏某某是在季某安排下驾驶该货车去运煤途中造成交通事故的。

在案件被提起公诉后，被害人丈夫齐某提起附带民事诉讼，请求判令夏某某、季某共同连带赔偿给其造成的经济损失包括丧葬费、交通费等，共计人民币 10 万元。

法院经审理认为，被告人夏某某违反交通运输管理法规，未安全驾驶，致一人死亡，负事故全部责任，已构成交通肇事罪。被告人夏某某的犯罪行为确已给附带民事诉讼原告人造成经济损失，应当予以赔偿。附带民事诉讼被告人季某作为雇主和肇事车辆的所有人，应负连带赔偿责任。人民法院依法作出了刑事附带民事诉讼判决。

一、提起附带民事诉讼的条件

根据《高法解释》第 182 条的规定，在刑事诉讼中提起附带民事诉讼还应当满足一定的条件。

（一）提起附带民事诉讼的人符合法定条件

即提起附带民事诉讼的原告人具有提起附带民事诉讼的权利能力和行为能力。根据《高法解释》第 175 条第 1 款、第 179 条的规定，附带民事诉讼原告人包括以下几类：①因犯罪行为遭受物质损失的公民、法人和其他组织。通常就是刑事被害人。②死亡被害人的近亲属。③被害人的法定代理人。当被害人是未成年人或精神病患者等无行为能力人或者限制行为能力人时，其法定代理人可以提起附带民事诉讼。④人民检察院。国家财产、集体财产遭受损失，受损失的单位未提起附带民事诉讼时，人民检察院有责任提起附带民事诉讼。检察机关提起附带民事诉讼时，既是公诉机关，又是附带民事诉讼原告人，享有民事原告人的诉讼权利，但无权同被告人就经济赔偿通过调解达成协议或自行和解。

在刑事诉讼中，附带民事诉讼原告人依法享有以下权利：①提起附带民事诉讼，要求赔偿物质损失；②有权申请回避；③有权委托诉讼代理人；④要求采取财产保全措施；⑤参加法庭调查，对附带民事诉讼部分的事实和证据作出陈述和发表意见；⑥参加法庭辩论；⑦请求法院主持调解，或者与附带民事诉讼被告人自行和解；⑧对地方各级人民法院第一审未生效的判决、裁定的附带民事诉讼部分不服，有权提出上诉；⑨对生效判决、裁定的附带民事诉讼部分不服，有权提出申诉。

附带民事诉讼原告人应当承担的诉讼义务主要有：①对附带民事诉讼请求提供证据；②如实陈述案情；③按时出席法庭，参加审判活动。

本节案例中，被害人徐某某因交通肇事犯罪行为已经死亡，其丈夫属于被害人的近亲属，有权作为附带民事诉讼原告人提起附带民事诉讼赔偿请求，依法享有附带民事诉讼原告人的诉讼权利，承担相应的诉讼义务。

（二）有明确的附带民事诉讼被告人

附带民事诉讼的被告人，是对犯罪行为造成的物质损失依法负有赔偿责任的人。附带民事诉讼被告人一般是刑事诉讼的被告人，包括公民、法人和其他组织，但也可以是其他依法负有赔偿责任的人。《高法解释》第180条对附带民事诉讼中负有赔偿责任的人作了明确规定，具体包括：①刑事被告人[1]以及未被追究刑事责任的其他共同侵害人[2]。②刑事被告人的监护人。未成年刑事被告人的监护人通常是其父母。父母死亡或者丧失监护能力的，由祖父母、外祖

---

[1]　根据《高法解释》第177条的规定，国家机关工作人员在行使职权时，侵犯他人人身、财产权利构成犯罪，被害人或者其法定代理人、近亲属提起附带民事诉讼的，人民法院不予受理，但应当告知其可以依法申请国家赔偿。

[2]　根据《高法解释》第181条的规定，被害人或者其法定代理人、近亲属仅对部分共同侵害人提起附带民事诉讼的，人民法院应当告知其可以对其他共同侵害人，包括没有被追究刑事责任的共同侵害人，一并提起附带民事诉讼，但共同犯罪案件中同案犯在逃的除外。被害人或者其法定代理人、近亲属放弃对其他共同侵害人的诉讼权利的，人民法院应当告知其相应法律后果，并在裁判文书中说明其放弃诉讼请求的情况。《高法解释》第183条规定，共同犯罪案件，同案犯在逃的，不应列为附带民事诉讼被告人。逃跑的同案犯到案后，可以对其提起附带民事诉讼，但已经从其他共同犯罪人处获得足额赔偿的除外。

父母、兄姐、经未成年人父母所在地的居委会、村委会同意的与被告人关系密切的其他亲属、朋友担任监护人。③死刑罪犯的遗产继承人。④共同犯罪案件中，案件审结前死亡的被告人的遗产继承人。⑤对被害人的物质损失依法应当承担民事赔偿责任的其他单位和个人。附带民事诉讼的成年被告人应当承担赔偿责任的，如果其亲友自愿代为赔偿的，可以准许。

在刑事诉讼中，附带民事诉讼被告人享有的权利主要有：①申请回避权；②有权委托诉讼代理人；③参加附带民事诉讼部分的法庭调查和法庭辩论；④要求人民法院主持调解或者与附带民事诉讼原告人自行和解；⑤对地方各级人民法院第一审尚未发生法律效力的判决、裁定的附带民事诉讼部分不服的，有权提出上诉；⑥对生效判决、裁定的附带民事诉讼部分不服的，有权提出申诉。

附带民事诉讼被告人应当承担的诉讼义务主要有：①如实陈述案情；②按时出席法庭审判，接受调查；③对自己的主张提供证据证明；④执行已经发生法律效力的判决、裁定的附带民事诉讼部分。

本节案例中，被告人夏某某的交通肇事犯罪行为致被害人死亡，给被害人家庭造成了经济损失，夏某某依法应承担赔偿责任；被告人夏某某是季某雇用的司机，郭某某根据雇主的安排在驾车运煤途中发生交通事故致人死亡，造成经济损失，季某作为雇主依法应当承担连带赔偿责任。因此，对于附带民事诉讼原告人齐某要求夏某某、季某共同连带赔偿其经济损失的诉讼请求，人民法院依法予以支持。

（三）有请求赔偿的具体要求和事实、理由

原告人提起附带民事诉讼必须提出应当赔偿的具体数额，同时对加害事实造成的物质损失的说明要有事实根据，并应承担举证责任。

（四）在刑事诉讼过程中提起

这是提起附带民事诉讼的期间要求，关系到被害人的物质损失赔偿请求能否通过刑事附带民事诉讼程序得到解决。《刑事诉讼法》第 101 条规定："被害人……在刑事诉讼过程中，有权提起附带民事诉讼。……"《高法解释》第 184 条第 1 款规定："附带民事诉讼应当在刑事案件立案后及时提起。"这一规定明确了提起附带民事诉讼的开始时间：对于公诉案件，在公安机关或者人民检察院作出刑事立案决定以后，无论是侦查阶段、审查起诉阶段还是审判阶段，有附带民事诉讼请求权的人都可以提起附带民事诉讼。对于自诉案件，在人民法院受理自诉人的起诉时，有附带民事诉讼请求权的人可以提起附带民事诉讼。

确立附带民事诉讼制度的目的是提高效率、节省诉讼资源，如果第一审法院宣告判决之后再提起附带民事诉讼，附带民事诉讼的审级与刑事诉讼的审级不能同步，不能实现提高诉讼效益的目的。因此，向人民法院提起附带民事诉讼，应当限定于第一审法院宣告判决之前。《高法解释》第 198 条作出要求："第一审期间未提起附带民事诉讼，在第二审期间提起的，第二审人民法院可以依法进行调解；调解不成的，告知当事人可以在刑事判决、裁定生效后另行提起民事诉讼。"

《高法解释》第 185 条规定，侦查、审查起诉期间，有权提起附带民事诉讼的人提出赔偿要求，经公安机关、人民检察院调解，当事人双方已经达成协议并全部履行，被害人或者其法定代理人、近亲属又提起附带民事诉讼的，人民法院不予受理，但有证据证明调解违反自愿、合法原则的除外。

二、提起附带民事诉讼的方式

《刑事诉讼法》对提起附带民事诉讼的方式没有要求。《高法解释》第 184 条第 2 款规定："提起附带民事诉讼应当提交附带民事起诉状。"书写诉状确有困难的，可以口头起诉。

附带民事诉状应写清有关当事人的情况、案发详细经过及具体的诉讼请求，并提出相应的证据。附带民事诉讼是在刑事诉讼过程中提起的，对检察机关已经对犯罪行为提起公诉的案件，在刑事附带民事起诉状中，应当重点写明被告人的犯罪行为给被害人造成物质损失的情况及有关证据。《高法解释》第 188 条规定，附带民事诉讼当事人对自己提出的主张，有责任提供证据。

第三节　附带民事诉讼与刑事案件的合并处理程序

一、刑事附带民事诉讼的审查与受理

根据《高法解释》第 186、187 条的规定，人民法院收到附带民事诉状后，应当进行审查，并在 7 日内决定是否立案。符合法定条件的，应当受理；不符合规定的，裁定不予受理。人民法院审理刑事附带民事诉讼案件，不收取诉讼费。人民法院受理附带民事诉讼后，应当在 5 日内将附带民事起诉状副本送达附带民事诉讼的被告人及其法定代理人，或者将口头起诉的内容及时通知附带民事诉讼的被告人及其法定代理人，并制作笔录。同时，应当根据刑事案件审理的期限，确定被告人及其法定代理人提交民事答辩状的时间。

二、刑事附带民事诉讼的审理方式

《刑事诉讼法》第 104 条规定："附带民事诉讼应当同刑事案件一并审判，只有为了防止刑事案件审判的过分迟延，才可以在刑事案件审判后，由同一审判组织继续审理附带民事诉讼。"该规定从原则上明确了人民法院对刑事附带民事诉讼案件的审理方式。

1. 附带民事诉讼应当同刑事案件一并审理、判决。刑事案件附带民事诉讼部分与刑事部分是紧密相连的，人民法院只有在全面查清案件事实，确定被告人的行为是否构成犯罪、是否应当承担刑事责任以及刑事责任大小的基础上，才有可能对被告人是否应当承担被害人的物质损失以及赔偿损失的范围作出认定，进而确定赔偿的范围以及赔偿的形式。因此，附带民事部分应与刑事部分一并审理，同时判决。

2. 为防止刑事案件审判的过分迟延，对刑事部分和民事部分分开审判。附带民事诉讼的处理，需要认定物质损失的程度、范围、被告人的赔偿能力、承担赔偿责任人员的范围等，某些事实的认定有时可能存在一定的困难，甚至在诉讼过程中仍处于变化中，要经过深入调查、科学鉴定，可能需要较长的过程。而刑事案件的审判不能超越法定的诉讼期限，如果附带民事部分同刑事部分一并审判确有一定困难，可能影响刑事部分在法定时间内审结时，也可以对刑事部分和民事部分分开审判。但法律对刑事部分和民事部分采取分开审判的程序是有明确要求的：①只能先审理刑事部分，后审理附带民事部分；②必须由审理刑事案件的同一审判组织继续审理附带民事诉讼；同一审判组织的成员确实不能继续参与审判的，可以更换；③附带民事部分的判决对案件事实的认定不得同刑事判决相抵触；④附带民事部分的延期审理，一般不影响刑事判决的生效。

三、刑事附带民事诉讼的审理程序

根据《高法解释》的有关规定，审理刑事附带民事案件应当遵循以下程序：

1. 举证责任的分配。与刑事诉讼部分不同，附带民事诉讼案件的当事人对自己提出的主张，有责任提供证据。

2. 采取保全措施。附带民事诉讼的财产保全，是指在刑事诉讼过程中，可能因被告人的行为或者其他原因导致将来发生法律效力的附带民事判决难以执行时，司法机关对被告人的财产采取一定的保全措施。财产保全是民事诉讼中的一种诉讼保障制度，附带民事诉讼本质上是一种特殊的民事诉讼，因此审理附带民事诉讼案件，也可以采取财产保全措施。《刑事诉讼法》第102条规定："人民法院在必要的时候，可以采取保全措施，查封、扣押或者冻结被告人的财产。附带民事诉讼原告人或者人民检察院可以申请人民法院采取保全措施。人民法院采取保全措施，适用民事诉讼法的有关规定。"在刑事案件发生之后、判决作出之前，附带民事赔偿的责任人为了逃避履行判决义务，可能有非法隐匿、转移、处分甚至损毁财产的行为，这些行为可能导致附带民事判决将来无法执行。在附带民事诉讼中，采取保全措施，就是为了保证附带民事判决能够得到执行。《高法解释》对采取财产保全的原因、申请、作出保全裁定等作出了具体的规定。[1]

3. 通知当事人出庭。附带民事诉讼原告人经传唤，无正当理由拒不到庭，或者未经法庭许可中途退庭的，应当按撤诉处理。

刑事被告人以外的附带民事诉讼被告人经传唤，无正当理由拒不到庭，或者未经法庭许可中途退庭的，附带民事部分可以缺席判决。

4. 调解。人民法院审理附带民事诉讼案件，可以根据自愿、合法的原则进行调解。经调解达成协议的，应当制作调解书。调解书经双方当事人签收后，即发生法律效力。调解达成协议并即时履行完毕的，可以不制作调解书，但应当制作笔录，经双方当事人、审判人员、书记员签名后即发生法律效力。附带民事诉讼当事人就民事赔偿问题达成调解、和解协议的，赔偿范围、数额不受刑事诉讼法和司法解释规定的限制。（《高法解释》第 192 条第 4 款）

人民法院准许人民检察院撤回起诉的公诉案件，对已经提起的附带民事诉讼，可以进行调解；不宜调解或者经调解不能达成协议的，应当裁定驳回起诉，并告知附带民事诉讼原告人可以另行提起民事诉讼。（《高法解释》第 197 条第 2 款）

5. 判决。经调解未达成协议或者调解书签收前当事人反悔的，附带民事诉讼应当同刑事诉讼一并判决。

对附带民事诉讼作出判决，应当根据犯罪行为造成的物质损失，结合案件的具体情况，确定被告人应当赔偿的数额。审理刑事附带民事诉讼案件，人民法院应当结合被告人赔偿被害人物质损失的情况认定其悔罪表现，并在量刑时予以考虑。（《高法解释》第 194 条）

思考题

1. 简述附带民事诉讼的性质。
2. 如何确定附带民事诉讼的赔偿范围？
3. 哪些人可以成为附带民事诉讼原告人？
4. 哪些人可以成为附带民事诉讼被告人？

---

〔1〕《高法解释》第 189 条规定："人民法院对可能因被告人的行为或者其他原因，使附带民事判决难以执行的案件，根据附带民事诉讼原告人的申请，可以裁定采取保全措施，查封、扣押或者冻结被告人的财产；附带民事诉讼原告人未提出申请的，必要时，人民法院也可以采取保全措施。有权提起附带民事诉讼的人因情况紧急，不立即申请保全将会使其合法权益受到难以弥补的损害的，可以在提起附带民事诉讼前，向被保全财产所在地、被申请人居住地或者对案件有管辖权的人民法院申请采取保全措施。申请人在人民法院受理刑事案件后十五日以内未提起附带民事诉讼的，人民法院应当解除保全措施。人民法院采取保全措施，适用民事诉讼法第一百条至第一百零五条（现第 103～108 条）的有关规定，但民事诉讼法第 101 条第 3 款（现第 104 条第 3 款）的规定除外。"

5. 在审判阶段提起附带民事诉讼必须具备哪些条件？

6. 人民法院如何审理附带民事诉讼案件？

实务训练

案例一[1]：甲与其同父异母的哥哥乙及生母丙一同生活。乙经常虐待丙，情节十分恶劣。2010 年丙去世。乙为独占全部财产，威逼甲离家出走。甲不从，乙便殴打甲，致甲身体多次受伤。甲向法院控告乙虐待其母亲及故意伤害自己的行为，并要求继承母亲的全部财产，法院决定对遗产继承事项以刑事附带民事诉讼形式与刑事部分一并开庭审理。经法庭审理，法院判决乙虐待罪有期徒刑 1 年，故意伤害罪有期徒刑 1 年 2 个月，数罪并罚，决定执行有期徒刑 2 年，并根据继承法有关规定，判决被告人乙丧失继承权，丙的遗产全部由甲继承。

［问题］

该法院对本案的处理是否合法？

［分析提示］

不合法。遗产继承不是乙的犯罪行为造成的物质损失，不能作为附带民事诉讼与刑事案件一并审理。

案例二：甲、乙、丙三人共同伤害一案，经侦查终结后移送人民检察院审查起诉。后检察机关以甲、乙犯故意伤害罪提起公诉，对丙作了不起诉处理。被害人施某向某县人民法院提起附带民事诉讼，要求甲、乙、丙三人共同赔偿其经济损失 15 万元。人民法院为了保证民事判决能够顺利执行，依法查封、扣押了被告人的部分财产。

［问题］

1. 被害人施某对丙提起附带民事诉讼要求赔偿损失有法律依据吗？

2. 人民法院查封、扣押被告人的财产有法律依据吗？

［分析提示］

1. 被害人施某可以对丙提起附带民事诉讼要求赔偿损失。

2. 某县人民法院有权查封、扣押被告人的部分财产。

案例三：郭某与林某实施抢劫，打伤了被害人年某、赵某，打死了被害人秦某。在人民法院开庭审理抢劫案件的过程中，赵某之子和秦某之女分别提起了附带民事诉讼，要求赔偿经济损失约 25 万元。为保证判决的顺利执行，人民法院依法查封和扣押了两名被告人的部分财产。同时，法院将被害人年某、赵

---

[1]　王敏远主编：《中国刑事诉讼法教程》，中国政法大学出版社 2012 年版，根据第 199 页内容编写。

某之子和秦某之女列为附带民事诉讼的共同原告人进行审判。在案件审理过程中，因发现附带民事诉讼部分比较复杂，法院为保证案件的审判质量，于是将附带民事诉讼部分移交民事审判庭审判。

[问题]

1. 本案中，被害人年某是否有权不提起附带民事诉讼？

2. 本案中，人民法院是否有权将年某列为附带民事诉讼原告人？

3. 人民法院对刑事案件和附带民事诉讼部分分别审理，将附带民事诉讼部分移交民事审判庭审判的作法是否合法？为什么？

[分析提示]

1. 被害人年某有权不提起附带民事诉讼。

2. 人民法院无权将年某列为附带民事诉讼共同原告人。

3. 人民法院可以将刑事案件和附带民事诉讼部分分别审理，但不能将附带民事诉讼部分移交民事审判庭审判。

模块三　刑事诉讼的核心：证据

第八章

刑事证据

学习目标

通过本章的学习与训练，掌握刑事证据客观性、相关性、合法性的要求；明确刑事诉讼法规定的八种证据的不同特点和证明作用；了解证据分类的内容和价值；能够熟练运用它们在诉讼中各自不同的作用来分析、认定案情；熟练掌握运用间接证据定案的规则；了解我国刑事诉讼中非法证据的认定，掌握我国非法证据排除规则的内容，能够熟练运用非法证据排除规则处理案件有关情况；了解证明对象的范围；能够用比较的方法，把握公诉案件、自诉案件证明责任的承担；理解"案件事实清楚、证据确实、充分"的证明标准的具体含义，能够将其应用到刑事诉讼实践中分析、判断案件并作出相应的处理。

导入案例

宝马撞童案[1]

某年9月7日上午，3岁男童魏某在小区内道路上玩耍。一辆宝马越野车停在单元门前，魏某跑到车后玩耍。司机未观察情况倒车碾轧魏某后，又反复碾轧3次。公安人员接警到达现场，随即开展现场勘查和调查走访，并调取了小区监控录像。

事发现场是平整的水泥路面，且视线良好。小区监控录像显示，司机吴某驾车有反复碾轧男童的画面。对吴某进行血液抽查，排除酒驾。对肇事车辆进行检验、鉴定和评估，该车后视镜及倒车雷达影像均有效。侦查实验表明，在车内倒车雷达报警的情况下，驾驶者无法及时作出刹车反映。据吴某陈述，他

---

〔1〕 案例来源：http://gov.hebnews.cn/2011-05/03/content_1958149_2.htm，根据该报道编写。

没有往车尾看，上车后看了一下倒车镜，未看到情况。启动后他发现车子停了一下感觉"地上有东西"，但未多想，继续倒车，（录像显示汽车左后轮从魏某身上轧过去）。随后他再次踩油门往前，（录像显示车左后轮再次轧过魏某身体）。这时，吴某感觉车辆颠簸有点大，"我觉得有点坏事，是不是轧到小区里的宠物或人呢？"他决定停车，本想挂上空挡后下车查看，但慌乱中出现失误，他其实挂了倒车挡。刚打开车门下来，汽车就开始往后倒。（录像显示）吴某下意识地用双手抓和肩膀扛，试图阻止车辆倒退，但汽车左后轮第三次从魏某身上轧过。因车没停，左前轮在继续倒退中第四次轧过魏某。几分钟后，吴某拨打了110、120报警。魏某经抢救无效于当日死亡。因涉嫌交通肇事罪，9月8日吴某被刑事拘留。

关于该案性质，被害人亲属提出"四次碾轧，这是故意杀人"，公诉人和辩护人就吴某构成交通肇事罪还是过失致人死亡罪在法庭上展开了辩论。根据吴某陈述、现场勘查、相关证人证言、鉴定意见、监控录像等证据证实，吴某倒车前没有注意观察车后状况，也没有等到车载雷达启动工作就向后倒车，是导致被害人被碾轧的原因。

同年4月29日，人民法院公开开庭审理公诉机关指控被告人吴某犯过失致人死亡罪一案。法庭调查期间，作为公诉机关指控的第一组证据，当庭完整播放了从车辆进入小区到吴某站在路边报警的5分零8秒的全程监控录像。录像显示肇事司机在幼童出现在车另一侧、并走到车辆尾部停留期间，始终背对着幼童方向。同时还显示，肇事司机离开1分钟左右后叫来同伴，并在现场路边拨打手机报警。公诉人还向法庭递交了包括被告人吴某供述、证人证言、法医鉴定意见、车辆检验报告书、物业管理规定、报警记录等多组证据。辩护人则围绕小区物业管理的问题，当庭请求法庭播放了事发小区车辆自由进出的录像。

法院经审理查明，案发当日11时许，被告人吴某驾驶宝马越野车在小区1号楼3单元门前道路上由东向西倒车时，因对车后路面状况疏于观察，将3岁幼童魏某撞倒、碾轧，后因判断失误向前提车时又一次碾轧被害人，其下车查看时又因操作不当，将停车挡位挂入倒挡致使车辆后退，导致该车左侧前后轮再次碾轧被害人，致被害人受伤，经医院抢救无效于当日死亡。案发后，被告人吴某拨打报警电话110和救护电话120，并在现场等候，到公安机关后如实供述了犯罪事实。被告人能积极认罪，被告人的亲属、车主与被害人亲属签订了赔偿协议，并支付了死亡赔偿金等，取得了被害人亲属的谅解。

根据证据，综合全案发生发展的过程，法庭认为被告人的行为客观上虽然导致了被害人被车辆多次碾轧，但主观上并非希望或放任严重后果的发生，根据主客观相一致的原则，认定被告人的行为不构成故意杀人罪。法院当庭作出一审判决，以过失致人死亡罪判处被告人吴某有期徒刑 4 年。

[**任务提出**]

根据本案，思考并完成以下学习任务：

1. 本案中，公安机关收集到哪些证据材料？分别属于刑事诉讼法规定的何种证据种类？

2. 本案中，监控录像具有怎样的证据价值？

3. 本案中，吴某的供述具有怎样的证据价值？

4. 本案中，公诉机关是如何承担证明责任的？

5. 刑事诉讼中认定犯罪嫌疑人、被告人有罪的证明标准是什么？本案中，人民法院是如何运用证据证明认定被告人构成过失致人死亡罪的？

第一节　刑事证据的特征

一、刑事证据的概念

证据者，证明之根据也。一般意义上的证据，是指证明的凭证，即用以证明未知事实的已知的事实。社会生活中，证据一词被广泛地运用。

刑事证据不同于日常生活与科学研究中使用的证据。《刑事诉讼法》第 50 条规定："可以用于证明案件事实的材料，都是证据。证据包括：（一）物证；（二）书证；（三）证人证言；（四）被害人陈述；（五）犯罪嫌疑人、被告人供述和辩解；（六）鉴定意见；（七）勘验、检查、辨认、侦查实验等笔录；（八）视听资料、电子数据。证据必须经过查证属实，才能作为定案的根据。"根据法律规定，从诉讼活动的视角看，刑事证据，是指在诉讼过程中，以法律规定的形式表现出来的，能够用于证明案件事实情况的各种材料。这一刑事证据概念表明以下几方面含义：①证据是客观存在的材料，这种材料能够证明案件真实情况，与案件事实有联系；②证据是证明待证事实的根据；③证据必须以我国法律规定的形式表现。

二、刑事证据的特征

一般认为，证据应当具有证明力和证据能力。刑事证据能否为刑事诉讼实践服务，需要解决证据的采纳与采信问题。证据能否被采纳反映的是证据能力，是否采信某一证据则由其证明力确定。证据能力是对证据的法律要求，是指某一材料在法律上允许其作为证据的资格，解决的是证据的法律资格和可采性问题。证明力是对证据的事实要求，是指证据所具有的对于案件待证事实的证明作用的大小、强弱，即证据对证明案件事实的价值。我国诉讼法学界是以刑事证据应当具有客观性、相关性和合法性的特征，来说明证据的证明力和证据能力。

（一）刑事证据的客观性

刑事证据的客观性，是指证据是客观存在的事实，是不以人们的主观意志为转移的客观存在。

证据的客观性是刑事证据的本质属性，是由案件事实本身的客观性所决定的。证据的客观性赋予了案件事实认定的可靠性。它包括两层含义：

1. 证据是对案件事实的客观反映。刑事证据是伴随着案件事实的发生、发展的过程而出现的物品、痕迹或者反映现象等客观存在的事实材料。

任何犯罪行为都是在一定的时间、地点、条件下，使用一定的手段、方法实施的，必然会相应地在客观外界留下某些物品、痕迹或者反映现象。其基本形式有两类：一是可以直接收集的客观存在的物质。如犯罪分子在作案现场所遗留的某些物品（如作案工具）、文件、痕迹（如指纹、脚印）以及因犯罪行为而产生的尸体、血迹等。二是被人们感知并存入记忆的事实。犯罪事件必然会在被害人、犯罪分子、有关目击者的记忆中造成印记，这些人们记忆中的反映现象，可以通过回忆、口述等方式再现。

2. 证据是不以人们的主观意志为转移的客观事实。在刑事诉讼中，犯罪行为的实施及其后果的形成，必然会留下相应的痕迹、物品，或者为周围的人耳闻目睹，在头脑中留下一定的印象和记忆，从而形成一些客观存在的事实材料。这些事实材料可能表现为一定的物品、文书，也可能表现为证人证言、被害人陈述等。这些事实材料是对案件事实的真实反映，是不依办案人员的主观意志为转移的客观存在。办案人员决不能用主观臆断代替这些证据事实，更不允许其任意改变或者替换收集到的证据材料。[1]

证据的客观性为公安司法人员调查收集证据、查明案件事实真相提供了物质基础。

本章导入案例中，小区的监控录像、越野车司机对自己行为情况的陈述、越野车的状况、痕迹等，都是反映案件发生情况的证据材料。

（二）刑事证据的相关性

刑事证据的相关性，也称证据的关联性，是指作为证据的材料必须与待证案件事实之间存在某种客观的联系，从而能够对案件事实发挥证明作用。相关性的实质意义在于使证据具有证明的实际能力，即对案件事实有证明力。证据的相关性包括以下内容：

1. 证据的相关性是客观存在的，相关性中包含客观性。证据是伴随着案件

---

〔1〕　崔敏主编：《刑事证据理论研究综述》，中国人民公安大学出版社1990年版，第16页。

的发生过程而形成的，证据和案情之间应当具有某种客观的联系。证据不仅是客观存在的，而且必须与案件事实存在客观联系。

2. 证据相关性的表现形式是多种多样的。证据材料可以是案件事实发生的原因，也可以是案件事实发生的方式、方法，还可以是案件发生时的条件。只要与案件的某一方面、某种情节存在客观联系，对查明案情有意义，就可以作为证据。证据与案件事实之间的联系包括因果联系、时间联系、偶然联系、必然联系等多种联系方式，需要从不同角度对证据材料进行甄别。

3. 证据与案件事实的客观联系能为人们所认知，需要人们发挥主观能动性去认识它。检验证据相关性有三个标准：①所提的证据是用来证明什么的？②这是本案的实质性问题吗？③所提的证据对该问题有证明性吗？相关性是证据被采纳的首要条件。它要求司法人员在调查收集证据时，应当限于与本案有关的证据材料；在审查判断证据时，应当注意及时排除与本案无关的证据材料。《刑事诉讼法》没有明确规定证据相关性规则。但《高法解释》的有关规定体现了相关性规则的基本要求。如《高法解释》第139条第2款规定："对证据的证明力，应当根据具体情况，从证据与案件事实的关联程度、证据之间的联系等方面进行审查判断。"[1]《高法解释》第247条规定："控辩双方申请证人出庭作证，出示证据，应当说明证据的名称、来源和拟证明的事实。法庭认为有必要的，应当准许；对方提出异议，认为有关证据与案件无关或者明显重复、不必要，法庭经审查异议成立的，可以不予准许。"这些规定表明，在法庭审理中，控辩双方请求提出的证据必须具有相关性，法庭才允许进行法庭调查。审判人员必须考察证据与案件事实是否相关。

在具体刑事诉讼活动中，适用证据的相关性，要明确两个问题：①关于犯罪嫌疑人、被告人品格的材料，不能作为证明犯罪嫌疑人、被告人有罪或者无罪的证据。②犯罪嫌疑人、被告人在本案以前作出的与本案犯罪行为相类似的行为，不能作为证明犯罪嫌疑人、被告人实施了本案犯罪行为的证据。

（三）刑事证据的合法性

刑事证据的合法性，是指证据必须具有法定的形式、由法定的人员依照法定的程序收集、审查和运用。证据合法性的要求包括三项内容：

1. 证据必须由法定人员依照法定程序收集。违反法定程序收集的证据是非法证据，不得作为定案的根据。《刑事诉讼法》第52条规定："审判人员、检察人员、侦查人员必须依照法定程序，收集能够证实犯罪嫌疑人、被告人有罪或者无罪、犯罪情节轻重的各种证据。严禁刑讯逼供和以威胁、引诱、欺骗以及

---

[1]《高法解释》第98条第8项规定，鉴定意见与案件事实没有关联的，不得作为定案的根据。

其他非法方法收集证据，不得强迫任何人证实自己有罪……"

《刑事诉讼法》第 56 条进一步明确了违反法定程序收集证据的后果："采用刑讯逼供等非法方法收集的犯罪嫌疑人、被告人供述和采用暴力、威胁等非法方法收集的证人证言、被害人陈述，应当予以排除。收集物证、书证不符合法定程序，可能严重影响司法公正的，应当予以补正或者作出合理解释；不能补正或者作出合理解释的，对该证据应当予以排除。在侦查、审查起诉、审判时发现有应当排除的证据的，应当依法予以排除，不得作为起诉意见、起诉决定和判决的依据。"

需要指出的是，根据《刑事诉讼法》第 154 条的规定，公安机关根据侦查犯罪需要采取技术侦查措施收集的材料，在刑事诉讼中可以作为证据使用，不属于违反法定程序收集的材料。

关于收集证据的主体，根据《刑事诉讼法》第 54 条第 2 款的规定，行政机关在行政执法和查办案件过程中收集的物证、书证、视听资料、电子数据等证据材料，在刑事诉讼中可以作为证据使用。[1]《高法解释》第 75 条第 1 款指出，行政机关在行政执法和查办案件过程中收集的物证、书证、视听资料、电子数据等证据材料，经法庭查证属实，且收集程序符合有关法律、行政法规规定的，可以作为定案的根据。《高检诉讼规则》第 64 条第 2 款规定，行政机关在行政执法和查办案件过程中收集的鉴定意见、勘验、检查笔录，经人民检察院审查符合法定要求的，可以作为证据使用。《监察法》第 33 条第 1 款规定："监察机关依照本法规定收集的物证、书证、证人证言、被调查人供述和辩解、视听资料、电子数据等证据材料，在刑事诉讼中可以作为证据使用。"据此，监察机关对公职人员涉嫌职务违法犯罪进行调查所收集的相关证据材料，在刑事诉讼中可以作为证据使用。

2. 证据必须具备法定的形式、合法的来源。《刑事诉讼法》规定了物证、书证、证人证言等八种证据形式。证据材料如果不具备法定的表现形式，即使与案件有关，也不能作为证据，除非依照法定程序重新收集，将其转变为合法的形式。此外，证据还必须具备合法的来源。例如，证人证言必须出自合格的证人，生理上、精神上有缺陷或者年幼，不能辨别是非、不能正确表达的人，不能作证；鉴定意见必须由司法机关指派或者聘请的鉴定人作出，等等。对于实践中匿名举报犯罪事实的信件，其内容有可能是真实的，但它只能是侦查的线索而不能成为证据。

---

〔1〕 对于《刑事诉讼法》是否将行政机关在行政执法和查办案件过程中收集的材料限定为物证、书证、视听资料、电子数据这四种证据形式，而不包括其他证据形式，存在不同的认识。

3. 证据必须经法定程序查证属实。《高法解释》第 71 条指出，"证据未经当庭出示、辨认、质证等法庭调查程序查证属实，不得作为定案的根据。"根据《刑事诉讼法》第 61 条、第 195 条的规定，证人证言必须在法庭上经过公诉人、被害人和被告人、辩护人双方质证并且查实以后，才能作为定案的根据。法庭查明证人有意作伪证或者隐匿罪证的时候，应当依法处理。物证应当在法庭出示，让当事人辨认；对未到庭的证人的证言笔录、鉴定人的鉴定意见、勘验笔录和其他作为证据的文书，应当当庭宣读，听取公诉人、当事人和辩护人、诉讼代理人的意见。未经法庭查证属实的材料，不得作为定案的根据。

三、刑事证据的作用

刑事诉讼活动主要是围绕证据进行的，证据是能够证明案件真实情况的客观事实材料，是公安、司法机关查明事实真相、正确适用法律的基础和前提。

1. 证据是查明案情、正确处理案件的基础。公安、司法机关进行刑事诉讼，必须以事实为根据，以法律为准绳。以事实为根据，就是要以已经查明的案件事实为基础，其核心是以证据作为查明和判定案件事实的唯一手段。只有以确实充分的证据为根据，才能正确认定案件事实，正确处理案件。

2. 证据是揭露和证实犯罪的重要手段，是使无罪的人不受刑事追究的重要保障，也是犯罪嫌疑人、被告人进行辩护的重要手段。犯罪事实发生后，只有准确、及时、细致地调查、收集证据和运用证据，才能有效地揭露和证实犯罪，促使犯罪分子认罪服法。另外，只有运用确实、充分的证据，才能查清案件事实，保障无罪的人不受刑事追究。

第二节　刑事证据的种类

证据种类，是指根据证据材料的各种表现形式，在法律上对证据所作的划分。证据种类的实践价值在于：法定证据种类往往对应着特定的证据收集程序，违背法定程序收集的证据材料可能由此丧失其证据资格；[1] 同时法律往往根据证据种类的不同设定相应的法庭证据调查方法，如对物证应当庭出示，由当事人辨认；对证人证言、被害人陈述、犯罪嫌疑人、被告人供述和辩解等，则采取控辩双方交叉询问的方式进行调查。《刑事诉讼法》第 50 条规定了八种刑事证据种类，即物证；书证；证人证言；被害人陈述；犯罪嫌疑人、被告人供述和辩解；鉴定意见；勘验、检查、辨认、侦查实验等笔录；视听资料、电子数

---

〔1〕 宋英辉、汤维建主编：《我国证据制度的理论与实践》，中国人民公安大学出版社 2006 年版，第 127 页。

据。不具备法定表现形式的证据不得作为定案的根据。当然，具备法律规定形式的证据材料，也不一定就可以作为定案的根据。刑事诉讼实践中，对于每一种证据形式都应当进行客观性、相关性、合法性的审查。

[案例] 某日凌晨，在一郊区公路上发生一起交通肇事案。事故现场有被害人尸体、大片血迹；尸体不远处有汽车急刹车留下的长长的摩擦痕迹；被害人手腕上戴的表已被摔坏，时针指在 5 点 50 分。侦查人员赶到现场进行勘查，拍摄了现场照片。勘查发现尸体旁边破碎散落的挡风玻璃碎片和一些蓝色漆片，玻璃碎片拼凑出标注"皖 A4YP5"车牌号的一张"检"字；法医鉴定被害人系被汽车撞击致死。妇女王某对侦查人员说，她丈夫告诉她，事故发生时，他行走在离事故现场 50 米处，目击一辆蓝色货车撞倒被害人后逃离。侦查人员找到王某的丈夫，进一步了解了当时的情况。经查，"皖 A4YP5"车牌号的车辆是一辆蓝色货车，该车辆行驶证登记的车主叫张某，但张某否认发生交通事故。侦查人员对该车辆检查，发现有一处漆皮脱落的痕迹。

本案例中，侦查人员依法已收集的证据材料有：①物证：被害人尸体；血迹；刹车痕迹；被害人所戴已被摔坏的表；风挡玻璃碎片；蓝色漆片；蓝色货车；货车上漆皮脱落的痕迹。②书证：时针指在 5 点 50 分的表；拼出"皖 A4YP5""检"字的玻璃碎片；车辆行驶证。③妇女王某、王某丈夫的证言是证人证言。④张某否认发生交通事故的辩解是犯罪嫌疑人的辩解。⑤法医对尸体死亡原因的结论是鉴定意见。⑥侦查人员拍摄的现场照片，对现场证据材料的发现、收集的记录属于勘验、检查笔录。

一、物证

（一）物证的概念和表现形式

物证，是指以外部特征、存在状况和内在属性等证明案件真实情况的实物和痕迹。物证的外部特征是指物证的形状、体积、重量、颜色等特征；物证的存在状况是指物证所处的场所、环境状况、存在的时间等；物证的内在属性是指物证所具有的结构、成分、性能等。

物证主要表现为实物和物质痕迹两种类型。

1. 作为物证的实物，是指与案件事实有联系的客观实在物，包括作案工具、赃款赃物、尸体、犯罪嫌疑人遗留在现场的毛发、纽扣、书本、衣服等物品。

2. 作为物证的物质痕迹，包括两个物体之间相互作用产生的印痕和轨迹，如物品上的划痕，被害人身上的抓痕、咬痕，汽车轮胎的碾压痕迹，犯罪嫌疑人在作案现场留下的指纹、脚印、手印、血迹，等等。

（二）物证的特点

作为刑事诉讼中最重要的证据形式，物证具有不同于其他证据的鲜明特征。

1. 物证是以其外部特征、存在状况和内在的物质属性对案件事实发挥证明作用的。这是物证的基本特征。

2. 物证对案件事实的证明具有间接性。物证所包含的信息内容只能反映案件事实的某个片段，不能独立、全面地反映案件事实，必须与其他证据相结合才能实现对案件事实的确定。

3. 物证相对于其他证据具有较强的客观性。物证是客观存在的物品或者痕迹，与言词证据相比，不易受人的主观因素的影响而发生变化。如果有意改变物证的有关特征，则会产生新的特征证明有故意伪装的事实存在。

4. 物证具有较强的稳定性。形成物证的实体物本身具有一定的稳定性，与待证事实相关的特征产生后也能够在一定时间内保持不变。采用适当的方法可以使有证明作用的特征得以固定和保全。但如未及时提取和保全物证，有证明意义的特征可能因自然因素的影响而灭失。因此，应当对物证及时地提取和保全。

（三）物证的作用

物证是刑事诉讼中使用最广泛的一种证据，对于查明案件事实，审查、核实其他证据具有重要的价值：①物证是查明案件事实的重要手段。根据犯罪现场的物证，可以确定案件的性质，查明案件的事实情节，为案件的调查认定提供依据。②物证可以成为鉴别其他证据是否真实的重要手段。物证是客观存在的实在物，客观性强，运用鉴定等科学手段容易查证核实，因而物证可以成为鉴别证人证言、被害人陈述、犯罪嫌疑人、被告人供述等证据材料是否真实可靠的重要手段。③物证是促使犯罪嫌疑人、被告人认罪的有效手段。现场收集的与犯罪案件有关的物品、痕迹，能够反映犯罪工具、犯罪手段或者表明犯罪嫌疑人、被告人的某些个人特征等，在讯问中适时出示物证，可以消除犯罪嫌疑人、被告人的心理防线，促使其如实陈述案情。

二、书证

（一）书证的概念和表现形式

书证，是指以文字、符号、图画、图表等所记载的内容或者表达的思想来证明案件事实的一切物品。书证一般是以文字材料为特征的证明文书，也可以是用图画、图表、符号等形式表达特定思想内容的物品。书证的载体多为纸张，也可以是其他物质材料，如布匹、皮革、木板、石碑、地面、墙壁等。

在刑事诉讼中，书证的表现形式多种多样，经常使用的书证有：证实经济犯罪的账册、收据、发票、合同；诬告陷害案件中的诬告信；记录受贿金额、时间、行贿人情况的日记；一般犯罪中反映犯罪故意、犯罪预谋与犯罪实施过程的书信、日记；反映犯罪主体身份的工作证、身份证、户口簿、任免文件；

等等。

（二）书证的特点

1. 书证是以文字、符号、图画、图表等记载或者表达一定思想和行为的物质材料，其记载、表达的思想内容能够为人们所认识和理解。

2. 书证所记载的内容或者表达的思想，必须与待证明的案件事实有关联，能够借以证明案件事实。

3. 书证是在诉讼外形成的。书证一般形成于诉讼开始之前，主要是随着案件事实的产生、形成与发展的过程而出现的，不是在诉讼过程中形成的。因此有别于在刑事诉讼中制作的各种笔录。

（三）物证与书证的关系

书证由一定的物质材料构成，从广义上讲，书证与物证都属于实物证据的范畴，二者都是以实物形式存在的证据种类。书证与物证的区别在于表现证据事实的方法不同。书证是以其记载或者表达的思想内容证明案件事实的，而物证是以物品或者痕迹的外部特征、存在状况和物质属性起证明作用的。例如，贪污案件中的账册以其记载的内容证明资金的去向，是书证；但查明账册是被涂改的，以涂改的痕迹特征来证明涂改账册的事实，则属于物证。如果某一物品不仅有与案件事实有关联的表现思想内容的文字、图画等，还以其物质特征证明案件事实，则该材料既是书证也是物证。

本节案例中，交通肇事现场收集的死者（被害人）所戴的手表，因遭遇车祸已严重损坏，以其损坏的事实证明受到撞击的严重程度，手表是物证；手表的指针停在 5 时 50 分，证明该起车祸发生的时间，则手表是书证。因此，该手表既是物证也是书证。

（四）书证的作用

在刑事诉讼实践中，书证往往发挥着难以替代的作用：①某些情况下，书证可以直接反映案件的某一事实情节甚至直接反映案件的主要事实。书证主要是随着案件事实的形成、发展的过程而出现的，书证所记载、表达的内容往往是案件事实的一部分或者全部，与案件事实是一种直接的重合关系。对书证进行审查核实，也就查明了案件事实。②书证是审查案内其他证据是否真实的重要手段。书证由一定的物质材料构成，客观性和稳定性较强，利用书证与犯罪嫌疑人、被告人供述和辩解、被害人陈述等证据材料进行比对，可以审查其真实可靠性。

三、证人证言

（一）证人证言的概念

证人证言，是指证人在诉讼过程中，就其所了解的案件情况向公安司法机关所作的陈述。证人证言的内容，包括对查清刑事案件有意义的一切事实。可以是证人对其直接感知的案件事实的陈述，也可以是陈述他人转述的案件事实。对于转述的事实，必须查明来源，否则不能作为证据。

本节案例中，妇女王某对事故发生情况的陈述，是转述其丈夫所目睹的事实；王某丈夫的陈述则是自己直接目击交通事故发生的情况。妇女王某和其丈夫的陈述，经查证属实，均可以作为证明案情的证人证言。

在我国，原则上证人应当出庭以口头形式向法庭陈述所知的案件有关内容。《刑事诉讼法》第 61 条规定，证人证言必须在法庭上经过公诉人、被害人和被告人、辩护人双方质证并且查实以后，才能作为定案的根据。《刑事诉讼法》第 192 条第 1 款规定："公诉人、当事人或者辩护人、诉讼代理人对证人证言有异议，且该证人证言对案件定罪量刑有重大影响，人民法院认为证人有必要出庭作证的，证人应当出庭作证。"《高法解释》第 91 条第 3 款特别强调，经人民法院通知，证人没有正当理由拒绝出庭或者出庭后拒绝作证，法庭对其证言的真实性无法确认的，该证人证言不得作为定案的根据。但在证人确有困难而无法出庭的情况下，可以书面的形式向法庭提供证言，由法庭在案件审理时对证人证言进行宣读。"公诉人、辩护人……对未到庭的证人的证言笔录……应当当庭宣读。审判人员应当听取公诉人、当事人和辩护人、诉讼代理人的意见。"（《刑事诉讼法》第 195 条）

（二）证人证言的特点

证人是除当事人之外的了解案件情况的第三人，与案件事实或者案件处理结果没有直接利害关系。作为人证，证人证言的特点表现在：

1. 证人证言是证人对案件有关情况感知的客观陈述，不是证人的推测、评论或者分析意见。[1] 证人证言不同于对案件专门性问题进行鉴别、分析的鉴定意见。

2. 证人证言是证人对感知或者传闻情况的反映，可能受到客观条件和证人的主观因素的影响，具有多变性和不稳定性。

3. 证人证言较被害人陈述、犯罪嫌疑人、被告人供述更为客观，较物证、书证更为生动。

（三）证人证言的作用

证人证言是刑事诉讼中广泛使用的一种证据，对于查明案情，审查证据，正确处理案件具有重要作用：①证人证言是全面了解案件情况的重要依据。证

---

[1]《高法解释》第 88 条第 2 款规定："证人的猜测性、评论性、推断性的证言，不得作为证据使用，但根据一般生活经验判断符合事实的除外。"

人证言往往能够证明案件所涉及的法律关系的一部分或者全部内容，这有利于公安司法人员查明案件的有关真实情况，为案件的公正处理奠定基础。②证人证言是公安司法人员全面审查判断证据的有力手段。在诉讼实践中，可以利用证人证言与被害人陈述、犯罪嫌疑人、被告人供述和辩解、书证等证据材料，进行相互印证，审查核实各类证据的真实性。③证人证言可以为进一步收集调查证据提供帮助。证人证言可能反映案件的有关线索，从而帮助公安司法人员更广泛地收集其他证据材料。

（四）证人的资格

我国法律规定，具有作证能力的人，即具有证人资格。《刑事诉讼法》第62条规定："凡是知道案件情况的人，都有作证的义务。生理上、精神上有缺陷或者年幼，不能辨别是非、不能正确表达的人，不能作证人。"据此，在刑事诉讼中，作为证人必须具备的条件是：

1. 知道案件情况。这是作证人的先决条件。但知道案件情况的人，并非都是证人。刑事诉讼中的证人是除当事人之外的了解案件情况、与案件或者案件处理结果没有直接利害关系的第三人。因而证人具有人身不可替代性和诉讼角色的优先性。证人既不能由司法机关选择和指定，也不能由其他人代替和更换；了解案件情况的人，应当优先履行证人的义务，不能在诉讼中担任侦查、检察、审判人员及法官助理、书记员、鉴定人和翻译人员。对案件的同一事实如果有几个人同时知道，都可以作为证人，但不能互相代替。要注意证人与见证人不同。[1]

2. 具有作证能力，即具有辨别是非、正确表达的能力。这是能够作证人的绝对条件。生理上、精神上有缺陷或者年幼的人，如果能够"辨别是非、正确表达"，可以作证。《高法解释》第88条第1款强调指出：处于明显醉酒、中毒或者麻醉等状态，不能正常感知或者正确表达的证人所提供的证言，不得作为证据使用。

3. 证人只能是自然人，单位不具有证人资格。证人是陈述其以感觉器官感知的案件的有关事实，单位并不具有这种感知能力。同时，根据法律规定，证人应当如实地提供证言，证人有意作伪证或者隐匿罪证的，应承担伪证罪的刑事责任，单位不是伪证罪的主体。在诉讼实践中，有关单位提供的案件当事人的档案材料、任职的证明文件等书面材料属于书证，不属于书面证言。

（五）证人保护制度

从刑事诉讼法的规定看，证人有作证的义务。但只是要求证人如实提供案

──────────

〔1〕 见证人是指与案件无关，在勘验、检查、搜查、扣押、辨认等诉讼活动中，被公安司法人员邀请在现场观察并且为此作证的人。

件的真实情况，履行作证义务是不够的，必须保障证人有客观、充分地提供证据的条件，使证人愿意自觉履行义务，敢于大胆地揭露、证实犯罪。因此，建立证人保护制度，保证证人及其近亲属的安全，是刑事诉讼的一项重要工作。

1. 公安、司法机关应当积极采取措施保障证人及其近亲属的安全。根据《刑事诉讼法》第63条、第64条的规定，人民法院、人民检察院和公安机关应当保障证人及其近亲属的安全。对证人及其近亲属进行威胁、侮辱、殴打或者打击报复，构成犯罪的，依法追究刑事责任；尚不够刑事处罚的，依法给予治安管理处罚。同时，对于危害国家安全犯罪、恐怖活动犯罪、黑社会性质的组织犯罪、毒品犯罪等特定案件，证人认为因在诉讼中作证，本人或者其近亲属的人身安全面临危险的，人民法院、人民检察院和公安机关应采取以下一项或者多项保护措施：①不公开真实姓名、住址和工作单位等个人信息；②采取不暴露外貌、真实声音等出庭作证措施；③禁止特定的人员接触证人及其近亲属；④对人身和住宅采取专门性保护措施；⑤其他必要的保护措施。人民法院、人民检察院、公安机关依法采取保护措施，有关单位和个人应当予以配合。

2. 证人有向司法机关申请保护的权利。《刑事诉讼法》第64条第2款规定，证人认为因在诉讼中作证，本人或者其近亲属的人身安全面临危险的，可以向人民法院、人民检察院、公安机关请求予以保护。[1]

3. 对证人的经济补偿制度。为了保障和鼓励证人作证的行为，刑事诉讼法建立了证人补偿制度。《刑事诉讼法》第65条规定："证人因履行作证义务而支出的交通、住宿、就餐等费用，应当给予补助……"履行作证义务，对证人而言实际上是一种付出或者经济利益的损失，从公平原则出发，对证人作证给予经济补偿是必要的。根据法律规定，对证人作证的补助，列入司法机关业务经费，由同级政府财政予以保障，有工作单位的证人出庭作证，所在单位不得克扣或者变相克扣其工资、奖金及其他福利待遇。

四、被害人陈述

（一）被害人陈述的概念

被害人陈述，是指刑事案件的被害人就自己遭受犯罪行为侵害的情况向公安司法机关所作的陈述。一般包括两方面内容：①被害人对其遭受特定犯罪行为侵害的事实和其他与案件有关情况的陈述；②被害人对所了解的犯罪分子个人情况的陈述，包括直接指认犯罪人的陈述。被害人是直接遭受犯罪行为侵害的人，具有人身不可替代性。

---

〔1〕 根据《刑事诉讼法》第64条的规定，采取保护性措施和申请予以保护的规定，也适用于在刑事诉讼中作证的鉴定人和被害人及其近亲属。

（二）被害人陈述的特点

1. 被害人陈述的直接证明性。被害人因遭受犯罪行为的侵害，有些情况下与犯罪人有过直接的正面接触，其陈述证明犯罪可能更直接、更具体。

2. 被害人陈述的内容具有综合性。被害人陈述的内容，既有对遭受特定犯罪行为侵害过程的叙述，也有对犯罪人特征等情况的描述，还包括提出惩治犯罪人的要求。作为证据的被害人陈述仅指对其遭受特定犯罪行为的侵害以及有关犯罪情况的陈述。

（三）被害人陈述的作用

在我国，被害人陈述是一种独立的证据，在刑事诉讼法中，对于揭露和证实犯罪具有重要作用：①被害人陈述是追究犯罪的根据与起点。许多刑事案件的立案，就是源于被害人的控告、陈述，没有被害人陈述就发现不了犯罪。②被害人陈述是确定侦查方向、查获犯罪人的重要证据材料。被害人就其遭受犯罪行为直接侵害的事实的陈述，可以提供犯罪嫌疑人的相关个人信息，初步判定案件的性质，为侦查机关侦破案件提供必要的线索。③被害人陈述是确认犯罪人的重要证据。被害人对案件事实的了解比其他证人更加具体、清楚，特别是在故意伤害、强奸、抢劫、绑架等犯罪案件中，被害人与犯罪人可能有一段时间的正面接触，被害人能够向侦查机关提供较为准确、具体的犯罪人个人信息，帮助侦查机关有效确定犯罪嫌疑人。④被害人陈述是鉴别其他证据真伪的手段。一般而言，被害人陈述是较具体、真实的，在侦查活动中，通过被害人陈述，可以帮助侦查机关审查判断证据，发现证据之间的矛盾。

五、犯罪嫌疑人、被告人供述和辩解

（一）犯罪嫌疑人、被告人供述和辩解的概念

犯罪嫌疑人、被告人供述和辩解，是指犯罪嫌疑人、被告人在刑事诉讼过程中，就与案件有关的事实向公安司法人员所作的陈述。通常是犯罪嫌疑人、被告人接受公安司法人员讯问所作的口头供述，一般也称为口供。经公安司法人员许可，犯罪嫌疑人、被告人也可以以书面方式作出供述和辩解。从内容上看，口供一般包括三方面的内容：①承认有罪的供述。犯罪嫌疑人、被告人承认犯罪，对其犯罪的具体过程、情节的叙述。②说明无罪、罪轻的辩解。犯罪嫌疑人、被告人否认犯罪，或者虽然承认相关罪行，但对有依法不应当追究刑事责任或者有从轻、减轻、免除处罚等情况所作的申辩和解释。③攀供。犯罪嫌疑人、被告人对其他犯罪人共同犯罪事实的揭发。如果犯罪嫌疑人、被告人陈述的是其所了解的本案其他犯罪人共同犯罪事实以外的犯罪情况，则属于证人证言。

（二）犯罪嫌疑人、被告人供述和辩解的特点

在刑事诉讼中，犯罪嫌疑人、被告人处于被追诉的地位，这决定了其供述

和辩解的证据特点。

1. 犯罪嫌疑人、被告人的如实陈述具有直接证明性。口供属于直接证据，犯罪嫌疑人、被告人对于是否犯罪以及犯何种罪行最为清楚，其如实陈述能够全面展现案件事实情况，有利于揭示案件的全貌和本质，对查明案情有重要作用。

2. 犯罪嫌疑人、被告人供述和辩解易有反复性。刑事诉讼中，犯罪嫌疑人、被告人是被追诉的对象，与案件的处理结果有着切身的利害关系，其自由、财产乃至生命都将成为诉讼结果处分的内容。因此，即使承认自己的犯罪行为，也往往会避重就轻，对有关案情的陈述时有反复，时供时翻的情况常有发生。

（三）犯罪嫌疑人、被告人供述和辩解的作用

刑事诉讼实践中，犯罪嫌疑人、被告人供述和辩解对于公安司法人员客观、全面地分析案情，正确认定案件事实，公正、准确地处理案件，具有重要的作用：①犯罪嫌疑人、被告人的如实供述，有利于公安司法人员明确侦查范围，迅速查明案情；②犯罪嫌疑人、被告人的揭发，有利于公安司法人员发现新的案件情况和证据线索；③犯罪嫌疑人、被告人的辩解，可以使公安司法人员避免主观臆断，及时发现和纠正办案中的偏差，防止无罪的人受到错误的刑事追究或者有罪的人罚不当罪；④犯罪嫌疑人、被告人的供述和辩解，有利于审查核实案件中的其他证据，对其他证据作出正确判断，对案件作出正确的处理。

（四）运用犯罪嫌疑人、被告人供述的原则

根据《刑事诉讼法》第55条、第56条的规定，运用犯罪嫌疑人、被告人供述认定案件事实时，应当遵循以下原则：①重证据，不轻信口供。②只有被告人供述，没有其他证据的，不能认定被告人有罪和处以刑罚；没有被告人供述，证据确实、充分的，可以认定被告人有罪和处以刑罚。此项规定明确禁止以被告人口供作为有罪判决的唯一证据，要求必须提供其他证据加以补强、印证，确立了我国的口供补强证据规则。[1] ③采用刑讯逼供等非法方法取得的犯罪嫌疑人、被告人供述，应当依法予以排除，不得作为起诉意见、起诉决定和判决的依据。

六、鉴定意见

（一）鉴定意见的概念

《刑事诉讼法》第146条规定，为了查明案情，需要解决案件中某些专门性问题的时候，应当指派、聘请有专门知识的人进行鉴定。鉴定意见，是指鉴定

---

〔1〕 补强证据规则，是指对某些证明力明显薄弱的证据，在认定案件事实时，必须另有其他证据补充、支持其证明力的证据运用规则。这些证明力明显薄弱的证据主要指言词证据。根据补强对象不同，补强证据规则分为口供补强规则和其他证据补强规则。

人根据公安司法机关的指派或者聘请，运用自己的专门知识或者技能，对案件中需要解决的专门性问题进行鉴定后所作的书面意见。

刑事诉讼中需要鉴定的专门性问题很多，常见的有：①法医类鉴定，包括法医病理鉴定、法医临床鉴定、法医精神病鉴定、法医物证鉴定和法医毒物鉴定。②物证类鉴定，包括文书鉴定、痕迹鉴定和微量鉴定。③声像资料鉴定，包括对录音带、录像带、磁盘、光盘、图片等载体上记录的声音、图像信息的真实性、完整性及其所反映的情况过程进行的鉴定和对记录的声音、图像中的语言、人体、物体作出种类或者同一认定。

测谎技术在我国诉讼实践中已经得到运用，并在排除犯罪嫌疑方面发挥了良好的作用，但测谎结论尚未得到法律的正式确认，在刑事诉讼中，可以使用测谎结论帮助审查、判断证据，但不能作为刑事证据使用。[1]

（二）鉴定意见的特点

作为一种独立的证据，鉴定意见具有不同于其他证据形式的显著特点。

1. 鉴定意见是对案件中某个需要解决的专门性问题提出的分析、判断意见，如现场的指纹与犯罪嫌疑人的指纹是否同一、文书是否伪造等，不是对法律适用问题提出意见。故对鉴定人的条件有相应的要求。

2. 鉴定意见具有科学性、客观性。鉴定意见是鉴定人运用专门知识或者技能，凭借科学设备和仪器，对案件专门性问题从科学技术角度提出的分析、判断意见。但不是对直接感知或者传闻的案件事实的客观陈述，不同于证人证言。

（三）鉴定意见的作用

鉴定意见对于认定案件事实具有十分重要的作用：①鉴定意见是物证、书证、视听资料等发挥证据作用的必要手段。犯罪现场遗留的与案件有关的血迹、指纹、毛发等痕迹、物品，只有通过鉴定方式才能与犯罪嫌疑人、被告人的相应特征作同一认定，从而对认定案件事实发挥作用。②鉴定意见是审查判断其他证据的重要手段。鉴定意见的科学性和定量分析的特点，使鉴定意见成为审查鉴别案内其他证据的重要手段，其有助于发现其他证据存在的缺陷和问题，准确认定案件事实。

（四）鉴定人资格

鉴定意见本质上是鉴定人就案件某一专门性问题所作的一种判断意见。鉴定人是否具备主体资格，会直接影响鉴定意见的正确性和合法性。根据《刑事诉讼法》第146条的规定，鉴定人应当具备的条件是：

---

[1] 《最高人民检察院关于CPS多道心理测试鉴定结论能否作为诉讼证据使用问题的批复》指出，"人民检察院办理案件，可以使用CPS多道心理测试鉴定结论帮助审查、判断证据，但不能将CPS多道心理测试鉴定结论作为证据使用"。

1. 具有解决案件专门性问题的专门知识或者技能，能够对案件的某个专门性问题提出鉴定意见。

2. 与案件事实或者当事人没有利害关系，能够公正地进行鉴定。否则，根据法律规定应当适用回避，不能充当鉴定人。

3. 由公安司法机关指派或者聘请。[1] 鉴定人是在案件发生后由司法机关指派或者聘请的，具有选择性和可替代性。鉴定人不同于证人，在诉讼之前已经了解案件情况的人，应当作证人。证人不能兼作鉴定人。

刑事诉讼中，案件当事人无权聘请鉴定人，但有权向司法机关提出鉴定或者重新鉴定的申请。

4. 鉴定人是自然人。医院、科研部门、鉴定机构等单位不能充当鉴定人。根据《全国人民代表大会常务委员会关于司法鉴定管理问题的决定》第10条的规定，司法鉴定实行鉴定人负责制度。鉴定人应当独立进行鉴定，对鉴定意见负责并在鉴定书上签名或者盖章。多人参加的鉴定，对鉴定意见有不同意见的，应当注明。

七、勘验、检查、辨认、侦查实验等笔录

（一）勘验、检查、辨认、侦查实验等笔录的概念

勘验、检查、辨认、侦查实验等笔录，是指侦查人员对与犯罪有关的场所、物品、尸体和人身进行勘验、检查、辨认或者进行侦查实验所作的书面记载。包括勘验笔录、检查笔录、辨认笔录、侦查实验笔录。

勘验笔录，是指办案人员对与案件有关的场所、物品、尸体依照法定程序进行勘查、检验而作的一种客观记录。勘验笔录的内容分为现场勘验笔录、物体检验笔录和尸体检验笔录。勘验笔录的形式包括文字记载、绘制的图样、照片、复制的模型材料和录像等。

检查笔录，是指办案人员对被害人、犯罪嫌疑人、被告人的人身进行检验和观察后所作的客观记载。检查笔录以文字记载为主，也可以采取拍照、录像等其他有利于准确、客观记录的方法。

辨认，是指在侦查人员主持下，由证人、被害人或者犯罪嫌疑人对与案件有关的物品、尸体、场所或者犯罪嫌疑人进行辨别、确认的一种侦查活动。辨认笔录是侦查人员制作的，客观记录证人、被害人或者犯罪嫌疑人辨认过程及辨认结果的书面记录。辨认笔录的形式包括文字、拍照、录像等。根据辨认主

---

〔1〕《关于司法鉴定管理问题的决定》第7条、第8条规定，侦查机关根据侦查工作的需要设立的鉴定机构，不得面向社会接受委托从事司法鉴定业务。人民法院和司法行政部门不得设立鉴定机构。各鉴定机构之间没有隶属关系；鉴定机构接受委托从事司法鉴定业务，不受地域范围的限制。鉴定人应当在一个鉴定机构中从事司法鉴定业务。

体不同，辨认笔录分为证人辨认笔录、被害人辨认笔录、犯罪嫌疑人辨认笔录。

侦查实验，是指在刑事诉讼过程中，侦查人员为了确定与案件有关的某一事件或者事实在某种条件下能否发生和后果如何，实验性地重演该事件或者现象的一种侦查活动。侦查实验笔录，是侦查人员按照法定格式制作的，用于描述和证明实验过程中发生的、具有法律意义的事实状况的书面记录。侦查实验笔录以文字记载为主，以照片或者录音、录像、绘图、制作模型等为辅。

（二）勘验、检查、辨认、侦查实验等笔录的特点

勘验、检查、辨认、侦查实验等笔录是一种独立的证据，也是一种固定和保全有关证据材料的方法。它不同于物证、书证、鉴定意见等证据，有其独有的特点。

1. 具有综合证明性。勘验、检查、辨认、侦查实验等笔录所反映的案件信息内容全面，记载的不是案件某个单一的事实或者个别的证据材料，而是可能包含多种证据及各种证据材料之间存在的关系，各种证据形成、存在的具体环境条件等多项内容的综合性的证据材料。

勘验、检查笔录中大量记载的可能是物证的状态、位置、各物证之间的空间关系等情况，但这只是固定物证的一种方式，不是物证本身，也不是物证的复制品。如交通肇事的现场勘验笔录，要详细记载肇事的现场状况、物品、尸体的情况，被害人的受伤害情况，还要附加绘图、照片、现场录像等，使物证的某些情况得以固定，但它不是这些物证本身。现场勘验笔录，不仅能提供物证进入诉讼，作为运用物证的根据，而且能较全面地反映与犯罪现场有关的各种证据状况及环境、条件，从而提供物证本身并不携带的证据信息，帮助办案人员更加全面、准确地了解案情。

勘验、检查、辨认、侦查实验等笔录是在诉讼过程中，由执行勘验、检查、辨认、侦查实验的侦查、司法人员依照法定的形式制作形成的，与书证有着明显的差异。书证是在诉讼活动外形成的，制作主体可能是任何人。

2. 具有较强的客观性。勘验、检查笔录是公安司法人员对勘验、检查对象情况进行观察，就其观察所见作出的客观、如实的记录；辨认笔录是对辨认的经过和结果的客观记载；侦查实验笔录是对模拟实验情况观察的记载，不是对案件情况进行分析判断的结论，不包含主观分析成分。因而勘验、检查、辨认、侦查实验等笔录不同于鉴定人对案件中特定的专门性问题提供分析、判断意见的鉴定意见，客观性较强。

（三）勘验、检查、辨认、侦查实验等笔录的作用

作为综合性的证据材料，勘验、检查、辨认、侦查实验等笔录在刑事诉讼中具有不可替代的作用：①是保全证据的手段。勘验、检查笔录可以及时将物

体的特征和现象全面准确地记录下来，起到固定和保全证据的作用。②是发现调查线索，分析案件情况的依据。如勘验笔录可以为恢复现场原状提供依据；通过辨认笔录可以为直接判明案件有关事实提供依据。③可以为某些专门性鉴定提供材料。如进行法医学鉴定，可以利用人身检查笔录记载的内容作出鉴定。④可以审查鉴别证据的真伪。勘验、检查笔录是对有关勘验、检查对象情况的客观记载，侦查实验笔录客观记载所观察到的模拟实验情况，其内容可用以鉴别其他证据，特别是被害人陈述、犯罪嫌疑人、被告人的供述、证人证言的真实性。⑤其是了解侦查活动是否符合法定程序，勘验、检查、辨认中收集的证据是否可靠的途径。

八、视听资料、电子数据

（一）视听资料、电子数据的概念

视听资料，是指以录音、录像、电子计算机或者其他高科技设备所存储的信息，证明案件真实情况的资料。按照视听资料的表现形式，可以将其分为录音资料、录像资料、计算机存储的资料和其他音像资料等。

电子数据，是指案件发生过程中形成的，以数字化形式存储、处理、传输的，能够证明案件事实的数据。包括但不限于下列信息、电子文件：①网页、博客、微博客、朋友圈、贴吧、网盘等网络平台发布的信息；②手机短信、电子邮件、即时通信、通讯群组等网络应用服务的通信信息；③用户注册信息、身份认证信息、电子交易记录、通信记录、登录日志等信息；④文档、图片、音视频、数字证书、计算机程序等电子文件。但以数字化形式记载的证人证言、被害人陈述以及犯罪嫌疑人、被告人供述和辩解等证据，不属于电子数据。[1]

（二）视听资料、电子数据的特点

1. 具有形象性、直观性、生动性。视听资料是运用录音、录像和其他高科技设备存储的有关案件的各种信息，能够再现案件发生时的各种声音、形象，生动、直观地再现一定的法律行为或者案件事实。

2. 具有高度的物质依赖性。视听资料所记录的声音、形象和信息，必须运用现代化的科技手段，使之固定或者存储于有形物质中。电子数据的产生、储存、传输、出示等，必须借助计算机技术、存储技术、网络技术，否则无法发挥证据效力。

3. 具有便利高效性。视听资料、电子数据所涵盖的信息量丰富，稳定性较强，可以反复使用，从而提高证据的利用率。

---

〔1〕　2016年9月最高人民法院、最高人民检察院、公安部联合发布《关于办理刑事案件收集提取和审查判断电子数据若干问题的规定》第1条。

4. 具有客观性、准确性。视听资料是高科技设备机械运动的结果，电子数据的存储、传输过程有完备的安全保障系统，其所反映的客观事实、信息数据，在没有人为因素蓄意篡改或者技术差错影响的情况下，很少受到主观因素的影响，客观性强。

（三）视听资料、电子数据的作用

随着科学技术的发展，人们经常使用计算机和电子存储设备储存信息，视听资料、电子数据在刑事诉讼中发挥着越来越重要的作用：①有利于公安司法机关准确查明案情，查获犯罪人。如录像资料的记录，可以反映某一事件发生的连续的过程，使办案人员直观感受被记录事件的存在及特定的人或者物与事件的联系，从而准确查明案情。②可以直接证明案件的有关情况。如计算机存储的运行程序，可以证明与计算机运行过程有关的情况，通过对计算机程序的运行分析，可以了解是否存在非法侵入计算机系统窃取资料或者破坏系统等事实。③是审查判断其他证据的重要手段。视听资料、电子数据的客观性，可用于审查判断证人证言、被害人陈述、犯罪嫌疑人、被告人供述和辩解等证据材料的真实性。

本章导入案例中，法庭审判中当庭播放的案发当时的小区监控录像，该录像客观、全面、动态地记载了司机吴某上车前未对车后路面状况进行观察，从而将3岁幼童魏某撞倒、碾轧，因判断失误向前提车时又一次碾轧被害人，其下车查看时又因操作不当，将停车挡位挂入倒挡致使车辆后退，导致该车左侧前后轮再次碾轧被害人的事实。该录像属于视听资料，是对本案犯罪事实情况进行判断的重要证据材料。

第三节　刑事证据的分类

刑事证据的分类，是指将刑事诉讼法规定的证据种类，按照不同的标准，从不同的角度划分为若干不同的类型。其目的在于通过分析某类证据的共同特征，提示某类证据的运用规则，指导诉讼实践中正确认识和收集、审查判断证据，实事求是地查证和认定案情。

刑事证据的分类不同于法定的证据种类。证据种类明确限定了证据的法定表现形式，具有法律约束力，但是囿于单一的划分标准，证据种类对证据的来源、证明力的强弱等无法反映；证据分类有多个划分标准，虽不具有法律的强制性，但能够弥补证据种类划分的不足。[1] 在我国，通常将刑事证据分为原始证据与传来证据、言词证据与实物证据、有罪证据与无罪证据、直接证据与间接证据。刑事诉讼法规定的某一具体的证据种类，依据不同的分类标准，可能同时属于几种证据分类。

分类标准	类型	与证据种类的关系
证据的来源	原始证据与传来证据	刑事诉讼法规定的八种证据分属于言词证据或者实物证据，都可以是原始证据或者传来证据、有罪证据或者无罪证据、直接证据或者间接证据
证据的表现形式	言词证据与实物证据	
证据对案件事实的证明作用	有罪证据与无罪证据	
证据与案件主要事实的证明关系	直接证据与间接证据	

参考实例：公安机关勘验杀人现场时，提取了插在被害人胸部上的一把匕首。从证据种类角度看，该匕首属于物证；从证据分类角度看，以证据的来源为标准，该匕首来自现场直接获取，属于原始证据；以证据的表现形式划分，该匕首作为物证材料属于实物证据；而从证据与案件主要事实的证明关系方面看，只有一把匕首不能说明犯罪嫌疑人是否犯罪，该匕首属于间接证据。综合案件情况，从对案件事实的证明作用方面看，该匕首是有罪证据。

一、原始证据与传来证据

根据证据来源的不同，可以将证据划分为原始证据与传来证据。

（一）原始证据与传来证据的概念

原始证据，是指直接来源于案件事实或者原始出处的证据。原始证据是在案件事实的直接影响下形成的，或者直接来源于证据生成的原始环境的证据，又称为第一来源获得的证据。如被害人对自己受害经过的陈述；证人对自己亲身感觉、亲眼所见事实提供的证言；物证的原物；书证的原件；直接录下作案经过的视听资料的"母带"、原盘；等等。

传来证据，是经过复制、复印、转述、转抄等中间环节形成的证据，是从原始证据派生的证据，又称为非第一来源的证据。如证人转述他人告知的案情的证言；物证；书证；视听资料的复制品、复制件；等等。

（二）原始证据与传来证据的运用

原始证据与传来证据的划分，揭示了不同类别证据的可靠性程度与证明力

---

[1] 参见宋英辉、汤维建主编：《证据法学研究述评》，中国人民公安大学出版社 2006 年版，第 200 页。

的强弱。

1. 原始证据直接来源于证据信息来源，没有经过中间环节，在证据同源的前提下，原始证据较传来证据更为可靠，证明力更强。

刑事诉讼中运用原始证据的规则是：①应当尽可能收集和运用原始证据。根据原始证据优先规则，据以定案的物证应当是原物，书证应当是原件。[1] ②对原始物证、书证、视听资料应当庭出示或者播放，查证属实后，才能作为定案根据。③亲自感受案件事实的被害人、目击证人，应出庭陈述，以保证原始证据的客观真实性。

2. 传来证据的取得经过一个或者几个中间环节，一般其证明价值会随着中间环节的增加而减弱。但传来证据的作用不可忽视。通过传来证据可以发现、获取原始证据；特定情况下，可以用传来证据审查原始证据是否完整、可靠；在没有原始证据的情况下，传来证据的证明作用尤显突出。如陈某抢劫案，被害人李某在临死前向医护人员林某、徐某所作的关于遭受犯罪嫌疑人陈某抢劫侵害的陈述，因被害人的死亡而无法再收集到被害人陈述的原始证据，则医护人员林某、徐某对被害人李某受害情况的陈述作为传来证据，具有重要的证据价值。

在运用传来证据认定案情时应遵循的规则是：①没有查明来源或者来源不明的材料，不能作为传来证据使用；②应当尽量收集和运用距原始证据最近的传来证据；③在无法取得原始证据或者取得原始证据确有困难时，经查证属实的传来证据，才可以作为定案的根据；④案内只有传来证据时，不能认定犯罪嫌疑人、被告人有罪。

二、言词证据与实物证据

根据证据表现形式的不同，可以将证据划分为言词证据与实物证据。

（一）言词证据与实物证据的概念

言词证据，是指以人的陈述为存在和表现形式的证据，又称为"人证"，包括证人证言、被害人陈述、犯罪嫌疑人、被告人供述和辩解、鉴定意见。

实物证据，是指以实物形态作为存在和表现形式的证据。证据种类中的物证、书证、勘验、检查、辨认、侦查实验等笔录、视听资料、电子数据属于实物证据。

（二）言词证据与实物证据的运用

言词证据与实物证据的证明方式不同，在使用证据时应当把二者结合起来，

---

〔1〕 参见《死刑案件证据规定》第 8 条。《高法解释》第 83 条第 1 款、第 84 条第 1 款有相同的规定。

相互印证，相互补充，发挥各自的优势，运用言词证据挖掘实物证据的证明力。

1. 言词证据的特点。言词证据具有能动性，能够较为生动、详细地反映案件事实，经查证属实，一般可以直接证明待证事实。但同时言词证据主观性强，容易受到各种主、客观因素的影响而出现虚假或者失真的情况。

诉讼实践中，收集和运用言词证据应当遵循以下规则：

（1）严禁采用非法方法收集言词证据。言词证据一般是通过询问、讯问的方式获得的，在收集言词证据的过程中，应当严禁刑讯逼供或者威胁、引诱、欺骗以及其他非法方法。确属采用刑讯逼供等非法方法收集的犯罪嫌疑人、被告人供述和采用暴力、威胁等非法方法收集的证人证言、被害人陈述，应当予以排除，不得作为起诉意见、起诉决定和判决的依据。

（2）着重审查言词证据陈述人的情况。对于陈述人与案件的利害关系，其感知、记忆、表达的能力和条件，是否可能受到外界因素的影响等，应进行认真审查。

2. 实物证据的特点。实物证据是伴随着案件的发生而形成的，客观性较强。一经收集保全，可以长期保持原有形态，证据信息较为稳定。但实物证据只能在静态上证明案件事实的某个片段或者某个情节，也较容易因人为或者外界条件的变化而灭失。

诉讼实践中，收集和运用实物证据的规则是[1]：①严格依照法定程序，及时收集和保全实物证据。实物证据主要是司法人员通过勘验、搜查、扣押等方式取得的，应当注重按照法定程序及时提取、固定和保全。根据《刑事诉讼法》第56条第1款的规定，收集物证、书证不符合法定程序，可能严重影响司法公正的，应当予以补正或者作出合理解释；不能补正或者作出合理解释的，对该证据应当予以排除。②必要时，对实物证据应当进行辨认、鉴定或者检验。根据《死刑案件证据规定》第10条、第27条第2款、第29条第2款的规定，具备辨认条件的物证、书证应当交由当事人或者证人进行辨认，必要时应当进行鉴定；对于视听资料、电子数据有疑问的，应当进行鉴定。③对于实物证据的审查，应侧重于查明其与案件的相关性，是否伪造，是否受环境影响发生自然变化。④实物证据应当与言词证据相结合使用。与实物证据相比，言词证据所隐含的信息可能更加丰富，对于实物证据之间的联系可能有具体的说明，两类证据相互印证，有助于正确判断、运用证据。

三、有罪证据与无罪证据

根据证据对案件事实的证明作用不同，可以将证据分为有罪证据与无罪

---

〔1〕《死刑案件证据规定》第6条、第25条、第27条、第29条对有关实物证据的审查内容有专门规定。

证据。

（一）有罪证据与无罪证据的概念

凡是能够证明犯罪事实存在、犯罪行为是犯罪嫌疑人、被告人所实施的证据，是有罪证据。凡是能够否定犯罪事实存在，或者能够证明被告人未实施犯罪行为的证据，是无罪证据。

（二）有罪证据与无罪证据的运用

是否发生犯罪事实和犯罪嫌疑人、被告人是否有罪，是涉及犯罪构成的复杂问题，也是刑事诉讼所要解决的核心问题。在刑事诉讼中，单独一项证据材料往往很难确定是有罪证据还是无罪证据，只有与一系列证据相结合，才能确定该证据材料的证明作用。

运用有罪证据与无罪证据认定案件事实，必须遵守相应的特殊规则：

1. 坚持客观、全面的证据收集原则，注意收集与案件有关的有罪证据和无罪证据，防止先入为主的主观片面性。《刑事诉讼法》第 52 条规定，审判人员、检察人员、侦查人员必须依照法定程序，收集能够证实犯罪嫌疑人、被告人有罪或者无罪、犯罪情节轻重的各种证据。

2. 有罪证据与无罪证据是互相排斥的，只有有罪达到证据确实、充分，排除合理怀疑的程度，才能认定犯罪嫌疑人、被告人有罪。而只要有一个无罪证据查证属实或者不能作出合理的解释，就不能认定犯罪嫌疑人、被告人有罪。

3. 坚持"疑罪从无"的原则。遇到有罪证据与无罪证据并存时，应进一步收集新的证据；经过最大努力仍未能完全否定无罪证据，应按照"疑罪从无"的原则认定犯罪嫌疑人、被告人无罪。《刑事诉讼法》第 175 条第 4 款规定，在审查起诉阶段，人民检察院对于二次补充侦查的案件，仍然认为证据不足，不符合起诉条件的，应当作出不起诉的决定。《刑事诉讼法》第 200 条第 3 项规定，人民法院在审判阶段，经过法庭审理，对于证据不足、不能认定被告人有罪的，应当作出证据不足，指控的犯罪不能成立的无罪判决。

四、直接证据与间接证据

根据证据与案件主要事实的证明关系不同，可以将证据分为直接证据与间接证据。刑事案件的主要事实，是指案件中的关键性事实，即犯罪嫌疑人、被告人是否实施了被指控的犯罪事实。所谓证明关系，是指某一证据是否可以单独、直接地证明案件的主要事实。

（一）直接证据与间接证据的概念

直接证据，是指与案件事实具有直接联系，能够单独、直接证明案件主要事实的证据。实践中，直接证据主要有：犯罪嫌疑人、被告人的供述和辩解；证明犯罪嫌疑人实施犯罪的被害人陈述；证人证言；能够反映案件主要事实的书证；视听资料、电子数据；等等。在直接证据中有肯定性直接证据和否定性直接证据。例如：李某抢劫案，被害人关于李某抢劫其钱财的陈述，属于肯定性直接证据；高某放火案，表明大火系因电器短路引起的录像（视听资料），属于否定性直接证据。

本章导入案例中，吴某对自己行为的陈述（犯罪嫌疑人、被告人供述），小区监控记录下的吴某没有观察车后情况而直接启动车辆导致男童遭碾压的监控录像，都是证明案件事实的肯定性直接证据。

间接证据，是指不能单独、直接证明案件的主要事实，需与其他证据结合才能证明案件事实的证据。间接证据的种类非常广泛，一般说来，只能证明时间、地点、工具、手段、结果、犯罪动机等单一的事实要素和案件情节的证据，都是间接证据。[1] 例如：韩某杀人案，证明被告人到过案发现场的证人证言，沾有血迹的杀人凶器，提取的犯罪嫌疑人的指纹；马某盗窃案，被害人陈某关于犯罪给自己造成物质损害的陈述；吴某投毒案，证明被告人指纹与现场提取的指纹同一的鉴定结论，都属于间接证据。

直接证据与间接证据的划分与证据的来源无关，因此，直接证据或者间接证据都可能是原始证据或者传来证据。如李某抢劫案，被害人何某曾告知医护人员林某和徐某自己遭受了犯罪嫌疑人李某的抢劫侵害，则被害人何某向公安司法人员的陈述既是原始证据也是直接证据；医护人员林某、徐某关于被害人何某受害情况的陈述（证人证言）既是传来证据也是直接证据。

（二）直接证据与间接证据的运用

直接证据与间接证据的划分，有助于正确认识二者对案件主要事实的证明关系的不同，但不能简单认为直接证据的证明力优于间接证据。

1. 直接证据的特点和运用规则。直接证据具有直接证明性。直接证据对案件主要事实的证明过程简单，不需要借助其他证据进行逻辑推理。在诉讼实践中，肯定性直接证据多表现为言词证据，数量少，较难取得，也容易受到各种主、客观因素的影响。

在收集、运用直接证据时应当遵循的规则是：①严禁采用刑讯逼供和以威胁、引诱、欺骗以及其他非法方法收集证据，不得强迫任何人证实自己有罪（《刑事诉讼法》第52条）。②孤证不能定案。只有被告人供述，没有其他证据的，不能认定被告人有罪和处以刑罚（《刑事诉讼法》第55条第1款）。

2. 间接证据的特点和运用规则。间接证据具有综合证明性。任何一个间接证据只能证明与主要事实有关的某一片段或者某个情节，必须依赖若干间接证

---

〔1〕 樊崇义主编：《证据法学》，法律出版社2004年版，第228页。

据的相互结合，形成证据链，通过逻辑推理过程，才能对案件主要事实作出说明。

诉讼实践中大量获取的是间接证据，间接证据的作用不容忽视。间接证据可以作为发现、收集直接证据的线索，可以增强直接证据的证明力，补充直接证据的效力。在缺乏直接证据的情况下，运用间接证据形成的证据链条，同样能够证明案件事实。

根据《高法解释》第140条的规定，在没有直接证据证明犯罪行为系被告人实施的情况下，间接证据同时符合下列条件的，可以认定被告人有罪：①证据已经查证属实；②证据之间相互印证，不存在无法排除的矛盾和无法解释的疑问；③全案证据形成完整的证据链；④根据证据认定案件事实足以排除合理怀疑，结论具有唯一性；⑤运用证据进行的推理符合逻辑和经验。[1]

第四节　非法证据的认定与排除

[案例][2] 某县人民检察院以被告人李某等人犯贩卖毒品罪向人民法院提起公诉。李某辩称，不知道所送物品为毒品。案件审理过程中，李某提出在侦查机关接受讯问期间遭到刑讯逼供，并提供了相关线索、材料，申请排除其所作供述。法院经审查认为，公安人员可能存在以刑讯逼供方式收集被告人供述的情形，依法启动证据收集合法性的调查程序。公诉人通过宣读李某在侦查机关的供述，出示看守所收押登记表及侦查机关依法办案的情况说明等材料，以证明侦查人员没有对李某刑讯逼供，但对侦查人员讯问结束后于凌晨带李某到医院检查身体的原因没有作出说明。为查明侦查人员在县人民医院对李某健康检查的原因，法庭要求侦查机关对李某在县人民医院的检查情况进行说明，侦查机关没有回应；法庭依法通知办案人员出庭说明情况，但办案人员无合适理由拒绝出庭。

法庭认为，鉴于公诉机关在一审开庭时出示的李某的有罪供述笔录、在押人员体检登记表以及侦查机关依法办案的情况说明不足以证明取证的合法性，侦查机关对李某讯问时也没有按照法律规定进行同步录音或者录像，当法庭通

---

〔1〕《死刑案件证据规定》第33条也明确规定了在没有直接证据证明犯罪行为系被告人实施的情况下，可以运用间接证据认定被告人有罪的规则：①据以定案的间接证据已经查证属实；②据以定案的间接证据之间相互印证，不存在无法排除的矛盾和无法解释的疑问；③据以定案的间接证据已经形成完整的证明体系；④依据间接证据认定的案件事实，结论是唯一的，足以排除一切合理怀疑；⑤运用间接证据进行的推理符合逻辑和经验判断。

〔2〕 根据网络案例内容编写。

知侦查办案人员出庭说明情况时办案人员无正当理由拒绝出庭，故不能排除李某审判前的有罪供述系采取非法方法取得。据此，依照《刑事诉讼法》第60条规定，李某在审判前的有罪供述不能作为定案的根据，应当依法排除。

一审法院对李某审判前供述排除后，综合全案证据分析，不能认定李某明知自己所送物品系毒品，故认定公诉机关指控李某犯贩卖毒品罪的证据不足，依法判决李某无罪。

本案的程序处理，反映的是我国刑事诉讼中人民法院对被告人提出排除非法证据进行审查、认定的程序，以及人民检察院依法承担取证合法性的证明责任。

一、刑事诉讼中非法证据的认定

在刑事诉讼中，非法证据是指运用非法手段或者违反法定程序所收集或取得的证据。根据不同的标准，可以把非法证据划分为不同的种类，包括严重侵害公民合法权益的非法证据、一般性侵害公民合法权益的非法证据和没有侵犯法益的非法证据；非法言词证据和非法实物证据；原始的非法证据和衍生的非法证据（毒树之果）。[1]

我国《刑事诉讼法》第56条规定："采用刑讯逼供等非法方法收集的犯罪嫌疑人、被告人供述和采用暴力、威胁等非法方法收集的证人证言、被害人陈述，应当予以排除。收集物证、书证不符合法定程序，可能严重影响司法公正的，应当予以补正或者作出合理解释；不能补正或者作出合理解释的，对该证据应当予以排除。在侦查、审查起诉、审判时发现有应当排除的证据的，应当依法予以排除，不得作为起诉意见、起诉决定和判决的依据。"由此，我国刑事诉讼法所确认的非法证据主要包括：

1. 采用刑讯逼供等非法方法收集的犯罪嫌疑人、被告人供述。根据《高法解释》第123条的规定，采用下列非法方法收集的被告人供述，应当予以排除：①采用殴打、违法使用戒具等暴力方法或者变相肉刑的恶劣手段，[2] 使被告人遭受难以忍受的痛苦而违背意愿作出的供述；[3] ②采用以暴力或者严重损害本

---

[1] 参见程荣斌、王新清主编：《刑事诉讼法》，中国人民大学出版社2021年版，第201、202页。

[2] 最高人民法院《关于建立健全防范刑事冤假错案工作机制的意见》明确指出，采用刑讯逼供或者冻、饿、晒、烤、疲劳审讯等非法方法收集的被告人供述，应当排除。

[3] 《高法解释》第124条规定：采用刑讯逼供方法使被告人作出供述，之后被告人受该刑讯逼供行为影响而作出的与该供述相同的重复性供述，应当一并排除，但下列情形除外：①调查、侦查期间，监察机关、侦查机关根据控告、举报或者自己发现等，确认或者不能排除以非法方法收集证据而更换调查、侦查人员，其他调查、侦查人员再次讯问时告知有关权利和认罪的法律后果，被告人自愿供述的；②审查逮捕、审查起诉和审判期间，检察人员、审判人员讯问时告知诉讼权利和认罪的法律后果，被告人自愿供述的。

人及其近亲属合法权益等相威胁的方法，使被告人遭受难以忍受的痛苦而违背意愿作出的供述；③采用非法拘禁等非法限制人身自由的方法收集的被告人供述。[1]

2. 采用暴力、威胁等非法方法收集的证人证言、被害人陈述。《高法解释》第125条进一步明确为："采用暴力、威胁以及非法限制人身自由等非法方法收集的证人证言、被害人陈述，应当予以排除。"

3. 不符合法定程序收集的，可能严重影响司法公正的且不能补正或者作出合理解释的物证、书证。对"可能严重影响司法公正"的认定，《高法解释》第126条第2款规定，"应当综合考虑收集证据违反法定程序以及所造成后果的严重程度等情况"。

应当注意区分非法证据与瑕疵证据。瑕疵证据是指侦查人员收集的程序或者方式存在轻微违法情形，但通过补正或作出合理解释后，可以用作定案根据的证据。轻微违法性是瑕疵证据与非法证据的本质区别。[2] 根据《高法解释》有关规定，证据的收集程序、方式存在瑕疵，通过有关办案人员的补正或者作出合理解释，使该证据的瑕疵得到修补，可以采用。例如，《高法解释》第86条第2款规定："物证、书证的收集程序、方式有下列瑕疵，经补正或者作出合理解释的，可以采用：（一）勘验、检查、搜查、提取笔录或者扣押清单上没有调查人员或者侦查人员、物品持有人、见证人签名，或者对物品的名称、特征、数量、质量等注明不详的；（二）物证的照片、录像、复制品，书证的副本、复制件未注明与原件核对无异，无复制时间，或者无被收集、调取人签名的；（三）物证的照片、录像、复制品，书证的副本、复制件没有制作人关于制作过程和原物、原件存放地点的说明，或者说明中无签名的；（四）有其他瑕疵的。"

二、刑事诉讼中非法证据的排除

非法证据的排除，是指在刑事诉讼中，由公安司法机关将那些在取证手段与证据收集程序上违反法律规定的证据排除，不作为认定案件事实的依据。非法证据排除规则就是围绕非法证据的排除而建构起来的一系列制度体系。这一制度最早产生于美国，并在英国、德国、日本等国家有着广泛的运用。[3]《刑事诉讼法》确立了我国的非法证据排除规则，第56~60条明确了非法证据的排除范围、公检法机关排除非法证据的义务及排除非法证据的程序、后果。《排除非法证据规定》和《严格排除非法证据规定》对非法证据排除规则的适用作出了明确具体的规定。

---

〔1〕《高检诉讼规则》第67条有相同的规定。

〔2〕《刑事诉讼法学》编写组编：《刑事诉讼法学》，高等教育出版社2017版，第179页。

〔3〕参见程荣斌、王新清主编：《刑事诉讼法》，中国人民大学出版社2021年版，第202页。

确立非法证据排除规则，有利于监督侦查机关正确行使职权，控制非法取证行为；有利于防止或者减少冤错案件，保证有罪判决的准确性；有利于保障诉讼参与人的权利，实现程序公正。

（一）非法证据排除的范围

1. 对采用刑讯逼供等非法方法收集的犯罪嫌疑人、被告人供述和采用暴力、威胁等非法方法收集的证人证言、被害人陈述，应当予以排除。

《刑事诉讼法》第52条中规定："严禁刑讯逼供和以威胁、引诱、欺骗以及其他非法方法收集证据，不得强迫任何人证实自己有罪。"其核心在于保障被追诉人的意志自由。以刑讯逼供、暴力、威胁等非法手段取得犯罪嫌疑人、被告人供述、证人证言、被害人陈述等言词证据，是严重侵犯人权的不人道行为，与我国刑事诉讼法规定的尊重和保障人权的基本原则相悖。从诉讼实践看，以这些非法方法得到的言词证据经常被证明是虚假的，将这些非法证据采用为定案的根据，容易造成冤错案件。因此，对通过刑讯逼供等非法方法取得的犯罪嫌疑人、被告人供述和采用暴力、威胁等非法方法收集的证人证言、被害人陈述，在刑事诉讼中一经发现，应当实行绝对的强制性排除。

2. 对违反法定程序收集的物证、书证，可能严重影响司法公正且不能补正或者作出合理解释的，应当予以排除。这表明对于非法取得的物证、书证不是一概排除，而是采取利益权衡原则裁量排除，即在取证方式"不符合法定程序，可能严重影响司法公正……不能补正或者作出合理解释"的情况下，才能予以排除。《高检诉讼规则》第70条规定，收集物证、书证不符合法定程序，可能严重影响司法公正的，人民检察院应当及时要求公安机关补正或者作出书面解释；不能补正或者无法作出合理解释的，对该证据应当予以排除。对公安机关的补正或者解释，人民检察院应当予以审查。经补正或者作出合理解释的，可以作为批准或者决定逮捕、提起公诉的依据。《排除非法证据规定》第14条规定，物证、书证的取得明显违反法律规定，可能影响公正审判的，应当予以补正或者作合理解释，否则，该物证、书证不能作为定案的根据。《高法解释》第86条第3款、第103条明确要求，物证、书证的来源、收集程序有疑问，不能作出合理解释的，不得作为定案的根据。勘验、检查笔录存在明显不符合法律、有关规定的情形，不能作出合理解释的，不得作为定案的根据。

非法证据排除规则的确立是基于诉讼程序的正当性要求。与非法言词证据不同，实物证据的非法性，主要是在搜查、扣押过程中违反了法律规定的程序，侵犯了犯罪嫌疑人、被告人等的人格尊严、住宅安全等最基本的权利，通常不会对人肉体和精神造成直接伤害。物证、书证本来的属性和状态，一般不会因为采取违法的方法收集就发生改变。因此，对非法取得的物证、书证是否采纳，赋予办案机关一定的裁量权，允许其根据案件的具体情形，结合取证行为的违法程度、非法取证行为所侵犯的权利性质、取证手段的后果等因素进行权衡裁断。

对瑕疵证据不能一概排除或者采用。《死刑案件证据规定》明确规定，证据收集程序、方式存在瑕疵，通过有关办案人员的补正或者作出合理解释的，使该证据的瑕疵得到修补，可以采用。[1]《高法解释》第90条规定："证人证言的收集程序、方式有下列瑕疵，经补正或者作出合理解释的，可以采用；不能补正或者作出合理解释的，不得作为定案的根据：（一）询问笔录没有填写询问人、记录人、法定代理人姓名以及询问的起止时间、地点的；（二）询问地点不符合规定的；（三）询问笔录没有记录告知证人有关权利义务和法律责任的；（四）询问笔录反映出在同一时段，同一询问人员询问不同证人的；（五）询问未成年人，其法定代理人或者合适成年人不在场的。"

（二）非法证据排除的主体

《刑事诉讼法》第56条第2款规定："在侦查、审查起诉、审判时发现有应当排除的证据的，应当依法予以排除，不得作为起诉意见、起诉决定和判决的依据。"[2]这表明非法证据排除规则适用于整个刑事诉讼过程，公、检、法机关在侦查、审查起诉、审判过程中，可以依职权排除非法证据。这有利于尽早发现和排除非法证据，维护诉讼参与人的权利。

（三）非法证据排除的程序

1. 人民检察院对非法取证行为实行法律监督。《刑事诉讼法》第57条强调："人民检察院接到报案、控告、举报或者发现侦查人员以非法方法收集证据的，应当进行调查核实。对于确有以非法方法收集证据情形的，应当提出纠正意见；构成犯罪的，依法追究刑事责任。"《严格排除非法证据规定》第14条第1款要求，犯罪嫌疑人及其辩护人在侦查期间可以向人民检察院申请排除非法证据。对犯罪嫌疑人及其辩护人提供相关线索或者材料的，人民检察院应当调查核实。调查结论应当书面告知犯罪嫌疑人及其辩护人。对确有以非法方法收集证据情形的，人民检察院应当向侦查机关提出纠正意见。

2. 人民法院处理非法取证行为的程序。根据《刑事诉讼法》第58条的规

---

〔1〕《死刑案件证据规定》第9条、第14条、第21条、第26条、第30条对存在瑕疵的物证、书证、证人证言、讯问笔录、勘验、检查笔录、辨认笔录等的处理作了规定。

〔2〕《公安部规定》和《高检诉讼规则》有进一步具体的规定。《公安部规定》第71条第3款规定："在侦查阶段发现有应当排除的证据的，经县级以上公安机关负责人批准，应当依法予以排除，不得作为提请批准逮捕、移送审查起诉的依据。"《高检诉讼规则》第66条规定，对采用刑讯逼供等非法方法收集的犯罪嫌疑人供述和采用暴力、威胁等非法方法收集的证人证言、被害人陈述，应当依法排除，不得作为移送审查逮捕、批准或者决定逮捕、移送起诉以及提起公诉的依据。

定，在法庭审理阶段，审判人员认为可能存在以非法方法收集证据情形的，应当对证据收集的合法性进行法庭调查。当事人及其辩护人、诉讼代理人有权申请人民法院对以非法方法收集的证据依法予以排除，启动非法证据排除的调查程序，并应当提供涉嫌非法取证的人员、时间、地点、方式、内容等相关线索或者材料。法院可以通过庭前会议就非法证据排除问题了解情况，听取意见，也可以在庭审过程中进行非法证据排除程序。《排除非法证据规定》第5条规定，"被告人及其辩护人在开庭审理前或者庭审中，提出被告人审判前供述是非法取得的，法庭在公诉人宣读起诉书之后，应当先行当庭调查。法庭辩论结束前，被告人及其辩护人提出被告人审判前供述是非法取得的，法庭也应当进行调查"。

3. 非法证据排除程序中的证明责任。《刑事诉讼法》第59条规定，"在对证据收集的合法性进行法庭调查的过程中，人民检察院应当对证据收集的合法性加以证明。现有证据材料不能证明证据收集的合法性的，人民检察院可以提请人民法院通知有关侦查人员或者其他人员出庭说明情况"。这表明，在非法证据排除程序中，公诉人应当承担证据收集合法性的证明责任。

关于公诉人对证据收集的合法性加以证明的方式，《高法解释》第135条第1款、第3款规定，法庭决定对证据收集的合法性进行调查的，可以由公诉人通过宣读调查、侦查讯问笔录、出示提讯登记、体检记录、对讯问合法性的核查材料等证据材料，有针对性地播放讯问录音录像，提请法庭通知有关调查人员、侦查人员或者其他人员出庭说明情况等方式，证明证据收集的合法性。公诉人提交的取证过程的说明材料，应当经有关调查人员、侦查人员签名，并加盖单位印章。未经签名或者盖章的，不得作为证据使用。上述说明材料不能单独作为证明取证过程合法的根据。

检察机关对证据收集合法性的证明应当达到确实、充分的程度，否则，法官可以推定控诉方的证据为非法取得而予以排除。《排除非法证据规定》第11条、第12条规定，对被告人审判前供述的合法性，公诉人不提供证据加以证明，或者已提供的证据不够确实、充分的，该供述不能作为定案的根据。对于被告人及其辩护人提出的被告人审判前供述是非法取得的意见，第一审人民法院没有审查，并以被告人审判前供述作为定案根据的，第二审人民法院应当对被告人审判前供述取得的合法性进行审查。检察人员不提供证据加以证明，或者已提供的证据不够确实、充分的，被告人的该供述不能作为定案的根据。《刑事诉讼法》第60条特别指出，人民法院对于经过法庭审理，确认或者不能排除存在以非法方法收集证据情形的，对有关证据应当予以排除。

需要说明的是，非法证据排除规则解决的是特定证据能否作为诉讼证据使用的证据资格问题，不等于案件的实体处理。排除了非法证据，并不意味着案件的被告人一定要宣告无罪，还要综合审查案件的其他证据，依法认定案件事实。

第五节　证明对象、证明责任与证明标准

一、证明对象

（一）证明对象的概念

证明对象，又称待证事实或者要证事实，是指在刑事诉讼中，证明主体需要运用证据加以证明的事实。如果是不需要用证据证明的事实，如众所周知的事实，或者已为法律确认的事实等，属于免于证明的事实，不属于证明对象。[1] 明确证明对象，才能确定证明责任承担的范围，才能在诉讼证明中目标明确，注意力集中，准确、及时地查明案件事实。

证明对象与证明责任、证明标准相联系。属于证明对象的事实，承担证明责任的主体必须提出证据予以证明，并且对证明对象的证明只有达到法定的证明标准才能被认定为真实，否则应承担不利的诉讼后果。

（二）证明对象的范围

刑事诉讼所要解决的中心问题是犯罪嫌疑人、被告人的刑事责任问题，由此，与追究犯罪嫌疑人、被告人刑事责任有关的一切需要查明的事实，都是证明对象。关于证明对象的范围，《刑事诉讼法》第 52 条明确要求，审判人员、检察人员、侦查人员必须依照法定程序，收集能够证实犯罪嫌疑人、被告人有罪或者无罪、犯罪情节轻重的各种证据。《高法解释》第 72 条第 1 款进一步规定，应当运用证据证明的案件事实包括：①被告人、被害人的身份；②被指控的犯罪是否存在；③被指控的犯罪是否为被告人所实施；④被告人有无刑事责任能力，有无罪过，实施犯罪的动机、目的；⑤实施犯罪的时间、地点、手段、后果以及案件起因等；⑥是否系共同犯罪或者犯罪事实存在关联，以及被告人在共同犯罪中的地位、作用；⑦被告人有无从重、从轻、减轻、免除处罚情节；⑧有关涉案财物处理的事实；⑨有关附带民事诉讼的事实；⑩有关管辖、回避、延期审理等的程序事实；⑪与定罪量刑有关的其他事实。根据刑事诉讼法和有关司法解释，我国刑事诉讼的证明对象包括实体法事实和程序法事实两个方面：

---

〔1〕《高检诉讼规则》第 401 条对免证事实有明确规定："在法庭审理中，下列事实不必提出证据进行证明：（一）为一般人共同知晓的常识性事实；（二）人民法院生效裁判所确认并且未依审判监督程序重新审理的事实；（三）法律、法规的内容以及适用等属于审判人员履行职务所应当知晓的事实；（四）在法庭审理中不存在异议的程序事实；（五）法律规定的推定事实；（六）自然规律或者定律。"

1. 实体法事实。指对解决刑事案件的实体处理，即定罪量刑问题具有法律意义的事实。这是刑事诉讼中基本的、主要的证明对象。

刑事案件的实体法事实由有关的刑法规范所规定。具体内容包括：①有关被指控犯罪构成要件的事实。这是证明对象的核心部分。②影响量刑轻重的各种事实情节，包括从重、从轻、减轻及免除处罚的情节。③排除行为的违法性和可罚性的事实。如正当防卫、紧急避险行为，或者属于法律规定的犯罪已过追诉时效期限的情形。④排除或者减轻刑事责任的事实。如行为人未达到法定的刑事责任年龄，行为人在实施犯罪时处于精神不正常的状态，不负刑事责任。

2. 程序法事实。指对于解决案件的诉讼程序问题具有法律意义的事实。刑事诉讼中关系到程序法适用的事实主要有：①管辖的事实；②回避的事实；③采取强制措施是否符合法定条件的事实；④采取搜查、扣押等强制性侦查措施和其他取证程序是否合法的事实；⑤其他与程序的合法性或者公正审判有关的事实，如延期审理是否符合法律规定的事实等。

二、证明责任

（一）证明责任的概念和特点

证明责任制度最早产生于古代罗马法时代。关于证明责任，罗马法提出了著名的"谁主张、谁举证"原则，它有两条具体化的规则：①一方当事人对其陈述中所主张的事实，有提出证据证明的义务；否认的一方，没有证明的责任。②双方当事人对自己的主张都提不出足够的证据，则负证明责任的一方败诉。

证明责任与证明对象密切相连，其所要解决的问题是：诉讼中出现的案件事实，应由谁提供证据加以证明，以及在诉讼终结时，如果案件事实仍处于真伪不明的状态，应由谁来承担败诉或者不利的诉讼后果。一般认为，证明责任是司法机关或者当事人收集或者提供证据，证明其所主张的案件事实成立或者有利于自己的主张的责任；否则，将承担举证不能的不利后果和风险。明确证明责任，可以加强公安司法人员或者当事人主动、有序地收集或者提供证据的责任心，有助于准确、及时地查明案件事实，推动诉讼的顺利进行。

证明责任具有以下特点：

1. 证明责任与一定的诉讼主张相联系。在刑事诉讼中，检察机关向法院提出指控犯罪的主张，就必须承担提出证据证明该指控事实的义务。

2. 证明责任是提供证据责任与说服责任的统一。所谓提供证据的责任，即双方当事人在诉讼过程中，应当根据诉讼进行的状态，就其主张的事实或者反驳的事实提供证据加以证明的责任。所谓说服责任，即负有证明责任的诉讼当事人，应当承担运用证据对案件事实进行说明、论证，足以使法官内心形成对案件事实达到确信状态的责任。由此可见，仅仅提出证据并不等于履行了证明责任，还必须尽可能地说服裁判者，使其相信其所主张的事实存在或者不存在。

3. 证明责任与一定的不利诉讼后果相联系。证明责任最终表现为：在诉讼终结而案件事实仍处于真伪不明的状态时，由承担证明责任的一方当事人承担败诉或者其他不利后果。

4. 证明责任只能由一方当事人负担，法院不承担证明责任。刑事诉讼中，法院履行审判职能，其责任是居中对控辩双方的主张进行公正裁判。在事实出现真伪不明时，法院根据证明责任分配原则，作出有利于被告人的认定。法院不承担举证不能的不利后果和风险。

（二）我国刑事诉讼证明责任的承担

《刑事诉讼法》第 51 条规定："公诉案件中被告人有罪的举证责任由人民检察院承担，自诉案件中被告人有罪的举证责任由自诉人承担。"根据法律规定，刑事诉讼证明责任承担的一般原则是：承担控诉职能的公诉方和自诉案件中的自诉人负证明责任，犯罪嫌疑人、被告人不负证明责任。

1. 公诉案件中，人民检察院承担证明责任。这是一种绝对的、完全的责任。检察机关是国家公诉机关，在刑事诉讼中行使控诉职能。没有公诉就没有审判，公诉方是审判程序的启动者，必须向法庭提供证据支持其主张和要求。根据《刑事诉讼法》第 176 条第 1 款的规定，检察机关决定提起公诉的案件，必须达到犯罪嫌疑人的犯罪事实已经查清，证据确实、充分，依法应当追究刑事责任的程度。公诉方提出的证据达不到"犯罪事实清楚，证据确实、充分"的证明标准，将承担控诉主张不能成立的裁判危险。

本章导入案例是一起公诉案件，人民检察院依法承担指控被告人有罪的举证责任。人民检察院对侦查机关侦查终结的案件进行审查，认为犯罪嫌疑人吴某因疏忽大意导致被害人死亡的犯罪事实已经查清，证据确实、充分，依法应当追究其过失致人死亡的刑事责任，向人民法院提起公诉，这是人民检察院依法履行指控犯罪的职责。法院开庭审理，人民检察院派员出庭支持公诉。法庭调查过程中，公诉人通过播放监控录像，完整地呈现案件的全过程；又通过当庭出示被告人供述、证人证言、法医鉴定意见、车辆检验报告书、物业管理规定、报警记录等多组证据，对各个证据与案件事实的关系进行推理和论证，使证据之间相互印证，证明在封闭式管理的小区中，因被告人缺乏谨慎，在使用车辆过程中疏于观察，将幼童魏某撞倒、碾轧致受伤死亡的事实。从而使法庭认定公诉机关的起诉主张成立，依法对被告人作出有罪判决。

在公诉案件中，犯罪嫌疑人、被告人一般不承担证明责任，即没有提出证据证明自己无罪的义务，这是无罪推定原则的必然要求。犯罪嫌疑人、被告人享有辩护权，有权提出证据证明自己无罪或者罪轻。《刑事诉讼法》第 42 条规定："辩护人收集的有关犯罪嫌疑人不在犯罪现场、未达到刑事责任年龄、属于依法不负刑事责任的精神病人的证据，应当及时告知公安机关、人民检察院。"这种提供证据的活动，是犯罪嫌疑人、被告人及其辩护人行使辩护权的行为，并不是承担证明责任。但从法律规定看，犯罪嫌疑人、被告人并不享有沉默权。根据《刑事诉讼法》第 120 条第 1 款的规定，对于侦查人员的提问，犯罪嫌疑人应当如实回答。当然这并不是要求犯罪嫌疑人、被告人就其无罪承担证明责任，只是立法者对犯罪嫌疑人、被告人应当积极配合司法机关尽快查明案情的伦理要求。[1] 因为即使犯罪嫌疑人、被告人不如实回答问题，甚至根本不回答问题，司法机关也不能因此判其有罪。

2. 自诉案件中，自诉人承担证明责任。在自诉案件中，自诉人是独立承担控诉职能的当事人，对自己提出的控诉主张应当依法承担证明责任。根据《刑事诉讼法》第 211 条第 1 款的规定，自诉人向人民法院提出控诉，必须达到"犯罪事实清楚，有足够证据"的标准，如果自诉人缺乏罪证，而又提不出补充证据时，人民法院应当要求自诉人撤回自诉，或者裁定驳回起诉。在案件审理过程中，自诉人还要积极履行说服责任，使法官最终作出被告人有罪的认定，否则就要承担败诉的不利后果。

自诉案件的被告人同样不负证明责任。如果被告人在诉讼过程中提起反诉，在反诉中便成为自诉人，则对反诉负有证明责任，必须提供证据来证明反诉的主张和待证事实。

三、证明标准

（一）证明标准的概念

刑事诉讼中的证明标准，是指在刑事诉讼中，证明主体对其负有证明责任的案件事实，运用证据加以证明所要达到的程度。证明标准所要解决的问题是：在运用证据证明案件事实时，应当证明到什么程度，才能确定案件事实的真伪。

证明标准是证据制度的核心。刑事诉讼中，控诉方要证明被告人有罪，必须运用证据阐明案件的真实情况，而且证据要能够证明被告人的罪行已经达到法定的标准。对于法院而言，只有控诉方提出的证据达到证明标准，法官才能作出被告人有罪的裁判。

（二）我国刑事诉讼的证明标准

《刑事诉讼法》第 55 条第 1 款规定："对一切案件的判处都要重证据……证据确实、充分的，可以认定被告人有罪和处以刑罚。"《刑事诉讼法》第 200 条规定，"案件事实清楚，证据确实、充分，依据法律认定被告人有罪的，应当作

---

〔1〕 何家弘："刑事诉讼中举证责任分配之我见"，载《政治与法律》2002 年第 3 期。

出有罪判决"。据此，我国刑事诉讼的证明标准应当是"证据确实、充分"。《高法解释》第72条第2款也特别指出："认定被告人有罪和对被告人从重处罚，适用证据确实、充分的证明标准。"

所谓"案件事实清楚"，是指构成犯罪的各种事实情节，或者定罪量刑所依据的各种事实情节，都必须是清楚的、真实的。所谓"证据确实、充分"，是指对定案证据在质和量方面的总要求，表明案中现有证据所反映的内容与案件的客观事实一致，构成对案中被告人定罪的充足理由。根据《刑事诉讼法》第55条第2款的规定，证据确实、充分是指应当同时符合以下条件：①定罪量刑的事实都有证据证明；②据以定案的证据均经法定程序查证属实；③综合全案证据，对所认定事实已排除合理怀疑。[1] 根据《死刑案件证据规定》第5条第3款的规定，办理死刑案件，对于以下事实的证明必须达到证据确实、充分：①被指控的犯罪事实的发生；②被告人实施了犯罪行为与被告人实施犯罪行为的时间、地点、手段、后果以及其他情节；③影响被告人定罪的身份情况；④被告人有刑事责任能力；⑤被告人的罪过；⑥是否共同犯罪及被告人在共同犯罪中的地位、作用；⑦对被告人从重处罚的事实。

需要指出的是，我国刑事诉讼法规定的证明标准，既是人民法院作出有罪判决时必须达到的标准，也是公安机关侦查终结移送起诉和人民检察院决定提起公诉时所必须达到的标准。《刑事诉讼法》第162条第1款规定，公安机关侦查终结的案件，应当做到犯罪事实清楚，证据确实、充分，并且写出起诉意见书，连同案卷材料、证据一并移送同级人民检察院审查决定。《刑事诉讼法》第176条第1款规定，人民检察院认为犯罪嫌疑人的犯罪事实已经查清，证据确实、充分，依法应当追究刑事责任的，应当作出起诉决定，按照审判管辖的规定，向人民法院提起公诉，并将案卷材料、证据移送人民法院。这表明我国刑事诉讼的证明标准单一，侦查机关、检察机关和审判机关在不同诉讼阶段都适用同一证明标准。

思考题

1. 什么是刑事诉讼证据？刑事诉讼证据有哪些特征？
2. 书证有哪些特点？书证与物证有什么区别？
3. 证人证言与鉴定意见有哪些不同？

---

〔1〕《死刑案件证据规定》第5条第2款对认定"证据确实、充分"有更具体的规定：①定罪量刑的事实都有证据证明；②每一个定案的证据均已经法定程序查证属实；③证据与证据之间、证据与案件事实之间不存在矛盾或者矛盾得以合理排除；④共同犯罪案件中，被告人的地位、作用均已查清；⑤根据证据认定案件事实的过程符合逻辑和经验规则，由证据得出的结论为唯一结论。

4. 运用犯罪嫌疑人、被告人供述应当遵循哪些规则？

5. 原始证据与传来证据的收集运用应当遵循哪些规则？

6. 完全运用间接证据定案应遵循哪些规则？

7. 什么是刑事诉讼的非法证据？简述我国刑事诉讼的非法证据适用范围。

8. 我国刑事诉讼中的证明责任是如何分配的？

9. 我国刑事诉讼中的证明标准是如何规定的？

实务训练

案例一[1]：某日午夜，A市某区公安人员在辖区内巡逻时，发现路边停靠的一辆轿车内坐着3个年轻人（朱某、尤某、何某）形迹可疑，即上前盘查。经查，在该车后备箱中发现盗窃机动车工具，遂将3人带回区公安分局进一步审查。案件侦查终结后，区检察院向区法院提起公诉。

朱某——在侦查中供称，其作案方式是3人乘坐尤某的汽车在街上寻找作案目标，确定目标后由朱某、何某下车盗窃，得手后共同分赃。作案过程由尤某策划、指挥。在法庭调查中，朱某承认起诉书指控的犯罪事实，但声称在侦查中因被刑讯而受伤。

尤某——在侦查中与朱某供述基本相同，但不承认作案由自己策划、指挥。在法庭调查中翻供，不承认参与盗窃机动车的犯罪，声称对朱某盗窃机动车毫不知情，并声称在侦查中因被刑讯而受伤。

何某——始终否认参与犯罪。声称被抓获当天从C市老家来A市玩，与原先偶然认识的朱某、尤某一起吃完晚饭后坐在车里闲聊，才被公安机关抓获。声称以前从没有与A市的朱某、尤某共同盗窃，并声称在侦查中因被刑讯而受伤。

公安机关——在朱某、尤某供述的十几起案件中核实认定了A市发生的3起案件，并依循线索找到被害人，取得当初报案材料和被害人陈述。调取到某一案发地录像，显示朱某、尤某盗窃汽车经过。根据朱某、尤某在侦查阶段的供述，认定何某在2010年3月19日参与一起盗窃机动车案件。

何某辩护人——称在案卷材料中看到朱某、尤某、何某受伤后包有纱布的照片，并提供4份书面材料：①何某父亲的书面证言：2010年3月19日前后，何某因打架被当地公安机关告知在家等候处理，不得外出。何某未离开C市；②2010年4月5日，公安机关发出的行政处罚通知书；③C市某机关工作人员赵某的书面证言：2010年3月19日案发前后，经常与何某在一起打牌，何某随

---

〔1〕　2011年国家司法考试试题（卷四）第3题。

叫随到，期间未离开 C 市；④何某女友范某的书面证言：2010 年 3 月期间，何某一直在家，偶尔与朋友打牌，未离开 C 市。

（法庭审判）庭审中，3 名被告人均称受到侦查人员刑讯。辩护人提出，在案卷材料中看到朱某、尤某、何某受伤后包有纱布的照片，被告人供述系通过刑讯逼供取得，属于非法证据，应当予以排除，要求法庭调查。公诉人反驳，被告人受伤系因抓捕时 3 人有逃跑和反抗行为造成，与讯问无关，但未提供相关证据证明。法庭认为，辩护人意见没有足够根据，即开始对案件进行实体审理。

法庭调查中，根据朱某供述，认定尤某为策划、指挥者，系主犯。

法庭审理中，何某辩护人向法庭提供了证明何某没有作案时间的 4 份书面材料。法庭认为，公诉方提供的有罪证据确实充分，辩护人提供的材料不足以充分证明何某在案发时没有来过 A 市，且材料不具有关联性，不予采纳。

最后，法院采纳在侦查中取得的朱某、尤某的供述笔录、被害人陈述、报案材料、监控录像作为定案根据，认定尤某、朱某、何某构成盗窃罪（尤某为主犯），分别判处刑罚。

[问题]

1. 本案中收集的有哪些证据？分别属于《刑事诉讼法》第 50 条规定的哪一种证据？

2. 法院对于辩护人提出排除非法证据的请求应如何处理？

3. 法院对尤某的犯罪事实的认定是否已经达到事实清楚、证据确实充分？为什么？

4. 现有证据能否证明何某构成犯罪？为什么？

[分析提示]

1. 物证：盗窃机动车工具；犯罪嫌疑人供述：朱某、尤某的供述；犯罪嫌疑人辩解：何某的否认犯罪口供；被害人陈述；视听资料：监控录像。

2. 法庭应当启动证据收集合法性的调查程序。

3. 没有达到。本案仅根据同案犯朱某供述即认定尤某为策划指挥者，无其他证据印证。

4. 不能。现有证据不能排除何某没有犯罪的可能性，认定何某犯罪的证据未达到确实、充分。

案例二[1]：在一起交通肇事案件中，司机将行人撞死后驾车逃逸，当时没有成年的目击者，只有一个 4 岁半的小女孩在现场附近玩耍。根据女孩的描述，

---

〔1〕 曲伶俐主编：《刑事法律原理与实务》，中国政法大学出版社 2009 年版，第 322 页。

肇事车为电视广告中经常出现的某型号货车,女孩还具体说出汽车是什么颜色的。经进一步调查,发现肇事现场附近一建筑工地当天来过一辆这样的车送建筑材料。公安人员到这辆车所属的运输公司找到这辆车,尽管司机对车进行了清洗,但最终还是在轮胎上发现了肇事后留下的血迹。经鉴定,该血迹血型与死者的血型一致,据此,公安人员依法逮捕了司机,司机对自己交通肇事后逃逸的罪行供认不讳。

[问题]

1. 本案中,公安机关收集到哪些种类的证据材料?

2. 小女孩能否作为本案的证人?

[分析提示]

1. 收集到证据材料有:①物证:尸体;肇事车;血迹;②鉴定意见;③犯罪嫌疑人供述;④证人证言;⑤勘验笔录:肇事车辆检查提取轮胎上留下的血迹。

2. 小女孩可以作为本案的证人。

案例三[1]:花园小区发生一起入室抢劫杀人案,犯罪现场破坏严重,未发现有价值的痕迹物证。经查,李某有重大犯罪嫌疑,其曾因抢劫被判有期徒刑12年,刚刚刑满释放,案发时小区保安见李某出入小区。李某被东湖市公安局立案侦查并被逮捕羁押。审讯期间,在保安的指认下,李某不得不承认其在小区他处入室盗窃3000元,后经查证属实。但李某拒不承认抢劫杀人行为。审讯人员将李某提到公安局办案基地对其实施了捆绑、吊打、电击等行为,3天3夜不许吃饭,不许睡觉,只给少许水喝,并威胁不坦白交代抢劫杀人罪行、认罪态度不好法院会判死刑。最终,李某按审讯人员的意思交代了抢劫杀人的事实。在此期间,侦查人员还对李某的住处进行了搜查,提取扣押了李某的鞋子等物品,当场未出示搜查证。

案件经东湖市检察院审查起诉后,向东湖市中级人民法院提起公诉。庭审中,应李某辩护人的申请,法庭启动了排除非法证据程序。

[问题]

1. 本案中,哪些行为收集的证据属于非法证据?哪些非法证据应当予以排除?

2. 本案中,负有排除非法证据义务的机关有哪些?

[分析提示]

1. 采用刑讯逼供以及威胁等非法手段获取的李某供述,是非法言词证据。应当直接予以排除。

---

[1]　2012年国家司法考试试题(卷四)第7题。

　　当场未出示搜查证的情况下提取的物证，属于不符合法定程序收集的物证。如不能补正或者作出合理解释，应当予以排除。

　　2. 东湖市公安局，东湖市人民检察院，东湖市中级人民法院，都负有排除非法证据的义务。

模块四　刑事诉讼的保障

刑事强制措施

学习目标

通过本章的学习与训练，了解刑事诉讼强制措施的概念、特点和适用原则，掌握拘传、取保候审、监视居住、拘留、逮捕等强制措施的适用机关、适用条件、适用期限和适用程序；在刑事诉讼实践中，能够依法准确运用各种强制措施处理案件情况。

导入案例

提请批准逮捕案[1]

2014 年 4 月 3 日，W 区人民检察院依法受理了 W 区公安分局提请批准逮捕的犯罪嫌疑人陈某、李某和王某等 3 人的故意伤害罪一案。2014 年 3 月 12 日下午，在昭阳区北镇中学高中部，犯罪嫌疑人李某（16 周岁）和林某因琐事发生纠纷，随后李某便邀约本校学生陈某（16 周岁）、王某（17 周岁）等人至北镇中学 202 班教室，由李某指认、陈某持木棒、王某持刀将正在上自习课的林某打伤，全班学生吓得四处奔逃。经 Z 市某司法鉴定中心鉴定，林某头部等多处的损伤综合评定为重伤。W 区检察院案件查办人员认为，本案犯罪事实有证据证明，犯罪嫌疑人陈某等 3 人具有社会危险性，建议批准逮捕犯罪嫌疑人陈某等 3 人。

[任务提出]

根据本案，思考并完成以下学习任务：

1. 人民检察院批准逮捕应当符合哪些条件？

2. 刑事诉讼法对未成年人适用逮捕措施有什么特别规定？

---

〔1〕　根据网络内容编写。

3. 侦查机关采用逮捕措施应当遵循哪些程序规定？

第一节　刑事强制措施的特点

一、刑事强制措施的概念

刑事诉讼中的强制措施，简称刑事强制措施，是指公安机关（包括国家安全机关，下同）、人民检察院和人民法院为了保证刑事诉讼活动的顺利进行，依法对犯罪嫌疑人、被告人所采用的在一定期限内限制或者剥夺其人身自由的各种法定强制方法。我国刑事诉讼法规定了五种对人身采用的强制措施，包括拘传、取保候审、监视居住、拘留、逮捕，形成了一个从轻到重、结构合理并且相互衔接的独立的体系。根据适用手段的不同，分为到案措施（拘传）、羁押替代性措施（包括取保候审、监视居住）和羁押性强制措施（包括刑事拘留、逮捕）。公安、司法机关在侦查、审查起诉和审判过程中，可以根据案件情况以及犯罪嫌疑人、被告人的不同情况选择适用。

二、刑事强制措施的性质和特点

在法律性质上，刑事强制措施是公安、司法机关在刑事诉讼过程中所采用的一种程序性保障措施，其目的在于保障刑事诉讼活动的顺利进行；它不是对案件事实和犯罪嫌疑人、被告人行为事实的认定与结论，不是实体制裁手段，不具有惩罚性。因此，刑事强制措施与刑罚、行政处罚是根本不同的。

作为刑事诉讼中的一种程序性保障措施，刑事强制措施具有以下特点：

1. 适用机关的法定性。根据刑事诉讼法规定，适用强制措施是公安机关、人民检察院和人民法院的专有职权。此外，国家安全机关、军队保卫部门、中国海警局、监狱等侦查机关，在侦查其所管辖的刑事案件时，有权对符合条件的犯罪嫌疑人采取相应的强制措施。其他任何国家机关、团体或者个人都无权采取刑事强制措施。

2. 适用对象的特定性。强制措施适用的对象限于刑事诉讼中的犯罪嫌疑人、被告人。对于其他诉讼参与人，即使其有严重妨碍刑事诉讼的行为，也不能采用刑事强制措施。

3. 适用内容的人身强制性。我国刑事诉讼法规定的强制措施具有明显的人身强制性，内容在于限制或者剥夺犯罪嫌疑人、被告人的人身自由。与其他国家和地区的强制措施体系不同的是，我国刑事强制措施只包括对人身的强制处分，不包括对物的强制处分。在外国，刑事强制措施一般分为三类：第一类是限制人身自由的强制措施；第二类是对物的强制处分，如搜查、扣押等；第三类是对隐私权的干预，如监听、指纹提取、采样等。[1]

4. 适用条件的法定性。刑事诉讼法对拘传、取保候审等五种强制措施的适用条件和程序都作出了明确规定，公安司法机关应当严格依法适用，不得任意自由裁量，防止出现因滥用强制措施而侵犯人权等问题。

5. 适用目的的预防性。适用强制措施的目的在于保障刑事诉讼的顺利进行，防止犯罪嫌疑人、被告人逃避侦查、起诉和审判，进行串供、毁灭证据、伪造证据、继续犯罪等妨害刑事诉讼的行为，而不是对犯罪嫌疑人、被告人进行制裁和惩罚。

6. 适用期限的临时性。根据刑事诉讼法规定，每一种强制措施都有时间的限制，到了时限就应当变更或者解除。并且在刑事诉讼过程中，公安司法机关可以根据案件的进展情况，对所采取的强制措施随时予以变更或者解除。

三、刑事强制措施的适用原则

刑事强制措施的适用，涉及公民的名誉、自由等基本权利。为依法同犯罪行为作斗争，保障刑事诉讼活动的顺利进行，并且防止发生滥用刑事强制措施而侵犯公民人身自由的情况，在适用时应当遵循相应的原则。

1. 合法性原则。刑事强制措施的适用直接限制或者剥夺犯罪嫌疑人、被告人的人身自由，必须由法定的机关依照法定的权限和适用条件，按照法定的程序实施，同时严格遵守法定期限。

2. 必要性原则。适用刑事强制措施的目的在于保障刑事诉讼的顺利进行，因此，只在有必要时才能适用。诉讼实践中，对犯罪嫌疑人、被告人是否适用刑事强制措施，适用何种刑事强制措施，通常综合考虑下列因素：犯罪嫌疑人、被告人的犯罪行为的社会危害性，犯罪嫌疑人、被告人的人身危险性程度，是否有逃避侦查、起诉和审判的可能性；公安、司法机关对案件事实的调查情况及对案件证据的掌握情况；犯罪嫌疑人、被告人的家庭、职业、健康等个人情况。

3. 相当性原则。适用强制措施的目的在于避免犯罪嫌疑人、被告人发生逃避侦查、起诉、审判活动的情形，从这一目的出发，刑事强制措施的适用，应当与犯罪的严重性及犯罪嫌疑人、被告人的人身危险性程度相适应、成比例。同时，在犯罪嫌疑人、被告人的人身危险性发生变化时，应当及时变更强制措施，以保持相当性的延续。

四、刑事强制措施的作用

刑事强制措施具有保障和预防功能。在刑事诉讼过程中，公安、司法机关

---

〔1〕　参见陈光中主编：《刑事诉讼法》，北京大学出版社、高等教育出版社 2013 年版，第 221 页。

实施必要的、合法的强制措施，有助于全面收集证据、查明案情、证实犯罪、保障侦查、起诉、审判活动的顺利进行，充分发挥打击犯罪、维护社会秩序的重要作用。

1. 强制措施的适用能够有效地防止犯罪嫌疑人、被告人发生自杀或者逃跑等妨害刑事诉讼活动的行为，保障刑事诉讼活动的顺利进行。

2. 强制措施的适用能够有效地防止犯罪嫌疑人、被告人实施串供、毁灭证据、伪造证据等妨害收集证据、查明案情的行为。

3. 强制措施的适用能够有效地防止犯罪嫌疑人、被告人继续进行犯罪活动，有效震慑犯罪分子，鼓励公民积极参与诉讼活动。

五、公民的扭送

扭送，是公民将具有法定情形的人立即强制送交公安、司法机关处理的行为。《刑事诉讼法》第84条规定，对于有下列情形的人，任何公民都可以立即扭送公安机关、人民检察院或者人民法院处理：①正在实行犯罪或者在犯罪后即时被发觉的；②通缉在案的；③越狱逃跑的；④正在被追捕的。

从法律规定看，扭送行为涉及对公民人身自由的限制，有一定的强制性。但扭送不属于刑事强制措施。扭送是刑事诉讼法赋予公民同犯罪分子作斗争的法定权利，是公民配合公安、司法机关采取刑事强制措施的一种辅助手段，其目的在于鼓励公民积极协助公安、司法机关抓获犯罪嫌疑人、被告人。扭送体现了我国刑事诉讼法规定的依靠群众、实行专门机关与群众相结合的诉讼原则。任何公民遇有法定的紧急情况时，有权在抓获被扭送人后立即送交公安、司法机关处理，但不能将被扭送人私自羁押，不能对其采取法律上的处理。

第二节　强制到案措施与羁押替代性强制措施

一、拘传

（一）拘传的概念和特点

拘传，是指公安司法机关强制未被羁押的犯罪嫌疑人、被告人到指定地点接受讯问的强制方法。

拘传具有以下特点：①拘传的适用对象是未被羁押的犯罪嫌疑人、被告人。[1] 对于已经被拘留或者逮捕的犯罪嫌疑人、被告人，可以随时到看守所进行讯问，不需要经过拘传程序。被取保候审、监视居住的犯罪嫌疑人、被告人，有到案接受讯问的义务，对于经司法机关传讯而不到案接受讯问的，可以适用

---

〔1〕　在我国，羁押是指刑事拘留或者逮捕后的关押状态。

拘传。②拘传是强制到案措施，时间短暂，没有羁押效力。拘传的目的是强制犯罪嫌疑人到案接受讯问，因此拘传时间短暂，没有羁押的效力。讯问完毕，应当将被拘传人立即放回。

（二）拘传的适用条件

《刑事诉讼法》第66条规定，"人民法院、人民检察院和公安机关根据案件情况，对犯罪嫌疑人、被告人可以拘传"。司法实践中，拘传通常适用于经依法传唤，无正当理由拒不到案接受讯问的犯罪嫌疑人、被告人。但根据刑事诉讼法规定，传唤不是拘传的必要条件，公安司法机关根据案件情况，可以不经传唤，直接拘传犯罪嫌疑人、被告人。但为了慎用强制措施，一般是先经过传唤再进行拘传。

在刑事诉讼中，拘传不同于传唤。《刑事诉讼法》第119条第1款规定："对不需要逮捕、拘留的犯罪嫌疑人，可以传唤到犯罪嫌疑人所在市、县内的指定地点或者到他的住处进行讯问，但是应当出示人民检察院或者公安机关的证明文件。对在现场发现的犯罪嫌疑人，经出示工作证件，可以口头传唤，但应当在讯问笔录中注明。"据此，传唤，是指公安机关、人民检察院和人民法院，使用传票通知犯罪嫌疑人、被告人在指定的时间自行到指定的地点接受讯问的诉讼活动。

比较	适用对象不同	性质不同	目的相同
拘传	仅适用于犯罪嫌疑人、被告人	属于强制措施；执行拘传可使用戒具	都要求犯罪嫌疑人、被告人到案接受讯问
传唤	除适用于犯罪嫌疑人、被告人，还适用于刑事诉讼中的其他当事人	不具有强制性，遇有抗拒的不得使用戒具	

（三）拘传的适用程序

根据《刑事诉讼法》第66条和相关司法解释的规定，公安机关、人民检察院、人民法院在刑事诉讼过程中，有权自行决定和执行拘传。适用拘传应按下列程序进行：

1. 拘传的决定。决定拘传，应当由公安机关负责人、人民检察院检察长、人民法院院长批准，签发拘传证。拘传证上应当载明被拘传人的姓名、性别、年龄、籍贯、住址、工作单位、案由、接受讯问的地点以及拘传的理由。

对县级以上人大代表采取拘传时，应书面报请该代表所属的人民代表大会主席团或者其常务委员会许可。

2. 拘传的执行。拘传由公安机关侦查人员或者人民检察院、人民法院司法警察执行。执行人员不得少于 2 人。拘传时，应当向被拘传人出示拘传证（拘传票），对抗拒拘传的，可以使用戒具。

3. 拘传的地点。拘传应当在被拘传人所在市、县内的地点进行。如果犯罪嫌疑人、被告人的工作单位、户籍地与居住地不在同一市、县的，拘传应当在犯罪嫌疑人、被告人工作单位所在地的市、县内进行；特殊情况下，也可以在犯罪嫌疑人、被告人户籍地或者居住地所在的市、县内进行。

4. 拘传的结果。拘传的目的在于讯问。将被拘传人拘传到案后，应当立即讯问。讯问结束后，应根据案件的情况作出不同处理：认为需要限制或者剥夺其人身自由的，应依法采取其他强制措施；如果不需要采取其他强制措施的，应当将其放回，恢复其人身自由，不得变相扣押。

需要对被拘传人变更为其他强制措施的，应当在拘传期间内作出批准或者不批准的决定；拘传时限届满仍不能作出批准决定的，应当立即结束拘传。

（四）拘传的期限

为保障正确处理案件，及时惩罚犯罪，督促公安司法机关提高办案效率，促使诉讼参与人及时行使诉讼权利和履行诉讼义务，同时保障犯罪嫌疑人、被告人的人身自由权利不受非法侵犯，刑事诉讼法对各种强制措施都明确规定了期限。公安司法机关应当严格遵守法定期间的规定，这也是维护刑事诉讼活动的严肃性，保证执法的统一的必然要求。

1. 拘传的期限和计算。实践证明，拘传是一种有效的强制到案措施。从侦查实践需要出发，兼顾打击犯罪与保障人权，刑事诉讼法对拘传的期限作出了明确的规定。根据《刑事诉讼法》第 119 条第 2、3 款的规定，拘传持续的时间不得超过 12 小时；案情特别重大、复杂，需要采取拘留、逮捕措施的，拘传持续的时间不得超过 24 小时。不得以连续拘传的形式变相拘禁被拘传人。拘传犯罪嫌疑人，应当保证犯罪嫌疑人的饮食和必要的休息时间。

关于拘传的时间，从被拘传人到案后的第二小时开始计算。假如犯罪嫌疑人是上午 9 点 20 分被拘传到案的，拘传持续的期间应当从上午 10 点起开始计算，到次日上午 10 点整期间届满。被拘传人到案后，应当责令其在拘传证上填写到案时间。讯问结束后，应当由其在拘传证上填写讯问结束时间。犯罪嫌疑人拒绝填写的，应当在拘传证上注明。即使在法定期间内讯问不能结束，依法也要立即将被拘传人放回。

2. 拘传的次数。对于拘传的次数，法律没有规定，由办案机关根据案件具体情况掌握。如果需要，对同一犯罪嫌疑人、被告人可多次适用拘传，只要每次拘传持续的时间不超过法定时间。对于两次拘传之间的间隔时间，法律没有明确限定，但一般应间隔适当时间，否则，可能构成变相的拘禁。[1]

拘传不同于留置盘查。留置盘查是公安机关经常采用的与强制措施近似的一种限制公民人身自由的手段。[2]《人民警察法》第 9 条规定，公安机关的人民警察对有违法犯罪嫌疑的人员，经出示相关证件，可以当场盘问、检查；经盘问、检查，有下列情形之一的，可以将其带至公安机关，经该公安机关批准，对其继续盘问：①被指控有犯罪行为的；②有现场作案嫌疑的；③有作案嫌疑身份不明的；④携带的物品有可能是赃物的。同时规定，对被盘问人的留置时间自被带至公安机关之时起不超过 24 小时，在特殊情况下，经县级以上公安机关批准，可以延长至 48 小时，并应当留有盘问记录。诉讼实践中，许多违法犯罪是在留置盘查中发现的，某种意义上，留置盘查已成为一种"准强制措施"，甚至是刑事强制措施的前置措施。[3] 部分侦查机关根据侦查办案的需要，往往对本应拘传的对象变为留置盘查甚至延长留置时间，形成对拘传的冲击。

二、取保候审

（一）取保候审的概念和特点

刑事诉讼中的取保候审，是指公安机关、人民检察院和人民法院责令犯罪嫌疑人、被告人提出保证人或者交纳保证金，并出具保证书，以防止其逃避侦查、起诉和审判，保证随传随到的一种羁押替代性强制措施。

取保候审具有以下特点：①取保候审是限制人身自由的强制措施。取保候审主要适用于罪行较轻，不需要逮捕羁押但又需限制一定行动自由的犯罪嫌疑人、被告人。②取保候审是逮捕羁押的替代性强制措施。对于已被逮捕的犯罪嫌疑人、被告人，可以变更适用取保候审。

（二）取保候审的适用条件

作为限制人身自由的强制措施，取保候审的适用范围广泛。《刑事诉讼法》第 67 条明确规定了对犯罪嫌疑人、被告人可以适用取保候审的情形：

1. 可能判处管制、拘役或者独立适用附加刑的。

2. 可能判处有期徒刑以上刑罚，采取取保候审不致发生社会危险性的。关于"社会危险性"，应对照逮捕条件中对"社会危险性"的要求认定，主要是指《刑事诉讼法》第 81 条所规定的 5 种情形，包括：①可能实施新的犯罪的；②有危害国家安全、公共安全或者社会秩序的现实危险的；③可能毁灭、伪造

---

〔1〕《高检诉讼规则》第 83 条第 2 款规定，两次拘传间隔的时间一般不得少于 12 小时，不得以连续拘传的方式变相拘禁犯罪嫌疑人。

〔2〕 王敏远主编：《中国刑事诉讼法教程》，中国政法大学出版社 2012 年版，第 168 页。

〔3〕 樊崇义主编：《走向正义——刑事司法改革与刑事诉讼法的修改》，中国政法大学出版社 2011 年版，第 89 页。

证据，干扰证人作证或者串供的；④可能对被害人、举报人、控告人实施打击报复的；⑤企图自杀或者逃跑的。

3. 患有严重疾病、生活不能自理，怀孕或者正在哺乳自己婴儿的妇女，采取取保候审不致发生社会危险性的。

4. 羁押期限届满，案件尚未办结，需要采取取保候审的。羁押期限主要是指法定的侦查羁押、审查起诉、一审、二审的办案期限。法定的羁押期限届满仍然不能结案的，对已经被羁押的犯罪嫌疑人、被告人，可以适用取保候审。

此外，相关司法解释还明确了不得适用取保候审的情形：

1. 对严重危害社会治安的犯罪嫌疑人，以及其他犯罪性质恶劣、情节严重的犯罪嫌疑人，不得适用取保候审。（《高检诉讼规则》第87条）

2. 对累犯、犯罪集团的主犯，以自伤、自残办法逃避侦查的犯罪嫌疑人，严重暴力犯罪以及其他严重犯罪的犯罪嫌疑人，不得适用取保候审。但属于以下两种情形的除外：①犯罪嫌疑人属于患有严重疾病、生活不能自理，怀孕或者正在哺乳自己婴儿的妇女，采取取保候审不致发生社会危险性的；②羁押期限届满，案件尚未办结，需要继续侦查的。（《公安部规定》第82条）

（三）取保候审的方式

《刑事诉讼法》第68条规定，"对犯罪嫌疑人、被告人取保候审，应当责令犯罪嫌疑人、被告人提出保证人或者交纳保证金"。据此，取保候审有保证人保证和保证金保证两种方式，对同一犯罪嫌疑人、被告人决定取保候审的，只能择一适用，不能同时并用。

1. 保证人保证。保证人保证又称人保，是指公安机关、人民检察院、人民法院责令犯罪嫌疑人、被告人提出保证人并出具保证书，保证被保证人在取保候审期间不逃避和妨碍侦查、起诉和审判，并随传随到的保证方式。

保证人保证的特点，是以保证人的名誉、信誉等来保证，不涉及财物，是纯粹的人格担保。人保的保证责任由保证人承担，通过保证人与被保证人之间的信任关系，对被保证人实行精神上和心理上的强制，使其不致逃避或者妨碍侦查、起诉和审判；也可以利用保证人来监督犯罪嫌疑人、被告人的活动，监督、教育犯罪嫌疑人、被告人履行诉讼义务。

根据《高法解释》第151条和《高检诉讼规则》第89条的规定，对于符合取保候审条件，具有下列情形之一的犯罪嫌疑人、被告人，决定取保候审时可以采用保证人保证：①无力交纳保证金的；②未成年人或者已满75周岁的人；③其他不宜收取保证金的。

（1）保证人的条件。保证人由犯罪嫌疑人、被告人提出，公安司法机关应当严格审查保证人是否符合法定条件。根据《刑事诉讼法》第69条的规定，保证人必须符合下列条件：①与本案无牵连。保证人不能是本案的当事人或者其他诉讼参与人，以防止其利用保证人的身份妨碍刑事诉讼活动的顺利进行。②有能力履行保证义务。保证人应当具有完全行为能力，对被保证人具有影响力。③享有政治权利，人身自由未受到限制。④有固定的住处和收入。这是指具备承担保证责任的物质条件。

（2）保证人的义务和责任。公安司法机关对于符合条件的保证人，应当告知其必须履行的担保义务。根据《刑事诉讼法》第 70 条的规定，保证人应当履行下列义务：①监督被保证人履行法律规定的被取保候审期间的义务；②发现被保证人可能发生或者已经发生违反法律规定的行为时，应当及时向执行机关报告。

保证人保证承担上述义务后，应当出具取保候审保证书，并签名盖章。

被告人在被取保候审期间，保证人不愿继续履行保证义务或者丧失履行保证义务能力的，如何处理？根据《高法解释》第 155 条的规定，人民法院应当在收到保证人的申请或者公安机关的书面通知后 3 日内，责令被告人重新提出保证人或者交纳保证金，或者变更强制措施，并通知公安机关。

保证人没有尽到法定的义务，必须承担一定的法律责任。依照《刑事诉讼法》第 70 条、《高法解释》第 157 条和《公安部规定》第 103 条的规定，要根据保证人违反保证义务的程度，依法追究保证人的责任。

保证人违反保证义务的行为	保证人的责任
发现被保证人有违反法律规定的行为，保证人未及时报告	对保证人处以 1000 元以上 2 万元以下罚款
根据案件事实和法律规定，认为已经构成犯罪的被告人在取保候审期间逃匿的，如果系保证人协助被告人逃匿，或者保证人明知被告人藏匿地点但拒绝向司法机关提供	构成犯罪的，对保证人依法追究刑事责任

对于保证人是否履行了保证义务，由执行机关认定；对保证人的罚款决定，也由执行机关作出。

2. 保证金保证。保证金保证又称财产保，是指公安机关、人民检察院和人民法院责令犯罪嫌疑人、被告人交纳一定数额的保证金，并出具保证书，保证在取保候审期间，不逃避和妨碍侦查、起诉和审判，并随传随到的保证方式。

保证金保证的特点，是利用经济利益，督促犯罪嫌疑人、被告人遵守取保候审的规定。保证金应当以人民币现金交纳，其他货币和财物均不能作为保证金交纳。

（1）保证金的数额。《刑事诉讼法》第 72 条规定，对犯罪嫌疑人、被告人采取保证金保证的，决定机关应当综合考虑保证诉讼活动正常进行的需要，被取保候审人的社会危险性，案件的性质、情节，可能判处刑罚的轻重，被取保候审人的经济状况等情况，确定保证金的数额。根据《高检诉讼规则》第 92 条、《公安部规定》第 87 条的规定，采用保证金担保的，交纳的保证金起点数额为人民币 1000 元（未成年犯罪嫌疑人为 500 元）。对于上限没有规定。

（2）保证金的收取和管理。取保候审的保证金，由县级以上执行机关统一收取和管理。县级以上执行机关应当在其指定的银行设立取保候审保证金专户，委托银行代为收取和保管保证金，并将指定银行的名称通知人民检察院、人民法院。提供保证金的人应当一次性将保证金存入执行机关指定银行的取保候审保证金专门账户。

（四）取保候审的适用程序

1. 取保候审的决定。根据《刑事诉讼法》第 66 条的规定，公安机关、人民检察院和人民法院在各自诉讼阶段均有权对犯罪嫌疑人、被告人采取取保候审。根据《刑事诉讼法》第 38 条、第 97 条的规定，犯罪嫌疑人、被告人及其法定代理人、近亲属和辩护律师有权为犯罪嫌疑人、被告人申请取保候审。对于符合取保候审条件的，公安司法机关依法决定是否采取取保候审，同时决定适用保证人保证或者保证金保证。

人民法院、人民检察院和公安机关对犯罪嫌疑人、被告人决定取保候审的，应当制作取保候审决定书，并向被取保候审人宣布，并由被取保候审人本人在取保候审决定书上签名。

决定机关作出取保候审收取保证金的决定后，应当及时将取保候审决定书送达被取保候审人和为其提供取保候审保证金的单位或者个人，责令其向执行机关指定的银行一次性交纳保证金。以保证人方式保证的，还应当将取保候审保证书同时送达执行机关。

2. 对人大代表采取取保候审的特别规定。根据《全国人民代表大会和地方各级人民代表大会代表法》第 32 条第 2 款的规定，对县级以上各级人大代表采取取保候审的，应当报经该人大代表所属的人民代表大会主席团或者其常务委员会许可。

3. 取保候审的执行。

（1）确定执行机关。《刑事诉讼法》第 67 条第 2 款规定，"取保候审由公安机关执行"。公安机关、人民检察院、人民法院决定取保候审的，由公安机关执行；国家安全机关决定取保候审的，以及人民检察院、人民法院在办理国家安全机关移送的犯罪案件时决定取保候审的，由国家安全机关执行。根据《公安部规定》第91条第1款、第92条规定，公安机关决定取保候审的，应当及时通知被取保候审人居住地的派出所执行。必要时，办案部门可以协助执行。人民法院、人民检察院决定取保候审的，负责执行取保候审的县级以上公安机关应当在收到有关的法律文书和材料后24小时以内，指定被取保候审人居住地的公安派出所核实情况后执行。

（2）告知被取保候审人应当遵守的规定和法律后果。执行机关在执行取保候审时，应当告知被取保候审人必须遵守《刑事诉讼法》第71条的规定，以及违反规定应当承担的后果。

被取保候审的犯罪嫌疑人、被告人应当遵守下列规定：①未经执行机关批准不得离开所居住的市、县；[1] ②住址、工作单位和联系方式发生变动的，在24小时以内向执行机关报告；③在传讯的时候及时到案；④不得以任何形式干扰证人作证；⑤不得毁灭、伪造证据或者串供。（《刑事诉讼法》第71条第1款）

公安、司法机关在作出取保候审决定的同时，可以根据犯罪嫌疑人、被告人的犯罪性质、危害后果、社会影响，以及犯罪嫌疑人、被告人和被害人的具体情况，有针对性地责令被取保候审的犯罪嫌疑人、被告人遵守以下一项或者多项规定：①不得进入特定的场所；②不得与特定的人员会见或者通信；③不得从事特定的活动；④将护照等出入境证件、驾驶证件交执行机关保存。（《刑事诉讼法》第71条第2款）

被取保候审的犯罪嫌疑人、被告人违反以上规定，将产生以下法律后果：①已经交纳保证金的，没收部分或者全部保证金。②区别情形作出处理：包括责令犯罪嫌疑人、被告人具结悔过、重新交纳保证金、提出保证人，变更为监视居住或者予以逮捕。对在取保候审期间，故意实施新的犯罪行为的犯罪嫌疑人、被告人，应当予以逮捕。[2]

---

〔1〕《六机关规定》第13条明确规定，如果取保候审是由人民检察院、人民法院决定的，执行机关在批准犯罪嫌疑人、被告人离开所居住的市、县前，应当征得决定机关同意。

〔2〕《高检诉讼规则》第101条对于在侦查、审查起诉阶段违反取保候审规定的犯罪嫌疑人变更适用逮捕措施，有更具体的规定。有下列违反取保候审规定的行为，人民检察院应当对犯罪嫌疑人予以逮捕：①故意实施新的犯罪的；②企图自杀、逃跑的；③实施毁灭、伪造证据，串供或者干扰证人作证，足以影响侦查、审查起诉工作正常进行的；④对被害人、证人、鉴定人、举报人、控告人及其他人员实施打击报复的。犯罪嫌疑人有下列违反取保候审规定的行为，人民检察院可以对犯罪嫌疑人予以逮捕：①未经批准，擅自离开所居住的市、县，造成严重后果，或者两次未经批准，擅自离开所居住的市、县的；②经传讯不到案，造成严重后果，或者经两次传讯不到案的；③住址、工作单位和联系方式发生变动，未在24小时以内向公安机关报告，造成严重后果的；④违反规定进入特定场所、与特定人员会见或者通信、从事特定活动，严重妨碍诉讼程序正常进行的。《高法解释》第164条有类似的规定。

应当没收保证金的，由县级以上执行机关作出决定，并通知决定机关。被取保候审人没有违反法律规定的被取保候审期间的义务，但在取保候审期间涉嫌重新犯罪被司法机关立案侦查的，执行机关应当暂扣其保证金，待人民法院判决生效后，决定是否没收。对故意重新犯罪的，应当没收保证金。对过失重新犯罪或者不构成犯罪的，应当退还保证金。犯罪嫌疑人、被告人在取保候审期间未违反规定的，取保候审结束的时候，凭解除取保候审的通知或者有关法律文书到银行领取退还的保证金。

（五）取保候审的期限

《刑事诉讼法》第 79 条第 1 款中规定，"人民法院、人民检察院和公安机关对犯罪嫌疑人、被告人取保候审最长不得超过十二个月"。但法律规定未明确 12 个月的计算，是公、检、法机关在侦查、起诉、审判阶段对犯罪嫌疑人、被告人分别采取取保候审的总时限，还是每个机关在侦查、起诉、审判阶段分别采取取保候审的时限。从相关司法解释规定看，公、检、法机关均将这一期限理解为各自采取取保候审不得超过 12 个月。如《高检诉讼规则》第 103 条规定，公安机关决定对犯罪嫌疑人取保候审，案件移送人民检察院审查起诉后，对于需要继续取保候审的，人民检察院应当依法重新作出取保候审决定，并对犯罪嫌疑人办理取保候审手续，取保候审的期限应当重新计算并告知犯罪嫌疑人。《高法解释》第 162 条中规定，人民检察院、公安机关已经对犯罪嫌疑人取保候审，案件起诉到人民法院后，需要进行取保候审或者变更强制措施的，人民法院应当在 7 日内作出决定，并通知人民检察院、公安机关；决定继续取保候审的，应当重新办理手续，期限重新计算。

但需要明确的是，对于继续采取保证金方式取保候审的，被取保候审人没有违反《刑事诉讼法》第 71 条关于取保候审规定的，原则上不变更保证金数额，不再重新收取保证金。

为保障被取保候审人的合法权利，提高诉讼效率，《刑事诉讼法》第 79 条第 2 款明确要求，在取保候审期间，不得中断对案件的侦查、起诉和审理。

（六）取保候审的解除、撤销及变更

根据《刑事诉讼法》第 79 条第 2 款的规定，取保候审的解除主要基于两个原因：一是发现对被取保候审的人不应当追究刑事责任；二是取保候审期限届满。公安司法机关解除取保候审的，应当及时通知被取保候审人和有关单位。为监督公安司法机关严格执行法定期限，根据《刑事诉讼法》第 99 条的规定，犯罪嫌疑人、被告人及其法定代理人、近亲属或者辩护人对采取取保候审期限届满的，有权要求解除取保候审。

公安司法机关如果发现对犯罪嫌疑人、被告人采取取保候审不当的，应当及时撤销或者变更。《刑事诉讼法》第 97 条规定，犯罪嫌疑人、被告人及其法定代理人、近亲属或者辩护人有权申请变更强制措施。人民法院、人民检察院和公安机关收到申请后，应当在 3 日以内作出决定；不同意变更强制措施的，应当告知申请人，并说明不同意的理由。

根据《刑事诉讼法》第 117 条的规定，犯罪嫌疑人、被告人和辩护人对于司法机关采取取保候审法定期限届满，不予以解除或者变更的，有权向该机关申诉或者控告。对处理不服的，可以向同级人民检察院申诉。

三、监视居住

（一）监视居住的概念和特点

监视居住，是指公安机关、人民检察院和人民法院责令犯罪嫌疑人、被告人在一定期限内，未经批准不得离开住处或者指定的居所，对其行为加以监视的一种羁押替代性强制方法。

监视居住具有以下特点：①监视居住具有替代羁押措施的功能。适用监视居住以"符合逮捕条件"为前提。②监视居住是限制人身自由的强制措施。在适用条件上区别于取保候审。被监视居住人活动范围限于其住处和指定居所，对人身自由的限制程度明显强于取保候审。公安司法机关对同一犯罪嫌疑人、被告人不能同时适用，也不得重复适用取保候审和监视居住措施。

（二）监视居住的适用条件

监视居住定位于羁押的替代性措施。根据《刑事诉讼法》第 74 条第 1 款的规定，监视居住主要适用于符合逮捕条件，但因为有下列特殊情况不宜采取逮捕措施的犯罪嫌疑人、被告人：

1. 患有严重疾病、生活不能自理的。

2. 怀孕或者正在哺乳自己婴儿的妇女。

3. 系生活不能自理的人的唯一扶养人。《高检诉讼规则》第 107 条第 2 款明确指出，扶养包括父母、祖父母、外祖父母对子女、孙子女、外孙子女的抚养和子女、孙子女、外孙子女对父母、祖父母、外祖父母的赡养以及配偶、兄弟姐妹之间的相互扶养。

4. 因为案件的特殊情况或者办理案件的需要，采取监视居住措施更为适宜的。

5. 羁押期限届满，案件尚未办结，需要采取监视居住措施的。

此外，根据《刑事诉讼法》第 74 条第 2 款、第 91 条第 3 款、第 167 条的规定，对于有下列情形的犯罪嫌疑人、被告人，依法适用监视居住：①符合取保候审条件，但犯罪嫌疑人、被告人不能提出保证人，也不交纳保证金的；②公安机关对被拘留的人提请批准逮捕后，人民检察院不批准逮捕，但需要继续侦查，并且符合监视居住条件的；③人民检察院对于直接受理的案件中被拘留的人，认为不需要逮捕，但需要继续侦查，并且符合监视居住条件的。

（三）监视居住的适用程序

1. 监视居住的决定。《刑事诉讼法》第66条规定，公安机关、人民检察院、人民法院有权根据案件具体情况对犯罪嫌疑人、被告人适用监视居住。决定监视居住的，由公安机关负责人、检察院检察长、法院院长批准，制作监视居住决定书和执行监视居住通知书。决定对犯罪嫌疑人、被告人监视居住的，应当核实其住处；没有固定住处的，应当为其指定居所。

对县级以上人大代表决定适用监视居住的规定，与取保候审相同。

2. 监视居住的执行。

（1）确定执行机关。《刑事诉讼法》第74条第3款规定，监视居住由公安机关执行。人民法院和人民检察院决定监视居住的，人民法院和人民检察院应当将监视居住决定书和执行监视居住通知书及时送达公安机关；并向被监视居住人宣布，由其本人在监视居住决定书上签名或者盖章，并责令犯罪嫌疑人、被告人遵守法律规定的义务，告知其违反规定应负的法律责任。《公安部规定》第117条、第118条第1款规定，公安机关决定监视居住的，由被监视居住人住处或者指定居所所在地的派出所执行，必要时，也可以由办案部门负责执行，派出所或者其他部门协助执行。人民法院、人民检察院决定监视居住的，负责执行的县级公安机关应当在收到法律文书和有关材料后24小时以内，通知被监视居住人住处或者指定居所所在地的派出所，核实被监视居住人身份、住处或者居所等情况后执行。必要时，可以由人民法院、人民检察院协助执行。

（2）明确监视居住的处所。《刑事诉讼法》第75条第1款规定："监视居住应当在犯罪嫌疑人、被告人的住处执行；无固定住处的，可以在指定的居所执行。对于涉嫌危害国家安全犯罪、恐怖活动犯罪，在住处执行可能有碍侦查的，经上一级公安机关批准，也可以在指定的居所执行。但是，不得在羁押场所、专门的办案场所执行。"据此，监视居住可以分为住所监视居住和指定居所监视居住。

一般情况下，监视居住应当在犯罪嫌疑人、被告人的住处执行。住处即固定住处，是指被监视居住人在办案机关所在的市、县内生活的合法住处；特定的条件下，包括在办案机关辖区内无固定住处的，涉嫌危害国家安全犯罪、恐怖活动犯罪，在住处执行可能有碍侦查的，[1] 可以在指定的居所适用监视居住。但是，指定居所监视居住不是羁押，法律明确要求"不得在羁押场所、专门的办案场所执行"。因为监视居住属于限制人身自由的强制措施，尽管被监视居住人的活动区域较小，但不同于羁押性强制措施。《高检诉讼规则》第 116 条第 4 款明确指出，采取指定居所监视居住的，不得在看守所、拘留所、监狱等羁押、监管场所以及留置室、讯问室等专门的办案场所、办公区域执行。《六机关规定》第 15 条特别指出，指定居所监视居住的，不得要求被监视居住人支付费用。

　　采取指定居所监视居住的，根据《公安部规定》第 112 条第 1 款、第 2 款的规定，指定的居所，是指公安机关根据案件情况，在办案机关所在的市、县内为被监视居住人指定的生活居所。指定的居所应当符合下列条件：①具备正常的生活、休息条件；②便于监视、管理；③保证安全。第 113 条第 1 款、第 4 款规定，采取指定居所监视居住的，除无法通知的以外，[2] 应当制作监视居住通知书，在执行监视居住后 24 小时以内，由决定机关通知被监视居住人的家属。无法通知家属的，应当在监视居住通知书中注明原因。

　　（3）告知被监视居住人应当遵守的规定和法律后果。《刑事诉讼法》第 77 条规定，被监视居住的犯罪嫌疑人、被告人应当遵守以下规定：①未经执行机关批准不得离开监视居住的处所；[3] ②未经执行机关批准不得会见他人或者通信。这里的他人，应指与被监视居住人共同居住的家庭成员和其辩护人以外的人；③在传讯的时候及时到案；④不得以任何形式干扰证人作证；⑤不得毁灭、伪造证据或者串供；⑥将护照等出入境证件、身份证件、驾驶证件交执行机关保存。被监视居住人违反上述规定，情节较轻的，可以予以训诫、责令具结悔过；情节严重的，可以予以逮捕。需要予以逮捕的，可以对犯罪嫌疑人、被告人先行拘留。

　　（4）监视居住的执行措施。为了有效地提高监视居住的执行效果，《刑事诉讼法》第 78 条规定，"执行机关对被监视居住的犯罪嫌疑人、被告人，可以采取

---

　　〔1〕如何认定"有碍侦查"？《公安部规定》第 111 条第 2 款规定，有下列情形之一的，属于有碍侦查：①可能毁灭、伪造证据，干扰证人作证或者串供的；②可能引起犯罪嫌疑人自残、自杀或者逃跑的；③可能引起同案犯逃避、妨碍侦查的；④犯罪嫌疑人、被告人在住处执行监视居住有人身危险的；⑤犯罪嫌疑人、被告人的家属或者所在单位人员与犯罪有牵连的。

　　〔2〕关于"无法通知"，根据《公安部规定》第 113 条第 2、3 款，是指有下列情形之一的：①不讲真实姓名、住址、身份不明的；②没有家属的；③提供的家属联系方式无法取得联系的；④因自然灾害等不可抗力导致无法通知的。无法通知的情形消失以后，应当立即通知被监视居住人的家属。

　　〔3〕根据《六机关规定》第 13 条的要求，如果监视居住是由人民检察院、人民法院决定的，执行机关在批准犯罪嫌疑人、被告人离开执行监视居住的处所前，应当征得决定机关同意。

电子监控、不定期检查等监视方法对其遵守监视居住规定的情况进行监督"。在侦查期间，可以对被监视居住的犯罪嫌疑人的电话、传真、信函、邮件、网络等通信进行监控。（《公安部规定》第116条）

3. 对监视居住的监督。为防止指定居所监视居住措施的滥用，《刑事诉讼法》第75条第4款明确规定，人民检察院对指定居所监视居住的决定和执行是否合法实行监督。被指定居所监视居住人及其法定代理人、近亲属或者辩护人认为指定居所监视居住决定存在违法情形，提出控告或者举报的，人民检察院可以要求侦查机关、人民法院提供指定居所监视居住决定书和相关案件材料。经审查，发现存在违法情形的，应当及时通知有关机关纠正。对于公安机关、人民法院决定指定居所监视居住的案件，由人民检察院负责刑事执行检察的部门对指定居所监视居住的执行活动是否合法实行监督。发现存在违法情形的，应当及时提出纠正意见。（《高检诉讼规则》第119条、第120条）

（四）监视居住的期限

根据《刑事诉讼法》第79条的规定，人民法院、人民检察院和公安机关对犯罪嫌疑人、被告人监视居住最长不得超过6个月。同取保候审一样，对监视居住期限的理解，公检法机关实际上将其解释为本机关采取监视居住的期限为6个月。根据《高法解释》第162条的规定，人民检察院、公安机关已对犯罪嫌疑人监视居住，案件起诉到人民法院后，需要继续监视居住的，人民法院应当在7日以内作出决定，并通知人民检察院、公安机关。决定继续监视居住的，应当重新办理手续，监视居住的期限重新计算。

在监视居住期间，不得中断对案件的侦查、起诉和审理。

作为逮捕的替代性措施，监视居住对公民人身自由的限制程度明显高于取保候审，而指定居所监视居住对被监视居住人人身自由的限制程度又强于住处监视居住。为保障被监视居住人的合法权利，《刑事诉讼法》第76条规定："指定居所监视居住的期限应当折抵刑期。被判处管制的，监视居住一日折抵刑期一日；被判处拘役、有期徒刑的，监视居住二日折抵刑期一日。"

（五）监视居住的解除、撤销和变更

公安司法机关发现不应当适用监视居住或者期限届满的，应当及时解除监视居住。对于采取监视居住不当的，应当予以撤销或者变更。

根据《刑事诉讼法》第97条的规定，犯罪嫌疑人、被告人及其法定代理人、近亲属或者辩护人有权申请变更监视居住措施。人民法院、人民检察院和公安机关收到申请后，应当在3日以内作出决定；不同意变更的，应当告知申请人，并说明不同意的理由。

根据《刑事诉讼法》第99条的规定，对于采取监视居住法定期限届满的，犯罪嫌疑人、被告人及其法定代理人、近亲属或者辩护人有权要求解除。

根据《刑事诉讼法》第 117 条的规定，犯罪嫌疑人、被告人和辩护人对司法机关采取监视居住法定期限届满，不解除或者变更的，有权向该机关申诉或者控告。对处理不服的，可以向同级人民检察院申诉。

第三节　羁押性强制措施

一、刑事拘留

（一）刑事拘留的概念和特点

刑事诉讼中的拘留，通称刑事拘留，是指公安机关、人民检察院在侦查过程中，遇到紧急情况时，对于现行犯或者重大嫌疑分子所采取的临时剥夺其人身自由的一种强制方法。

刑事拘留具有以下特点：①适用拘留的机关具有特定性。拘留仅在侦查阶段由行使侦查权的机关在遇有法定情况时适用，人民法院无权决定刑事拘留。[1] ②适用拘留的条件具有特定性。只有在法定的紧急情况下，来不及办理逮捕手续，又需要立即剥夺现行犯或者重大嫌疑分子人身自由的，才能采用拘留。不具备法定的紧急情况不能先行拘留。③拘留是一种临时性剥夺人身自由的强制措施。拘留的结果是将被拘留人收押于一定的羁押场所，且由于是在紧急情况下"先行拘留"，期限短暂。随着诉讼的推进，拘留要及时予以变更，或者转为逮捕，或者变更为取保候审或者监视居住，或者释放被拘留人。

（二）刑事拘留的适用条件

根据《刑事诉讼法》的规定，公安机关、人民检察院都有权决定适用刑事拘留，具体适用条件有所不同。

1. 公安机关侦查案件适用刑事拘留。《刑事诉讼法》第 82 条规定："公安机关对于现行犯或者重大嫌疑分子，如果有下列情形之一的，可以先行拘留：（一）正在预备犯罪、实行犯罪或者在犯罪后即时被发觉的；（二）被害人或者在场亲眼看见的人指认他犯罪的；（三）在身边或者住处发现有犯罪证据的；（四）犯罪后企图自杀、逃跑或者在逃的；（五）有毁灭、伪造证据或者串供可能的；（六）不讲真实姓名、住址，身份不明的；（七）有流窜作案、多次作案、结伙作案重大嫌疑的。"《公安部规定》第 129 条第 3 款对其中第 7 项的情形作了明确规定，"'流窜作案'，是指跨市、县管辖范围连续作案，或者在居住地作

---

〔1〕刑事拘留不同于司法拘留和行政拘留。司法拘留，是人民法院对严重妨碍诉讼程序的人采取的一种制裁措施。行政拘留，是公安机关对一般违法行为人采取的一种行政处罚。在法律性质、适用对象、适用机关、适用期限等方面，刑事拘留与司法拘留、行政拘留存在差异。

案后逃跑到外市、县继续作案；'多次作案'，是指三次以上作案；'结伙作案'，是指二人以上共同作案"。

2. 人民检察院侦查案件适用刑事拘留。根据《刑事诉讼法》第 165 条的规定，人民检察院在直接受理的案件中，对于具有以下两种情形之一的犯罪嫌疑人有权先行拘留：①犯罪后企图自杀、逃跑或者在逃的；②有毁灭、伪造证据或者串供可能的。

3. 人民检察院对监察机关移送审查起诉案件适用刑事拘留。为完善监察机关调查案件活动与刑事诉讼程序的衔接机制，《刑事诉讼法》对人民检察院审查监察机关移送起诉的案件、留置措施与刑事强制措施之间的衔接机制作出了规定。《刑事诉讼法》第 170 条规定："人民检察院对于监察机关移送起诉的案件，依照本法和监察法的有关规定进行审查。……对于监察机关移送起诉的已采取留置措施的案件，[1] 人民检察院应当对犯罪嫌疑人先行拘留，留置措施自动解除……"由此，人民检察院对监察机关移送起诉的案件进行审查，犯罪嫌疑人已被采取留置措施的，人民检察院应当对犯罪嫌疑人先行拘留。这里的先行拘留，是一种临时的、过渡性的强制措施，目的是将犯罪嫌疑人从监察调查程序转入刑事诉讼程序。

此外，根据《刑事诉讼法》第 71 条第 4 款、第 77 条第 2 款的规定，被取保候审、监视居住的犯罪嫌疑人、被告人违反法律规定，需要予以逮捕的，可以先行拘留。

（三）拘留的适用程序

1. 拘留的决定。公安机关依法需要拘留犯罪嫌疑人的，填写呈请拘留报告书，由县级以上公安机关负责人批准，签发拘留证。根据《公安部规定》第 125 条第 2 款的规定，紧急情况下，对于符合先行拘留情形之一的，经出示人民警察证，可以将犯罪嫌疑人口头传唤至公安机关后立即审查，办理法律手续。

人民检察院决定拘留的案件，应当由办案人员提出意见，由检察长决定。

根据《全国人民代表大会和地方各级人民代表大会代表法》第 32 条第 1、2 款及有关司法解释的规定，县级以上的各级人民代表大会代表，如果因为是现行犯被拘留，公安机关、人民检察院应当立即向该级人民代表大会主席团或者

---

〔1〕 关于留置措施，《监察法》第 22 条规定："被调查人涉嫌贪污贿赂、失职渎职等严重职务违法或者职务犯罪，监察机关已经掌握其部分违法犯罪事实及证据，仍有重要问题需要进一步调查，并有下列情形之一的，经监察机关依法审批，可以将其留置在特定场所：（一）涉及案情重大、复杂的；（二）可能逃跑、自杀的；（三）可能串供或者伪造、隐匿、毁灭证据的；（四）可能有其他妨碍调查行为的。对涉嫌行贿犯罪或者共同职务犯罪的涉案人员，监察机关可以依照前款规定采取留置措施。……"由此可见，检察机关采取留置措施的案件，通常是重大、复杂或者有特殊情况的案件。

其常务委员会报告。因为其他原因需要拘留的，应当报请该代表所属的人民代表大会主席团或者常务委员会许可。

2. 拘留的执行。根据《刑事诉讼法》第82条、第165条的规定，拘留依法由公安机关执行。人民检察院决定拘留的案件，应当将拘留的决定书送交公安机关，由公安机关负责执行。公安机关应当立即执行，人民检察院可以协助公安机关执行。根据《刑事诉讼法》第83条、第85条、第86条及相关司法解释的规定，执行拘留应当遵循下列程序：

（1）执行方式。公安机关执行拘留时，应当向被拘留人出示拘留证，并责令被拘留人在拘留证上签名、捺指印。遇有拒绝签名、捺指印的，执行人员应在拘留证上注明。被拘留人如果抗拒拘留，执行人员有权使用强制方法，包括使用戒具和武器。

（2）拘留后的羁押。拘留后，应当立即将被拘留人送看守所羁押，至迟不得超过24小时。除无法通知[1]或者涉嫌危害国家安全犯罪、恐怖活动犯罪通知可能有碍侦查[2]的情形以外，决定拘留的公安机关、人民检察院应当在拘留后24小时以内，将拘留的原因和羁押的处所通知被拘留人的家属。有碍侦查的情形消失以后，应当立即通知被拘留人的家属。对于没有在24小时以内通知家属的，应当在拘留通知书中注明原因。对被拘留的未成年人与成年人应当分别关押、分别管理、分别教育。

（3）拘留后的讯问。对被拘留的人，决定拘留的公安机关、人民检察院应当在拘留后的24小时以内进行讯问。目的在于查清事实，防止错拘；也可以及时收集证据，查明其他同案犯，而不贻误战机。在发现不应当拘留的时候，必须立即释放，发给释放证明。

（4）异地执行拘留。公安机关在异地执行拘留的时候，应当通知被拘留人所在地的公安机关，被拘留人所在地的公安机关应当予以配合。

（四）拘留的羁押期限

拘留的结果是犯罪嫌疑人被收押于看守所看管，不得与外界接触，因此，刑事诉讼法对拘留的羁押期限有明确的规定。公安机关、人民检察院应当严格遵守。由于适用拘留的证明标准相对较低，故拘留的羁押期限短暂。

---

〔1〕 "无法通知"的情形，根据《公安部规定》第113条第2款的规定，是指有下列情形之一的：①不讲真实姓名、住址、身份不明的；②没有家属的；③提供的家属联系方式无法取得联系的；④因自然灾害等不可抗力导致无法通知的。

〔2〕《公安部规定》第127条第3款规定，有下列情形之一的，属于"有碍侦查"：①可能毁灭、伪造证据，干扰证人作证或者串供的；②可能引起同案犯逃避、妨碍侦查的；③犯罪嫌疑人的家属与犯罪有牵连的。

1. 公安机关侦查案件拘留犯罪嫌疑人的期限。对于公安机关侦查案件中被拘留的人，根据法律规定，拘留的羁押期限为公安机关提请人民检察院批准逮捕时间和人民检察院审查批准逮捕时间的总和。

《刑事诉讼法》第 91 条规定："公安机关对被拘留的人，认为需要逮捕的，应当在拘留后的三日以内，提请人民检察院审查批准。在特殊情况下，提请审查批准的时间可以延长一日至四日。对于流窜作案、多次作案、结伙作案的重大嫌疑分子，提请审查批准的时间可以延长至三十日。人民检察院应当自接到公安机关提请批准逮捕书后的七日以内，作出批准逮捕或者不批准逮捕的决定……"由此，一般情况下，公安机关拘留犯罪嫌疑人的期限为 10 日，最长为 14 日。对流窜作案、多次作案、结伙作案的重大嫌疑分子，拘留期限最长为 37 日。

案件情况	公安机关提请批捕时间	人民检察院审查批捕时间	拘留的期限
一般案件	3 日	7 日	10 日
特殊情况	（可延长 1~4 日）7 日	7 日	14 日
有流窜作案、多次作案、结伙作案的重大嫌疑的	30 日	7 日	37 日

此外，《公安部规定》第 130 条规定，犯罪嫌疑人不讲真实姓名、住址、身份不明的，应当对其身份进行调查。对符合逮捕条件的犯罪嫌疑人，也可以按其自报的姓名提请批准逮捕。

2. 人民检察院侦查案件拘留犯罪嫌疑人的期限。《刑事诉讼法》第 167 条规定："人民检察院对直接受理的案件中被拘留的人，认为需要逮捕的，应当在十四日以内作出决定。在特殊情况下，决定逮捕的时间可以延长一日至三日……"由此，人民检察院侦查案件拘留犯罪嫌疑人的期限，一般为 14 日，最长为 17 日。

案件情况	审查决定是否逮捕时间	拘留的时间
一般案件	14 日以内作出决定	14 日
特殊情况	可延长 1~3 日	17 日

3. 人民检察院审查监察机关移送起诉案件拘留犯罪嫌疑人的时间。《刑事诉讼法》第 170 条第 2 款规定："对于监察机关移送起诉的已采取留置措施的案件，

人民检察院应当对犯罪嫌疑人先行拘留，留置措施自动解除。[1]　人民检察院应当在拘留后的十日以内作出是否逮捕、取保候审或者监视居住的决定。在特殊情况下，决定的时间可以延长一日至四日……"　由此，人民检察院审查监察机关移送起诉的案件拘留犯罪嫌疑人的期限，一般是 10 日，最长为 14 日。

案件情况	审查决定是否逮捕时间	拘留的时间
一般案件	10 日以内作出决定	10 日
特殊情况	可延长 1~4 日	14 日

公安机关、人民检察院应当严格执行拘留期限的规定。拘留后，应当在法定期限内进行审查，以决定是否需要采取逮捕或者取保候审、监视居住。认为需要逮捕并且符合逮捕条件的，应当在法定期限内办理提请批捕、批准或者决定逮捕的手续。决定拘留的机关在法定的拘留期限届满时，如果认为提请批捕、决定逮捕的条件不成熟，以及提请批捕后没有被批准逮捕而需要继续侦查，并且符合取保候审、监视居住条件的，依法取保候审或者监视居住。

根据《刑事诉讼法》第 99 条的规定，对于拘留期限届满的，被拘留的犯罪嫌疑人及其法定代理人、近亲属或者辩护人，有权要求公安机关、人民检察院解除拘留，释放被拘留人。

二、逮捕

（一）逮捕的概念和特点

逮捕，是指公安司法机关在一定期限内，强行剥夺犯罪嫌疑人、被告人的人身自由并予以羁押的强制方法。

逮捕具有以下特点：①逮捕是最严厉的强制措施。逮捕的严厉性表现为强行剥夺人身自由，羁押审查。我国实行逮捕羁押合一制度，逮捕即产生羁押效力，羁押是逮捕的必然结果。逮捕不仅完全剥夺犯罪嫌疑人、被告人的人身自由，将其予以羁押，而且逮捕后的羁押期限依附于办案期限，除发现不应当追究刑事责任和符合变更强制措施条件的以外，对被逮捕人的羁押期间一般要到人民法院判决生效为止。②相互制约的逮捕权限。《宪法》第 37 条第 2 款规定，

---

〔1〕《监察法》第 22 条规定："被调查人涉嫌贪污贿赂、失职渎职等严重职务违法或者职务犯罪，监察机关已经掌握其部分违法犯罪事实及证据，仍有重要问题需要进一步调查，并有下列情形之一的，经监察机关依法审批，可以将其留置在特定场所：（一）涉及案情重大、复杂的；（二）可能逃跑、自杀的；（三）可能串供或者伪造、隐匿、毁灭证据的；（四）可能有其他妨碍调查行为的。对涉嫌行贿犯罪或者共同职务犯罪的涉案人员，监察机关可以依照前款规定采取留置措施。留置场所的设置、管理和监督依照国家有关规定执行。"

任何公民，非经人民检察院批准或者决定或者人民法院决定，并由公安机关执行，不受逮捕。公检法机关的逮捕权限建立在分工不同的基础上，遵循互相配合、互相制约的原则设立，有利于保障公民的人身自由不受非法剥夺，防止可能出现的错误逮捕。

（二）逮捕的适用机关及其权限

《刑事诉讼法》第80条规定："逮捕犯罪嫌疑人、被告人，必须经过人民检察院批准或者人民法院决定，由公安机关执行。"据此，公检法机关享有不同的逮捕权限，逮捕的批准权或者决定权属于人民检察院和人民法院，逮捕的执行权由公安机关行使。

1. 人民检察院行使批准逮捕权和决定逮捕权。在侦查阶段，根据《刑事诉讼法》第87条的规定，公安机关侦查的案件，需要逮捕犯罪嫌疑人的，应当依法提请同级人民检察院审查批准。公安机关无权自行决定逮捕。

人民检察院自行侦查的案件中，认为犯罪嫌疑人符合逮捕条件，应予逮捕的，人民检察院依法有逮捕决定权。对于公安机关移送起诉的案件，人民检察院认为对犯罪嫌疑人有逮捕必要的，依法有权决定逮捕。

2. 人民法院有权决定逮捕。人民法院对人民检察院提起公诉的案件，认为需要逮捕被告人的，有权决定逮捕。此外，人民法院直接受理的自诉案件中，对被告人需要逮捕的，人民法院有权决定逮捕。

3. 逮捕的执行权专属于公安机关。无论是批准逮捕还是决定逮捕，都必须交付公安机关执行逮捕。

（三）逮捕的适用条件

《刑事诉讼法》第81条第1款规定："对有证据证明有犯罪事实，可能判处徒刑以上刑罚的犯罪嫌疑人、被告人，采取取保候审尚不足以防止发生下列社会危险性的，应当予以逮捕：（一）可能实施新的犯罪的；（二）有危害国家安全、公共安全或者社会秩序的现实危险的；（三）可能毁灭、伪造证据，干扰证人作证或者串供的；（四）可能对被害人、举报人、控告人实施打击报复的；（五）企图自杀或者逃跑的。"根据这一规定，逮捕犯罪嫌疑人、被告人，必须同时具备3个条件：①事实条件："有证据证明有犯罪事实"；②罪责条件："可能判处徒刑以上刑罚"；③必要性条件：采取取保候审尚不足以防止发生法定的社会危险性。

1. 有证据证明有犯罪事实。这是逮捕的事实根据和基础。根据《高检诉讼规则》第128条第2款和第138条的规定，"有证据证明有犯罪事实"是指同时具备下列情形：

（1）有证据证明发生了犯罪事实。犯罪事实既可以是单一犯罪行为的事实，也可以是数个犯罪行为中任何一个犯罪行为的事实。对实施多个犯罪行为或者共同犯罪案件的犯罪嫌疑人，具有下列情形之一即可：①有证据证明犯有数罪中的一罪；②有证据证明实施多次犯罪中的一次犯罪；③共同犯罪中，已有证据证明有犯罪事实的犯罪嫌疑人。

（2）有证据证明该犯罪事实是犯罪嫌疑人实施的。

（3）证明犯罪嫌疑人实施犯罪行为的证据已经查证属实的。不要求证明犯罪嫌疑人实施犯罪行为的所有证据都已查证属实，只要求有证据已被查证属实即可，这也在一定程度上说明逮捕的证明标准较低。

2. 可能判处徒刑以上刑罚。这是逮捕的罪责条件。强调逮捕应当只对罪行比较严重的犯罪嫌疑人、被告人采用。基于已有证据证明的犯罪事实，根据我国刑法的有关规定，初步判定犯罪嫌疑人、被告人所犯罪行可能被判处有期徒刑以上的刑罚，而不是可能被判处管制、拘役、独立适用附加刑等轻刑或者可能被免除刑罚的，才符合逮捕条件。

3. 采取取保候审尚不足以防止发生法定的社会危险性。这是逮捕的必要性条件。根据《刑事诉讼法》第81条第1款的规定，"社会危险性"是指具有下列情形之一的：①可能实施新的犯罪的；②有危害国家安全、公共安全或者社会秩序的现实危险的；③可能毁灭、伪造证据，干扰证人作证或者串供的；④可能对被害人、举报人、控告人实施打击报复的；⑤企图自杀或者逃跑的。为进一步把握"社会危险性"条件，《刑事诉讼法》第81条第2款特别规定："批准或者决定逮捕，应当将犯罪嫌疑人、被告人涉嫌犯罪的性质、情节，认罪认罚等情况，作为是否可能发生社会危险性的考虑因素。"

上述适用逮捕的3个条件相互联系，必须同时具备，才能对犯罪嫌疑人、被告人批准或者决定逮捕。只有严格掌握逮捕的适用条件，才能防止错捕、滥捕现象的发生。而根据《刑事诉讼法》第280条第1款的规定，对于未成年人犯罪，应当限制适用逮捕措施。

本章导入案例中，W区人民检察院受理W区公安分局提请批捕的陈某3人故意伤害案件后，围绕是否符合刑事诉讼法规定的逮捕条件进行审查。证人证言、被害人陈述、物证及3人的供述等证据材料表明：案发时，由李某指认、陈某持木棒、王某持刀对正在上自习课的被害人林某实施了身体伤害行为，伤情结果经鉴定为重伤，这符合"有证据证明有犯罪事实，可能判处徒刑以上刑罚"的条件。W区人民检察院重点审查对犯罪嫌疑人陈某等3人是否有必要逮捕。经调查，本案中陈某等3名犯罪嫌疑人均未满18周岁，在校有多次违纪，仅仅因为琐事就对同学施暴，被害人身心遭受严重打击，对校园师生安全影响也非常大；案件被判有期徒刑的可能性较大。经讯问犯罪嫌疑人，陈某拒不认罪，也不同意赔偿被害人；李某和王某能够如实供述犯罪行为，也愿意赔偿被害人，但家长无赔偿能力。尽管是未成年人犯罪，检察机关案件承办人员最终建议批准逮捕 3 名犯罪嫌疑人。

根据《刑事诉讼法》第 81 条第 3 款的规定，犯罪嫌疑人、被告人有下列情形的，应当予以逮捕：①有证据证明有犯罪事实，可能判处 10 年有期徒刑以上刑罚的；②有证据证明有犯罪事实，可能判处徒刑以上刑罚，曾经故意犯罪或者身份不明的。

此外，《刑事诉讼法》第 81 条第 4 款规定，被取保候审、监视居住的犯罪嫌疑人、被告人违反取保候审、监视居住规定，情节严重的，可以予以逮捕。根据 2014 年 4 月 24 日全国人大常委会通过的《关于〈中华人民共和国刑事诉讼法〉第七十九条第三款[1]的解释》的规定，对于被取保候审、监视居住的可能判处徒刑以下刑罚的犯罪嫌疑人、被告人，违反取保候审、监视居住规定，严重影响诉讼活动正常进行的，可以予以逮捕。《公安部规定》明确了认定"情节严重"具体的情形。[2]

（四）逮捕的适用程序

1. 逮捕的批准和决定程序。

（1）人民检察院对公安机关提请逮捕的批准程序。《刑事诉讼法》第 87~92 条对公安机关提请逮捕，人民检察院审查批捕的程序作出了具体、明确的规定。

公安机关要求逮捕犯罪嫌疑人的时候，应当经县级以上公安机关负责人批准，制作提请批准逮捕书，连同案卷材料、证据，一并移送同级人民检察院审查批准。必要的时候，人民检察院可以派人参加公安机关对于重大案件的讨论。

检察机关在接到公安机关的提请批准逮捕材料后，应当指定办案人员查阅

---

[1] 此处《刑事诉讼法》第 79 条第 3 款，即 2018 年《刑事诉讼法》第 81 条第 4 款。

[2] 根据《公安部规定》135 条的规定，被取保候审违反取保候审规定，具有下列情形之一的，可以提请批准逮捕：①涉嫌故意实施新的犯罪行为的；②有危害国家安全、公共安全或者社会秩序的现实危险的；③实施毁灭、伪造证据或者干扰证人作证、串供行为，足以影响侦查工作正常进行的；④对被害人、举报人、控告人实施打击报复的；⑤企图自杀、逃跑，逃避侦查的；⑥未经批准，擅自离开所居住的市、县，情节严重的，或者两次以上未经批准，擅自离开所居住的市、县的；⑦经传讯无正当理由不到案，情节严重的，或者经两次以上传讯不到案的；⑧违反规定进入特定场所、从事特定活动或者与特定人员会见、通信两次以上的。《公安部规定》第 136 条规定，被监视居住人违反监视居住规定，具有下列情形之一的，可以提请批准逮捕：①涉嫌故意实施新的犯罪行为的；②实施毁灭、伪造证据或者干扰证人作证、串供行为，足以影响侦查工作正常进行的；③对被害人、举报人、控告人实施打击报复的；④企图自杀、逃跑，逃避侦查的；⑤未经批准，擅自离开执行监视居住的处所，情节严重的，或者两次以上未经批准，擅自离开执行监视居住的处所的；⑥未经批准，擅自会见他人或者通信，情节严重的，或者两次以上未经批准，擅自会见他人或者通信的；⑦经传讯无正当理由不到案，情节严重的，或者经两次以上传讯不到案的。

案卷材料，提出批准或者不批准逮捕的意见。

人民检察院应当依照法定的程序对公安机关提请批准逮捕的案件进行审查：其一，可以讯问犯罪嫌疑人。对于有下列情形之一的，人民检察院审查批准逮捕时应当讯问犯罪嫌疑人：①对是否符合逮捕条件有疑问的；②犯罪嫌疑人要求向检察人员当面陈述的；③侦查活动可能有重大违法行为的。其二，可以询问证人等诉讼参与人。其三，可以听取辩护律师的意见。人民检察院审查批准逮捕时，如果辩护律师提出要求的，应当听取辩护律师的意见。

对于未成年人犯罪案件，根据《刑事诉讼法》第 280 条、第 281 条的规定，人民检察院审查批准逮捕，应当讯问未成年犯罪嫌疑人，听取辩护律师的意见。在讯问的时候，应当通知未成年犯罪嫌疑人的法定代理人到场。

人民检察院审查批准逮捕犯罪嫌疑人由检察长决定；重大案件应当提交检察委员会讨论决定。

对公安机关提请批准逮捕的犯罪嫌疑人已被拘留的，人民检察院应当在 7 日内作出是否批准逮捕的决定；未被拘留的，应当在接到提请批准逮捕书后的 15 日以内作出是否批准逮捕的决定，重大、复杂的案件不得超过 20 日。

经审查，检察机关应当分别作出以下决定：①对于符合逮捕条件的，作出批准逮捕的决定，制作批准逮捕决定书；②对于不符合逮捕条件的，作出不批准逮捕的决定，制作不批准逮捕决定书，说明不批准逮捕的理由，需要补充侦查的，应当同时通知公安机关。

对人民检察院决定不批准逮捕的，公安机关在收到不批准逮捕决定书后，应当立即释放在押的犯罪嫌疑人或者变更强制措施。对于需要继续侦查，并且符合取保候审、监视居住条件的，依法取保候审或者监视居住。

公安机关对人民检察院不批准逮捕的决定，认为有错误的时候，可以向同级人民检察院要求复议，但是必须将被拘留的人立即释放。如果意见不被接受，可以向上一级人民检察院提请复核。上级人民检察院应当立即复核，作出是否变更的决定，并通知下级人民检察院和公安机关执行。

人民检察院办理公安机关提请批准逮捕的案件，发现遗漏应当逮捕的犯罪嫌疑人的，应当经检察长批准，要求公安机关提请批准逮捕。公安机关不提请批准逮捕或者说明的不提请批准逮捕的理由不成立的，人民检察院可以直接作出逮捕决定，送达公安机关执行。（《高检诉讼规则》第 288 条）

（2）人民检察院决定逮捕的程序。人民检察院办理直接受理侦查的案件，需要逮捕犯罪嫌疑人的，由负责侦查的部门制作逮捕犯罪嫌疑人意见书，连同案卷材料、讯问犯罪嫌疑人录音、录像一并移送本院负责捕诉的部门审查。犯罪嫌疑人已被拘留的，负责侦查的部门应当在拘留后 7 日以内将案件移送本院负责捕诉的部门审查。对本院负责侦查的部门移送审查逮捕的案件，犯罪嫌疑人已被拘留的，负责捕诉的部门应当在收到逮捕犯罪嫌疑人意见书后 7 日以内，报请检察长决定是否逮捕，特殊情况下，决定逮捕的时间可以延长 1 日至 3 日；犯罪嫌疑人未被拘留的，负责捕诉的部门应当在收到逮捕犯罪嫌疑人意见书后 15 日以内，报请检察长决定是否逮捕，重大、复杂案件，不得超过 20 日。(《高检诉讼规则》第 296 条、第 297 条)

（3）人民法院决定逮捕的程序。人民法院对于直接受理的自诉案件，认为需要逮捕被告人时，由办案人员提出逮捕意见，报请院长决定。

对于检察机关提起公诉时未予逮捕的被告人，人民法院认为符合逮捕条件的，应当由办案人员提出逮捕意见报请院长决定。

根据《刑事诉讼法》第 280 条、第 281 条的规定，对于未成年人犯罪案件，人民法院决定逮捕的，应当讯问未成年被告人，听取辩护律师的意见；讯问时，应当通知未成年被告人的法定代理人到场。

人民法院决定逮捕的，将逮捕决定书送交同级公安机关执行。

（4）对人大代表适用逮捕的特别规定。根据《全国人民代表大会和地方各级人民代表大会代表法》第 32 条第 1 款的规定，县级以上的各级人民代表大会代表，非经本级人民代表大会主席团许可，在本级人民代表大会闭会期间，非经本级人民代表大会常务委员会许可，不受逮捕。犯罪嫌疑人、被告人如果是县级以上人大代表，无论是批准逮捕还是决定逮捕，都应当先报请该代表所在的人民代表大会主席团或者其常务委员会许可。

2. 逮捕的执行程序。根据《刑事诉讼法》第 80 条的规定，逮捕犯罪嫌疑人、被告人，一律由公安机关执行。公安机关在接到执行逮捕的通知后，应当立即执行，并将执行的情况通知人民检察院、人民法院。《刑事诉讼法》第 93 条、第 94 条、第 83 条、第 280 条第 2 款、第 96 条对逮捕的执行程序有明确的规定。

（1）签发逮捕证。执行逮捕，应当由县级以上公安机关负责人签发逮捕证，立即执行。

（2）执行逮捕的方式。执行逮捕的人员不得少于 2 人。执行逮捕时，必须向被逮捕人出示逮捕证，并责令被逮捕人在逮捕证上签名、捺指印。被逮捕人拒绝签字、捺指印的，侦查人员应在逮捕证上注明。对于抗拒逮捕的，可以使用戒具或者武器。

（3）逮捕后的羁押。逮捕后，应当立即将被逮捕人送看守所羁押。除无法通知的以外，提请批准逮捕的公安机关，决定逮捕的人民检察院、人民法院，应当在 24 小时以内将逮捕的原因和羁押的处所，通知被逮捕人的家属。

对未成年犯罪嫌疑人、被告人应当与成年人分别关押、分别管理、分别教育。

（4）逮捕后的讯问。人民检察院、人民法院对于各自决定逮捕的人，公安机关对于经人民检察院批准逮捕的人，应当在逮捕后的24小时以内进行讯问。

（5）依法撤销或者变更逮捕措施。对被逮捕人讯问后，发现不应当逮捕的，应当立即撤销或者变更强制措施。撤销逮捕的，应当立即释放，发给释放证明。

公安机关撤销逮捕措施，或者变更为取保候审或者监视居住的，应当通知原批准逮捕的人民检察院。人民检察院、人民法院对于各自决定的逮捕，撤销或者变更强制措施的，也应当通知公安机关。

（6）异地执行逮捕。公安机关到异地执行逮捕时，应当通知被逮捕人所在地的公安机关，被逮捕人所在地的公安机关应当予以配合。

（五）逮捕的监督

1. 实施羁押必要性审查制度。为保证批准和决定逮捕权的正确行使，防止错误逮捕和不必要的关押，刑事诉讼法确立了"羁押必要性审查"的制度，《刑事诉讼法》第95条规定："犯罪嫌疑人、被告人被逮捕后，人民检察院仍应当对羁押的必要性进行审查。对不需要继续羁押的，应当建议予以释放或者变更强制措施。有关机关应当在十日以内将处理情况通知人民检察院。"由此，羁押必要性审查，是指人民检察院依法对被逮捕的犯罪嫌疑人、被告人有无继续羁押的必要性进行审查，对不需要继续羁押的，建议办案机关予以释放或者变更强制措施的监督活动。

人民检察院负责捕诉的部门依法对侦查和审判阶段的羁押必要性进行审查。经审查认为不需要继续羁押的，应当建议公安机关或者人民法院释放犯罪嫌疑人、被告人或者变更强制措施。审查起诉阶段，负责捕诉的部门经审查认为不需要继续羁押的，应当直接释放犯罪嫌疑人或者变更强制措施。办案机关对应的同级人民检察院负责控告申诉检察的部门或者负责案件管理的部门收到羁押必要性审查申请后，应当在当日移送本院负责捕诉的部门。人民检察院应当根据犯罪嫌疑人、被告人涉嫌的犯罪事实、主观恶性、悔罪表现、身体状况、案件进展情况、可能判处的刑罚和有无再危害社会的危险等因素，综合评估有无必要继续羁押犯罪嫌疑人、被告人。（《高检诉讼规则》第575条第1、2款、第576条第1款、第578条）

2. 保障被逮捕人的申请变更权或者申诉权。根据《刑事诉讼法》第97条的规定，已被逮捕的犯罪嫌疑人、被告人及其法定代理人、近亲属或者辩护人有权申请变更强制措施。人民法院、人民检察院和公安机关收到申请后，应当在3日以内作出决定；不同意变更强制措施的，应当告知申请人，并说明不同意的理由。

根据《刑事诉讼法》第 117 条的规定，犯罪嫌疑人、被告人及其辩护人对于司法机关逮捕羁押期限届满而不予以释放、解除或者变更的，有权向该机关申诉或者控告。对处理不服的，可以向同级人民检察院申诉。

思考题

1. 什么是刑事强制措施？刑事强制措施有哪些特点？
2. 取保候审与监视居住在适用条件上有哪些不同？
3. 被取保候审人依法应当遵守哪些义务？违反义务的后果是什么？
4. 适用逮捕一般应当符合哪些条件？
5. 法律对公安机关适用逮捕的程序是如何规定的？
6. 刑事诉讼法对拘留的期限是如何规定的？

实务训练

案例一[1]：江某，男，68 岁，因涉嫌诈骗罪被公安机关依法拘留。拘留后公安机关发现其患有严重肺结核，经医院检查属实，需要隔离。公安机关遂作出取保候审决定，要求江某提供保证人。江某向公安机关提出由其弟作保证人。公安机关调查发现，江某之弟有一定资财，但常年在外地做生意，住处较多，行踪极不稳定，因此没有同意江某之弟作保证人。

[问题]

1. 本案中，可否对江某采取取保候审措施？
2. 公安机关不同意江某之弟作保证人的做法是否正确？
3. 若江某无法提供其他的保证人，还可通过什么途径被取保候审？

[分析提示]

1. 可以。符合采取取保候审的条件。
2. 正确。根据《刑事诉讼法》第 69 条规定的保证人条件分析。
3. 可以采用交纳保证金的方式被取保候审。

案例二：某年 7 月 5 日晚，盛某与朋友在饭店聚餐，因故与邻桌的强某发生争执。强某顺手抄起餐台上一把菜刀向盛某刺去，盛某反手一推，菜刀刺中强某，强某的伤情后经鉴定为重伤。7 月 6 日，某市公安机关决定对盛某予以拘留，7 月 30 日，提请同级人民检察院对盛某批准逮捕。人民检察院审查认为盛某的行为属正当防卫，于 8 月 10 日作出不批准逮捕的决定。公安机关认为有错

---

〔1〕 曲伶俐主编：《刑事法律原理与实务》，中国政法大学出版社 2009 年版，第 325 页。

误，向人民检察院提出复议，未被接受，遂向上一级人民检察院申请复核。在此期间，盛某一直被关押，直到 9 月 10 日，上级检察机关作出不批准逮捕的决定，公安机关才将盛某释放。

[问题]

分析本案中公安机关、人民检察院在程序处理上存在哪些违法之处？请说明理由。

[分析提示]

（1）公安机关拘留后提请批捕超过了法定期限。公安机关向人民检察院要求复议、申请复核但不释放盛某的做法错误。

（2）检察机关作出不批捕的决定超过了法定期限。

案例三： 秦某（男，17 岁）涉嫌伙同武某（男，28 岁）盗窃，于某年 9 月 17 日 10 时 45 分被某县公安局宣布刑事拘留。当日 14 时至 15 时，办案民警小李和小徐对秦某进行讯问，但未通知其父母等到场。次日 11 时 15 分，秦某被送往县看守所执行。

[问题]

公安机关办理本案中存在哪些程序违法之处？请简要分析并说明理由。

[分析提示]

（1）刑事拘留后未立即送往看守所执行。

（2）讯问犯罪嫌疑人秦某没有通知其父母等到场。

案例四： 某市公安机关侦查人员李某因在侦查一起团伙盗窃案中，对犯罪嫌疑人王某刑讯逼供造成严重后果。案件侦查中，2020 年 12 月 2 日，该市人民检察院依法对李某进行了拘留，并决定对其进行逮捕。

[问题]

1. 关于人民检察院的拘留权，刑事诉讼法是如何规定的？

2. 关于人民检察院的逮捕权，刑事诉讼法是如何规定的？

[分析提示]

1. 人民检察院对符合法定条件的犯罪嫌疑人有权决定拘留，无权执行拘留。

2. 人民检察院有决定逮捕权；应当在拘留后的 14 日内作出决定，交由公安机关执行逮捕。

第十章

刑事诉讼期间与送达

学习目标

通过本章的学习与训练，了解期间、送达的基本内容；明确期间的计算方法，期间的耽误与补救规定；明确送达的方式和程序；掌握留置送达的程序；学会依法送达，能够在诉讼实践中做好依法送达工作。

导入案例

韩某携带凶器盗窃一案被公安机关立案侦查，经县人民检察院提起公诉，某县人民法院开庭审理。法院以盗窃罪对韩某判处有期徒刑 3 年。同年 9 月 21 日，韩某收到一审判决书，其等到 10 月 3 日才提出上诉。某县人民法院以韩某超过法定期限为由而不准许其上诉。

[任务提出]

根据本案，思考并完成以下学习任务：

1. 刑事诉讼中的期间应当如何计算？

2. 如何计算上诉期间？本案中韩某 10 月 3 日才提出上诉，超过上诉期限了吗？

第一节　刑事诉讼期间

一、期间与期日

期间，是指从某一时间起直至另一时间止的时限。刑事诉讼中的期间，是指公安司法机关和诉讼参与人分别完成刑事诉讼活动必须遵守的时间期限。

期间一般由法律明文规定，称为法定期间。如公安机关提请人民检察院审查批捕的期间，被告人不服人民法院第一审判决提出上诉的期间。在法律允许的范围内，期间可以由公安司法机关指定，称为指定期间，如人民法院要求自诉人提出补充证据的期间。

刑事诉讼中，法定期间是对公安司法机关和诉讼参与人单方面完成诉讼行为的时间要求，可以划分为公安司法机关应当遵守的期间和诉讼参与人应当遵守的期间，各方应当严格遵守，否则应当承担不利的诉讼后果。例如，公安机关拘留犯罪嫌疑人超过法定期限，被拘留人及其近亲属有权要求释放，公安机关必须立即释放；再如，被告人在上诉期限内没有提出上诉，就会丧失上诉权。

在刑事诉讼中，还有期日的概念。期日，是指公安司法人员会同诉讼参与人于一定场所共同进行刑事诉讼活动的特定时间。如公安机关传唤未被羁押的犯罪嫌疑人到指定地点接受讯问的日期；人民法院通知公诉人、被告人、辩护人及其他诉讼参与人开庭审理的日期。刑事诉讼中，期日不是由法律规定，一般由公安司法机关在法定期间内根据案件的具体情况决定。

刑事诉讼活动关乎打击犯罪和保障人权。期间制度的规定对于保障被追诉人的权利，增强公安司法人员的时间意识，提高办案效率，加速刑事案件的处理，尽早恢复因犯罪而受到损害的社会秩序，具有重要的意义。

二、期间的计算

关于期间的计算，《刑事诉讼法》第105条规定："期间以时、日、月计算。期间开始的时和日不算在期间以内。法定期间不包括路途上的时间。上诉状或者其他文件在期满前已经交邮的，不算过期。期间的最后一日为节假日的，以节假日后的第一日为期满日期，但犯罪嫌疑人、被告人或者罪犯在押期间，应当至期满之日为止，不得因节假日而延长。"这一规定涉及期间的计算标准和计算方法。

（一）期间计算标准

我国刑事诉讼期间的计量单位有时、日、月三种。

（二）期间的计算方法

1. "期间开始的时和日不算在期间以内"。以时为计算单位的期间，开始的"时"不计算在期间以内，应当从下一小时开始计算。期间的届满是到法定期间时数的最后一时结束为止。如犯罪嫌疑人是上午9点20分被拘传到案的，则拘传持续的期间从上午10点起开始起算，到晚上10点终止。

以日为计算单位的期间，开始的日不计算在期间以内，应当从第二日起开始计算。期间的届满是到法定期间日数的最后一日结束为止。

2. 期间以月为单位的，开始月和开始月的开始日都计算在期间内。《高法解释》第202条规定："以月计算的期间，自本月某日至下月同日为一个月；期限起算日为本月最后一日的，至下月最后一日为一个月；下月同日不存在的，自本月某日至下月最后一日为一个月；半个月一律按十五日计算。"[1] 例如，人民检察院对公安机关移送起诉的案件经审查决定将案件退回公安机关补充侦查，1月31日人民检察院退回补充侦查，公安机关补充侦查的期满之日应是"2月30日"，由于2月没有30日，则2月的最后一日，即2月28日或者2月29日为期满之日。

3. 法定期间不包括路途上的时间。计算法定期间时，应当将路途上的时间扣除。通过邮寄的上诉状或者其他诉讼文件，应当以在当地交邮盖戳的时间为标准，确定法定期间。如公安机关对犯罪嫌疑人异地执行拘留，24小时内讯问的法定期间计算，应当扣除返回所需要的途中时间。

4. 遇有节假日的期间计算。期间的最后一日为节假日，以节假日后的第一个工作日为期间届满的日期。但对于犯罪嫌疑人、被告人或者罪犯在押期间，应当至期间届满之日为止，不得因节假日而延长在押期限至节假日后的第一日。

如果节假日不是期间的最后一日，而是在期间的开始或者中间，应计算在期间以内。

本章导入案例中，被告人韩某在10月3日对一审判决提出上诉，并没有超过上诉期限。对一审法院判决不服的上诉期间，《刑事诉讼法》第230条规定，"不服判决的上诉和抗诉期限为十日，不服裁定的上诉和抗诉期限为五日，从接到判决书、裁定书的第二日起算"。分析本案被告人韩某提出上诉的期限，韩某收到一审法院判决书的时间是9月21日，上诉期限的起算日期应当是9月22日，终止日期是10月1日。因10月1日是国庆假日，应当顺延至国庆假期后的第一个工作日。故被告人韩某是在法定期限内提出的上诉。

三、期间的耽误与补救

刑事诉讼实践中，在期间的计算过程中，常常会遇到一些特殊的情况，致使当事人或者公安司法机关没有在规定的期限内完成应当进行的诉讼行为，这称为期间的耽误。

诉讼实践中，当事人耽误期间的情况是客观存在的，耽误诉讼期间的原因可能是多方面的，既存在有正当理由的耽误，也有无正当理由的耽误，不能一概而论。所以，刑事诉讼法对有正当理由耽误了诉讼期间的，规定了补救措施，这就是期间的恢复。《刑事诉讼法》第106条第1款规定："当事人由于不能抗

---

[1]《高法解释》第202条同时对刑期的计算方法作出明确规定，以年计算的刑期，自本年本月某日至次年同月同日的前1日为1年；次年同月同日不存在的，自本年本月某日至次年同月最后1日的前1日为1年。以月计算的刑期，自本月某日至下月同日的前1日为1个月；刑期起算日为本月最后1日的，至下月最后1日的前1日为1个月；下月同日不存在的，自本月某日至下月最后1日的前1日为1个月；半个月一律按15日计算。

拒的原因或有其他正当理由而耽误期限的，在障碍消除后五日以内，可以申请继续进行应当在期满以前完成的诉讼活动。"根据这一规定，申请恢复期间是有条件的。

1. 限定申请恢复期间的主体。只有当事人才能提出申请，其他诉讼参与人没有申请恢复期间的权利。

2. 明确申请恢复期间的原因。导致期间耽误的原因，是由于发生不能抗拒的原因或有其他正当理由。不能抗拒的原因，是指在诉讼活动中，发生了当事人不可预见、依靠自身力量又无法避免和无法克服的客观困难，例如，发生地震、洪水、台风、滑坡、泥石流、战争、大火等当事人本身无法抗拒的自然和社会现象。其他正当理由，是指除不能抗拒的原因以外的合理原因，如当事人发生车祸、突患严重疾病等情况，使当事人无法实施诉讼行为，因而耽误了期间，等等。

3. 明确申请期间恢复的时间。申请恢复期间应当在障碍消除后的 5 日以内提出。当事人在法定期间，特别是在上诉期间内遇到不能抗拒的情况或者有其他正当理由而耽误诉讼期间的，应当在障碍或原因消除后的 5 日以内提出申请继续进行尚未完成的诉讼活动。

根据《刑事诉讼法》第 106 条第 2 款的规定，对当事人恢复期间的申请是否准许，由人民法院裁定。人民法院在接到当事人的申请后，经过审查，认为当事人陈述情况确实属于不能抗拒的原因或者其他正当理由的，应当裁定准许其继续进行未完成的诉讼活动。如果人民法院认为当事人的申请理由不成立，则应当裁定驳回，当事人耽误的期间就不能再恢复。

[案例]　自诉人叶某以被告人卢某犯故意伤害罪向人民法院提起自诉。人民法院经审理，于 1 月 19 日上午宣判并当庭送达了判决书。叶某收到判决书后，对判决不服，决定向法院提出上诉。1 月 19 日晚上，叶某用燃气热水器洗澡时，燃气中毒，等其妹妹下夜班后发现，将其送往医院抢救，到 1 月 30 日才脱离危险。1 月 31 日，叶某向法院提出申请，要求准许他继续上诉。人民法院批准了叶某的申请，同意他递交上诉状。

本案中，自诉人叶某 1 月 19 日上午收到判决书。叶某不服一审法院的判决，提出上诉的期间应当是 1 月 20 日至 1 月 29 日之间。因发生燃气中毒住院抢救，叶某没有在规定的上诉期间内提出上诉，耽误了上诉期间。但确实属于有正当理由而耽误上诉期限。叶某在脱离危险后的第二天即 1 月 31 日就提出申请要求继续行使上诉权，这符合法律规定的"在障碍消除后五日以内"提出申请恢复期间的规定。人民法院裁定批准自诉人叶某的申请，同意他递交上诉状，行使上诉权是合法的。

第二节　送达

一、送达的概念、特点

刑事诉讼送达，是指公安司法机关按照法定程序和行为方式将诉讼文件送交诉讼参与人、有关机关和单位的诉讼活动。

根据刑事诉讼法的规定，作为一项严肃的诉讼行为，送达具有以下特点：①送达的主体是公安司法机关。收件人可以是当事人和其他诉讼参与人，也可以是有关机关和单位。诉讼参与人向公安司法机关递交诉讼文书或者相互之间传递诉讼文书的行为，不是刑事诉讼的送达。②送达的内容是各种诉讼文书。公安司法机关制作的诉讼文书是主要的送达内容，例如传票、通知书、起诉书、不起诉决定书、判决书、裁定书等。当事人制作的自诉状副本、附带民事诉讼起诉状及答辩状副本、上诉状副本等，也是通过人民法院向有关人员或者单位送达。③送达的方式和程序是法定的。送达关系刑事诉讼活动的顺利进行和诉讼决定的法律效力，其方式和程序必须由法律明确规定并且严格依法执行。依法送达的诉讼文书才能发生法律效力。

送达是诉讼程序的重要组成部分，对于保证刑事诉讼活动的顺利进行，维护当事人和其他诉讼参与人的诉讼权利，促使公安司法机关依法履行职责，都具有重要的意义。

二、送达回证

送达回证，是指公安司法机关制作的用以证明送达行为和结果的诉讼文书。送达回证的内容包括：送达机关和送达文书的名称，被送达人姓名（名称）、职业、职务、住所地或者经常居住地，送达方式，送达人和被送达人签名、盖章，签收日期等。

送达回证是送达程序的必要形式，是公安司法机关依法将诉讼文件送达收件人的凭证，也是被送达人接收或者拒收送达的诉讼文件的证明。

送达回证是计算期间的根据，是检查公安司法机关是否按照法定程序和方式送达诉讼文件，认定当事人和其他诉讼参与人的诉讼行为是否有效的依据。

三、送达的方式和程序

根据《刑事诉讼法》第 107 条和《高法解释》有关规定，送达的主要方式有：

1. 直接送达。《刑事诉讼法》第 107 条第 1 款规定："送达传票、通知书和其他诉讼文件应当交给收件人本人；如果本人不在，可以交给他的成年家属或者所在单位的负责人员代收。"这就是直接送达，又称交付送达，是指公安司法机关派员将诉讼文书直接送交收件人的行为。收件人本人亲自签收和本人不在时，成年家属或者单位负责人代为签收，都属于直接送达。

直接送达的程序是：送达人员将诉讼文件交给收件人本人，收件人本人在送达回证上记明收到日期，并且签名或者盖章。如果是收件人的成年家属或者所在单位负责收件的人员代收，代收人也应当在送达回证上记明收到日期，并且签名或者盖章。收件人本人或者代收人在送达回证上签收的日期为送达日期。（《高法解释》第204条第1款）

2. 留置送达。留置送达，是指收件人本人或者代收人拒绝接收诉讼文件或者拒绝签名、盖章时，送达人员将诉讼文件放置在收件人或代收人的住处的一种送达方式。留置送达只能是在收件人或者代收人拒绝接收诉讼文件或者拒绝签名、盖章时采用。

《刑事诉讼法》第107条第2款明确规定了留置送达的程序："收件人本人或者代收人拒绝接收或者拒绝签名、盖章的时候，送达人可以邀请他的邻居或者其他见证人到场，说明情况，把文件留在他的住处，在送达证上记明拒绝的事由、送达的日期，由送达人签名，即认为已经送达。"根据《高法解释》第204条第2款的规定，见证人也应当在送达回证上签名或者盖章。没有见证人的，也可以采用拍照、录像等方式记录送达过程，然后把诉讼文件留在他的住处。留置送达可以把诉讼文件留在受送达人的住处，也可以采用拍照、录像等方式记录送达过程，然后把诉讼文件留在受送达人的住处，即视为送达。

留置送达与直接送达具有同等的法律效力，但并非所有的诉讼文件均可以适用，如调解书不适用留置送达，因为调解书必须交付本人签收才能发生法律效力。

3. 委托送达。委托送达，是指承办案件的公安司法机关委托收件人所在地的公安司法机关代为送达的一种方式。直接送达诉讼文书有困难的，可以委托收件人所在地的公安司法机关代为送达。

委托送达的程序是：委托送达的司法机关应当将委托函、委托送达的诉讼文件及送达回证，寄送收件人所在地的司法机关代为送达。[1]

4. 邮寄送达。邮寄送达，是指公安司法机关将诉讼文件挂号邮寄给收件人的一种送达方式。

邮寄送达的程序是：公安司法机关应当将诉讼文件、送达回证邮寄给收件人，收件人签收邮寄的诉讼文件后即认为已经送达。签收日期为送达日期。

---

[1]《高法解释》第206条要求，受托法院收到后，应当登记，在10日内送达收件人，并将送达回证寄送委托法院；无法送达的，应当告知委托法院，并将诉讼文书及送达回证退回。

(《高法解释》第 207 条)

5. 转交送达。转交送达，是指公安司法机关将诉讼文书交收件人所在机关、单位代收后再转给收件人的送达方式。通常适用于军人、正在服刑或者被采取强制性教育的人。

转交送达的程序是：诉讼文件的收件人是军人的，可以通过所在部队团以上单位的政治部门转交。收件人正在服刑的，可以通过执行机关转交。收件人正在接受专门矫治教育等的，可以通过相关机构转交。代为转交的有关部门、单位收到诉讼文件后，应当立即交收件人签收，并将送达回证及时寄送人民法院。(《高法解释》第 208 条)

思考题

1. 什么是刑事诉讼期间？如何计算诉讼期间？
2. 刑事诉讼中，当事人耽误期间的如何处理？
3. 送达的效力是什么？送达与期间有什么关联？

实务训练

程某因涉嫌盗窃罪被公安机关立案侦查，后被依法逮捕。在县公安局依法向程某家送达《逮捕通知书》时，程某的父母拒绝在逮捕通知书上签字。县公安局的工作人员只好将逮捕通知书又拿回了公安机关。案件侦查终结后，程某被依法移送人民检察院审查起诉。

[问题]

本案中，公安机关的送达做法有哪些不当之处？

[分析提示]

公安机关送达逮捕通知书时遭到收件人拒收，将诉讼文书带回是错误的。公安机关送达人员可以采取留置送达的方式送达。

模块五　刑事诉讼审前程序

第十一章

刑事立案程序

学习目标

通过本章的学习与训练，了解立案程序在我国刑事诉讼中的地位；明确立案程序的概念、功能，掌握刑事立案的条件，明确立案的程序及对不立案的监督，能够对刑事诉讼的起始程序作出正确指引。

导入案例

何某系某县无业人员。一天晚上，何某在回家途中与吴某发生争执。争执过程中，何某卡住吴某的颈部并致其窒息。何某误以为吴某已死，遂向附近的县人民法院投案，称自己杀了人。县法院值班人员告诉何某，法院不受理杀人案，让他去县公安局自首。何某在去县公安局的路上，想到杀人要偿命，越想越害怕，于是便逃往了外地。吴某自己醒过来后立即向县公安局电话报警。后来吴某又多次向县公安局提出控告，县公安局答复说，只有抓到犯罪嫌疑人才能立案，遂决定不立案。吴某又向县人民检察院提出对何某的控告，县检察院接到控告后建议县公安局立案，公安局置之不理。吴某无奈，只好向县人民法院起诉，县法院又告诉吴某自己无权管辖，让吴某找公安局处理。

[任务提出]

根据本案，思考并完成以下学习任务：

1. 根据法律规定，人民法院对本案犯罪人的自首行为，应当如何处理？
2. 对被害人的控告，县公安局的处理是否正确？
3. 针对本案的情况，县人民检察院应当怎么做？

第一节　刑事立案程序的功能

一、立案程序的概念和特征

立案，是指公安机关、人民检察院、人民法院对报案、举报、控告或者自首的材料以及自诉人的起诉材料，按照各自的管辖范围进行审查，判明有无犯罪事实和应否追究刑事责任，并决定是否将案件交付侦查或者审判的诉讼活动。

作为刑事诉讼的一个独立程序，立案具有以下特征：

1. 立案是法定机关的专门活动。根据《刑事诉讼法》第 112 条的规定，人民法院、人民检察院或者公安机关对于报案、控告、举报和自首的材料，应当按照管辖范围，迅速进行审查，决定是否立案。由此，刑事案件的立案，是法律赋予公安机关、人民检察院和人民法院等机关的一种职权，其他任何单位或者个人都无权立案。而且，公安机关、人民检察院和人民法院等机关必须按照法律规定的管辖范围行使立案权。

2. 立案是刑事诉讼的必经程序。按照程序法治原则，公安司法机关进行刑事诉讼，必须严格依照法定程序进行，不能随意超越、颠倒任何一个诉讼阶段。刑事案件的具体情况不同，不是每一个案件都必须经过立案、侦查、起诉、审判和执行五个独立的诉讼阶段，某些案件可能不经过其中一个或几个阶段，但是，任何刑事案件进入刑事诉讼程序都必须经过立案程序。只有经过立案，其他诉讼阶段才能依次进行，公安司法机关进行侦查、起诉和审判活动才有法律依据，才能产生法律效力。例如，自诉案件不需要经过侦查和起诉，但必须经过人民法院审查立案，才能进入审判程序。

二、立案程序的功能

1. 开始启动刑事诉讼程序。在我国，刑事诉讼分为立案、侦查、起诉、审判和执行五个程序。立案程序标志着整个刑事诉讼程序的正式开始。

2. 为案件的侦查或审判奠定基础。当行使侦查权的机关、人民法院发现犯罪事实或者犯罪嫌疑人的时候，首先要解决的问题是该项犯罪应当由行使侦查权的机关负责查究，还是由人民法院加以审判。任何一个行使侦查权的机关或者人民法院都只有在确定案件应由自己管辖时，才能决定立案。立案程序不同于侦查程序，后者必须全面地收集犯罪嫌疑人有罪或无罪的证据；亦不同于审判程序，后者需判定被告人是有罪或无罪。立案程序包括对立案材料的接受、审查以及审查后的处理等一系列活动。作出立案决定，表明国家对涉嫌犯罪的事实或者犯罪嫌疑人将进行专门的调查工作。只有作出立案决定，刑事诉讼程序才正式开始，公安司法机关进行侦查、起诉和审判活动才有法律依据，才能产生法律效力。

三、刑事立案程序的意义

《刑事诉讼法》把立案规定为刑事诉讼的开始和必经程序。这对于保证刑事诉讼的正确进行以及《刑事诉讼法》任务的顺利完成，有着重要的意义。

1. 有利于准确、及时地揭露和惩罚犯罪。对于已经发生的犯罪行为，公安司法机关正确、及时地作出立案决定，并不失时机地开展侦查或者调查活动，可以及时揭露、证实和惩罚犯罪，有效地同犯罪分子作斗争。因此，正确地运用和执行立案程序，能够保证一切依法需要追究刑事责任的犯罪行为，及时地受到应有的刑事追究。

2. 有利于保护公民的合法权益不受侵犯。正确、及时地立案，是对犯罪行为的受害单位或者公民控告犯罪的正义要求的支持，是对他们合法权益的有力保护。同时，正确执行立案程序，严格把握立案的法定条件，可以保证无辜的公民不受刑事追究，切实保障公民的合法权益。

3. 有利于搞好司法统计，正确指导实际工作。正确地执行立案程序，能够及时、准确地掌握各个时期和各个地区刑事案件的发案情况，分析研究某地某时犯罪的动向、特点和规律，总结工作经验，采取相应的措施，预防和减少犯罪的发生，更有效地同犯罪行为作斗争。

第二节　刑事立案的条件

一、刑事立案的根据

立案作为刑事诉讼的开始，必须有说明犯罪事实和犯罪嫌疑人存在的材料，这些材料是公安司法机关决定是否立案的根据。立案的材料来源，是指公安司法机关获取有关犯罪事实以及犯罪嫌疑人情况材料的渠道或者途径。根据法律规定和司法实践，立案的材料来源主要有：

1. 公安机关或者人民检察院自行发现的犯罪事实或者获得的犯罪线索。《刑事诉讼法》第 109 条规定："公安机关或者人民检察院发现犯罪事实或者犯罪嫌疑人，应当按照管辖范围，立案侦查。"公安机关是国家的治安保卫机关，处在同犯罪作斗争的第一线，在日常的执勤和执行任务过程中有可能发现犯罪，在侦查、预审工作中也有可能发现犯罪事实、犯罪线索，这些都是公安机关立案的材料来源。人民检察院作为公诉机关，其本身也承担侦查职能，在审查批捕、审查起诉等活动中也有可能发现有犯罪事实，并且需要追究刑事责任的，也应当按照管辖范围迅速立案侦查。国家安全机关、军队内部的保卫部门、监狱等在执行职务过程中，发现犯罪事实或者犯罪线索，对于符合立案条件的，也应当立案。司法实践表明,公安机关、人民检察院等主动发现、获取的犯罪线索是立案材料的重要来源。

2. 单位和个人的报案或者举报。《刑事诉讼法》第110条第1款规定:"任何单位和个人发现有犯罪事实或者犯罪嫌疑人,有权利也有义务向公安机关、人民检察院或者人民法院报案或者举报。"单位和个人的报案或者举报,是公安司法机关决定是否立案的最主要、最普遍的材料来源。

3. 被害人的报案或者控告。《刑事诉讼法》第110条第2款规定:"被害人对侵犯其人身、财产权利的犯罪事实或者犯罪嫌疑人,有权向公安机关、人民检察院或者人民法院报案或者控告。"被害人是犯罪行为的直接受害者,一方面具有揭露犯罪、惩罚犯罪的强烈愿望和积极主动性;另一方面,在许多案件中,又因为被害人与犯罪嫌疑人有过接触,能够提供较为详细、具体的有关犯罪事实和犯罪嫌疑人的情况,其控告对于追究犯罪具有重要的价值。

4. 犯罪人的自首。根据《刑事诉讼法》第110条第4款的规定,公安机关、人民检察院或者人民法院对于犯罪人的自首,都应当接受。对于不属于自己管辖的,应当移送主管机关处理;对于不属于自己管辖而又必须采取紧急措施的,应当先采取紧急措施,然后移送主管机关。犯罪人的自首也是立案的材料来源之一。

5. 其他机关移送的材料和人民群众的扭送。在司法实践中,立案的材料来源常见的还有以下几种:上级机关交办的案件;群众的扭送;行政执法机关移送的案件等。

二、立案的条件

立案必须以一定的事实材料为依据,但这并不意味着有了一定的事实材料就能立案。只有当这些材料所反映的事实符合立案的条件时,才能做到正确、及时、合法立案。立案的条件,是指立案必须具备的基本条件,也就是决定刑事案件成立,开始进行刑事追究所必须具备的法定条件。正确掌握立案的条件,是准确、及时地解决应否立案问题的关键。

《刑事诉讼法》第112条规定:"人民法院、人民检察院或者公安机关对于报案、控告、举报和自首的材料,应当按照管辖范围,迅速进行审查,认为有犯罪事实需要追究刑事责任的时候,应当立案;认为没有犯罪事实,或者犯罪事实显著轻微,不需要追究刑事责任的时候,不予立案,并且将不立案的原因通知控告人。控告人如果不服,可以申请复议。"根据这一规定,立案必须同时具备三个条件:

1. 事实条件:有犯罪事实。有犯罪事实,是指客观上存在着某种危害社会的犯罪行为。这是立案的首要条件,如果没有犯罪事实存在,也就谈不到立案的问题。有犯罪事实，包含两方面的内容：

（1）要立案追究的，必须是依照刑法规定构成犯罪的行为。立案应当而且只能对犯罪行为进行，如果不是犯罪行为，就不能立案。没有犯罪事实，或者根据《刑事诉讼法》第16条第1项的规定，有危害社会的违法行为，但是情节显著轻微、危害不大，不认为是犯罪的，就不应立案。

需要指出的是，立案是追究犯罪的开始，此时所说的有犯罪事实，仅指发现有某种危害社会而又触犯刑律的犯罪行为发生。至于整个犯罪的过程、犯罪的具体情节、犯罪人是谁等，并不要求在立案时就全部弄清楚。这些问题应当通过立案后的侦查或者审理活动来解决。

（2）要有一定的事实材料证明犯罪事实确已发生。所谓确已发生，是指犯罪事实确已存在，包括犯罪行为已经实施、正在实施和预备犯罪。犯罪事实确已发生，必须有一定的事实材料予以证明，而不能是道听途说、凭空捏造或者捕风捉影。当然，立案仅仅是刑事诉讼的初始阶段，在这一阶段，尚不能要求证据达到能够证实犯罪嫌疑人为何人以及犯罪的目的、动机、手段、方法等一切案情的程度。但是，在这一阶段必须有一定的证据证明犯罪事实确已发生。

2. 法律条件：需要追究刑事责任。需要追究刑事责任，是指依法应当追究犯罪行为人的刑事责任。只有存在依法需要追究行为人刑事责任的犯罪事实时，才具有立案的价值。只有当有犯罪事实发生，并且依法需要追究行为人刑事责任时，才有必要而且应当立案。

根据《刑事诉讼法》第16条的规定，凡是行为人具有下列法定不追究刑事责任情形之一的，就不应当立案：①情节显著轻微、危害不大，不认为是犯罪的；②犯罪已过追诉时效期限的；③经特赦令免除刑罚的；④依照《刑法》告诉才处理的犯罪，没有告诉或者撤回告诉的；⑤犯罪嫌疑人、被告人死亡的；⑥其他法律规定免予追究刑事责任的。

3. 程序条件：符合管辖的规定。有犯罪事实和需要追究刑事责任是刑事立案必须同时具备的两个实体条件。但具体到某个刑事案件应由哪一个司法机关立案，还要符合《刑事诉讼法》有关管辖的规定。《刑事诉讼法》及有关规定都明确要求司法机关立案的案件应当是属于自己管辖的案件，对不属于自己管辖的案件，在接受有关案件材料后，应当移送主管机关处理；必须采取紧急措施的，应当先采取紧急措施，然后再移送主管机关处理。

本章导入案例中，被害人吴某直接向公安机关控告犯罪，有一定的证据材料说明存在应当依法追究刑事责任的故意杀人犯罪行为，且案件属于公安机关的立案管辖范围，公安机关应当依法立案。公安机关答复被害人要抓到犯罪嫌疑人才能立案，是错误的。

第三节　刑事立案的程序和立案监督

一、立案的程序

立案程序，是指立案阶段中各种诉讼活动的步骤和形式。根据《刑事诉讼法》的规定，立案程序包括对立案材料的接受、审查和处理三个部分。

1. 对立案材料的接受。对立案材料的接受，是指公安机关、人民检察院和人民法院对报案、控告、举报和自首材料的受理，它是立案程序的开始。接受立案材料，应当注意：

（1）公安机关、人民检察院和人民法院对于报案、控告、举报和自首，都应当接受，然后依法处理，而不得以任何借口拒绝或者推诿。《刑事诉讼法》第110条第3款规定：“公安机关、人民检察院或者人民法院对于报案、控告、举报，都应当接受。对于不属于自己管辖的，应当移送主管机关处理，并且通知报案人、控告人、举报人；对于不属于自己管辖而又必须采取紧急措施的，应当先采取紧急措施，然后移送主管机关。”这里“紧急措施”是指保护现场、先行拘留嫌疑人、扣押证据等措施。

本章的导入案例中，故意杀人罪不属于人民法院的立案管辖范围，但根据法律规定，法院对何某的自首应当接受，再移送有管辖权的机关。如果属于必须采取紧急措施的，应当先采取紧急措施，然后移送主管机关。

（2）报案、控告和举报可以用书面或者口头形式提出。《刑事诉讼法》第111条第1款规定：“报案、控告、举报可以用书面或者口头提出。接受口头报案、控告、举报的工作人员，应当写成笔录，经宣读无误后，由报案人、控告人、举报人签名或者盖章。”

（3）为了防止诬告陷害，确保控告、举报材料的真实、客观，接受控告、举报的工作人员，应当向控告人、举报人说明诬告应负的法律责任，要求其尽量实事求是、客观准确。《刑事诉讼法》第111条第2款规定：“接受控告、举报的工作人员，应当向控告人、举报人说明诬告应负的法律责任。但是，只要不是捏造事实，伪造证据，即使控告、举报的事实有出入，甚至是错告的，也要和诬告严格加以区别。”

（4）公安司法机关应当为报案人、控告人、举报人保密，并保障他们及其近亲属的安全。为了鼓励人民群众积极同犯罪行为作斗争，保障单位和个人行使控告、举报的权利，《刑事诉讼法》第111条第3款规定：“公安机关、人民检察院或者人民法院应当保障报案人、控告人、举报人及其近亲属的安全。报案人、控告人、举报人如果不愿公开自己的姓名和报案、控告、举报的行为，应当为他保守秘密。"根据此条规定，当他们的安全受到威胁时，公安司法机关应当对报案人、控告人、举报人及其近亲属主动采取保护措施或者被要求而采取相应的保护措施，同时应当为他们保密。

（5）公安机关、人民检察院、人民法院接受案件时，应当制作接受刑事案件登记表。

（6）对匿名的报案、控告、举报，公安司法机关应当仔细审查，必要时可采取调查以核实其内容，查证属实的可以作为立案根据，未经查证属实的不能作为立案的根据。

2. 对立案材料的审查。对立案材料的审查，是指公安机关、人民检察院、人民法院对自己发现的或者接受的立案材料进行核对、调查的活动，其任务是正确认定有无犯罪事实发生，依法应否追究行为人的刑事责任，为正确作出立案或者不立案的决定打下基础。对立案材料的审查，是立案程序的中心环节，是能否正确、及时地立案的关键。因为立案或者不立案，取决于公、检、法机关对立案材料审查的结果，而审查材料的过程，也就是根据法律所规定的立案条件，确认有无犯罪事实和分析、评断这种犯罪事实是否需要追究刑事责任的过程。

《刑事诉讼法》第 112 条规定："人民法院、人民检察院或者公安机关对于报案、控告、举报和自首的材料，应当按照管辖范围，迅速进行审查……"通过审查，应当查明：材料所反映的事件是否属于犯罪行为；如果属于犯罪行为，有无确实可靠的证据材料证明；依法是否需要追究行为人的刑事责任；有无法定不追究刑事责任的情形。例如，某公安机关接到群众报案，称邻居林某坠楼而死，公安机关立即派人到现场进行了现场勘验。如果此事要作为一起刑事案件立案的话，那么在立案阶段应当查明的事项有：林某死亡的准确时间；林某是跳楼自杀还是遭他人谋杀；如果是他人谋杀，有无确实可靠的证据材料证明；依法是否需要追究行为人的刑事责任；有无法定不追究刑事责任的情形等。总之，查明这些内容的目的是确认案件是否符合立案的条件，以便司法机关决定是否立案。

3. 对立案材料的处理。对立案材料的处理，是指公安机关、人民检察院、人民法院通过对立案材料审查后，分别针对不同情况作出立案或者不立案的决定。这是立案程序的最后结果。根据《刑事诉讼法》第 112 条的规定，人民法院、人民检察院、公安机关对立案材料审查后，认为有犯罪事实需要追究刑事责任的时候，应当立案；认为没有犯罪事实，或者犯罪事实显著轻微，不需要追究刑事责任的时候，不予立案。根据这一规定，对立案材料的处理，包括决定立案和决定不立案两种形式。

（1）决定立案。公安机关、人民检察院、人民法院经过对立案材料的审查，认为符合立案条件的，即有犯罪事实发生，对行为人依法需要追究刑事责任时，应当作出立案的决定。

公安机关对立案材料进行审查后，认为需要立案的，由承办人填写立案报告表，经县级以上公安机关负责人批准，予以立案。人民检察院对立案材料审查后，认为需要立案的，应当制作立案报告书，经检察长批准后予以立案。符合立案条件，但犯罪嫌疑人尚未确定的，可以依据已查明的犯罪事实作出立案决定。人民法院对自诉案件，经审查，符合受理条件的，应当决定立案，并书面通知自诉人或者代为告诉人。

（2）决定不立案。接受立案材料的公安司法机关经审查，如果认为不符合立案条件，即没有犯罪事实发生，或者不需要追究刑事责任时，应当作出不立案的决定。

决定不予立案的，应当制作不立案通知书，写明案件的材料来源、决定不立案的理由和法律依据、决定不立案的机关等。根据《刑事诉讼法》以及相关规定，公安司法机关决定不立案的，应当将不立案的原因通知控告人。控告人如果不服，可以申请复议。对控告人的复议申请，应当及时审核并作出答复。对于那些虽然不具备立案条件，但有严重错误或者一般的违法乱纪行为、需要其他部门处理的，应当将报案、控告或者举报材料移送有关部门处理。

二、立案的监督

刑事诉讼的立案监督，是指法律规定的控告人和人民检察院对立案活动实施的监督。具体的监督方法和步骤，因监督主体不同而有所不同。

1. 控告人进行立案监督。根据《刑事诉讼法》第 112、113、210 条的规定，人民法院、人民检察院或者公安机关决定不立案时，应将不立案的原因通知控告人。控告人如果不服，可以申请复议，也可不经复议而向人民检察院提出监督要求，或者直接向人民法院起诉。

2. 人民检察院的立案监督。《刑事诉讼法》第 113 条规定："人民检察院认为公安机关对应当立案侦查的案件而不立案侦查的，或者被害人认为公安机关对应当立案侦查的案件而不立案侦查，向人民检察院提出的，人民检察院应当要求公安机关说明不立案的理由。人民检察院认为公安机关不立案理由不能成立的，应当通知公安机关立案，公安机关接到通知后应当立案。"人民检察院通知公安机关立案，应当制作通知立案书，说明依据和理由，连同证据材料送达公安机关，并且告知公安机关应当在收到通知立案书后 15 日以内立案，并将立案决定书及时送达人民检察院。人民检察院通知公安机关立案的，应当依法对通知立案的执行情况进行监督。

本章导入案例中，人民检察院发现公安机关对应当立案侦查的案件而不立案侦查的，人民检察院应当要求公安机关说明不立案的理由。人民检察院认为公安机关不立案的理由不能成立的，应当通知公安机关立案，而不是建议公安机关立案。

思考题

1. 什么是刑事立案程序？
2. 立案的材料来源有哪些？
3. 决定立案应具备哪些条件？
4. 《刑事诉讼法》对立案活动规定了哪些监督措施？

实务训练

案例一[1]：张某是一名中学生，在上学路上遭遇一男子强奸。到校后，张某向王老师哭诉，王老师向公安机关报案。公安机关以王老师不是监护人为由不予立案。无奈，王老师告知张某的父母，张某父母报案时，公安机关要求写出详细的报案材料，他们才受理。但之后公安机关迟迟不立案。当检察院要求公安机关说明不立案的理由时，公安机关不予理睬。这种情况下，检察院自己立案侦查。

[问题]
本案中公安机关、人民检察院的处理程序存在哪些错误？说明理由。

[分析提示]
1. 公安机关以不是监护人为由不予立案是错误的。任何公民都有报案的权利或义务。
2. 公安机关要求写详细报案材料是错误的。公民可以以口头形式报案。
3. 公安机关对检察院要求说明理由不予理睬是错误的。
4. 人民检察院立案是错误的，应通知公安机关立案。

案例二：某市某个体服装商贩甲欠某饭店老板乙5万元。乙多次向甲催要，甲表示目前无力还款。乙对此恼羞成怒，指使饭店保安丙和丁将甲绑到饭店储藏间，关押两天。期间多次殴打甲，在甲同意还款且由甲妻送来5万元后，乙才将甲放走。甲的伤情经鉴定为轻伤。甲听说乙的表哥是市公安局的领导。

[问题]
甲可以通过哪些法律手段维护自己的合法权益？

_____

[1]　程荣斌、陶杨主编：《刑事诉讼法练习题集》，中国人民大学出版社2013年版，第152页。

[分析提示]

甲有权向当地公安机关控告乙；如果当地公安机关包庇，甲有权要求人民检察院进行立案监督；甲也可以向人民法院提起诉讼。

第十二章

刑事侦查程序

学习目标

通过本章的学习与训练，了解我国侦查程序的特点，熟练掌握各种常规侦查行为及适用程序，能够据此判断侦查机关收集的证据材料的合法性问题；了解特殊侦查措施的种类、适用案件范围和条件；明确刑事案件侦查终结的条件，掌握侦查羁押期限的具体规定；掌握公安机关、人民检察院对侦查终结案件的不同处理程序，能够对有关刑事案件的侦查终结处理作出判断。

导入案例

某年 10 月 20 日 23 时许，长安警方接到报警：在翰林路中段东侧发生一起车祸，一名女子浑身是血倒在路上，生死不明，旁边有辆损坏的电动自行车。警察赶赴现场，"女子倒在马路上，距路边道沿有一两米。一辆电动自行车被撞坏，倒在道沿上。现场有汽车的刹车痕迹"。警方初步判定是交通事故。经进一步勘查，死亡女子腹部、胸部、背部及双手有多处刀伤。该案随后以故意杀人罪立案侦查。经法医鉴定，死者系左前胸受锐器穿透致动脉血管破裂大出血，导致失血性休克而死亡。

10 月 22 日，侦查中发现：案发当晚，在翰林路北段郭南村口也发生一起交通事故，肇事车是一辆红色雪佛兰轿车，轿车在撞到两名行人后欲逃离时被群众围堵。经勘查发现，两人伤势不重，但肇事车头右前方却明显有半个篮球大的凹陷进去的坑，证明此前曾和其他物品撞击过。该车行驶证显示车主是辛某。辛某被警方带回审查，他承认发生交通事故，撞了一男一女。交警将肇事轿车扣留，并对车上可疑痕迹提取检验。经与翰林路杀人案现场遗留被撞电动车比对，警方认定此辆肇事车和杀人案现场车辆相符。10 月 23 日，辛某向公安机关投案，如实供述将受害人撞倒后杀害的事实。

因涉嫌故意杀人罪，同年 10 月 23 日辛某被长安警方依法刑事拘留，11 月 25 日，被依法逮捕。此案后由 S 市公安局侦查终结，以犯罪嫌疑人辛某构成故意杀人罪移送 S 市检察院审查起诉。

[任务提出]

根据本案，思考并完成以下学习任务：

1. 本案中，侦查机关采用的侦查手段有哪些？

2. 公安机关对案件决定侦查终结需要具备哪些条件？

3. 如何确定公安机关侦查案件的办案期限？

第一节　刑事侦查程序的任务

一、刑事侦查的概念和特点

在我国，侦查程序是刑事诉讼程序中的一个独立诉讼阶段，是公诉案件的必经程序，在刑事诉讼中具有非常重要的地位。侦查是国家专门机关同犯罪作斗争的重要手段。一般情况下，侦查从立案开始，终结于对案件作出是否起诉的结论。《刑事诉讼法》第 115 条规定："公安机关对已经立案的刑事案件，应当进行侦查，收集、调取犯罪嫌疑人有罪或者无罪、罪轻或者罪重的证据材料。对现行犯或者重大嫌疑分子可以依法先行拘留，对符合逮捕条件的犯罪嫌疑人，应当依法逮捕。"第 116 条规定："公安机关经过侦查，对有证据证明有犯罪事实的案件，应当进行预审，对收集、调取的证据材料予以核实。"刑事案件立案以后，通过侦查机关的侦查活动，能够查明案情、查获犯罪嫌疑人，收集确定、充分的证据，为人民检察院提起公诉和人民法院进行审判作好充分的准备和奠定坚实的基础。

《刑事诉讼法》第 108 条第 1 项规定："'侦查'是指公安机关、人民检察院对于刑事案件，依照法律进行的收集证据、查明案情的工作和有关的强制性措施；……"由此，刑事侦查，是指国家专门机关为了收集证据，查明案件事实，捕获犯罪嫌疑人，而依法进行的专门调查工作和有关的强制性措施。

根据法律规定，刑事诉讼中的侦查阶段，具有以下法律特征：

1. 侦查主体的特定性。在刑事诉讼中，侦查主体只能是享有侦查权的国家专门机关。根据《刑事诉讼法》第 3 条、第 4 条、第 308 条的规定，在我国，只有公安机关、人民检察院、国家安全机关、军队保卫部门、中国海警局和监狱，有权对各自管辖的刑事案件进行侦查。除此之外，其他任何机关、团体和个人都无权行使侦查权。

2. 侦查内容的法定性。侦查活动的内容，根据《刑事诉讼法》的规定，是

"收集证据、查明案情的工作和有关的强制性措施"。这表明：

（1）侦查是"收集证据、查明案情的工作"。即《刑事诉讼法》所规定的，侦查机关为查明案件事实，证实犯罪，查获犯罪嫌疑人，而依法进行的讯问犯罪嫌疑人、询问证人、被害人、勘验、检查、搜查、查封、扣押物证、书证、鉴定，通缉等活动。2012年修改的《刑事诉讼法》增加规定了"技术侦查措施"一节，规定对于危害国家安全犯罪、恐怖活动犯罪、黑社会性质组织犯罪、重大毒品犯罪等，因侦查犯罪的需要，经过严格的批准手续，可以采取电子监听、电信监控、秘密拍照或者录像、隐匿身份侦查、控制下交付等特殊的侦查手段。

（2）侦查工作包括采取"有关的强制性措施"。根据《刑事诉讼法》的规定，"强制性措施"，是指侦查机关为收集证据，查明案件事实，查获犯罪嫌疑人而采取的限制、剥夺人身自由或对人身、财物进行强制的措施。包括两类：一类是在侦查活动中采用的在一定期限内强制限制或者剥夺犯罪嫌疑人人身自由的各种法定方法，如拘传、取保候审、监视居住、拘留、逮捕。另一类是必要时采用的收集作为证据的财物、文件的强制性方法，如强制检查、强行搜查、强制扣押等。

侦查中的强制性措施是侦查工作不可缺少的重要手段，是构成侦查工作的重要内容。尽管在刑事诉讼的审查起诉和审判阶段也可能适用这些强制性措施，但由于适用诉讼阶段的不同，审查起诉和审判阶段的强制性措施不再具有侦查的性质。

本章导入案例中，公安机关接到报案后，对发现被害人的现场进行勘查（现场勘查），对被害人尸体进行检验（尸体检验），检查现场的电动车（物证检验），提取血迹，在现场向证人了解案件情况（现场访问），扣押肇事车辆雪佛兰轿车，检查肇事车辆，提取车辆可疑痕迹，与杀人现场遗留被撞电动车进行比对（物证检验），法医对死亡原因进行鉴定，讯问犯罪嫌疑人等，都是侦查机关为收集证据、查明案情、确定犯罪嫌疑人所开展的侦查工作。

根据《监察法》的规定，监察机关对公职人员涉嫌贪污贿赂、滥用职权、玩忽职守、权力寻租、利益输送、徇私舞弊以及浪费国家资财等职务违法和职务犯罪进行调查，为收集、调取证据，可以采取讯问、询问、留置、搜查、调取、查封、扣押、勘验检查、鉴定、通缉等调查措施。对被调查人涉嫌贪污贿赂、失职渎职等严重职务违法或者职务犯罪，监察机关在已经掌握其部分违法犯罪事实及证据的情况下，可以依法采取留置措施。监察机关调查涉嫌重大贪污贿赂等职务犯罪，根据需要，经过严格的批准手续，可以采取技术调查措施，按照规定交有关机关执行。这些属于监察机关的调查活动和调查措施。

3. 侦查活动必须严格依照法律规定进行。侦查行为具有强制性。侦查活动的开展，有利于侦查机关及时发现和收集与案件有关的各种证据，查明案件事实，并查获犯罪嫌疑人，也必然会对公民人身、财产权益造成某种程度的影响。为保障侦查活动的顺利进行，防止侦查行为对公民合法权益的侵害，《刑事诉讼法》对各种侦查行为的适用条件和方式、方法都作了具体、明确的规定。侦查机关和侦查人员在侦查过程中，必须严格依法实施侦查活动，以保证侦查行为和所收集证据材料的合法性。

二、刑事侦查的任务

总体而言，侦查的任务就是收集证据，查明案情，查获犯罪嫌疑人。根据《刑事诉讼法》的规定，具体包括如下内容：

1. 调查、收集与案件有关的各种证据材料，查明案件事实。这是侦查工作的首要任务。侦查行为即是收集、获取证据的手段。整个侦查活动主要是围绕发现、收集能够查明案件事实的各种证据进行的。对于已经立案的刑事案件，侦查机关必须依法进行专门的侦查工作，收集、调取与案件有关的各种证据，准确查明犯罪性质、犯罪的时间、地点、犯罪手段等案件情况，为证实犯罪、查获犯罪嫌疑人打下基础，为起诉和审判程序作好准备。

2. 查获犯罪嫌疑人，侦破刑事案件。这是侦查工作的重要任务。刑事案件发生后，侦查人员通过侦查活动，根据查明的案件情况，确定犯罪嫌疑人并采取有效措施将其捕获，使犯罪分子及时受到刑事追究。

3. 依法保护公民的合法权益不受侵犯。通过依法开展侦查活动，确保无罪的人不受刑事追究，保障犯罪嫌疑人的诉讼权利不受侵犯。

三、刑事侦查的意义

侦查是一种诉讼活动，是公诉案件的必经程序，在刑事诉讼中，具有承上启下的重要作用。

1. 侦查是查明案件事实，惩罚犯罪的必要手段。刑事诉讼中，除了自诉案件，绝大多数案件都要经过侦查才能查明犯罪事实和确定犯罪嫌疑人。所以，及时有效的侦查，有利于收集充分的证据和查清案件事实，查获犯罪嫌疑人，从而完成刑事诉讼惩罚犯罪、保障无罪的人不受刑事追究、保障社会稳定的任务。

2. 侦查是提起公诉和正确审判的基础和前提。刑事诉讼中，证据的收集、犯罪嫌疑人的查获等实质活动都是在侦查阶段进行的。侦查工作的质量，直接影响起诉和审判。侦查机关严格按照法律规定，通过采用专门的调查工作和有关的强制性措施，收集确实、充分的证据，查明案件事实情况，查获犯罪嫌疑人，能够为人民检察院提起公诉和人民法院的审判奠定坚实的基础。侦查工作中的任何疏漏或者偏差，都将影响起诉和审判工作的顺利进行。

3. 侦查是预防犯罪的有力措施。通过侦查活动，可以强化社会公众的法制观念，提高守法的自觉性和同犯罪作斗争的积极性；同时，通过总结和掌握犯罪的特点和规律，可以发现有关单位的治安保卫和管理方面存在的隐患、漏洞，及时采取有效措施，以预防和减少犯罪。

第二节　常规侦查行为

一、讯问犯罪嫌疑人

(一) 讯问犯罪嫌疑人的概念和意义

讯问犯罪嫌疑人，是指侦查人员为了查清犯罪事实，依照法定程序，以言词方式向犯罪嫌疑人查问案件事实和其他与案件有关问题的一种侦查活动。

讯问犯罪嫌疑人在侦查中具有十分重要的意义。一方面，有利于侦查人员收集、核实证据，查明案件事实，查清犯罪情节，并扩大犯罪线索，发现新的犯罪事实和其他犯罪分子；另一方面，又有利于犯罪嫌疑人充分行使辩护的权利，保障无罪的人和其他依法不应追究刑事责任的人免受刑事追诉。此外，通过对犯罪嫌疑人的讯问，还可以掌握某些犯罪活动的趋势和特点，从而预防和减少犯罪。

(二) 讯问犯罪嫌疑人的程序

根据《刑事诉讼法》的有关规定，讯问犯罪嫌疑人应当严格遵守下列程序：

1. 讯问的人员。讯问犯罪嫌疑人，必须由人民检察院或者公安机关的侦查人员负责进行。为加强侦查人员在讯问过程中的相互监督，保证讯问质量，提高讯问效率，《刑事诉讼法》第 118 条第 1 款规定："讯问的时候，侦查人员不得少于二人。"一般是一人讯问，一人记录。

2. 讯问的时间、地点。对于已被拘留、逮捕的犯罪嫌疑人，应当在拘留、逮捕后的 24 小时以内进行讯问。拘留、逮捕后应当立即将犯罪嫌疑人送看守所羁押。《刑事诉讼法》第 118 条第 2 款规定："犯罪嫌疑人被送交看守所羁押以后，侦查人员对其进行讯问，应当在看守所内进行。"

在讯问过程中，如果发现有不应当拘留、逮捕的情况时，应当立即释放犯罪嫌疑人，并发给释放证明。

《刑事诉讼法》第 119 条第 1 款规定："对不需要逮捕、拘留的犯罪嫌疑人，可以传唤到犯罪嫌疑人所在市、县内的指定地点或者到他的住处进行讯问，但是应当出示人民检察院或者公安机关的证明文件。"传唤犯罪嫌疑人应当用传唤证或者传唤通知书。"对在现场发现的犯罪嫌疑人，经出示工作证件，可以口头传唤，但应当在讯问笔录中注明。"犯罪嫌疑人经合法传唤，无正当理由拒不到案的，可以拘传。传唤、拘传持续的时间不得超过 12 小时；案情特别重大、复杂，需要采取拘留、逮捕措施的，传唤、拘传的时间不得超过 24 小时。不得以连续传唤、拘传的形式变相拘禁犯罪嫌疑人。应当保证犯罪嫌疑人的饮食和必要的休息时间。根据《高检诉讼规则》第 83 条第 2 款、第 185 条的规定，因为侦查案件需要，可以再次传唤、拘传犯罪嫌疑人，但两次传唤、拘传间隔的时间一般不得少于 12 小时。

3. 讯问的步骤、方法。侦查人员在讯问犯罪嫌疑人的时候，应当告知犯罪嫌疑人在侦查阶段的诉讼权利，告知其有权自行辩护或委托律师辩护，告知其如实供述自己的罪行可以从宽处理和认罪认罚的法律规定。（《刑事诉讼法》第 34 条第 2 款、第 120 条第 2 款）

《刑事诉讼法》第 120 条第 1 款规定："侦查人员在讯问犯罪嫌疑人的时候，应当首先讯问犯罪嫌疑人是否有犯罪行为，让他陈述有罪的情节或者无罪的辩解，然后向他提出问题……"这项规定要求，讯问犯罪嫌疑人，应首先讯问他是否有犯罪行为，如果犯罪嫌疑人承认有犯罪行为，即让其陈述犯罪的情节；如果犯罪嫌疑人否认有犯罪事实，则让其作无罪的辩解，然后侦查人员就其供述或者辩解中的有关问题提问。其目的是防止侦查人员先入为主，保证讯问工作的客观性、公正性。

根据《刑事诉讼法》的规定，犯罪嫌疑人对侦查人员的提问，应当如实回答。但是对与本案无关的问题，有拒绝回答的权利。是否与本案无关，应以是否有利于查明本案的全部事实情节界定。

对同案犯罪嫌疑人的讯问，为防止串供或者相互影响，应当分别隔离进行。

4. 讯问犯罪嫌疑人的特殊规定。根据《刑事诉讼法》第 9 条、第 121 条、第 281 条的规定，讯问聋、哑的犯罪嫌疑人，应当有通晓聋、哑手势的人参加，并且将这种情况记入笔录；讯问不通晓当地通用语言文字的犯罪嫌疑人，应当有翻译人员参加；讯问未成年犯罪嫌疑人时，应当通知其法定代理人到场。无法通知、法定代理人不能到场或者法定代理人是共犯的，也可以通知他的其他成年亲属，所在学校、单位、居住地基层组织或者未成年人保护组织的代表到场，并将有关情况记录在案。讯问女性未成年犯罪嫌疑人，应当有女工作人员在场。

5. 制作讯问笔录。根据《刑事诉讼法》第 122 条的规定，讯问犯罪嫌疑人应当制作讯问笔录，并应当交犯罪嫌疑人核对。对于没有阅读能力的犯罪嫌疑人，应当向他宣读。如果记录有遗漏或有差错，犯罪嫌疑人可以提出补充或更正，并捺指印。犯罪嫌疑人核对笔录没有错误后，应当在笔录上逐页签名或者盖章、捺指印，并在末页写明"以上笔录我看过（向我宣读过），和我说的相符"，同时签名或者盖章，并捺指印，注明日期。如果犯罪嫌疑人拒绝签名、盖章、捺指印的，侦查人员应当在笔录上注明。讯问的侦查人员、书记员、翻译人员也应当在笔录上签名。犯罪嫌疑人请求自行书写供述的，应当准许。必要时，侦查人员也可以要求犯罪嫌疑人亲笔书写供词。

6. 制作讯问的录音、录像。根据《刑事诉讼法》第 123 条的规定，侦查人员在讯问犯罪嫌疑人的时候，可以对讯问过程进行录音或者录像；对于可能判处无期徒刑、死刑的案件或者其他重大犯罪案件，应当对讯问过程进行录音或者录像。录音或者录像应当全程进行，保持完整性。《高检诉讼规则》第 190 条要求，人民检察院办理直接受理侦查的案件，应当在每次讯问犯罪嫌疑人时，对讯问过程实行全程录音、录像，并在讯问笔录中注明。讯问时，侦查人员应当告知犯罪嫌疑人将对讯问进行全程同步录音、录像，告知情况应当在录音、录像中予以反映，并记明笔录。

7. 讯问的禁止性规定。根据《刑事诉讼法》第 52 条的规定，在讯问过程中，严禁刑讯逼供和以威胁、引诱、欺骗以及其他非法方法进行讯问。侦查人员不得强迫任何人证实自己有罪。根据《刑事诉讼法》第 56 条的规定，对于采用刑讯逼供等非法方法收集的犯罪嫌疑人的供述，应当予以排除，不得作为起诉意见、起诉决定和判决的依据。

犯罪嫌疑人对侦查人员侵犯其辩护权或其他诉讼权利的违法行为，有权提出控告；构成犯罪的，应当依法追究其刑事责任。

[案例][1] 殷某，自幼又聋又哑。2009 年 6 月 2 日，殷某因张某怀疑其偷钱，与张某产生矛盾。次日凌晨 1 时许，殷某翻墙进入张某家，采用绳子勒、手掐等手段将张某杀死，后伪造张某服毒自杀的现场。经法医学鉴定，张某系机械性窒息死亡。6 月 3 日，殷某因涉嫌故意杀人罪被刑事拘留。7 月 9 日，殷某被依法逮捕。公安机关收集的证据材料包括：殷某的供述和辩解、11 名证人的证言、尸体检验鉴定书、足迹鉴定书等鉴定结论、现场勘验笔录、作案工具绳子等物证。

2009 年 6 月 3 日，侦查人员王某、吕某在刑警大队讯问室对殷某进行讯问，并押解殷某到张某家进行现场辨认。由于殷某又聋又哑，整个过程聘请市特殊教育中心哑语教师龙某进行手语翻译，并将情况在讯问笔录中记明。整个讯问过程和现场辨认过程由刑侦技术员张某某同步拍摄。

---

〔1〕 刘玫、洪道德编著：《刑事诉讼法案例研习》，中国政法大学出版社 2013 年版，第 196 页。

二、询问证人、被害人

（一）询问证人的概念和意义

询问证人，是指侦查人员依照法定程序，以言词方式就案件情况向证人进行调查访问并取得证词的一种侦查行为。

证人证言是刑事诉讼中使用最普遍的一种证据。询问证人是侦查过程中经常采用的一种侦查手段，是侦查机关依靠群众同犯罪行为作斗争的一项重要的侦查行为。询问证人，有助于侦查人员发现案件线索，进一步收集证据，查明案件事实，查获犯罪嫌疑人，保障无罪的人不受刑事追究。

（二）询问证人的程序

根据《刑事诉讼法》的有关规定，询问证人应当遵守下列程序：

1. 询问的人员。询问证人只能由公安机关、人民检察院等的侦查人员 2 人以上进行。其他人员询问时，证人有权拒绝回答。

2. 询问的地点。为了方便证人作证、保证证人的安全、保障证人如实提供证言，根据《刑事诉讼法》第 124 条第 1 款的规定，侦查人员询问证人，可以在现场进行，应当出示本人的工作证件；也可以到证人的所在单位、住处或者证人提出的地点进行，但是应当出示人民检察院或者公安机关的证明文件。在必要的时候，也可以通知证人到人民检察院或者公安机关提供证言。

3. 询问的步骤、方法。询问证人时，侦查人员应当告知证人必须如实地提供证据、证言和有意作伪证或者隐匿罪证要负的法律责任。

询问证人，一般应先让证人就他所知道的案件情况作详细的叙述，然后对其陈述不清或者矛盾的地方，再进一步询问。

询问证人，应当告知证人依法享有的各种诉讼权利，鼓励证人积极作证，并切实保障证人及其近亲属的安全。根据《刑事诉讼法》第 63 条的规定，对证人及其近亲属进行威胁、侮辱、殴打或者打击报复，构成犯罪的，应依法追究刑事责任，尚不构成刑事处罚的，依法给予治安管理处罚。《刑事诉讼法》第 64 条规定，证人认为因在诉讼中作证，本人或者其近亲属的人身安全面临危险的，可以向人民法院、人民检察院、公安机关请求予以保护。对于危害国家安全犯罪、恐怖活动犯罪、黑社会性质的组织犯罪、毒品犯罪等案件，证人因在诉讼中作证，本人或者其近亲属的人身安全面临危险的，侦查机关应当采取以下一项或者多项保护措施：①不公开真实姓名、住址和工作单位等个人信息；②采取不暴露外貌、真实声音等出庭作证措施；③禁止特定的人员接触证人、鉴定人、被害人及其近亲属；④对人身和住宅采取专门性保护措施；⑤其他必要的保护措施。

对于一案有多名证人需要询问的，侦查人员询问证人时，应当个别进行。

4. 询问证人的特殊要求。询问聋、哑证人，应当有通晓聋、哑手势的人作翻译，并将这种情况记入笔录。询问不通晓当地语言文字的人、外国人，应当为其聘请翻译人员。询问未成年证人，应当通知其法定代理人到场。无法通知、法定代理人不能到场的，也可以通知他的其他成年亲属，所在学校、单位、居住地基层组织或者未成年人保护组织的代表到场，并将有关情况记录在案。询问女性未成年证人，应当有女工作人员在场。[1]

5. 制作询问笔录。询问证人，应当制作询问笔录。笔录应当如实、完整、准确地记载证人的陈述，询问结束后，交证人核对或者向他宣读。如果记载有遗漏或者差错，证人可以申请补充或者纠正。证人确认笔录无误后，证人和侦查人员都应当在笔录上签名或者盖章。

对于证人要求自行书写证词的，侦查人员应当准许。

6. 询问的禁止性规定。询问证人时，侦查人员不得采用提示或者暗示的方法，严禁采用暴力、威胁、引诱、欺骗等非法方法逼取证人证言。对于采用暴力、威胁等非法方法收集的证人证言，应当予以排除，不得作为起诉意见、起诉决定和判决的依据。（《刑事诉讼法》第52、56条）

（三）询问被害人的程序

询问被害人，是指侦查人员依照法定程序，以言词方式向直接遭受犯罪行为侵害的人进行调查了解的一种侦查活动。被害人与犯罪分子和犯罪活动有直接的接触和联系，及时正确地询问被害人，对全面收集证据，迅速查明案情具有重要意义。

根据《刑事诉讼法》第127条的规定，询问被害人适用有关询问证人的各项程序规定。询问被害人时，应当告知其有提起附带民事诉讼的权利。

三、勘验、检查

（一）勘验、检查的概念和意义

勘验、检查，是指侦查人员对与犯罪有关的场所、物品、尸体、人身等进行勘查、检验，以发现和固定犯罪活动所遗留下来的各种痕迹和物品的一种侦查行为。勘验、检查二者性质是相同的，只是适用对象有所区别，勘验的对象是现场、物品和尸体，而检查的对象则是活人的身体。

勘验、检查是侦查中常用的侦查方法，是发现和取得第一手证据的重要途径。任何犯罪都在一定的时间和空间中进行，也必然会客观地留下各种痕迹、线索，即使在犯罪后对现场加以刻意地破坏或者伪造，也会留下新的伪装、破

---

〔1〕 根据《刑事诉讼法》第281条第5款的规定，询问未成年被害人、证人的程序，适用讯问未成年犯罪嫌疑人、被告人的规定。

坏的痕迹和物品。因此，侦查人员通过勘验、检查，可以及时发现、收集犯罪的痕迹和物品，有助于判断案件的性质、作案手段和犯罪的动机、目的，为确定侦查范围和方向、进一步查清案情、揭露、证实犯罪分子、发现新的破案线索提供可靠的依据。

（二）勘验、检查的种类和程序

《刑事诉讼法》第 128 条规定："侦查人员对于与犯罪有关的场所、物品、人身、尸体应当进行勘验或者检查。在必要的时候，可以指派或者聘请具有专门知识的人，在侦查人员的主持下进行勘验、检查。"侦查实践中，根据勘验、检查的对象及其内容的不同，可以将勘验、检查分为现场勘验、物证检验、尸体检验、人身检查和侦查实验。

1. 现场勘验。现场勘验，是侦查人员对犯罪现场以及与犯罪有关的场所、物品和痕迹进行的勘验、检查的一种侦查活动。

现场勘验是侦破刑事案件的首要任务，在侦查工作中具有特别重要的位置。犯罪现场的犯罪证据较为集中，因此，犯罪现场是获取破案线索和犯罪证据的重要场所。及时发现和保护好现场，维持犯罪现场的原始状态，侦查人员才能根据现场的痕迹和物品，准确分析、判断犯罪分子的作案情况，为侦破案件打下基础。因此，《刑事诉讼法》第 129 条规定："任何单位和个人，都有义务保护犯罪现场，并且立即通知公安机关派员勘验。"

执行勘验的侦查人员应当迅速赶到案发现场。公安机关对案件现场进行勘查，侦查人员不得少于 2 人。（《公安部规定》第 215 条）侦查人员进行现场勘验时，必须持有人民检察院或者公安机关的证明文件。在必要的时候，可以指派或者聘请具有专门知识的人，在侦查人员的主持下进行勘验。为了保证勘验的客观公正性，还应邀请 2 名与案件无关的见证人在场。[1]

侦查人员在现场勘验时，应当及时向现场周围的群众、目睹人等一切知情人员进行调查、询问，以便了解案发时现场的状况。对勘验过程中所发现和收集的同案件有关的各种证据材料，应及时采取各种措施和技术手段予以固定和保全。

现场勘验情况应当制成笔录，并由侦查人员、参加勘验的其他人员和见证人在笔录上签名或者盖章。《公安部规定》第 216 条规定，勘查现场应当拍摄现场照片、绘制现场图，制作笔录，由参加勘查的人和见证人签名。对重大案件

---

[1]　《公安部规定》第 194 条第 2、3 款规定，下列人员不得担任侦查活动的见证人：①生理上、精神上有缺陷或者年幼，不具有相应辨别能力或者不能正确表达的人；②与案件有利害关系，可能影响案件公正处理的人；③公安机关的工作人员或者其聘用的人员。确因客观原因无法由符合条件的人员担任见证人的，应当对有关侦查活动进行全程录音录像，并在笔录中注明有关情况。

的现场勘查，应当录音录像。

2. 物证检验。物证检验，是指在侦查过程中，对收集到的与案件有关的物品和痕迹进行检查、验证和研究，以确定该物证与案件事实之间关系的一种侦查活动。

物证检验对于证实犯罪和查获犯罪嫌疑人具有重要作用。侦查人员对收集到的物品应当及时进行检验，除查验物品本身的特征外，对于在案发现场收集的物品，应当注意其与周围环境及犯罪活动的关系。对涉及解决某些专门的技术性问题的，应当指派或者聘请具有专门知识的鉴定人进行鉴定。

物证检验应当制作笔录，详细记载检验的过程，物品的特征、形状、材料、尺寸、大小、性质等事项。参加检验的侦查人员、鉴定人和见证人均应在笔录上签名或者盖章。

导入案例中，刑侦人员在现场提取的物证材料，必须经过技术手段的检验、鉴定，才能确定与案件的联系，初步判断案件的性质，确定犯罪嫌疑人。

3. 尸体检验。尸体检验，是通过尸表检验或者尸体解剖，确定死亡原因、死亡时间，判明致死工具、手段和方法，为侦查破案提供线索、证据的一种侦查活动。

在勘验有尸体的现场或者遇到死因不明的尸体时，必须由侦查人员指派、聘请法医或者医师进行尸体检验。其目的在于确定死亡的原因和时间、致死的手段和方法以及凶器的类型，以便分析研究案情，为查明案件事实和查获犯罪嫌疑人提供线索和证据。

检验尸体必须及时，以防止尸体上的痕迹因尸体腐化而丧失证据意义。根据《刑事诉讼法》第 131 条及《公安部规定》第 218 条第 1 款的规定，对于死因不明的尸体，为了确定死因，经县级以上公安机关负责人批准，可以解剖尸体，并且通知死者家属到场，让其在解剖尸体通知书上签名。

尸体检验应当制作笔录，并由参加检验的侦查人员、法医或者医师签名或者盖章。

4. 人身检查。《刑事诉讼法》第 132 条第 1 款规定："为了确定被害人、犯罪嫌疑人的某些特征、伤害情况或者生理状态，可以对人身进行检查……"

人身检查是一种特殊的检验，通过人身检查可以查明犯罪嫌疑人是否实施犯罪，了解犯罪的手段、情节、危害后果，判断犯罪工具，有利于确定案件性质，查获犯罪嫌疑人。

人身检查，必须由侦查人员进行，必要时也可以聘请法医或者医师在侦查人员的主持下进行。

人身检查应当依法进行，不得有侮辱人格或其他侵犯合法权益的行为。根据《刑事诉讼法》第132条的规定，对被害人、犯罪嫌疑人进行人身检查，可以提取指纹信息、采集血液、尿液等生物样本。如果犯罪嫌疑人拒绝检查，侦查人员认为必要的时候，可以强制检查。但对被害人的人身检查，不得强制进行。检查妇女的身体，应当由女工作人员或者医师进行。

人身检查的情况应当制作笔录，并由侦查人员和进行检查的法医或者医师签名或者盖章。

5. 侦查实验。《刑事诉讼法》第135条第1款规定："为了查明案情，在必要的时候，经公安机关负责人批准，可以进行侦查实验。"侦查实验，是指侦查人员为了确定和判明与案件有关的某一事实或者现象在某种情况下能否发生或者怎样发生，而模拟案件原有条件，实验性地重演该事实或者现象的一种侦查活动。

侦查实验的主要目的是：①确定在一定条件下能否听到或者看到；②确定在一定时间内能否完成某一行为；③确定在什么条件下能够发生某种现象；④确定在某种条件下某种行为和某种痕迹是否一致，即某种行为能否导致某种唯一的痕迹的产生；⑤确定在某种条件下能否留下某种痕迹；⑥确定某种痕迹发生变异的条件如何；⑦确定某种事件是怎样发生的。

侦查实验，应当经县以上公安机关负责人批准；人民检察院侦查案件过程中，经检察长批准可以进行侦查实验。（《公安部规定》第221条第1款、《高检诉讼规则》第200条第1款）侦查实验，应当由侦查人员负责进行，并应当邀请2名以上见证人在场，也可以要求犯罪嫌疑人、被害人、证人参加。在涉及专门的技术性问题时，可以聘请具有专门知识的人参加。

进行侦查实验时，禁止一切足以造成危险、侮辱人格或者有伤风化的行为。

进行侦查实验，应当全程录音录像，并制作侦查实验笔录。侦查实验笔录应当由参加侦查实验的人签名。实验过程的录像、照片、绘图，应当附入侦查实验笔录。

此外，为了保证勘验、检查的质量，防止和纠正其中的差错，《刑事诉讼法》第134条规定："人民检察院审查案件的时候，对公安机关的勘验、检查，认为需要复验、复查时，可以要求公安机关复验、复查，并且可以派检察人员参加。"复验、复查可以多次进行，但每次都要制作笔录。人民检察院在具备条件的情况下，也可以自行复验、复查。复验、复查应当遵守的法律程序和规则与勘验、检查相同。

四、搜查

（一）搜查的概念和意义

《刑事诉讼法》第136条规定："为了收集犯罪证据、查获犯罪人，侦查人员可以对犯罪嫌疑人以及可能隐藏罪犯或者犯罪证据的人的身体、物品、住处和其他有关的地方进行搜查。"搜查，是指侦查人员依法对于犯罪嫌疑人以及可能隐藏犯罪嫌疑人或者犯罪证据的人的身体、物品、住处和其他有关地方进行搜寻、检查，以收集犯罪证据，查获犯罪嫌疑人的一种侦查行为。

搜查对于侦查机关及时收集证据，查获犯罪嫌疑人、防止其逃跑、毁灭、转移证据等，具有十分重要的意义。

（二）搜查的程序

搜查属于强制性侦查手段，应当严格依照《刑事诉讼法》第137~140条规定的程序实施。

1. 搜查应由法定人员进行。搜查只能由公安机关、人民检察院等机关的侦查人员2名以上依法进行，其他任何机关、团体和个人都无权对公民人身和住宅进行搜查。搜查妇女的身体，应当由女工作人员进行。

2. 搜查应有搜查证。公安机关侦查案件，搜查须经县以上公安机关负责人批准。人民检察院侦查的案件，由检察长批准进行搜查。搜查时，必须向被搜查人出示搜查证，否则被搜查人有权拒绝搜查。但侦查人员在执行逮捕、拘留的时候，遇有紧急情况，不另用搜查证也可以进行搜查。但搜查后，应当及时报告，及时补办有关手续。[1] 根据《公安部规定》第224条的规定，紧急情况是指下列情形之一：①可能随身携带凶器的；②可能隐藏爆炸、剧毒等危险物品的；③可能隐匿、毁弃、转移犯罪证据的；④可能隐匿其他犯罪嫌疑人的；⑤其他突然发生的紧急情况。

3. 搜查应有见证人在场。搜查是对特定地点或者人身的搜索、检查，为保证搜查程序和结果的客观性，搜查时，应当有被搜查人或者他的家属、邻居或者其他见证人在场。

4. 搜查的情况应当写成笔录，由侦查人员和被搜查人员或者他的家属、邻居或者其他见证人签名。如果被搜查人拒绝签名，或者被搜查人在逃，他的家属拒绝签名或者不在场的，侦查人员应当在笔录中注明。

5. 相关单位与个人的协助义务。任何单位和个人，都有义务按照人民检察院和公安机关的要求，交出可以证明犯罪嫌疑人有罪或者无罪的物证、书证、视听资料等证据。遇到阻碍搜查的，侦查机关可以强制搜查。

五、查封、扣押物证、书证

（一）查封、扣押物证、书证的概念和意义

《刑事诉讼法》第141条第1款规定："在侦查活动中发现的可用以证明犯

---

〔1〕根据《高检诉讼规则》第205条第3款的要求，无证搜查结束后，搜查人员应当在24小时以内补办有关手续。

罪嫌疑人有罪或者无罪的各种财物、文件，应当查封、扣押……"查封、扣押物证、书证，是指侦查机关依法查封、强行提取和扣押与案件有关的物品、文件的一种侦查行为。

查封、扣押物证、书证的目的在于取得和保全证据，防止其被毁损或隐匿，从而保证侦查人员能够及时揭露、证实犯罪，保障无罪的公民不受刑事追诉。

（二）查封、扣押物证、书证的程序

根据《刑事诉讼法》第 141~143 条、第 145 条和有关司法解释的规定，侦查人员实施查封、扣押应当遵守下列程序：

1. 执行查封、扣押的主体。查封、扣押物证、书证应当由 2 名以上侦查人员进行；侦查人员可以在勘验、检查和搜查中进行，也可以单独进行，但应持有侦查机关的证明文件。

2. 查封、扣押物证、书证的范围。限于可用以证明犯罪嫌疑人有罪或者无罪的各种财物和文件，对与案件无关的财物、文件不得随意查封、扣押。如果发现是违禁品，无论是否与本案有关，都应先行查封、扣押，然后交有关部门处理。凡应当查封、扣押的财物、文件，持有人拒绝交出或者抗拒的，可以强制查封、扣押。

3. 办理有关查封、扣押手续。对于查封、扣押的财物、文件，应当会同在场见证人和被查封、扣押财物、文件持有人查点清楚，当场开列查封、扣押清单一式两份，写明财物或者文件的名称、编号、规格、数量、质量、特征及其来源等，由侦查人员、持有人和见证人签名。清单一份交给持有人，另一份附卷备查。对于持有人无法确定，以及持有人不在现场或者拒绝签名的，侦查人员应当在查封、扣押清单中注明。

对作为犯罪证据但不便提取或者没有必要提取的财物、文件，经登记、拍照或者录音录像、估价后，可以交财物、文件持有人保管或者封存，并且开具登记保存清单一式两份，由侦查人员、持有人和见证人签名，一份交给财物、文件持有人，另一份连同照片或者录音录像资料附卷备查。

4. 查封、扣押情况应当制作笔录。笔录由侦查人员、持有人和见证人签名。对于无法确定持有人或者持有人拒绝签名的，侦查人员应当在笔录中注明。

5. 扣押邮件、电报、电子邮件严格依法进行。侦查案件中，侦查人员认为需要扣押犯罪嫌疑人的邮件、电报或者电子邮件时，应当经公安机关负责人或者人民检察院检察长批准，通知邮电部门或者网络服务单位将有关的邮件、电报或者电子邮件检交扣押。侦查人员认为不需要继续扣押的时候，应当制作解除扣押邮件、电报通知书，立即通知邮电部门或者网络服务单位。

6. 查封、扣押物证、书证后的保管和处理。对于查封、扣押的财物及其孳息、文件，侦查机关应当妥善保管或者封存，以供核查。任何单位和个人不得违规使用、调换、损毁或者自行处理。其中，涉及国家秘密的，应当严格保守秘密。

对于查封、扣押的财物、文件、邮件、电子邮件、电报，经查明确实与案件无关的，应当在 3 日以内解除查封、扣押，退还原主或者原邮电部门、网络服务单位。

六、查询、冻结存款、汇款、债券、股票等财产

（一）查询、冻结存款、汇款等财产的概念

根据《刑事诉讼法》第 144 条的规定，查询、冻结存款、汇款、债券、股票等财产，是指侦查机关根据侦查犯罪的需要，依法向银行或者其他金融机构查询犯罪嫌疑人的存款、汇款、债券、股票、基金份额，在必要时予以冻结的一种侦查行为。

查询、冻结是扣押的一种特殊形式。通过对犯罪嫌疑人财产的查询、冻结，可以了解犯罪嫌疑人的犯罪情况，进一步证实犯罪；也可以为国家、集体和公民个人挽回损失，维护国家、集体的经济利益和公民个人的财产利益。

（二）查询、冻结财产的程序

根据《高检诉讼规则》《公安部规定》的相关规定，查询、冻结犯罪嫌疑人的财产应当遵循相应的程序：

1. 严格的批准手续。需要查询、冻结犯罪嫌疑人的存款、汇款、债券、股票、基金份额等财产，应当经县级以上公安机关负责人或者人民检察院检察长批准，制作查询、冻结财产通知书，通知金融机构等单位协助办理。但不得划转、转账或者以其他方式变相扣押。冻结股权、保单权益的，应当经设区的市一级以上公安机关负责人批准。冻结上市公司股权的，应当经省级以上公安机关负责人批准。

2. 实施冻结财产的限制。犯罪嫌疑人的存款、汇款、债券、股票、基金份额等财产已被冻结的，不得重复冻结，但可以轮候冻结。

3. 冻结财产的期限。冻结存款、汇款、证券交易结算资金、期货保证金等财产的期限为 6 个月。冻结债券、股票、基金份额等证券的期限为 2 年。冻结股权、保单权益或者投资权益的期限为 6 个月。需要延长冻结期限的，侦查机关应当按照原批准权限和程序，在冻结期限届满前办理继续冻结手续。每次续冻存款、汇款、证券交易结算资金、期货保证金等财产的期限最长不得超过 6 个月。每次续冻债券、股票、基金份额等证券的期限最长不得超过 2 年。每次续冻股权、保单权益或者投资权益的期限最长不得超过 6 个月。侦查机关逾期不办理继续冻结手续的，视为自动解除冻结。

4. 冻结存款、汇款等财产后的处理。对冻结的债券、股票、基金份额等财产，应当书面告知当事人或者其法定代理人、委托代理人有权申请出售。对冻结的存款、汇款、债券、股票、基金份额等财产，经查明确实与案件无关的，应当在 3 日以内解除冻结，并通知财产的所有人。

七、鉴定

（一）鉴定的概念和意义

鉴定，是指为了查明案情，解决案件中某些专门性问题，由侦查机关指派或聘请具有专门知识的人，就案件中的专门性问题进行鉴别和判断的一种侦查行为。

侦查实践中，鉴定的适用范围极其广泛，经常采用的鉴定主要有：脚印、指纹是否同一等的刑事技术鉴定，人身伤害的医学鉴定，精神病的医学鉴定，扣押物品的价格鉴定，文物鉴定，司法会计鉴定等。准确的鉴定对于缩小侦查范围、提供侦查方向、审查判断案内其他证据的真伪、查明案件事实真相、查获犯罪嫌疑人，具有重要作用。

（二）鉴定的程序

根据《刑事诉讼法》第 146~148 条的规定，在侦查程序中实施鉴定应当遵守下列程序：

1. 选定鉴定人。侦查机关需要进行鉴定，应当经县级以上公安机关负责人或者检察长批准。指派或者聘请的鉴定人，必须具备解决案件中专门性问题的专门知识和技能，应当与案件或者案件当事人没有利害关系或者其他可能影响客观、公正作出鉴定意见的情况。具有应当回避情形的人，不能担任鉴定人。

2. 提出鉴定要求。侦查机关应当向鉴定人介绍鉴定需要了解的有关案件情况，提供必要的有关原始材料，明确提出要求鉴定解决的问题，但是不得暗示或者强迫鉴定人作出某种鉴定意见。

3. 鉴定人应当按照鉴定规则，运用科学方法进行鉴定。鉴定后应当写出鉴定意见，并在鉴定意见书上签名，同时附上鉴定机构和鉴定人的资质证明或者其他证明文件。如果是多人共同进行鉴定的，可以互相讨论，达成一致后提出共同的鉴定意见，每一位鉴定人都应当签名；如果意见不能一致，鉴定人应分别写出鉴定意见，并各自签名。

鉴定意见只能涉及案件中的专门性事实问题，无权对案件的法律问题作出评判。

鉴定人故意作虚假鉴定的，应当承担法律责任。

4. 补充鉴定或者重新鉴定。对于鉴定意见，侦查人员应当进行审查，必要的时候，可以提出补充鉴定或者重新鉴定的意见，经县级以上公安机关负责人或者检察长批准后进行补充鉴定或者重新鉴定。重新鉴定，应当另行指派或者聘请鉴定人。

侦查机关应当将用作证据的鉴定意见告知犯罪嫌疑人、被害人或者其法定代理人。如果犯罪嫌疑人、被害人提出申请，可以进行补充鉴定或者重新鉴定。

八、辨认

（一）辨认的概念和意义

为了查明案情，在必要的时候，侦查人员可以让被害人、证人和犯罪嫌疑人对与犯罪有关的物品、文件、尸体或场所进行辨认；也可以让被害人、证人对犯罪嫌疑人进行辨认，或者让犯罪嫌疑人对其他犯罪嫌疑人进行辨认。（《高检诉讼规则》第 223 条、《公安部规定》第 258 条）辨认，是指侦查机关为了查明案情，在必要的时候让被害人、证人和犯罪嫌疑人对与犯罪有关的物品、文件、尸体、场所或者犯罪嫌疑人进行辨别、确认的一种侦查行为。

通过辨认，可以核实案件有关证据。这对于确定侦查方向、查获犯罪嫌疑人，具有重要意义。

（二）辨认的程序

根据《高检诉讼规则》《公安部规定》的有关规定，辨认应当遵守下列程序：

1. 侦查人员主持辨认。公安机关、人民检察院在侦查活动中，需要对犯罪嫌疑人进行辨认的，应当经公安机关负责人或者检察长批准。辨认应当在侦查人员的主持下进行，主持辨认的侦查人员不得少于 2 人。人民检察院主持进行辨认，可以商请公安机关参加或者协助。

2. 辨认的步骤。在辨认前，应当向辨认人详细询问被辨认对象的具体特征，避免辨认人见到被辨认对象，并应当告知辨认人有意作虚假辨认应负的法律责任。辨认时，应当将辨认对象混杂在特征相类似的其他对象中，不得在辨认前向辨认人展示辨认对象及其影像资料，不得给辨认人任何暗示。几名辨认人对同一被辨认对象进行辨认时，应当由每名辨认人单独进行。必要的时候，可以有见证人在场。

3. 辨认的要求。侦查机关侦查的案件，辨认犯罪嫌疑人时，被辨认的人数不得少于 7 人；对犯罪嫌疑人照片进行辨认的，不得少于 10 人的照片。辨认物品时，混杂的同类物品不得少于 5 件；对物品的照片进行辨认的，不得少于 10 个物品的照片。[1] 对场所、尸体等特定辨认对象进行辨认，或者辨认人能够准

---

〔1〕《高检诉讼规则》第 226 条第 3 款规定，辨认物品时，同类物品不得少于 5 件，照片不得少于 5 张。

确描述物品独有特征的，陪衬物不受数量的限制。对犯罪嫌疑人的辨认，辨认人不愿公开进行时，可以在不暴露辨认人的情况下进行，并应当为其保守秘密。

4. 制作笔录。辨认笔录是刑事诉讼法规定的证据种类之一。对辨认的经过和结果，应当制作辨认笔录，由侦查人员、辨认人、见证人签名。必要时，应当对辨认过程进行录音录像。

九、通缉

（一）通缉的概念和意义

《刑事诉讼法》第155条第1款规定："应当逮捕的犯罪嫌疑人如果在逃，公安机关可以发布通缉令，采取有效措施，追捕归案。"通缉，是指公安机关通令缉拿依法应当逮捕而在逃的犯罪嫌疑人归案的一种侦查行为。

通缉充分地发挥了公安机关系统内部通力合作、协同作战的威力，对于及时制止和打击犯罪，保障侦查和审判活动的顺利进行具有重要意义。

（二）通缉的程序

根据《刑事诉讼法》第155条及《高检诉讼规则》《公安部规定》的有关规定，通缉应当遵守下列程序：

1. 决定通缉。公安机关侦查过程中需要通缉犯罪嫌疑人的，由公安机关负责人决定。人民检察院侦查案件过程中，需要追捕在逃犯罪嫌疑人时，经检察长批准，作出通缉决定。

通缉的对象，是依法应当逮捕而在逃的犯罪嫌疑人，包括已经被逮捕但在羁押期间逃跑的犯罪嫌疑人。

2. 发布通缉令。通缉令是公安机关依法发布的缉捕在逃犯罪嫌疑人的书面命令。只有县级以上的公安机关有权发布通缉令。人民检察院作出通缉决定后，应当将通缉通知书和通缉犯的照片、身份、特征、案件情况送达公安机关，由公安机关发布通缉令。

通缉令中应尽可能写明被通缉人的姓名、别名、曾用名、绰号、性别、年龄、民族、籍贯、出生地、户籍所在地、居住地、职业、身份证号码、衣着和体貌特征、口音、行为习惯，并附被通缉人近期照片，可以附指纹及其他物证的照片。除了必须保密的事项以外，应当写明发案的时间、地点和简要案情。

县级以上公安机关在自己管辖的地区以内，可以直接发布通缉令；超出自己管辖的地区，应当报请有权决定的上级公安机关发布。

3. 补发通缉通报。通缉令发出后，如果发现新的重要情况可以补发通报。通报必须注明原通缉令的编号和日期。

4. 布置查缉。有关公安机关接到通缉令以后，应当及时布置查缉。抓获犯罪嫌疑人后，报经县级以上公安机关负责人批准，凭通缉令或者相关法律文书羁押，并通知通缉令发布机关进行核实，办理交接手续。

对于通缉在案的犯罪嫌疑人，任何公民都有权将其扭送公安机关、人民检察院或者人民法院处理。

5. 撤销通缉令。经核实，被通缉的人已经自动投案、被击毙或者被抓获，以及发现有其他不需要采取通缉的情形，发布通缉令的机关应当在原发布范围内，撤销通缉令。

第三节　特殊侦查措施

特殊侦查措施，是指只适用于某些特殊类型的案件，异于常规侦查措施而具有高度的秘密性、技术性的侦查措施。特殊侦查措施主要包括技术侦查措施、秘密侦查和控制下交付。[1]

一、技术侦查措施

（一）技术侦查措施的概念和特点

一般认为，现代意义的技术侦查措施，是指侦查机关运用技术装备调查作案人和案件证据的各种特殊侦查措施的总和，包括电子监听、电信监控、秘密拍照或者录像、用机器设备排查、传送个人情况数据以及用机器设备对比数据等专门技术手段。[2]

技术侦查措施具有以下特点，

1. 技术性。技术侦查措施是侦查机关为对付技术化、隐秘性犯罪而发展起来的，其实施必须以科学技术为依托。以科技为主要载体的技术侦查措施，在相当大的程度上依赖相应的高科技装备和技术人才。

2. 秘密性。技术侦查措施是不经当事人知晓而运用技术装备秘密调查、秘密取证的，在本质上是一种秘密侦查措施。但技术侦查措施不能等同于秘密侦查措施，秘密侦查措施除技术侦查手段外，还包括邮检、线人、诱捕等侦查措施。秘密侦查措施在外延上广于技术侦查措施。

3. 侵权性。技术侦查措施的技术性、秘密性，使其在打击犯罪方面具有独特的功效。但技术侦查措施的高隐秘性也难免与公民个人的隐私权发生冲突，例如，运用电子监听手段，对个人之间的电话通讯或者私密性谈话进行监听，必然会侵犯公民的通讯自由、通讯秘密权。

作为一种特殊的侦查行为，从诉讼实践看，技术侦查措施在有效获取证据

---

〔1〕《刑事诉讼法学》编写组编：《刑事诉讼法学》，高等教育出版社 2017 年版，第 295 页。

〔2〕《公安部规定》第 264 条第 1 款明确，技术侦查措施是指由设区的市一级以上公安机关负责技术侦查的部门实施的记录监控、行踪监控、通信监控、场所监控等措施。

材料，侦破社会危害性重大的犯罪、有组织犯罪和犯罪技术含量高、隐蔽性强的特殊类型犯罪中，发挥了积极的作用。但技术侦查措施毕竟是在当事人不知情的前提下实施的，对当事人权益的影响较大，因此，对技术侦查措施应采取谨慎和限制的态度。《刑事诉讼法》第150～154条的规定，力图对技术侦查措施的适用范围、适用条件、适用期限和审批程序等加以规范。

（二）技术侦查措施的案件适用范围

采取技术侦查措施的案件，应当具有采用常规侦查措施不足以应对的复杂性。根据《刑事诉讼法》第150条的规定，采用技术侦查措施的案件以重大危害性犯罪、有组织犯罪或者重大职务侵权犯罪为原则。具体范围包括：

1. 公安机关立案侦查的危害国家安全犯罪、恐怖活动犯罪、黑社会性质的组织犯罪、重大毒品犯罪或者其他严重危害社会的犯罪。[1]

2. 人民检察院立案侦查的利用职权实施的严重侵犯公民人身权利的重大犯罪。

3. 追捕被通缉或者批准、决定逮捕的在逃的犯罪嫌疑人、被告人，可以采取追捕所必需的技术侦查措施，不受案件范围的限制。

（三）技术侦查措施的适用对象和适用条件

技术侦查措施的适用对象是犯罪嫌疑人、被告人以及与犯罪活动直接关联的人员。（《公安部规定》第264条第2款）

技术侦查措施直接触及公民隐私，对公民自由权利的侵害较大。对可以采用技术侦查措施的案件，并不是必然采取技术侦查措施，而是要考虑"侦查犯罪的需要"。即启动技术侦查措施应当以"必要性"为条件，只有在采用常规侦查手段难以获得证据和破案线索，无法查清案件事实，不能顺利实现侦查目的的情况下，才能采用技术侦查措施。

启动技术侦查措施的时间应当是在立案之后。在立案之前不得采取技术侦查措施，防止侦查人员以办案为借口侵犯他人的隐私。

（四）技术侦查措施的适用程序

1. 批准决定。根据《刑事诉讼法》第150条的规定，采取技术侦查措施应当经过严格的批准手续。公安机关在侦查案件中，需要采取技术侦查措施的，应当制作呈请采取技术侦查措施报告书，报设区的市一级以上公安机关负责人

---

〔1〕《公安部规定》第263条第1款具体化为：①危害国家安全犯罪、恐怖活动犯罪、黑社会性质的组织犯罪、重大毒品犯罪案件；②故意杀人、故意伤害致人重伤或者死亡、强奸、抢劫、绑架、放火、爆炸、投放危险物质等严重暴力犯罪案件；③集团性、系列性、跨区域性重大犯罪案件；④利用电信、计算机网络、寄递渠道等实施的重大犯罪案件，以及针对计算机网络实施的重大犯罪案件；⑤其他严重危害社会的犯罪案件，依法可能判处7年以上有期徒刑的。

批准，制作采取技术侦查措施决定书。批准决定时应当确定技术侦查措施的具体种类、适用对象和期限，防止对公民权利的干预过大。

2. 执行机关。技术侦查措施由设区的市一级以上公安机关负责技术侦查的部门实施，包括记录监控、行踪监控、通信监控、场所监控等措施。

3. 适用的期限。适用技术侦查措施关系到干预公民权利的持续时间，有必要合理限定其适用期限。根据《刑事诉讼法》第151条的规定，一般情况下，技术侦查措施在批准决定"签发之日起三个月以内有效"。对于不需要继续采取技术侦查措施的应当及时解除；对于复杂、疑难案件，期限届满仍有必要继续采取技术侦查措施的，应当履行批准手续，经过批准，有效期可以延长，但每次不得超过3个月。

4. 材料的保密与销毁。采取技术侦查措施的过程中，可能会涉及大量与案件侦查无关的个人信息、隐私。为了维护无关信息的安全性，侦查人员对于采取技术侦查措施过程中知悉的国家秘密、商业秘密和个人隐私，应当保密；对采取技术侦查措施获取的与案件无关的材料，必须及时销毁。

5. 相关单位与个人的配合义务。通常情况下，采用技术侦查措施需要借助电信运营商、物流商、邮递企业等单位的设备，或者需要这些单位提供必要的支持与协助。在极个别的案件与手段的运用过程中，也需要社会公众的配合，相应的侦查手段才能得以运用。《刑事诉讼法》第152条第4款规定，公安机关依法采取技术侦查措施，有关单位和个人应当配合，并对配合情况、技术侦查实施情况保守秘密。

二、隐匿身份侦查

(一) 隐匿身份侦查的概念、意义

《刑事诉讼法》第153条第1款规定："为了查明案情，在必要的时候，经公安机关负责人决定，可以由有关人员隐匿其身份实施侦查。但是，不得诱使他人犯罪，不得采用可能危害公共安全或者发生重大人身危险的方法。"这是我国《刑事诉讼法》首次明确了隐匿身份侦查。

隐匿身份侦查，理论上一般称为"乔装侦查"，是指侦查人员或者普通公民隐瞒真实身份或者改变身份，通过身份欺骗、接近相对人或者打入犯罪集团的内部，展开侦查取证所进行的特殊侦查活动，如特情侦查、诱惑侦查、卧底侦查等。

隐匿身份侦查以欺骗性为基本特征，在打击犯罪方面具有独特的功效。但也具有很大的风险，如可能冲击社会信用体系、冲击道德底线、影响司法机关形象，甚至会危害人身、制造犯罪。因此，对于隐匿身份侦查的行为必须加以必要的规制。

（二）适用隐匿身份侦查的程序

根据《刑事诉讼法》第 153 条第 1 款的规定，实施隐匿身份侦查应当遵循以下要求：

1. 适用机关限于公安机关。实施隐匿身份侦查需经公安机关负责人决定，履行相应的法律手续。人民检察院无权适用隐匿身份侦查。

2. 以"必要性"为适用原则。隐匿身份侦查的实施是鉴于侦破特殊案件的必要性而产生，其目的在于查明案情。因此，只有在常规侦查手段难以奏效或者存在危险的情况下才可以使用，同时应当尽量使用风险小的措施。

3. 隐匿身份侦查要适度。侦查目的是为了打击犯罪而不是制造犯罪，否则有损国家法治及司法公信力的基础。在实施隐匿身份侦查过程中：①不得诱使他人犯罪；②不得采取可能危害公共安全或者发生重大人身危险的方法。

在隐匿身份侦查过程中，乔装的侦查人员经常使用引诱手段诱使犯罪嫌疑人实施相应的犯罪行为并当场将其抓获并取证，这被称之为诱惑侦查、警察圈套，[1] 包括机会提供型和犯意诱发型两种类型。被诱惑者本来已经产生了犯罪倾向或者已有先前犯罪行为，乔装的侦查人员仅仅是提供了一种有利于其实施犯罪的客观条件和机会，旨在诱使潜在的罪犯现身或者使其犯罪行为暴露，这是"机会提供型"诱惑侦查。而"犯意诱发型"诱惑侦查，是诱惑者（乔装的侦查人员）采取主动、积极、过度、不适当的刺激行为促使被诱惑者产生犯罪意图并实施了犯罪行为。在这一侦查中并不存在确定有犯罪倾向的嫌疑人，侦查人员的行为在整个过程中起了主导作用，实质上与教唆、鼓动清白之人犯罪无异。从《刑事诉讼法》第 153 条第 1 款的规定看，诱惑侦查只能针对有证据证明已经存在犯罪意图，或者先前已有犯罪行为的人实施。严格禁止"犯意诱发型"的诱惑侦查，对于由此获得的材料，应当禁止在诉讼中作为证据使用。

三、控制下交付

（一）控制下交付的概念、意义

《刑事诉讼法》第 153 条第 2 款规定："对涉及给付毒品等违禁品或者财物的犯罪活动，公安机关根据侦查犯罪的需要，可以依照规定实施控制下交付。"控制下交付，是指侦查机关发现非法交易的物品后，在对物品进行秘密监控的情形下，允许物品继续流转以侦查策划该项犯罪的犯罪组织、犯罪团伙以及其他犯罪参与人，从而彻底查明该案件的一种特殊侦查手段。

控制下交付本质上属于技术侦查措施的特殊表现形式。与其他技术侦查措施不同的是，控制下交付是"以物找人"，以物品的流转为监控重点，通过监控

---

〔1〕　陈卫东主编：《刑事诉讼法理解与适用》，人民出版社 2012 年版，第 307 页。

相关违禁品的运送、储存、交付等流转过程，发现与违禁品有关联的相关犯罪嫌疑人，查明违禁品的交易渠道以及组织者、策划者。在毒品犯罪、有组织犯罪等特殊犯罪案件的侦查中，控制下交付手段对于抓获幕后主使，将整个犯罪组织一网打尽，具有非常重要的作用。

（二）适用控制下交付的程序

1. 限定适用范围。控制下交付实施的对象，只能是涉及给付毒品等违禁品或者财物的犯罪活动。

2. 明确适用机关。公安机关可以"依照规定实施控制下交付"，但法律缺乏明确具体的适用审批等程序性的规定。这无形中赋予了公安机关适用控制下交付的自由裁量权，可能会导致这一手段在司法实践中的滥用，从而导致侵犯公民权利的现象严重恶化。

3. 限制适用条件。控制下交付的对象均是对社会危害极大的各种违禁品。控制下交付一旦实施不力，将导致相关违禁品脱离控制流入社会，不仅原本扩大战果的侦查策略失败，放纵了犯罪，更为重要的是相关违禁品流入社会将会给社会公众带来无穷的危害。[1] 因此，实施控制下交付应当遵循必要性原则，"根据侦查犯罪的需要"，以查明参与毒品等违禁品或者有关财物犯罪的人员和犯罪事实为目的。

四、特殊侦查措施获取材料的使用与限制

1. 特殊侦查措施收集的材料，在刑事诉讼中可以作为证据使用。根据《刑事诉讼法》第154条、第152条第3款的规定，采取特殊侦查措施获取的各种信息与材料，在刑事诉讼中可以作为证据使用。例如，电话监听获取的录音带、电子监控与秘密拍照或者录像获得的录像带，实施控制下交付查获的毒品等都可以作为视听资料、物证使用。但这些材料只能用于"对犯罪的侦查、起诉和审判，不得用于其他用途"。这里的其他用途包括行政处罚、行政处理、追究民事责任、纪律惩戒等。

2. 对特殊侦查手段取得的证据进行审查、核实。采用特殊侦查手段取得的材料作为证据使用，同样要经过法庭查证属实，才能作为定案的根据。《高检诉讼规则》第230条第1款规定，采取技术侦查措施收集的物证、书证及其他证据材料，检察人员应当制作相应的说明材料，写明获取证据的时间、地点、数量、特征以及采取技术侦查措施的批准机关、种类等，并签名和盖章。《刑事诉讼法》第154条明确规定："如果使用该证据可能危及有关人员的人身安全，或者可能产生其他严重后果的，应当采取不暴露有关人员真实身份、技术方法等

---

[1] 陈卫东主编：《刑事诉讼法理解与适用》，人民出版社2012年版，第313页。

保护措施，必要的时候，可以由审判人员在庭外对证据进行核实。"

2017年2月17日，最高人民法院发布了《关于全面推进以审判为中心的刑事诉讼制度改革的实施意见》。其中，第13条指出，采取技术侦查措施收集的证据，当庭质证可能危及有关人员的人身安全，或者可能产生其他严重后果的，应当采取不暴露有关人员身份、不公开技术侦查措施和方法等保护措施。法庭决定在庭外对技术侦查证据进行核实的，可以召集公诉人、侦查人员和辩护律师到场。在场人员应当履行保密义务。

[**案例**]〔1〕某年8月11日，河北省保定市某小区发生一起入室抢劫案。警方侦查后锁定王某为犯罪嫌疑人。在案件审理过程中，警方出具证据称，被害人记得在整个过程中劫匪用手机接了"三四个电话"。侦查人员经过排查，锁定一个非保定市、但案发时在保定漫游的手机号，控制了嫌疑人王某。公诉人出示了警方通过技术手段提取案发当天王某手机通话记录的一份说明。王某的辩护人指出，该"说明"不能作为证据使用。在提请法庭转入不公开审理后，公诉人出示了王某等人的手机通话记录清单，法庭组织控辩各方进行了质证。法院依法以抢劫罪判处王某有期徒刑13年，剥夺政治权利3年，并处罚金2万元。

第四节　侦查终结与侦查羁押期限

[**案例**] **公安机关认定行为人属于正当防卫，不负刑事责任，依法撤销案件**〔2〕

2018年8月27日21时30分许，K市公安机关接警：顺帆路口有男子砍人。警方立即出警处置并立案侦查。经现场勘查、走访调查、询问讯问、视频侦查和检验、鉴定等工作，公安机关查明以下案件事实：当晚，海某醉酒驾驶宝马轿车，载刘某某、李某、唐某某沿震川路西行至顺帆路路口时，向右闯入非机动车道，与正常骑自行车的于某某险些碰擦，双方发生争执。刘某某先下车与于某某发生争执，经人劝解返回车辆时，海某突然下车，上前推搡、踢打于某某。后返回轿车取出一把砍刀（经鉴定，该刀为尖角双面开刃，刀身长43厘米、宽5厘米，系管制刀具），连续用刀击打于某某颈部、腰部、腿部。击中砍刀甩脱，于某某抢到砍刀，并在争夺中捅刺海某腹部、臀部，砍击海某右胸、左肩、左肘，刺砍过程持续7秒。海某受伤后跑向宝马轿车，于某某继续追砍2刀均未砍中，其中1刀砍中汽车（经勘查，汽车左后窗下沿有7厘米长刀痕）。

---

〔1〕参见陈卫东主编：《刑事诉讼法理解与适用》，人民出版社2012年版。依据该书第316~317页的内容改写。

〔2〕根据网络内容改写。

海某跑向轿车东北侧，于某某返回宝马轿车，将车内海某手机取出放入自己口袋。民警到达现场后，于某某将手机和砍刀主动交给民警，称拿走手机是为了防止对方打电话召集人员报复。

海某逃离后，倒在距宝马轿车东北侧 30 余米处的绿化带内，后经抢救无效于当日死亡。经法医鉴定并结合视频监控认定，在 7 秒时间内，海某连续被刺砍 5 刀，海某死因为失血性休克。于某某经人身检查，见左颈部条形挫伤 1 处，左胸季肋部条形挫伤 1 处。

根据侦查查明的事实，K 市公安局依据《刑法》第 20 条第 3 款关于特殊防卫权的规定，认定于某某的行为属于正当防卫，不负刑事责任，公安机关依法撤销于某某案件。

一、侦查终结的条件

（一）侦查终结的概念、意义

侦查终结，是指侦查机关经过一系列的侦查活动，认为案件事实、证据已经查清，可以结束侦查，并对案件作出结论，对犯罪嫌疑人作出处理的一种诉讼活动。

侦查终结是侦查阶段的最后一道程序，是对侦查工作的总结，是侦查任务完成的标志。正确及时的侦查终结，可以为审查起诉和法庭审理的顺利进行奠定基础，同时，也有效地防止了诉讼的拖延，保障无罪的人和依法不应当受到刑事追究的人免受刑事追究。

（二）侦查终结的条件

根据《刑事诉讼法》第 162 条的规定，侦查终结都必须同时具备下列三个条件：

1. 案件事实已经查清。这是侦查终结的首要条件。案件事实查清，一般指是否存在犯罪行为，犯罪行为是否为犯罪嫌疑人实施，犯罪嫌疑人实施犯罪的时间、地点、动机、目的、情节、手段和危害结果以及其他情节，是否存在从重、从轻、减轻、免除处罚情节，是否存在其他共同犯罪人等与案件有关的事实和情节等，都已经查清。

2. 证据确实、充分。这是侦查终结的中心环节和重要条件。证据确实、充分，是指证明犯罪事实、情节的每一个证据都来源可靠，经反复核实无误，证据与案件之间联系清楚，证据之间能够相互印证，形成的证明体系足以确认犯罪嫌疑人有罪或者无罪，罪重或者罪轻，即案件符合《刑事诉讼法》第 55 条规定的证明标准。

3. 法律手续完备。这是依法办案的依据，是保证侦查工作质量的前提。法律手续完备，是指诉讼中依法形成的文书和各种法律手续齐备、完整，并且符合法律规定的要求。如果发现有遗漏或者不符合法律规定之处，应当及时采取有效的措施予以补充或者改正。

对于犯罪嫌疑人无罪或者依法不应当追究刑事责任的案件，只要查明不存在犯罪事实，或者具有《刑事诉讼法》第 16 条规定情形之一的，即可结束侦查。

二、侦查终结的程序和处理

（一）听取辩护律师的意见

根据《刑事诉讼法》第 161 条的规定，案件侦查终结前，辩护律师提出要求的，侦查机关应当听取辩护律师的意见，并记录在案。辩护律师提出书面意见的，应当将辩护律师的书面意见附卷，在案件移送审查起诉时，随案移送。

（二）制作侦查终结报告

根据法律规定，对于侦查终结的案件应当制作结案报告，根据案件的不同情况提出处理意见。公安机关侦查终结案件的处理，报县级以上公安机关负责人批准。人民检察院侦查终结的案件处理，由侦查部门负责人审核，报检察长批准。

（三）侦查终结对案件的处理

根据《刑事诉讼法》的规定，侦查终结的案件，根据案件情况，应当分别作出移送审查起诉或者撤销案件的处理决定。

1. 公安机关侦查终结对案件的处理。根据《刑事诉讼法》第 162 条、第 163 条、第 182 条和《公安部规定》相关规定，公安机关对于侦查终结的案件，应当根据案件情形分别作出处理：

（1）对于犯罪事实清楚，证据确实、充分，依法应当追究犯罪嫌疑人刑事责任的案件，应当制作起诉意见书，连同案卷材料、证据，以及辩护律师提出的意见，一并移送同级人民检察院审查决定；同时将案件移送情况告知犯罪嫌疑人及其辩护律师。

犯罪嫌疑人自愿认罪的有关情况和材料，应当记录在案，随案移送，并在起诉意见书中写明有关情况；认为案件符合速裁程序适用条件的，可以向人民检察院提出适用速裁程序的建议。被害人提出附带民事诉讼的，应当记录在案；移送审查起诉时，应当在起诉意见书末页注明。

对于犯罪嫌疑人在境外，需要及时进行审判的严重危害国家安全犯罪、恐怖活动犯罪案件，应当在侦查终结后层报公安部批准，移送同级人民检察院审查起诉。

（2）侦查过程中，查明本案不存在犯罪事实，或者犯罪嫌疑人的行为符合《刑事诉讼法》第 16 条规定的法定不追究刑事责任情形之一的，应当撤销案件，制作撤销案件决定书。

经过侦查，发现有犯罪事实需要追究刑事责任，但不是被立案侦查的犯罪嫌疑人实施的，或者共同犯罪案件中部分犯罪嫌疑人不够刑事处罚的，应当对有关犯罪嫌疑人终止侦查，并对该案件继续侦查。

公安机关决定撤销案件或者对犯罪嫌疑人终止侦查时，原犯罪嫌疑人在押的，应当立即释放，发给释放证明书。原犯罪嫌疑人被逮捕的，应当通知原批准逮捕的人民检察院。对原犯罪嫌疑人采取其他强制措施的，应当立即解除强制措施；需要行政处理的，依法予以处理或者移交有关部门。

（3）犯罪嫌疑人自愿如实供述涉嫌犯罪的事实，有重大立功或者案件涉及国家重大利益的，经最高人民检察院核准，公安机关可以撤销案件。[1] 这是2018年《刑事诉讼法》根据认罪认罚从宽原则作出的规定。这里的"自愿如实供述"，是指犯罪嫌疑人主动坦白实施犯罪的主观动机，交代犯罪行为，说明犯罪事实、过程、结果等，所坦白的内容真实、完整，且基本能够查证属实。而"供述涉嫌犯罪的事实"，应包括司法机关尚未掌握或者尚未完全掌握的犯罪事实。公安机关决定撤销案件的，应当及时对查封、扣押、冻结的财物及其孳息作出处理。

2. 人民检察院侦查终结对案件的处理。《刑事诉讼法》第168条规定："人民检察院侦查终结的案件，应当作出提起公诉、不起诉或者撤销案件的决定。"可见，人民检察院对侦查终结的案件有三种不同的处理方式：提起公诉、不起诉和撤销案件。

根据《高检诉讼规则》的规定，人民检察院侦查终结的案件，对于符合提起公诉或者不起诉条件的案件，由负责侦查的部门制作起诉意见书或不起诉意见书，查封、扣押、冻结的犯罪嫌疑人的财物及其孳息、文件清单以及对查封、扣押、冻结的涉案财物的处理意见，连同其他案卷材料一并移送本院负责捕诉的部门进行审查，再根据审查起诉的程序，作出提起公诉或者不起诉的决定。国家或者集体财产遭受损失的，在提出提起公诉意见的同时，可以提出提起附带民事诉讼的意见。

在侦查过程中或者侦查终结后，发现应当撤销案件的，负责侦查的部门应当制作拟撤销案件意见书，报请检察长决定。如果犯罪嫌疑人在押，应当制作决定释放通知书，通知公安机关依法释放。

---

[1]《公安部规定》第188条第1款明确，犯罪嫌疑人自愿如实供述涉嫌犯罪的事实，有重大立功或者案件涉及国家重大利益，需要撤销案件的，应当层报公安部，由公安部商请最高人民检察院核准后撤销案件。报请撤销案件的公安机关应当同时将相关情况通报同级人民检察院。

（四）侦查终结的结果告知犯罪嫌疑人

侦查终结的案件，应当将侦查终结的结果告知犯罪嫌疑人。《刑事诉讼法》第 162 条规定，公安机关侦查终结的案件，移送审查起诉的，应当同时将案件移送情况告知犯罪嫌疑人及其辩护律师。公安机关作出撤销案件决定后，应当在 3 日以内告知原犯罪嫌疑人、被害人或者其近亲属、法定代理人以及案件移送机关。（《公安部规定》第 189 条）人民检察院撤销案件的决定，应当分别送达犯罪嫌疑人所在单位和犯罪嫌疑人。犯罪嫌疑人死亡的，应当送达犯罪嫌疑人原所在单位。（《高检诉讼规则》第 246 条）

三、侦查中的羁押期限

侦查中的羁押期限，是指犯罪嫌疑人在侦查中，自被逮捕到侦查终结的期限。《刑事诉讼法》第 156~160 条对不同案件侦查中的羁押期限作出了规定。一般情况下，侦查机关应当在法律规定的侦查羁押期间内侦查终结案件。

（一）一般案件的羁押期限

《刑事诉讼法》第 156 条规定："对犯罪嫌疑人逮捕后的侦查羁押期限不得超过二个月。案情复杂、期限届满不能终结的案件，可以经上一级人民检察院批准延长一个月。""案情复杂"主要是指案件涉及的犯罪情况复杂，如集团犯罪、一人数罪、取证涉及人员众多等。[1] 如果犯罪嫌疑人在逮捕前已被拘留的，拘留期限不包括在侦查羁押期限之内。

（二）重大复杂案件的侦查羁押期限

根据《刑事诉讼法》第 158 条规定，重大复杂案件是指以下四类刑事案件：①交通十分不便的边远地区的重大复杂案件；②重大的犯罪集团案件；③流窜作案的重大复杂案件；④犯罪涉及面广，取证困难的重大复杂案件。

1. 上述四类重大复杂案件，在对犯罪嫌疑人逮捕后 2 个月的侦查羁押期限届满不能侦查终结，经上一级人民检察院批准延长 1 个月仍不能侦查终结的，公安机关可以再申请延长羁押期限。根据《刑事诉讼法》第 158 条的规定，经省、自治区、直辖市人民检察院批准或者决定，侦查羁押期限可以再延长 2 个月。

2. 上述四类重大复杂案件，如果 5 个月的侦查羁押期限届满，仍不能侦查终结的，并且对案件犯罪嫌疑人可能判处 10 年有期徒刑以上刑罚的，可以再申请延长羁押期限。报经省、自治区、直辖市人民检察院批准或者决定，侦查羁押期限可以再延长 2 个月。（《刑事诉讼法》第 159 条）

---

〔1〕 王爱立、雷建斌主编：《〈中华人民共和国刑事诉讼法〉释解与适用》，人民法院出版社 2018 年版，第 278 页。

（三）侦查羁押期限的特殊规定

1. 在侦查期间，发现犯罪嫌疑人另有重要罪行的，自发现之日起依照《刑事诉讼法》第 156 条的规定重新计算侦查羁押期限。（《刑事诉讼法》第 160 条第 1 款）

2. 犯罪嫌疑人不讲真实姓名、住址，身份不明的，应当对其身份进行调查，侦查羁押期限自查清其身份之日起计算，但是不得停止对其犯罪行为的侦查取证。对于犯罪事实清楚，证据确实、充分的，确实无法查明其身份的，也可以按其自报的姓名移送人民检察院审查起诉。（《刑事诉讼法》第 160 条第 2 款）

3. 对被羁押的犯罪嫌疑人作精神病鉴定的期间，不计入侦查羁押期限。（《刑事诉讼法》第 149 条）

4. 最高人民检察院直接立案侦查的案件，符合《刑事诉讼法》第 156 条、第 158 条和 159 条规定的条件，需要延长犯罪嫌疑人侦查羁押期限的，由最高人民检察院依法决定。

5. 因为特殊原因，在较长时间内不宜交付审判的特别重大复杂的案件，由最高人民检察院报请全国人民代表大会常务委员会批准延期审理。（《刑事诉讼法》第 157 条）

侦查羁押期限限定了犯罪嫌疑人被逮捕的案件的侦查终结期限。对于已被羁押的犯罪嫌疑人，在法定的侦查羁押期限届满时必须立即释放，如果侦查活动不能终结，需要继续查证的，应当依法变更逮捕强制措施为取保候审或者监视居住。这有助于充分发挥取保候审、监视居住这两种非羁押性强制措施的作用，达到追究犯罪与保障犯罪嫌疑人的合法权益的统一。

思考题

1. 讯问犯罪嫌疑人应当遵循哪些法定程序？
2. 询问证人应当遵循哪些法定程序？
3. 侦查中，进行人身检查应当遵循什么法定程序？
4. 实施搜查应当遵循什么法定程序？
5. 简述实施查封、扣押的法定程序。
6. 技术侦查措施可以适用于哪些案件？
7. 技术侦查措施在适用主体、适用程序上有哪些特殊要求？
8. 公安机关侦查终结对案件可以作出哪些处理？
9. 《刑事诉讼法》对侦查羁押期限是如何规定的？

实务训练

案例一：某县公安机关对涉嫌抢劫罪的徐某及其妻子伍某执行拘留时搜查

了他们的住处。在搜查时，因情况紧急未用搜查证，但徐某夫妇一直在场。由于没有女侦查人员在场，所以由男侦查人员对徐某、伍某的身体进行了搜查，并对搜查过程中获取的有关物品进行扣押。搜查结束时，侦查人员要求被搜查人在搜查笔录上签名时遭到了拒绝，侦查人员就此结束搜查活动。

[问题]

1. 本案侦查人员的搜查活动有哪些违法之处？为什么？

2. 本案在搜查过程之中实施扣押，应当遵循的法定程序是什么？

[分析提示]

1. 违法之处：男侦查人员搜查伍某身体；将没有犯罪嫌疑人签名的搜查笔录直接带回。

2. 遵循《刑事诉讼法》第 141、142 条关于扣押的法定程序进行。

案例二：被害人钱某（女，27 岁）遭遇犯罪嫌疑人邵某持刀抢劫，被刺了两下。侦查人员因侦查需要欲对其进行人身检查，以确定其伤害状况，但钱某拒绝检查。侦查人员组织女医师强制对钱某进行了人身检查，确定钱某为轻伤。由于现场的目击证人李某、赵某等对犯罪嫌疑人实施抢劫行为的具体事实、情节陈述不一致，侦查人员便对 2 名目击证人同时进行询问，2 人互相提醒、互相补充，终于作出了一致的陈述。

[问题]

在本案中，侦查人员实施的侦查行为哪些是错误的？为什么？

[分析提示]

本案中侦查人员主要实施了人身检查和询问证人的侦查行为。

①对被害人不应进行强制人身检查；

②不应对 2 名证人同时进行询问。

第十三章

刑事公诉程序

学习目标

通过本章的学习与训练，了解我国刑事公诉程序的基本内容；明确审查起诉的内容、程序和期限；明确提起公诉、不起诉的条件和程序；能够依据查明的案件情况和证据，判断案件是否符合起诉条件；掌握适用不起诉的条件和处理程序；学会制作起诉书、不起诉书，能够在诉讼实践中做好审查起诉的相关工作。

导入案例

犯罪嫌疑人程某，系某校大一学生。某日深夜，程某顺着宿舍楼的水泥管从男生宿舍楼的3楼爬到5楼，进入一宿舍盗窃了价值2100余元的财物。事后，程某对自己的行为非常后悔，便到学校保卫处投案，如实供述了盗窃事实并退回全部赃物。此案侦查终结后，公安机关以程某涉嫌盗窃罪向检察院机关移送审查起诉，并移送了相关证据。检察机关经审查，综合案件情况，依法对程某作出了不起诉决定。

[**任务提出**]

根据本案，思考并完成以下学习任务：

1. 作为人民检察院审查起诉人员，对侦查终结移送审查起诉的案件，应当审查核实哪些内容？

2. 人民检察院的审查起诉工作怎样操作？

3. 人民检察院的不起诉决定有哪几种？本案中作出的是哪一种不起诉决定？这种不起诉应当符合哪些条件？

4. 如果检察机关对程某作出了提起公诉的决定，法律是如何规定起诉条件的？

5. 提起公诉的程序是怎样规定的？

6. 法律如何规定不起诉决定的宣布、送达？程某、被害人和公安机关如果对不起诉决定有意见，怎么办？

第一节　刑事公诉程序的任务

一、刑事起诉的概念和特点

刑事起诉，又称"刑事诉讼中的起诉"，是指享有控诉权的国家专门机关或者公民，依照法律规定向有管辖权的法院提出控告，请求法院对指控的内容进行审判，以确定被告人刑事责任并依法予以刑事制裁的诉讼活动。

根据起诉主体的不同，刑事诉讼中的起诉可以分为公诉和自诉两种形式。公诉，是指国家公诉机关在对监察机关调查终结或侦查机关、部门侦查终结移送起诉的案件进行审查后，依职权代表国家向审判机关提起诉讼，要求追究被告人刑事责任的活动。自诉，是指被害人及其法定代理人直接向审判机关提出控诉，要求追究被告人刑事责任的活动。

在我国，作为刑事诉讼的一个独立程序，刑事起诉具有以下特点：

1. 实行公诉为主、自诉为辅的起诉形式。除了少数案件可以由被害人自诉外，在刑事诉讼中，人民检察院代表国家提起公诉是刑事起诉的主要形式。

在我国，人民检察院是国家公诉机关，承担着追诉犯罪的起诉职能。根据法律规定，对涉及国家和社会利益而且需要采用专门侦查手段的刑事犯罪，由人民检察院采取公诉程序追诉；对于那些不需要采用侦查手段的轻微刑事犯罪，由被害人采取自诉程序追诉。这种分工，有利于国家集中人力、物力和时间追诉那些较为严重的犯罪，也有利于发挥公民个人追诉犯罪的积极性，使那些轻微的犯罪案件得到更及时、更适当的解决。

2. 公诉与自诉互为救济。一方面，人民检察院通常只对涉及国家利益和社会公众利益、比较复杂且需要采用专门侦查手段查明案情的刑事案件依照公诉程序进行追诉。但是，对于某些案情轻微、可以采用自诉程序追诉的刑事案件缺少原告人，而又需要追究被告人刑事责任时，为有效地保护被害人的合法权益、维护国家法律的尊严，在人民群众、社会团体或者有关单位提出控告且经公安机关侦查后，人民检察院也可以依公诉程序进行追诉，以弥补自诉的不足。另一方面，根据《刑事诉讼法》第 210 条第 3 项的规定，被害人有证据证明对被告人侵犯自己人身、财产权利的行为应当依法追究刑事责任，而公安机关或者人民检察院不予追究被告人刑事责任的，被害人有权直接向人民法院提起诉讼。这一规定加强了对被害人权益的保护，可以在一定程度上弥补公诉的不足。

3. 公诉机关兼行法律监督职责。在我国，检察机关是唯一行使公诉权的专门国家机关，也是国家的法律监督机关。《刑事诉讼法》第 8 条规定："人民检察院依法对刑事诉讼实行法律监督。"这决定了检察机关在行使公诉权过程中，也享有法律监督职权。

检察机关进行公诉的过程，也是实行法律监督的过程。检察机关对公安机关侦查终结并移送起诉的刑事案件进行的审查，也是对公安机关侦查工作的一种监督。人民检察院审查起诉过程中所作出的起诉或者不起诉的决定，既是对犯罪嫌疑人应否提交人民法院审判的决定，也是对侦查机关认定的事实和所作结论是否正确、办案程序和收集的证据是否合法的评价。检察机关提起公诉和出庭支持公诉，不仅要控告犯罪、证实犯罪，也要对人民法院的审判活动是否合法实行监督。《刑事诉讼法》第 209 条规定："人民检察院发现人民法院审理案件违反法律规定的诉讼程序，有权向人民法院提出纠正意见。"

二、公诉程序的任务

作为公诉案件的一个独立诉讼阶段，公诉程序是指人民检察院对调查或侦查终结、移送审查起诉的案件进行全面审查，决定是否将犯罪嫌疑人提交人民法院审判所进行的一系列诉讼活动。与其他诉讼阶段相比，公诉程序具有特定的任务：

1. 审查起诉。即对监察机关移送起诉的案件、侦查机关和本院侦查部门侦查终结移送起诉的案件进行全面审查，这是提起公诉的基础。

2. 决定起诉、不起诉。根据案件事实和法律规定，对案件作出起诉或不起诉的决定，并制作相应的法律文书。

3. 监督侦查工作。通过审查起诉，监督侦查工作，及时纠正侦查程序的违法情况。

4. 对决定起诉的案件，做好出庭支持公诉的准备工作，并代表国家出庭支持公诉；对决定不起诉的案件，做好善后处理工作。

提起公诉和出庭支持公诉是公诉活动的核心，出庭支持公诉是提起公诉在审判阶段的延伸。

三、公诉程序的意义

公诉程序是连接侦查和审判的唯一桥梁。对于公诉案件，只有经过公诉程序才能进入人民法院的审判程序，依法追究被告人的刑事责任。在现代刑事诉讼中，公诉权的运作具有重要的意义和效果。

1. 发动审判程序。在现代刑事诉讼中，控审分离原则的确立，要求审判受起诉的制约，即法院不得主动发动审判程序，法院不得审判未经起诉的人和未经起诉的犯罪。提起公诉作为审判的前提，具有发动审判程序、决定审判内容的效力，从而解决诉讼的实体问题。

2. 保障准确惩罚犯罪, 实现程序公正。通过公诉程序的案件审查, 依法决定起诉或者不起诉, 对侦查工作是否合法实行监督, 进一步保障了准确惩罚犯罪, 避免了不必要的刑事追诉。

第二节 审查起诉

一、审查起诉的概念和任务

(一) 审查起诉的概念

审查起诉, 是指检察机关在公诉阶段, 对于经监察机关调查终结、侦查机关或部门侦查终结移送起诉的案件所确定的犯罪事实和证据进行全面审查核实, 并根据审查情况作出是否提起公诉处理决定的一项活动。在审查起诉活动与侦查活动相分离并相对独立的情况下, 审查起诉是公诉程序的一个必经的、重要的环节。《刑事诉讼法》第 169 条规定: "凡需要提起公诉的案件, 一律由人民检察院审查决定。" 第 170 条第 1 款规定: "人民检察院对于监察机关移送起诉的案件, 依照本法和监察法的有关规定进行审查。" 这表明, 人民检察院对监察机关、侦查机关移送审查起诉的案件必须进行全面审查, 继而作出起诉或者不起诉决定。

(二) 审查起诉的任务

在我国刑事诉讼中, 审查起诉的基本任务有三点: ①审查调查、侦查活动的过程和结果, 审查调查、侦查活动所收集的证据, 纠正侦查活动中的违法行为, 对调查、侦查活动中的偏差和遗漏问题予以补救; ②通过审查案件的事实问题和适用法律问题, 合理斟酌影响案件处理的各种因素, 作出正确的起诉或者不起诉的决定; ③掌握案件事实、证据的全面情况, 为出庭支持公诉作好准备。

二、审查起诉的内容

人民检察院审查起诉的案件, 包括监察机关、公安机关等移送审查起诉的案件, 以及检察机关直接受理侦查的案件。人民检察院审查起诉, 需要对案件管辖、案件的事实、证据以及适用法律等问题进行全面审查, 以确定应否对案件提起公诉并作出相应的决定。

(一) 程序性审查

1. 案件是否属于本院管辖。根据《高检诉讼规则》第 328 条第 1、2、4 款规定, 各级人民检察院提起公诉应当与人民法院审判管辖相适应。人民检察院受理同级公安机关移送审查起诉的案件, 认为应当由上级人民检察院或者同级其他人民检察院审查起诉的, 应当由受理案件的检察机关将案件移送有管辖权的机关审查，同时通知移送起诉的公安机关。一人犯数罪、共同犯罪和其他需要并案审理的案件，只要其中一人或者一罪属于上级人民检察院管辖的，全案由上级人民检察院审查起诉。

2. 犯罪嫌疑人是否在案。对于移送审查起诉的案件，如果犯罪嫌疑人在逃的，应当要求公安机关采取措施保证犯罪嫌疑人到案后再移送审查起诉。共同犯罪案件中部分犯罪嫌疑人在逃的，对在案的犯罪嫌疑人的审查起诉应依法进行。

（二）案件内容审查

根据《刑事诉讼法》第 171 条和《高检诉讼规则》第 330 条的规定，人民检察院审查移送起诉的案件，必须查明以下事项：

1. 犯罪事实、情节是否清楚，证据是否确实、充分，犯罪性质和罪名的意见是否正确。对案件事实的审查，还包括犯罪嫌疑人身份状况是否清楚，包括姓名、性别、国籍、出生年月日、职业和单位等；有无法定的从重、从轻、减轻或者免除处罚的情节及酌定从重、从轻情节；共同犯罪案件的犯罪嫌疑人在犯罪活动中责任的认定是否恰当；证据是否依法收集，有无应当排除非法证据的情形。

2. 有无遗漏罪行和其他应当追究刑事责任的人。

3. 是否属于不应追究刑事责任的情形。

4. 有无附带民事诉讼；对于国家财产、集体财产遭受损失的，是否需要由人民检察院提起附带民事诉讼。

5. 侦查活动是否合法。

此外，需要审查的内容还包括：证明犯罪事实的证据材料，包括采取技术侦查措施的决定书及证据材料，是否随案移送；证明相关财产系违法所得的证据材料是否随案移送；不宜移送的证据的清单、复制件、照片或者其他证明文件是否随案移送；采取的强制措施是否适当；对于已经逮捕的犯罪嫌疑人，有无继续羁押的必要；侦查的各种法律手续和诉讼文书是否完备；涉案财物是否查封、扣押、冻结并妥善保管，清单是否齐备；对被害人合法财产的返还和对违禁品或者不宜长期保存的物品的处理是否妥当；移送的证明文件是否完备。

本章导入案例中，检察机关对公安机关移送审查起诉的程某盗窃罪一案进行审查，主要应开展下列工作：①核对犯罪嫌疑人程某的身份情况；②重点审查公安机关认定的盗窃犯罪事实、情节是否清楚；③审查公安机关收集的证据是否确实、充分，程序是否合法；④审查有无遗漏罪行或者其他共同犯罪人；⑤审查公安机关认定的罪名是否正确；⑥审查公安机关采取的强制措施是否适当；⑦审查公安机关的侦查活动是否合法等。

三、审查起诉的程序

《刑事诉讼法》第 173 条第 1 款规定："人民检察院审查案件，应当讯问犯罪嫌疑人，听取辩护人或者值班律师、被害人及其诉讼代理人的意见，并记录在案。辩护人或者值班律师、被害人及其诉讼代理人提出书面意见的，应当附卷。"根据这一规定和《高检诉讼规则》的有关规定，人民检察院审查起诉的具体程序包括：

1. 审阅案件材料和证据。这是检察机关查清案件事实，核实证据的基础。人民检察院受理移送审查起诉案件，应当交由有办案资格的员额检察官或检察官助理办理，也可以由检察长办理。办案人员应当全面审阅案卷材料和证据，必要时制作阅卷笔录。

2. 讯问犯罪嫌疑人，制作笔录附卷。这是审查起诉的必经程序。通过讯问犯罪嫌疑人，直接听取犯罪嫌疑人的供述与辩解，核实其在侦查阶段口供的可靠性，分析口供与其他证据有无矛盾，发现有无遗漏罪行或者其他应当追究刑事责任的人，查清案件事实和情节的具体细节；还可以了解犯罪嫌疑人的认罪、悔罪态度，发现侦查活动中是否存在刑讯逼供、诱供等违法情况。讯问应当由 2 名以上办案人员进行，并制作讯问笔录。讯问时，应当告知犯罪嫌疑人有申请回避、辩护等诉讼权利。

对于犯罪嫌疑人认罪认罚[1]的案件，人民检察院还应当做到以下三点：

（1）分别告知犯罪嫌疑人享有的诉讼权利和认罪认罚从宽的性质及法律后果。"告知诉讼权利"主要指告知犯罪嫌疑人依法享有委托辩护人、请求法律援助机关指派辩护人、约见值班律师为其提供法律帮助等的权利。"认罪认罚的法律规定"是指《刑法》《刑事诉讼法》关于认罪认罚从宽处罚的规定，如《刑法》关于自首、立功的规定，《刑事诉讼法》关于自愿如实供述自己的罪行，承认指控的犯罪事实，愿意接受处罚的，可以依法从宽处理的规定；适用简易程序或者速裁程序的规定等。

（2）听取犯罪嫌疑人对有关事项的意见。对于犯罪嫌疑人认罪并表示愿意认罚的，对其认罪的自愿性、真实性、合法性进行审查。为保证认罪认罚案件的自愿性、真实性，对下列事项，人民检察院必须听取犯罪嫌疑人的意见，并且记录在案：①涉嫌的犯罪事实、罪名及适用的法律规定；②从轻、减轻或者免除处罚等从宽处罚的建议；③认罪认罚后案件审理适用的程序；④其他需要

---

[1]《刑事诉讼法》第 15 条规定，犯罪嫌疑人、被告人自愿如实供述自己的罪行，承认指控的犯罪事实，愿意接受处罚的，可以依法从宽处理。"认罪"是指犯罪嫌疑人自愿如实供述自己的罪行，对指控的犯罪事实没有异议。"认罚"是指犯罪嫌疑人同意人民检察院的量刑建议，对人民检察院建议判处的刑罚种类、幅度及刑罚执行方式没有异议。

听取意见的事项。(《刑事诉讼法》第173条第2款)

（3）让犯罪嫌疑人签署认罪认罚具结书。根据《刑事诉讼法》第174条的规定，犯罪嫌疑人自愿认罪，同意量刑建议和程序适用的，应当在辩护人或者值班律师在场的情况下签署认罪认罚具结书。签署认罪认罚具结书是犯罪嫌疑人对自己所犯罪行的承认，表明自己愿意接受法律的制裁的承诺。但犯罪嫌疑人认罪认罚，有下列情形之一的，不需要签署认罪认罚具结书：①犯罪嫌疑人是盲、聋、哑人，或者是尚未完全丧失辨认或者控制自己行为能力的精神病人的；②未成年犯罪嫌疑人的法定代理人、辩护人对未成年人认罪认罚有异议的；③其他不需要签署认罪认罚具结书的情形。

3. 听取辩护人或者值班律师、被害人及其诉讼代理人的意见，并记录在案。这也是审查起诉的必经程序。直接听取辩护人、被害人及其诉讼代理人的意见有困难的，可以通知辩护人、被害人及其诉讼代理人提出书面意见。在指定期限内未提出意见的，应当记录在案。辩护人、被害人及其诉讼代理人提出书面意见的，应当附卷。听取意见应当由2名以上办案人员进行，并制作笔录。

犯罪嫌疑人认罪认罚的案件，对《刑事诉讼法》第173条第2款规定的事项必须听取辩护人或者值班律师、被害人及其诉讼代理人的意见，并记录在案。听取值班律师意见的，应当提前为值班律师了解案件有关情况提供必要的便利。

4. 调查核实证据。①进行必要的鉴定。审查起诉过程中，人民检察院认为需要对案件中某些专门性问题进行鉴定而侦查机关没有鉴定的，应当要求侦查机关进行鉴定；必要时也可以由人民检察院进行鉴定或者由人民检察院送交有鉴定资格的人进行鉴定。对鉴定意见有疑问的，可以询问鉴定人并制作笔录附卷，也可以进行补充鉴定或者重新鉴定。②对公安机关的勘验、检查，认为需要复验、复查的，应当要求公安机关复验、复查，人民检察院可以派员参加；也可以自行复验、复查。③检察机关对于物证、书证、视听资料、电子数据，以及勘验、检查、辨认、侦查实验笔录等存在疑问的，可以要求侦查人员提供其获取、制作的具体情况。必要时也可以询问提供物证、书证、视听资料、电子数据及勘验、检查、辨认、侦查实验等笔录的人员和见证人并制作笔录附卷，对物证、书证、视听资料、电子数据进行技术鉴定。

5. 要求监察机关或侦查机关补充证据。根据《刑事诉讼法》第175条第1款和《高检诉讼规则》第340条的规定，人民检察院审查监察机关或公安机关移送的案件，认为需要补充提供的证据材料的，可以书面要求监察机关或者公安机关提供。

6. 非法证据排除。根据《刑事诉讼法》第175条第1款和《高检诉讼规则》第341条的规定，人民检察院在审查起诉中发现有应当排除的非法证据，应当依法排除，同时可以要求监察机关或者公安机关另行指派调查人员或者侦查人员重新取证。必要时，人民检察院也可以自行调查取证。

7. 补充调查或补充侦查。《刑事诉讼法》第 170 条第 1 款规定，人民检察院对于监察机关移送起诉的案件，依照本法和《监察法》的有关规定进行审查。人民检察院经审查，认为需要补充核实的，应当退回监察机关补充调查，必要时可以自行补充侦查。《刑事诉讼法》第 175 条第 2 款规定，人民检察院审查案件，对于需要补充侦查的，可以退回公安机关补充侦查，也可以自行侦查。

退回补充调查、侦查的案件，人民检察院应当出具补充调查、侦查决定书、补充调查、侦查提纲，列明补充调查、侦查的事项、理由、调查方向、需补充收集的证据及其证明作用等，连同案卷材料一并送交监察机关、公安机关。

四、审查起诉的处理

承办人对案件审查后，应当制作公诉案件审查报告，根据《刑事诉讼法》第 175 条第 4 款、第 176 条、第 177 条、第 282 条和办案权限，决定提起公诉，或者提出提起公诉、不起诉或者附条件不起诉的意见，报请检察长审核、审批决定或者提请检察委员会讨论决定。

审查起诉中发现犯罪事实并非犯罪嫌疑人所为，需要重新调查或者侦查的，人民检察院应当在作出不起诉决定后书面说明理由，将案卷材料退回监察机关或者公安机关并建议重新调查或者侦查。（《高检诉讼规则》第 365 条第 2 款）

五、审查起诉的期限

《刑事诉讼法》第 172 条规定："人民检察院对于监察机关、公安机关移送起诉的案件，应当在一个月以内作出决定，重大、复杂的案件，可以延长十五日；犯罪嫌疑人认罪认罚，符合速裁程序适用条件的，应当在十日以内作出决定，对可能判处的有期徒刑超过一年的，可以延长至十五日。人民检察院审查起诉的案件，改变管辖的，从改变后的人民检察院收到案件之日起计算审查起诉期限。"

《刑事诉讼法》第 175 条第 3 款规定："对于补充侦查的案件，应当在一个月以内补充侦查完毕。补充侦查以二次为限。补充侦查完毕移送人民检察院后，人民检察院重新计算审查起诉期限。"人民检察院在审查起诉中决定自行侦查的，应当在审查起诉期限内侦查完毕。（《高检诉讼规则》第 348 条）

第三节　提起公诉

一、提起公诉的概念

提起公诉是人民检察院在审查起诉后对案件作出的一种处理决定。在实体上，提起公诉表明犯罪嫌疑人实施的行为被检察机关确认为犯罪并应当受到刑事处罚；在程序上，提起公诉意味着审查起诉活动已经结束，人民检察院决定行使公诉权，将案件移送有管辖权的人民法院审判，刑事诉讼即进入审判阶段。人民检察院作出起诉决定后，犯罪嫌疑人的诉讼角色转变为刑事被告人。

作为与刑事自诉相对应的一种起诉类型，提起公诉是指人民检察院代表国家依法向人民法院提起诉讼，要求对被告人的犯罪事实进行审判，以确定被告人的行为构成犯罪并追究其刑事责任的诉讼活动。

二、提起公诉的条件

提起公诉是人民检察院的一项专门权力，其他任何机关、团体和个人都不得行使。作为国家的控诉机关，人民检察院应当谨慎地行使控诉权，保证实施犯罪行为的人得到应受的惩罚，无罪的人不受刑事追究，以保护人权。

对提起公诉，检察机关有一定的自由裁量权，但也必须受法律的限制。只有在符合法定条件的情况下，检察机关才能提起公诉。《刑事诉讼法》第 176 条第 1 款规定："人民检察院认为犯罪嫌疑人的犯罪事实已经查清，证据确实、充分，依法应当追究刑事责任的，应当作出起诉决定，按照审判管辖的规定，向人民法院提起公诉，并将案卷材料、证据移送人民法院。"由此，人民检察院决定提起公诉必须具备以下三个条件：

1. 犯罪嫌疑人的犯罪事实已经查清。犯罪嫌疑人的行为是犯罪行为，这是提起公诉必须具备的要件。

在我国刑事诉讼中，起诉构成犯罪的行为要求"犯罪事实已经查清"，应查清的犯罪事实主要包括：①确定犯罪嫌疑人实施的行为是犯罪，而不是合法行为或者一般的违法行为的事实；②确定犯罪嫌疑人负有刑事责任，不是不负刑事责任或者免除刑事责任的事实，例如犯罪嫌疑人的年龄、精神状况等；③确定犯罪嫌疑人实施的行为是某一种或某几种性质的犯罪的事实；④确定对犯罪嫌疑人应当从轻、减轻或者从重处罚的事实。

由于刑事犯罪情况复杂，受时空等客观条件的制约及技术条件的限制，对属于定罪量刑所必需的基本事实，必须查证清楚。根据《高检诉讼规则》第 355 条第 2 款的规定，下述情形可以确认犯罪事实已经查清：①属于单一罪行的案件，查清的事实足以定罪量刑或者与定罪量刑有关的事实已经查清，不影响定罪量刑的事实无法查清的。②属于数个罪行的案件，部分罪行已经查清并符合起诉条件，其他罪行无法查清的。此种情况下，检察机关应当以已经查清的罪行起诉。③无法查清作案工具、赃物去向，但有其他证据足以对被告人定罪量刑的。④证人证言、犯罪嫌疑人供述和辩解、被害人陈述的内容中主要情节一致，个别情节不一致，但不影响定罪的。

2. 有足够的证据证明犯罪事实。这是起诉制度的通例。《刑事诉讼法》对提起公诉的案件要求是"人民检察院认为犯罪嫌疑人的犯罪事实已经查清，证据确实充分"。根据《刑事诉讼法》第55条第2款的规定，"证据确实、充分"是指同时符合以下条件：①定罪量刑的事实都有证据证明；②据以定案的证据均经法定程序查证属实；③综合全案证据，对所认定事实已排除合理怀疑。但就事实和证据的要求而言，人民检察院作出起诉决定的条件，与《刑事诉讼法》第200条关于人民法院作出有罪判决的规定，即"案件事实清楚，证据确实、充分"，应当有所区别。

3. 依照法律应当对犯罪嫌疑人追究刑事责任。即犯罪嫌疑人实施的某种犯罪行为，不具有《刑事诉讼法》第16条规定的不追究刑事责任的情形之一，也不属于《刑事诉讼法》第177条第2款规定的"犯罪情节轻微，依照刑法规定不需要判处刑罚或者免除刑罚"的情形。人民检察院决定对犯罪嫌疑人提起公诉，必须排除法定不追究刑事责任的情形。

三、提起公诉的具体程序

1. 决定起诉，制作起诉书。检察机关起诉决定的法律体现是起诉书。人民检察院决定对犯罪嫌疑人提起公诉的，应当制作起诉书。起诉书是人民检察院代表国家控诉犯罪嫌疑人并将其交付审判的标志，也是根据事实、证据说明追究刑事被告人刑事责任的理由和根据的一种结论性的请求文书。

从控审职能分离的角度来看，检察机关制作的起诉书，是为了使法院明确审判对象并限制法院审判的范围，也是为了使被告人及其辩护人能够有针对性地进行防御。起诉书通常应包含以下内容：①被告人的基本情况。这包括姓名、性别、出生日期、出生地和户籍地、身份证号码、民族、文化程度、职业、工作单位及职务、住址，是否受过刑事处分及处分的种类和时间，采取强制措施情况等；如果是单位犯罪，应当写明犯罪单位的名称和组织机构代码、所在地址、联系方式，法定代表人和诉讼代表人的姓名、职务、联系方式；如果还有应当负刑事责任的直接负责的主管人员和其他直接责任人员，应当按上述被告人基本情况的内容叙写。②案由和案件来源。③案件事实。写明犯罪的时间、地点、经过、手段、动机、目的、危害后果等与定罪量刑有关的事实要素。起诉书叙述的指控犯罪事实的必备要素应当明晰、准确。被告人被控有多项犯罪事实的，应当逐一列举，对犯罪手段相同的同一犯罪可以概括叙写。④起诉的根据和理由。这包括触犯的刑法条款、犯罪的性质及认定的罪名、法定从轻、减轻或者从重处罚的情节，共同犯罪各被告人应负的罪责等。

被告人真实姓名、住址无法查清的，应当按其绰号或者自报的姓名、住址制作起诉书，并在起诉书中注明。

2. 提出量刑建议，制作量刑建议书。量刑建议是指人民检察院对提起公诉的被告人，依法就其适用的刑罚种类、幅度及执行方式等向人民法院提出的建议。量刑建议是检察机关公诉权的一项重要内容。根据《高检诉讼规则》第 364 条第 1 款、第 2 款的规定，人民检察院提起公诉的案件，可以向人民法院提出量刑建议。除有减轻处罚或者免除处罚情节外，量刑建议应当在法定量刑幅度内提出。建议判处有期徒刑、管制、拘役的，可以具有一定的幅度，也可以提出具体确定的建议。提出量刑建议的，可以制作量刑建议书，与起诉书一并移送人民法院。量刑建议书的主要内容应当包括被告人所犯罪行的法定刑、量刑情节、建议人民法院对被告人判处刑罚的种类、刑罚幅度、可以适用的刑罚执行方式以及提出量刑建议的依据和理由等。

对于犯罪嫌疑人、被告人认罪认罚的案件，量刑建议是鼓励犯罪嫌疑人自愿认罪认罚得以实现的不可或缺的制度，有利于促进犯罪嫌疑人承认指控的犯罪事实，愿意接受处罚，实现宽严相济、繁简分流的目的。《刑事诉讼法》第 176 条第 2 款规定："犯罪嫌疑人认罪认罚的，人民检察院应当就主刑、附加刑、是否适用缓刑等提出量刑建议，并随案移送认罪认罚具结书等材料。"

3. 向有管辖权的人民法院起诉，同时移送全部案卷材料和证据。人民检察院提起公诉必须符合《刑事诉讼法》第 20～28 条关于审判管辖的规定，向有管辖权的人民法院提起公诉，否则公诉将不被受理，不能启动审判程序。根据《刑事诉讼法》第 176 条的规定，人民检察院应当按照审判管辖的规定，向同级人民法院提起公诉。在提起公诉时，应当向人民法院移送起诉书、全部案卷材料和证据。对被告人认罪认罚的案件，要随案移送认罪认罚具结书等材料。

4. 提出适用简易程序的建议。根据《刑事诉讼法》第 214 条第 2 款的规定，人民检察院在提起公诉时，认为符合适用简易程序条件时，可以向人民法院建议适用简易程序进行审判。[1] 刑事简易程序，是基层人民法院就案件事实清楚、证据充分，被告人认罪且对适用简易程序没有异议的案件，所适用的较普通程序相对简化的审判程序。

5. 提出适用速裁程序的建议。根据《刑事诉讼法》第 222 条第 2 款的规定，人民检察院在提起公诉时，对于案件事实清楚，证据确实、充分，可能判处 3 年有期徒刑以下刑罚，被告人认罪认罚同意适用速裁程序的，可以建议人民法院适用速裁程序。刑事审判速裁程序，是基层人民法院为提高审理刑事案件的质量与效率，维护当事人的合法权益，体现认罪认罚从宽原则，所适用的较简

---

〔1〕《高检诉讼规则》第 430 条规定，人民检察院对于基层人民法院管辖的案件，符合下列条件的，可以建议人民法院适用简易程序审理：①案件事实清楚、证据充分的；②被告人承认自己所犯罪行，对指控的犯罪事实没有异议的；③被告人对适用简易程序没有异议的。

易程序更为简化的审判程序。

第四节　不起诉

一、不起诉的概念

不起诉，是人民检察院对调查或者侦查终结移送审查起诉的刑事案件进行审查后，认为不具备起诉条件，犯罪嫌疑人没有犯罪事实、有《刑事诉讼法》第16条规定的情形之一，或者犯罪情节轻微，依照法律规定不需要判处刑罚或免除刑罚，所作出的不将案件移送人民法院进行审判而终止诉讼的一种处理决定。

不起诉是人民检察院审查起诉后所作出的一种处理方式，其根据在于案件不具备起诉条件或者根据案件的实际情况不应当或不适宜提起公诉。不起诉决定具有终止刑事诉讼的确定的法律效力。除非具备法律要求的条件，否则不得改变已发生法律效力的不起诉决定，再行提起公诉。

不起诉不同于《刑事诉讼法》第282条针对未成年人犯罪案件规定的附条件不起诉决定。附条件不起诉，也称暂缓起诉，是指人民检察院在审查起诉过程中，对于符合提起公诉条件而罪行较轻的未成年犯罪嫌疑人，有悔罪表现的，决定暂不起诉，对其进行监督考察，根据其表现，再决定是否起诉的制度。[1]关于附条件不起诉的具体内容将在本教材第十九章"刑事特别程序"中详细论述。

二、不起诉的适用情形

根据《刑事诉讼法》第177条、第175条的规定，人民检察院审查起诉后作出的不起诉决定，有法定不起诉、酌定不起诉、证据不足不起诉三种类型。三种类型适用的条件各不相同。此外，《刑事诉讼法》第182条规定了犯罪嫌疑人自愿如实供述案件中特殊案件、特殊程序下的不起诉，第290条规定了当事人和解情况下的不起诉。

1. 法定不起诉。《刑事诉讼法》第177条第1款规定："犯罪嫌疑人没有犯罪事实，或者有本法第十六条规定的情形之一的，人民检察院应当作出不起诉决定。"

法定不起诉表明人民检察院对案件没有诉权或者丧失诉权而不能提起公诉，因而也称绝对不起诉。检察机关应当不起诉的情形有两种：一是没有犯罪事实，包括没有犯罪行为发生，或者犯罪行为并非本案犯罪嫌疑人所为。二是有《刑

〔1〕　王敏远主编：《中国刑事诉讼法教程》，中国政法大学出版社2012年版，第431页。

事诉讼法》第 16 条规定的不追究刑事责任情形之一的，包括：①情节显著轻微、危害不大，不认为是犯罪的；②犯罪已过追诉时效期限的；③经特赦令免除刑罚的；④依照《刑法》规定，属于告诉才处理的犯罪，没有告诉或者撤回告诉的；⑤犯罪嫌疑人、被告人死亡的；⑥其他法律规定免予追究刑事责任的。

对公安机关移送起诉的案件，符合法定不起诉条件的，检察机关应当或者只能作出不起诉决定，而无自由裁量的余地。需要注意的是，对人民检察院自行侦查终结的案件发现上述不应当追究刑事责任情形的，根据《高检诉讼规则》第 366 条的规定精神，应当退回负责侦查的部门，建议撤销案件。

根据《高检诉讼规则》第 365 条第 2 款的规定，对于犯罪事实并非犯罪嫌疑人所为，需要重新调查或者侦查的，应当在作出不起诉决定后书面说明理由，将案卷材料退回监察机关或者公安机关并建议重新调查或者侦查。

2. 酌定不起诉。《刑事诉讼法》第 177 条第 2 款规定："对于犯罪情节轻微，依照刑法规定不需要判处刑罚或者免除处罚的，人民检察院可以作出不起诉决定。"

酌定不起诉是检察机关行使起诉裁量权作出的不起诉决定。从公诉的角度看，酌定不起诉是检察机关在拥有诉权的情况下，对案件进行权衡后，认为舍弃诉权更为适宜时作出的不起诉决定，也称为相对不起诉或者裁量不起诉。

根据检察机关对具体刑事案件决定是否起诉时是否享有自由裁量权，理论上有起诉便宜主义和起诉法定主义之别。凡是认为只要有足够的证据证明确有犯罪事实，且具备起诉条件，检察机关就应当起诉的，称为起诉法定主义。反之，凡认为有足够的证据证明确有犯罪事实，且具备起诉条件，但检察机关可以斟酌犯罪嫌疑人及其罪行、刑事政策等各种情形，认为不需要处罚时，可以裁量决定不起诉的，称为起诉便宜主义。检察机关斟酌不起诉的要素包括：①犯罪人的个人情况。重点是衡量其人身危险性，考虑其个人的恶性、改造的难易、身体对刑罚的承受能力、提起公诉对犯罪人的职业、单位和家庭可能带来的影响等。②犯罪的轻重与情节。这是决定是否起诉的主要酌定因素。③犯罪后的情况。例如，作案后是否有逃跑、隐藏或者毁灭证据的行为，有无自首或立功表现，有无如实供述和悔改表现，是否愿意赔偿损失及赔偿方面的努力程度，被害人的态度，犯罪后社会情况的变化等。

我国刑事诉讼中的酌定不起诉制度，实际上是微罪不起诉，即对情节轻微的犯罪，适用起诉便宜主义。对于较严重的犯罪，适用起诉法定主义，只要具备起诉条件，人民检察院就必须提起公诉，没有自由裁量的余地。

根据我国《刑事诉讼法》第 177 条第 2 款的规定，适用酌定不起诉应当同时具备两个条件：一是犯罪嫌疑人的行为已经构成犯罪；二是该犯罪行为情节轻微或较轻，依照《刑法》规定不需要判处刑罚或者可以免除处罚。它包含两种情形：一种是犯罪情节轻微，不需要判处刑罚的情形。这主要指《刑法》第37条规定的"对于犯罪情节轻微不需要判处刑罚的，可以免予刑事处罚"的情形。另一种是免除处罚的情形。这主要是指《刑法》规定的应当或者可以免除刑罚处罚的情形，包括：犯罪嫌疑人又聋又哑，或者是盲人；防卫过当，避险过当；犯罪预备，犯罪中止；从犯，胁从犯；自首，重大立功；等等。

司法实践中，当犯罪嫌疑人同时具备以上两个条件时，人民检察院不是必须作出不起诉决定，还要根据犯罪嫌疑人的年龄、作案的动机和目的、手段、危害后果、认罪态度、一贯表现、社会和被害人的反应等因素综合考虑，在确认没有追诉必要时，才能适用不起诉决定，不能随意扩大不起诉范围。[1]

本章导入案例中，人民检察院对犯罪嫌疑人程某作出的不起诉决定，就属于酌定不起诉。根据案件事实和证据，程某的行为已经构成盗窃罪，具备起诉条件；同时其具有犯罪情节较轻，依法可以免除处罚的情形（盗窃财物刚达到数额较大的追诉标准，可认为罪行较轻；程某犯罪后自首并退回全部赃物，有悔罪表现），检察机关综合考虑案件和程某的情况决定对程某不起诉，符合法律规定。

需要指出的是，2018年《刑事诉讼法》第182条[2]增加规定了犯罪嫌疑人认罪认罚案件中特殊案件、特殊程序下的不起诉。这是针对认罪认罚案件中存在重大立功或者涉及国家重大利益的重大突破性规定，对于鼓励检举重大犯罪、维护国家利益有一定积极意义。只是在程序设计上，法律规定这种不起诉由最高人民检察院核准。

---

〔1〕 2007年6月19日最高人民检察院发布的《人民检察院办理不起诉案件质量标准（试行）》规定，对符合《刑事诉讼法》第142条第2款（即2018年《刑事诉讼法》第177条第2款）规定的条件，同时具有下列情形之一的，依法决定不起诉：①未成年犯罪嫌疑人、老年犯罪嫌疑人，主观恶性较小、社会危害不大的；②因亲友、邻里及同学同事之间纠纷引发的轻微犯罪中的犯罪嫌疑人，认罪悔过、赔礼道歉、积极赔偿损失并得到被害人谅解或者双方达成和解并切实履行，社会危害不大的；③初次实施轻微犯罪的犯罪嫌疑人，主观恶性较小的；④因生活无着，偶然实施盗窃等轻微犯罪的犯罪嫌疑人，人身危险性不大的；⑤群体性事件引起的刑事犯罪中的犯罪嫌疑人，属于一般参与者的。具有下列情形之一的，不应适用《刑事诉讼法》第142条第2款（即2018年《刑事诉讼法》第177条第2款）作不起诉决定：①实施危害国家安全犯罪的；②一人犯数罪的；③犯罪嫌疑人有脱逃行为或者构成累犯的；④犯罪嫌疑人系共同犯罪中的主犯，而从犯已被提起公诉或者已被判处刑罚的；⑤共同犯罪中的同案犯，一并起诉、审理更为适宜的；⑥犯罪后订立攻守同盟，毁灭证据，逃避或者对抗侦查的；⑦因犯罪行为给国家或者集体造成重大经济损失或者有严重政治影响的；⑧需要人民检察院提起附带民事诉讼的；⑨其他不应当作不起诉处理的。

〔2〕《刑事诉讼法》第182条规定："犯罪嫌疑人自愿如实供述涉嫌犯罪的事实，有重大立功或者案件涉及国家重大利益的，经最高人民检察院核准，公安机关可以撤销案件，人民检察院可以作出不起诉决定，也可以对涉嫌数罪中的一项或者多项不起诉。"

3. 证据不足不起诉。《刑事诉讼法》第 175 条第 4 款规定："对于二次补充侦查的案件，人民检察院仍然认为证据不足，不符合起诉条件的，应当作出不起诉的决定。"

人民检察院提起公诉的条件是"犯罪事实已经查清，证据确实、充分，依法应当追究刑事责任"。如果案件中认定犯罪嫌疑人构成犯罪有一定根据，但证据不充分，不能在法律上证实犯罪，不符合起诉条件的，根据无罪推定的精神，对这类案件应当不起诉。关于"证据不足，不符合起诉条件"，根据《高检诉讼规则》第 368 条的规定，具有下列情形之一，不能确定犯罪嫌疑人构成犯罪和需要追究刑事责任的，属于证据不足，不符合起诉条件：①犯罪构成要件事实缺乏必要的证据予以证明的；②据以定罪的证据存在疑问，无法查证属实的；③据以定罪的证据之间、证据与案件事实之间的矛盾不能合理排除的；④根据证据得出的结论具有其他可能性，不能排除合理怀疑的；⑤根据证据认定案件事实不符合逻辑和经验法则，得出的结论明显不符合常理的。

根据法律规定，因证据不足而决定不起诉的案件，应当经过补充侦查或者自行侦查。根据《刑事诉讼法》第 170 条第 1 款、《监察法》第 47 条第 3 款的规定，对监察机关移送起诉的案件，人民检察院经审查，认为需要补充核实的，应当退回监察机关补充调查，必要时可以自行补充侦查。人民检察院对于有《刑事诉讼法》规定的不起诉的情形的，经上一级人民检察院批准，依法作出不起诉的决定。而根据《刑事诉讼法》第 175 条第 2 款的规定，对公安机关移送起诉的案件，需要补充侦查的，人民检察院可以退回公安机关补充侦查，也可以自行侦查。《高检诉讼规则》第 367 条规定："人民检察院对于二次退回补充调查或者补充侦查的案件，仍然认为证据不足，不符合起诉条件的，经检察长批准，依法作出不起诉决定。人民检察院对于经过一次退回补充调查或者补充侦查的案件，认为证据不足，不符合起诉条件，且没有再次退回补充调查或者补充侦查必要的，经检察长批准，可以作出不起诉决定。"

[**案例**][1] 某年 11 月 24 日凌晨，某市市委办公室被盗，被盗物品有手机等，共计价值 5000 余元。审查起诉阶段，人民检察院办案人员按照办案程序讯问了犯罪嫌疑人时某、王某，发现王某有非常严重的口吃，他称当时正在浙江义乌某服装厂打工，从未到过该市，更未参与盗窃。而时某则承认他与王某共同盗窃。检察官通过仔细阅卷，发现王某在侦查阶段时供时翻，认定王某参与盗窃的证据仅有时某的供述。认定或者排除王某盗窃的证据均不足。于是，案

---

〔1〕 王册、宋家宁主编：《刑事诉讼法学案例评析》，中国人民公安大学出版社 2005 年版，根据第 299~300 页的内容编写。

件被退回公安机关补充侦查。经补充侦查，案件被再次移送审查起诉。侦查人员到王某打工的工厂提取了出工记录，但没有 11 月 22 日、23 日的记录。原来当地举行大型庙会，工厂放假两天，王某的室友已记不清王某当时在不在。补充侦查的结果仍然无法认定王某是否参与了盗窃。办案人员再次讯问时某，让他描述王某的长相和讲话的明显特征。时某只是讲到王某左胳膊上有文身、刺字，眼边有疤痕。经对王某进行人身检查，没有发现这些特征。检察机关再次将案件退回公安机关补充侦查。公安机关组织辨认，时某未能认出王某。据此，检察机关认为王某是否参与盗窃的事实不清，现有证据无法证明其参与了盗窃，于是决定对王某不起诉。

本案中人民检察院对王某作出的不起诉决定，就属于证据不足不起诉。本案证明犯罪嫌疑人王某盗窃的证据仅有同案犯罪嫌疑人时某的供述。在认定或者排除犯罪均证据不足的情况下，检察机关依法将案件退回补充侦查。案件经公安机关两次补充侦查，仍然不能证明王某参与了盗窃。人民检察院依法作出不起诉的决定符合法律规定。

人民检察院作出证据不足不起诉决定的，如果发现了新的证据，案件符合起诉条件时，可以撤销不起诉决定，提起公诉。

三、不起诉的程序

根据《刑事诉讼法》第 177 第 3 款至第 180 条和《高检诉讼规则》的有关规定，人民检察院决定不起诉的案件，应当遵循以下处理程序：

1. 决定不起诉，制作不起诉决定书。根据《高检诉讼规则》第 371 条的规定，人民检察院直接受理侦查的案件，以及监察机关移送起诉的案件，拟作不起诉决定的，应当报请上一级人民检察院批准。

[**案例**][1] 某县纪委、监委依纪依法对该县公职人员 A 某涉嫌严重违纪违法问题立案调查。纪委、监委在很短的时间内完成了调查工作，依纪依法给予了 A 某党纪和政务处分，决定将 A 某涉嫌挪用公款犯罪案件移送县人民检察院审查起诉。

县人民检察院经依法审查，发现 A 某涉嫌挪用公款犯罪的行为发生在多年前，且 A 某挪用公款几个月后即归还，随后 A 某没有再对公款予以挪用，之前的挪用行为多年来也一直未被发现。A 某挪用公款的行为前不久被发现时，已经超过《刑法》规定的追诉时效，符合《刑事诉讼法》第 16 条规定的不起诉的情形。经该县所在的市人民检察院批准，县人民检察院依法作出不起诉的决定。该县监察委员会没有提请复议。

---

〔1〕"案例解读监察法"，载 http：//www.sohu.com/a/284977527_120059466。

人民检察院作出不起诉决定后，应当制作不起诉决定书。不起诉决定书是人民检察院代表国家依法确认不追究犯罪嫌疑人刑事责任的决定性法律文书。其主要内容包括：被不起诉人的基本情况、案由和案件来源、案件事实、不起诉的法律根据和理由、涉案财物的处理情况、有关告知情况等。

2. 不起诉决定的宣布和送达。不起诉的决定，由人民检察院公开宣布，并将宣布活动记入在案。不起诉决定书自公开宣布之日起生效。

不起诉决定书应当送达被不起诉人及其辩护人以及被不起诉人所在的单位，并告知被不起诉人对酌定不起诉决定不服的，可以在一定期限内向人民检察院申诉。

对于有被害人的案件，应将不起诉决定书送达被害人或者其近亲属及其诉讼代理人。送达时，应当告知被害人或者其近亲属及其诉讼代理人，对不起诉不服的，可以在一定期限内向上一级人民检察院申诉或者直接向人民法院提起自诉。

对于监察机关、公安机关移送起诉的案件，人民检察院决定不起诉的，应当将不起诉决定书送达监察机关、公安机关。

3. 对被不起诉人和涉案财物的处理。人民检察院决定不起诉的案件，被不起诉人在押的，应当立即释放；被采取其他强制措施的，应当通知执行机关解除。可以根据案件的不同情况，对被不起诉人予以训诫或者责令具结悔过、赔礼道歉、赔偿损失，对被不起诉人需要给予行政处罚、政务处分或者其他处分的，经检察长批准，人民检察院应当提出检察意见，连同不起诉决定书一并移送有关主管机关处理，并要求有关主管机关及时通报处理情况（《高检诉讼规则》第 373 条）。

人民检察院决定不起诉的案件，应当同时对侦查中查封、扣押、冻结的财物解除查封、扣押、冻结。

四、对不起诉决定的异议

1. 监察机关、公安机关提出复议、复核。《监察法》第 47 条第 4 款规定："监察机关认为不起诉的决定有错误的，可以向上一级人民检察院提请复议。"《刑事诉讼法》第 179 条规定："公安机关认为不起诉决定有错误的时候，可以要求复议，如果意见不被接受，可向上一级人民检察院提请复核。"上一级人民检察院经复核改变下级人民检察院不起诉决定的，应当撤销或者变更下级人民检察院作出的不起诉决定，交由下级人民检察院执行。

2. 被害人提出申诉或者向法院自诉。根据《刑事诉讼法》第 180 条的规定，被害人对人民检察院作出的不起诉决定不服的，可以自收到决定书后 7 日以内向上一级人民检察院申诉，请求提起公诉。人民检察院应当立案复查并将复查决定告知被害人。根据《高检诉讼规则》第383条第2款的规定，上级人民检察院经复查作出起诉决定的，应当撤销下级人民检察院的不起诉决定，交由下级人民检察院提起公诉，并将复查决定书抄送移送审查起诉的监察机关或者公安机关。

《刑事诉讼法》第180条同时规定，对人民检察院维持不起诉决定的，被害人可以向人民法院起诉。被害人也可以不经申诉，直接向人民法院起诉。人民法院受理案件后，人民检察院应当将有关案件材料移送人民法院。这是法律赋予被害人对公诉案件的直接起诉权，即以自诉代替公诉，从而实现对犯罪的追诉。这一规定有利于制约检察机关的不起诉权力，有利于保护被害人的合法权益。

与这一规定相对应的是《刑事诉讼法》第210条第3项规定的自诉案件。"被害人有证据证明对被告人侵犯自己人身、财产权利的行为应当依法追究刑事责任，而公安机关或者人民检察院不予追究被告人刑事责任的案件"，即公诉转自诉案件。

3. 被不起诉人提出申诉。《刑事诉讼法》第181条规定："对于人民检察院依照本法第一百七十七条第二款规定作出的不起诉决定，被不起诉人如果不服，可以自收到决定书后七日以内向人民检察院申诉。"根据《高检诉讼规则》第385条规定，被不起诉人对酌定不起诉决定不服，在收到不起诉决定书后7日以内提出申诉的，应当由作出决定的人民检察院负责捕诉的部门进行复查；被不起诉人在收到不起诉决定书7日以后提出申诉的，由负责控告申诉检察的部门进行审查。经审查，认为不起诉决定正确的，出具审查结论直接答复申诉人，并做好释法说理工作；认为不起诉决定可能存在错误的，移送负责捕诉的部门复查。人民检察院应当将复查决定书送达被不起诉人、被害人。复查后，撤销不起诉决定，变更不起诉的事实或者法律依据的，应当同时将复查决定书抄送移送起诉的监察机关或者公安机关。

本章导入案例中，检察机关对程某作出的不起诉决定应当公开宣布，将不起诉决定书送达不起诉人程某和程某所在学校。被不起诉人程某、本案被害人对不起诉决定有意见的，有权依法提出申诉；公安机关不同意不起诉决定的，可以依法申请复议。

思考题

1. 简述人民检察院审查起诉的内容和程序。
2. 《刑事诉讼法》对审查起诉阶段的补充侦查是如何规定的？
3. 提起公诉的条件是什么？提起公诉应当遵循哪些法定程序？

4. 适用酌定不起诉的条件有哪些?

5. 如何适用证据不足不起诉?

6. 简述不起诉的处理程序。

实务训练

案例一： 某市郊区护城河发现一具女性尸体。该尸体后被确认为本市某厂女工路某，系他杀。经某市公安局立案、侦查，认为市某厂业务员金某有嫌疑。侦查终结后，公安局于 2009 年 10 月 31 日将案件移送至某市检察院审查起诉。市检察院接到公安局移送审查起诉的案件，对案卷证据进行了审查，对犯罪嫌疑人金某进行了讯问。市检察院认为证据不足，遂于 11 月 12 日将案件退回公安机关补充侦查。12 月 19 日，公安局补充侦查完毕，再次将案件移送起诉。市检察院经过审查，认为现有证据仍然不足以证明金某实施了杀人行为，于 2010 年 2 月 12 日作出了证据不足的不起诉决定，并公开宣布，同时于 2 月 12 日将不起诉决定送达了犯罪嫌疑人金某、被害人路某的母亲周某、市公安局。市公安局认为不起诉决定不当，继续羁押犯罪嫌疑人金某，同时向上一级检察院即某省人民检察院提请复议，省检察院维持了不起诉决定。周某对不起诉决定不服，向中级人民法院提起诉讼，该法院以未先行向检察机关申诉为由拒绝受理。

[问题]

本案中刑事诉讼程序有何不当之处?并说明理由。

[分析提示]

①人民检察院仅讯问犯罪嫌疑人，错误。人民检察院还应听取辩护人、被害人及其诉讼代理人的意见，并记录在案。②市公安局补充侦查超过了法定期限。③市检察院审查起诉超过了法定期限。④市公安局认为不起诉决定不当，继续羁押犯罪嫌疑人，错误。⑤市公安局认为不起诉决定不当，向上级检察院提请复议，错误。⑥中级人民法院拒绝受理被害人母亲的申诉，错误。

案例二： 某县人民检察院在审查徐某涉嫌强奸一案时，认为犯罪嫌疑人徐某的行为构成强奸罪，但属于犯罪中止，且没有对被害女青年造成损害，遂根据《刑法》第 24 条和《刑事诉讼法》第 177 条第 2 款的规定，对徐某作出了不起诉决定。事隔一个多月后，被害女青年到县人民检察院打听案件进展情况，被告知此案早已处理完毕。

[问题]

1. 县人民检察院未将不起诉决定书送达被害女青年是否正确?理由是什么?

2. 被害女青年如果对不起诉决定不服，该怎么办?

[分析提示]

1. 不正确。人民检察院应将不起诉决定书分别送达被不起诉人、被害人。

2. 被害女青年对不起诉决定不服的，可以自收到不起诉决定书后 7 日内向上一级人民检察院申诉，也可以不经申诉直接向人民法院提起自诉。

案例三：犯罪嫌疑人苑某涉嫌故意伤害一案，经某县公安局侦查终结移送审查起诉。公安机关的起诉意见书认定：2019 年 1 月 19 日上午，犯罪嫌疑人苑某因使用电脑与其同事叶某在办公室发生纠纷，后双方发生厮打。打斗中，苑某一拳击中叶某的面部，将叶某的牙齿打掉 2 颗。经法医鉴定：叶某损伤程度属轻伤。案发后，经调解，苑某自愿赔偿叶某的损失 2 万元。

某县人民检察院在审查起诉中认为，案件事实清楚，证据充分，苑某的行为构成故意伤害罪，但犯罪情节轻微，能够积极赔偿被害人，具有社会危害性较小、认罪态度较好等情节。于是，对苑某作出不起诉决定。

[问题]

1. 某县人民检察院对苑某作出的是哪种不起诉？

2. 公安机关认为检察院的决定有错误，怎么办？

[分析提示]

1. 某县人民检察院作出的不起诉决定属于酌定不起诉。

2. 公安机关认为检察院的决定有错误，可以申请复议；意见不被接受的，可以向上一级检察院提请复核。

延伸阅读

四川省×县人民检察院
不起诉决定书

×检公诉刑不诉〔2018〕89 号

被不起诉人张某某，女，1969 年××月××日出生于四川省×县，居民身份证号码为 5130311969××××××××，汉族，初中文化，无业，户籍地四川省×县××镇××路××号××栋××单元××楼××号，现住四川省×县××镇××巷××号××单元××楼××号。张某某因涉嫌盗窃罪，于 2018 年 10 月 5 日经×县公安局决定被刑事拘留；同月 16 日经×县公安局决定被取保候审。

本案由×县公安局侦查终结，以被不起诉人张某某涉嫌盗窃罪，于 2018 年 10 月 23 日向本院移送审查起诉。

经本院依法审查查明：

2018 年 10 月 4 日 9 时许，被不起诉人张某某在四川省×县人民医院住院部 4 楼"脑电图室"办公室内，趁被害人秦某某离开办公室之机，将其放在办公桌上挎包内的钱包盗走，钱包内有现金 1712 元、惠利多超市提货卡 1 张（不记名，价值 500 元）及社会保障卡 1 张等。

同日 21 时许，被不起诉人张某某到×县公安局投案，后将盗窃的财物退还给被害人秦某某，秦某某对张某某的行为表示谅解。

本院认为，被不起诉人张某某实施了《中华人民共和国刑法》第 264 条规定的行为，但犯罪情节较轻，具有自首情节，并主动退还赃款赃物，取得被害人谅解，根据《中华人民共和国刑法》第 67 条的规定，可以免除处罚。依照《中华人民共和国刑事诉讼法》第 177 条第 2 款的规定，决定对张某某不起诉。

被不起诉人如不服本决定，可以自收到本决定书后 7 日内向本院申诉。

被害人如不服本决定，可以自收到本决定书后 7 日以内向××市人民检察院申诉，请求提起公诉；也可以不经申诉，直接向×县人民法院提起自诉。

四川省×县人民检察院

2018 年 10 月 30 日

模块六　刑事审判程序

刑事第一审程序

学习目标

通过本章的学习与训练，了解刑事审判的概念和特征；明确审判组织和刑事审判制度与原则；明确对公诉案件的审查内容；熟练掌握开庭前的各项准备工作内容，明确法庭审判的各个环节和具体操作；能够依法完成开庭前的准备工作，掌握法庭笔录的记录要领，具备参与法庭审理活动的能力。了解人民法院对自诉案件的审查和处理，掌握自诉案件第一审程序的特点；能够为自诉人提供法律帮助。把握刑事简易程序审判的具体内容，能够针对案件情况作出适当处理。明确刑事速裁程序审判的案件适用要求，能够依法开展刑事速裁程序。

导入案例

某年 12 月 24 日，被告人朱某在 A 市某店内喝啤酒时，因琐事与被害人吕某、孙某发生纠纷并引发肢体碰撞。双方结账出门后，朱某掏出随身携带的折叠刀，捅刺吕某、孙某，致吕某死亡、孙某重伤。

A 市人民检察院以被告人朱某犯故意伤害罪向 A 市中级人民法院提起公诉，被害人吕某的父母、被害人孙某提起附带民事诉讼。被告人朱某依法委托律师张某担任辩护人。A 市中级人民法院依法组成合议庭公开开庭审理了此案，被告人的家人、同事、朋友等十余人旁听了庭审。审理过程中，法院依法通知李某、陈某出庭作证，陈某不愿出庭指证朱某，以法律规定可以不出庭为由，拒绝到庭作证。

[任务提出]

根据本案，思考并完成以下学习任务：

1. 人民法院公开开庭审理本案，是否合法？
2. 人民法院开庭前应当做好哪些准备工作？
3. 刑事法庭审判包括哪几个阶段？

4. 法庭如何处理证人陈某拒绝出庭作证的情形？

5. 如果你是本法庭的书记员，在法庭审理过程中，应当做好哪些工作？

第一节　审判组织与审判原则

一、刑事审判的概念和任务

（一）刑事审判的概念

刑事案件经人民检察院向人民法院提起公诉，或者经自诉人向人民法院提起自诉，即进入审判阶段。

刑事诉讼中的审判，是指人民法院依法对刑事案件进行审理和裁判的活动。审理是指人民法院在控、辩双方及其他诉讼参与人的参加下，调查核实证据、查明案件事实并确定如何适用法律的活动。裁判，是指人民法院依据认定的证据、查明的案件事实和有关的法律，对案件的实体和程序问题作出处理结论的活动。审理是裁判的条件和基础，裁判是审理的目的和结果。

我国刑事审判具有以下特征：

1. 刑事审判是国家行使刑罚权的活动。刑事审判所要解决的是刑事被告人的刑事责任问题。通过审理和裁判活动，对犯罪行为依法作出处理，能够实现国家的刑罚权。这也是刑事审判区别于民事审判和行政审判之处。

2. 在刑事诉讼过程中，审判决定着案件的最终处理结果，是实现国家刑罚权的关键阶段。刑事审判是在人民法院主持之下，控、辩双方通过对刑事案件事实的调查，查明事实、核实证据，并在此基础上展开辩论，最终由人民法院依法确定被告人的行为是否构成犯罪、应否给予刑事处罚以及给予何种处罚的活动。

3. 没有起诉，就没有审判。在我国，除非有人民检察院代表国家提起的公诉，或者自诉人依法提起的自诉，否则人民法院不进行审判。

4. 人民法院在审判中地位中立，超然于控、辩双方，以保证实现公正审判。但同时人民法院并不消极，有职有权，以保证审判效率。

（二）刑事审判的任务

刑事审判的根本任务，是通过审判活动，惩罚犯罪分子，保障无罪的人不受刑事追究，教育公民自觉遵守法律，积极同犯罪行为作斗争，以维护社会主义法制和社会秩序，保护公民的人身权利、财产权利、民主权利和其他权利，保障社会主义建设事业的顺利进行。

刑事审判的具体任务是，依照法律规定的程序，查清案件事实，并根据已经查明的事实、证据和有关的法律规定，就被告人是否有罪、应否判处刑罚以及判处何种刑罚作出裁判并予以公开宣告。

二、刑事审判程序

刑事审判程序是指人民法院审判刑事案件的步骤和方式、方法的总和。我国《刑事诉讼法》规定了以下几种审判程序：

1. 第一审程序，指人民法院根据审判管辖的规定，对人民检察院提起公诉和自诉人提起自诉的案件进行初次审判的程序。依据起诉主体的不同，第一审程序分为公诉案件的第一审程序和自诉案件的第一审程序。此外，《刑事诉讼法》还根据案件本身的特点，规定了刑事简易程序和速裁程序，其目的在于提高诉讼效率，便于司法机关集中力量办理重大、疑难、复杂的刑事案件。

第一审程序是审判刑事案件基本的、必经的程序。

2. 第二审程序，指第二审人民法院对上诉、抗诉案件进行审判的程序。如果没有上诉或者抗诉，就不再发生第二审程序。

3. 特殊案件的复核程序，包括死刑复核程序以及人民法院根据《刑法》第63条第2款的规定在法定刑以下判处刑罚的案件的复核程序。

4. 审判监督程序，指对已经发生法律效力的判决和裁定，发现在认定事实上或者在适用法律上确有错误时，依法进行重新审判的程序。

三、审判组织

审判组织是指人民法院审判案件的组织形式。根据《刑事诉讼法》第183条和《人民法院组织法》第29条、第39条的规定，人民法院审判刑事案件的组织形式有三种，即独任庭、合议庭和审判委员会。

（一）独任庭

独任庭是指由审判员一人单独审判案件的法庭组织形式。

《刑事诉讼法》第183条第1款规定，基层人民法院适用简易程序、速裁程序的案件可以由审判员一人独任审判。因为这两类案件事实清楚、证据充分、被告人承认所犯罪行，由审判员一人进行审判，既可以保证办案质量，提高诉讼效率，又可以节省司法资源，便于法院集中力量处理比较重大、复杂的案件。

适用独任审判，须按照《刑事诉讼法》规定的简易程序、速裁程序进行。依法应当公开审理的案件，都应当公开审理，并要认真执行回避、辩护、上诉等各项诉讼制度，切实保障当事人及其他诉讼参与人的诉讼权利。法官独任审判案件，独任法官对案件的事实认定和法律适用负责。

（二）合议庭

合议庭是指由审判人员数人集体审判案件的法庭组织形式。

合议庭是人民法院审判案件的基本组织形式。根据《刑事诉讼法》的规定，除基层人民法院适用简易程序、速裁程序审判案件可以由审判员一人独任审判外，人民法院审判刑事案件应当采用合议庭，以发挥集体的智慧，集思广益，防止主观片面和个人专断，力求案件审判客观公正。合议庭审理案件，法官对案件的事实认定和法律适用负责。

1. 合议庭的组成方式。根据《刑事诉讼法》第 183 条、第 249 条的规定，合议庭的组成方式因法院级别和审判案件的程序不同而有所不同。

审判的法院	审判的案件	合议庭的组成
基层人民法院、中级人民法院	第一审刑事案件	审判员 3 人，或者审判员和人民陪审员共 3 人或者 7 人
高级人民法院	第一审刑事案件	审判员 3~7 人，或者审判员和人民陪审员共 3 人或者 7 人
最高人民法院	第一审刑事案件	审判员 3~7 人
中级人民法院、高级人民法院、最高人民法院	上诉、抗诉案件	审判员 3 人或者 5 人
最高人民法院	复核死刑案件	审判员 3 人
高级人民法院	复核死刑缓期执行的案件	审判员 3 人

2. 合议庭的组成原则。

（1）合议庭由法官组成，或者由法官和人民陪审员组成，成员应当是 3 人以上单数。《刑事诉讼法》第 13 条规定，人民法院审判案件，实行人民陪审员陪审的制度。人民陪审员是指符合《人民陪审员法》规定的条件，依法定程序被任命为人民陪审员的人员。人民陪审员依法享有参加审判活动、独立发表意见、获得履职保障等权利。[1] 根据《刑事诉讼法》第 183 条第 1、2 款的规定，地方各级人民法院审判第一审刑事案件，均可吸收人民陪审员作为合议庭成员

---

[1] 根据《人民陪审员法》的规定，公民担任人民陪审员，应当具备拥护宪法、年满28周岁、遵纪守法、品行良好、公道正派、具有正常履行职责的身体条件等条件，且具有高中以上文化程度。但人民代表大会常务委员会的组成人员，监察委员会、人民法院、人民检察院、公安机关、国家安全机关、司法行政机关的工作人员；律师、公证员、仲裁员、基层法律服务工作者；其他因职务原因不适宜担任人民陪审员的人员，不能担任人民陪审员。此外，受过刑事处罚的，被开除公职的，被吊销律师、公证员执业证书的，被纳入失信被执行人名单的，因受惩戒被免除人民陪审员职务的，以及其他有严重违法违纪行为，可能影响司法公信的人，不得担任人民陪审员。

参与审判，人民陪审员在人民法院执行职务，享有与审判员同等的权利。[1]

（2）合议庭由 1 名法官担任审判长。院长或者庭长参加审判案件的时候，自己担任审判长。审判长主持庭审、组织评议案件，评议案件时与合议庭其他成员权利平等。

（3）开庭审理和评议案件，应当由同一合议庭进行。合议庭成员在评议案件时，应当独立表达意见并说明理由。意见分歧的，应当按多数意见作出决定，但少数意见应当记入笔录。评议笔录由合议庭的组成人员在审阅确认无误后签名。评议情况应当保密。

（4）不得随意更换合议庭成员。根据最高人民法院 2002 年 8 月 12 日发布的《关于人民法院合议庭工作的若干规定》（以下称《合议庭规定》）第 3 条的规定，合议庭组成人员确定后，除因回避或者其他特殊情况，不能继续参加案件审理的之外，不得在案件审理过程中更换。更换合议庭成员，应当报请院长或者庭长决定。合议庭成员的更换情况应当及时通知诉讼当事人。

（三）审判委员会

审判委员会是人民法院内部设立的对审判工作实行集体领导的组织形式。

根据 2018 年修订的《人民法院组织法》第 36 条第 1 款、第 38 条第 2 款的规定，各级人民法院设审判委员会，审判委员会由院长、副院长和若干资深法官组成，成员应当为单数。审判委员会会议由院长或者院长委托的副院长主持。审判委员会实行民主集中制。

审判委员会的职能包括总结审判经验；讨论重大、疑难、复杂案件的法律适用；讨论决定本院已经发生法律效力的判决、裁定、调解书是否应当再审；讨论其他有关审判工作的重大问题。根据《刑事诉讼法》第 185 条的规定，对于"疑难、复杂、重大的案件，合议庭认为难以作出决定的，由合议庭提请院长决定提交审判委员会讨论决定。审判委员会的决定，合议庭应当执行"。根据《高法解释》第 216、217 条的规定，合议庭审理、评议后，应当及时作出判决、裁定。但是对于下列案件，合议庭应当提请院长决定提交审判委员会讨论决定：

---

[1]《高法解释》第 213 条规定，基层人民法院、中级人民法院、高级人民法院审判下列第一审刑事案件，由审判员和人民陪审员组成合议庭进行：①涉及群体利益、公共利益的；②人民群众广泛关注或者其他社会影响较大的；③案情复杂或者有其他情形，需要由人民陪审员参加审判的。基层人民法院、中级人民法院、高级人民法院审判下列第一审刑事案件，由审判员和人民陪审员组成 7 人合议庭进行：①可能判处 10 年以上有期徒刑、无期徒刑、死刑，且社会影响重大的；②涉及征地拆迁、生态环境保护、食品药品安全，且社会影响重大的；③其他社会影响重大的。《高法解释》第 215 条规定，人民陪审员参加 3 人合议庭审判案件，应当对事实认定、法律适用独立发表意见，行使表决权。人民陪审员参加 7 人合议庭审判案件，应当对事实认定独立发表意见，并与审判员共同表决；对法律适用可以发表意见，但不参加表决。

①高级人民法院、中级人民法院拟判处死刑立即执行的案件，以及中级人民法院拟判处死刑缓期执行的案件；②本院已经发生法律效力的判决、裁定确有错误需要再审的案件；③人民检察院依照审判监督程序提出抗诉的案件。对合议庭成员意见有重大分歧的案件、新类型案件、社会影响重大的案件以及其他疑难、复杂、重大的案件，合议庭认为难以作出决定的，可以提请院长决定提交审判委员会讨论决定。对提请院长决定提交审判委员会讨论决定的案件，院长认为不必要的，可以建议合议庭复议一次。独任审判的案件，审判员认为有必要的，也可以提请院长决定提交审判委员会讨论决定。审判委员会的决定，合议庭、独任审判员应当执行；有不同意见的，可以建议院长提交审判委员会复议。

四、审判制度和原则

（一）两审终审制

《刑事诉讼法》第 10 条规定："人民法院审判案件，实行两审终审制。"两审终审制，是指一个案件至多经过两级人民法院审判即告终结的制度，对于第二审人民法院作出的终审判决、裁定，当事人等不得再提出上诉，人民检察院不得提出抗诉。我国人民法院分为四级，即最高人民法院、高级人民法院、中级人民法院和基层人民法院，实行四级两审终审制。

根据两审终审制的要求，地方各级人民法院按照第一审程序对案件审理后所作的判决、裁定，尚不能立即发生法律效力；只有在法定上诉期限内，有上诉权的人没有上诉，同级人民检察院也没有抗诉，第一审法院所作出的判决、裁定才发生法律效力。在法定期限内，如果有上诉权的人提出上诉，或者同级人民检察院提出了抗诉，上一级人民法院应依照第二审程序对该案件进行审判。第二审人民法院审理案件作出的判决、裁定，是终审的判决、裁定，立即发生法律效力。

我国的两审终审制存在例外和特殊：①最高人民法院审理的第一审案件为一审终审，其判决、裁定一经作出，立即发生法律效力。②判处死刑的案件，必须依法经过死刑复核程序核准后，作出死刑的裁判才能发生法律效力并交付执行。③地方各级人民法院根据《刑法》第 63 条第 2 款规定在法定刑以下判处刑罚的案件，必须经最高人民法院的核准，其判决、裁定才能发生法律效力并交付执行。

（二）审判公开原则

《宪法》第 130 条规定，人民法院审理案件，除法律规定的特别情况外，一律公开进行。《刑事诉讼法》第 11 条也规定，人民法院审判案件，除本法另有规定的以外，一律公开进行。

所谓审判公开，是指人民法院审理案件和宣告判决，都公开进行，允许公民到法庭旁听，允许新闻记者采访和报道，即把法庭审判的全部过程，除休庭评议案件外，都公之于众。根据法律规定，审判公开不仅向当事人或其他诉讼参与人公开，而且向公民公开，向社会公开。审判公开是诉讼民主的重要表现，是诉讼公正的重要保证。实行公开审判，可以带动合议、辩护、回避等各项审判原则和制度的贯彻执行；使审判在群众和社会的监督之下进行，保证案件的公开处理；还能够更有效地起到法制宣传与教育的作用。

审判公开是刑事审判的一项基本原则，但并非所有的案件都公开进行审判。根据《刑事诉讼法》第 188 条和第 285 条的规定，下列案件不公开审理：①有关国家秘密的案件。其目的是防止泄露国家秘密，危害国家利益。②有关个人隐私的案件。其目的是保护被害人或者其他人的名誉，防止对社会产生不良影响。③涉及商业秘密的案件。涉及商业秘密的案件，当事人申请不公开审理的，可以不公开审理。④未成年人犯罪的案件。审判的时候被告人不满 18 周岁的案件，不公开审理。但是，经未成年被告人及其法定代理人同意，未成年被告人所在学校和未成年人保护组织可以派代表到场。由于未成年人的心理和生理尚处于成长、发育状态，思想不稳定，容易受外界的影响，不公开审理，有利于对犯罪的未成年人进行教育和挽救。对于不公开审理的案件，应当当庭宣布不公开审理的理由。依法不公开审理的案件，任何公民包括与审理案件无关的法院工作人员和被告人的近亲属都不得旁听。不公开审理的案件，宣告判决一律公开进行。

本章导入案例是一起故意伤害案件。被告人已成年，案件也不属于有关国家秘密、个人隐私或者涉及当事人商业秘密的情形。因此，A 市中级人民法院依法公开审判是合法的。

第二节　公诉案件的第一审程序

第一审程序，是指人民法院对人民检察院提起公诉或者自诉人提起自诉的案件进行初次审判时的程序。刑事案件分为公诉案件和自诉案件。与此相应，第一审程序分为公诉案件的第一审程序和自诉案件的第一审程序。第一审程序是审判刑事案件基本的、必经的程序。无论是公诉案件还是自诉案件起诉到人民法院后，都是从第一审程序开始。

公诉案件的第一审程序，是指人民法院对人民检察院提起公诉的案件进行第一次审判时所必须遵循的程序。其内容主要包括庭前审查、庭前准备、法庭审判、庭审中的障碍处理等诉讼环节。第一审程序是刑事诉讼的中心环节和主要阶段。人民法院在第一审程序中严格依法办案，为以后的审判程序和执行程序奠定良好的基础。

一、对公诉案件的审查

（一）对公诉案件审查的概念和任务

对公诉案件的审查，是指人民法院对人民检察院提起公诉的案件依法进行庭前审查，以决定是否开庭审判的一种诉讼活动。《刑事诉讼法》第186条规定："人民法院对提起公诉的案件进行审查后，对于起诉书中有明确的指控犯罪事实的，应当决定开庭审判。"该规定表明，对公诉案件的审查，是公诉案件进入第一审程序的必经环节。

应当明确，对公诉案件的审查，不能等同于法庭审判。对公诉案件的审查，也叫庭前审查，其目的在于确定人民法院收到的公诉案件是否符合《刑事诉讼法》第186条所规定的开庭审理的程序性条件，能否将被告人交付法庭审判，而不是对案件进行实体审理，并不解决对被告人定罪量刑的问题。

通过对公诉案件进行庭前审查，有利于避免不当审判的出现，保障被告人的合法权益，也有利于节省诉讼资源，提高法院审判工作的质量。

（二）审查的内容和方法

根据《刑事诉讼法》第186条及《高法解释》第218条的规定，对公诉案件的审查以程序性审查为主，主要围绕是否具备开庭条件进行。其具体内容包括：①是否属于本院管辖；②起诉书是否写明被告人的身份，是否受过或者正在接受刑事处罚、行政处罚、处分，被采取留置措施的情况，被采取强制措施的时间、种类、羁押地点，犯罪的时间、地点、手段、后果以及其他可能影响定罪量刑的情节；③是否移送证明指控犯罪事实及影响量刑的证据材料，包括采取技术调查、侦查措施的法律文书和和所收集的证据材料；④是否查封、扣押、冻结被告人的违法所得或者其他涉案财物，是否逾期；是否随案移送涉案财物、附涉案财物清单；是否列明涉案财物权属情况；是否就涉案财物处理提供相关证据材料；⑤是否列明被害人的姓名、住址、联系方式；是否附有证人、鉴定人名单；是否申请法庭通知证人、鉴定人、有专门知识的人出庭，并列明有关人员的姓名、性别、年龄、职业、住址、联系方式；是否附有需要保护的证人、鉴定人、被害人名单；⑥当事人已委托辩护人、诉讼代理人或者已接受法律援助的，是否列明辩护人、诉讼代理人的姓名、住址、联系方式；⑦是否提起附带民事诉讼；提起附带民事诉讼的，是否列明附带民事诉讼当事人的姓名、住址、联系方式等，是否附有相关证据材料；⑧监察调查、侦查、审查起诉程序的各种法律手续和诉讼文书是否齐全；⑨被告人认罪认罚的，是否提出量刑建议、移送认罪认罚具结书等材料；⑩有无《刑事诉讼法》第16条第2~6

项规定的不追究刑事责任的情形。

根据《高法解释》第 349 条第 1 款规定，对人民检察院提起公诉的认罪认罚案件，应当重点审查以下内容：①人民检察院讯问犯罪嫌疑人时，是否告知其诉讼权利和认罪认罚的法律规定；②是否随案移送听取犯罪嫌疑人、辩护人或者值班律师、被害人及其诉讼代理人意见的笔录；③被告人与被害人达成调解、和解协议或者取得被害人谅解的，是否随案移送相关材料；④需要签署认罪认罚具结书的，是否随案移送具结书。

人民法院在收到人民检察院的起诉书和案卷、证据后，即应指定审判人员对案件的上述内容进行审查。对于不符合规定，需要补充材料的，应当通知人民检察院在 3 日内补送。审查的方法应当以书面审查为主，即认真地审阅起诉书及所移送的全案材料，并围绕以上审查内容逐项进行审查，以判明该案是否具备了开庭审判的程序性条件。

（三）审查后的处理

根据《刑事诉讼法》及《高法解释》第 219 条的规定，人民法院对提起公诉的案件审查后，应当按照下列情形分别处理：

1. 决定退回人民检察院。不属于本院管辖的，应当退回人民检察院；属于《刑事诉讼法》第 16 条第 2~6 项规定情形的，应当退回人民检察院；属于告诉才处理的案件，应当同时告知被害人有权提起自诉。被告人不在案的，应当退回人民检察院；但是，对人民检察院按照缺席审判程序提起公诉的，应当依照缺席审判程序的规定作出处理。依照《高法解释》第 296 条规定的裁定准许撤诉的案件，没有新的影响定罪量刑的事实、证据重新起诉的，应当退回人民检察院。

2. 决定开庭审判。对于起诉书中有明确的指控犯罪事实且符合管辖规定的，人民法院应当决定开庭审判。此外，依照《刑事诉讼法》第 200 条第 3 项的规定作出"证据不足、指控犯罪不能成立的无罪判决"后，人民检察院根据新的事实、证据重新起诉的，以及对于被告人真实身份不明，但符合《刑事诉讼法》第 160 条第 2 款规定的"犯罪事实清楚，证据确实、充分"的，人民法院均应当依法受理。

对公诉案件是否受理，应当在 7 日内审查完毕。

二、开庭审判前的准备

[案例] 法院召开庭前会议　确保案件质量[1]

二道法院在审理林某某妨害公务罪一案中，由于被告人林某某在公安机关、公诉机关均不供认犯罪事实，为确保庭审质量，刑事庭召开由二道区检察院提起公诉的被告人林某某妨害公务罪一案的庭前会议。该案的合议庭成员及二道区检察院、被告人、辩护人参加了会议。

庭前会议重点听取和了解了案件管辖、回避、非法证据排除等 10 项可能导致庭审中断的程序事项，针对相关问题当即依法告知了处理决定，并说明理由；组织控辩双方展示决定在庭审中出示的证据目录，听取对在案证据的意见，归纳了有争议的证据；梳理、归纳了控辩双方的争议焦点。被告人林某某及其辩护人在庭前会议中对犯罪事实、证据材料、鉴定等均无异议，庭前会议就诸多问题达成了一致意见，并制作了笔录，由参会人员核对签字。庭前会议结束后，合议庭将制作庭前会议报告，在择日开庭审理的法庭调查阶段宣布报告内容。

召开庭前会议属于开庭前的一项准备工作，是人民法院在法庭审理前，根据公诉案件的复杂程度或者其他需要召集相关人员了解事实与证据情况、听取控辩双方的意见，整理争点，为庭审安排进行的准备活动。

为了保障法庭审判的顺利进行，根据《刑事诉讼法》第 187 条和《高法解释》的有关规定，人民法院在开庭审判前应当做好下列各项准备工作：

1. 确定合议庭的组成人员。人民法院适用普通程序审理的案件，由院长或者庭长指定审判长并确定合议庭的组成人员。合议庭的组成人员确定后，即应着手进行开庭审判前的准备工作，拟出法庭审理提纲。提纲一般包括下列内容：①合议庭成员在庭审中的分工；②起诉书指控的犯罪事实的重点和认定案件性质的要点；③讯问被告人时需了解的案情要点；④出庭的证人、鉴定人、有专门知识的人、侦查人员的名单；⑤控辩双方申请当庭出示的证据的目录；⑥庭审中可能出现的问题及应对措施。

2. 将人民检察院的起诉书副本至迟在开庭 10 日以前送达被告人及其辩护人。没有控诉就没有辩护。被告人及其辩护人及时收到起诉书副本，了解起诉的内容和理由，以便有针对性地、充分地准备庭审辩护。未按法定期限向被告人及其辩护人送达起诉书副本的，审判活动违法。

3. 召开庭前会议。《刑事诉讼法》第 187 条第 2 款规定："在开庭以前，审判人员可以召集公诉人、当事人和辩护人、诉讼代理人，对回避、出庭证人名

---

〔1〕 "二道法院及时召开庭前会议　确保案件质量"，载 http：//cczy. e-court. gov. cn/article/detail/2018/11/id/3579885. shtml。

单、非法证据排除等与审判相关的问题，了解情况，听取意见。"召开庭前会议的目的在于沟通交流，使法庭能够更好地了解控辩双方对庭审参与人员、出庭证人的意见和建议，是否提出排除非法证据的申请，尽量在开庭前解决某些可能导致庭审拖延的问题。

《高法解释》第 226~232 条对召开庭前会议的具体要求作了明确规定。案件具有下列情形之一的，审判人员可以决定召开庭前会议：①证据材料较多、案情重大复杂的；②控辩双方对事实、证据存在较大争议的；③社会影响重大的；④需要召开庭前会议的其他情形。控辩双方可以申请人民法院召开庭前会议，提出申请应当说明理由。人民法院经审查认为有必要的，应当召开庭前会议；决定不召开的，应当告知申请人。

庭前会议由审判长主持，合议庭其他审判员也可以主持庭前会议。公诉人、辩护人应当参加庭前会议。根据案件情况，被告人可以参加庭前会议。庭前会议准备就非法证据排除了解情况、听取意见，或者准备询问控辩双方对证据材料的意见的，应当通知被告人到场。有多名被告人的案件，可以根据情况确定参加庭前会议的被告人。庭前会议一般不公开进行。根据案件情况，庭前会议可以采用视频等方式进行。庭前会议中，审判人员可以听取控辩双方关于案件管辖、回避、不公开审理、排除非法证据、提供新的证据、重新鉴定或者勘验、调取证明被告人无罪或者罪轻的证据材料、出庭证人、鉴定人、有专门知识的人、调查人员、侦查人员或者其他人员的名单、涉案财物的权属情况和人民检察院的处理建议等问题的意见。审判人员可以询问控辩双方对证据材料有无异议，对有异议的证据，应当在庭审时重点调查；无异议的，庭审时举证、质证可以简化。提起附带民事诉讼的，可以开展附带民事调解。庭前会议情况应当制作笔录，由参会人员核对后签名。

人民法院在庭前会议中听取控辩双方对案件事实、证据材料的意见后，对明显事实不清、证据不足的案件，可以建议人民检察院补充材料或者撤回起诉。

4. 在开庭 3 日前将开庭的时间、地点通知人民检察院。《刑事诉讼法》第 189 条规定，人民法院审判公诉案件，人民检察院应当派员出席法庭支持公诉。因此，将开庭的时间、地点在开庭前通知人民检察院，有利于公诉人作好出庭支持公诉的准备工作。

5. 在开庭 3 日前将开庭的传票、通知书送达有关当事人和辩护人、诉讼代理人、法定代理人、证人、鉴定人等，以便这些诉讼参与人准时出庭。通知有关人员出庭，也可以采取电话、短信、传真、电子邮件、即时通讯等能够确认对方收悉的方式；对被害人人数众多的涉众型犯罪案件，可以通过互联网公布相关文书，通知有关人员出庭。

6. 对于公开审判的案件，应当在开庭 3 日以前先期公布案由、被告人姓名、开庭时间和地点。

三、法庭审判

（一）法庭审判的概念和特点

法庭审判，是指人民法院以开庭的方式，在公诉人、当事人以及其他诉讼参与人参加下，通过控辩双方的举证、质证和辩论，调查核实证据，查明案件事实，依法确定被告人是否构成犯罪，应否处以刑罚以及给予何种处罚的诉讼活动。

我国的法庭审判具有如下特点：

1. 法庭审判活动实行控诉、辩护、审判职能相分离的制度。这也是当代刑事诉讼的一个基本特征。在我国的法庭审判中，控诉职能由人民检察院承担，辩护职能由被告人及其辩护人承担，审判职能由人民法院承担，三方在诉讼中各司其职，各负其责，互相配合，互相制约，共同完成刑事审判的任务。

2. 强化控、辩双方举证和辩论。根据《刑事诉讼法》的规定，公诉人在宣读起诉书后，直接讯问被告人；询问证人、被害人和鉴定人；出示物证，宣读书证、未到庭证人的证言笔录、鉴定人的鉴定意见；对证据和案件情况发表意见，针对辩护意见进行答辩，阐述公诉意见等。被告人、辩护人为充分行使辩护权，同样可以陈述和辩解，询问控方证人和鉴定人，可以出示各种证据，并可以提出新的证据，包括有权申请通知新的证人到庭、调取新的物证、申请重新鉴定或勘验，等等。可以看出，立法充分调动了控、辩双方的积极作用，增加了庭审的透明度，使法院能从双方的举证和辩论中明辨是非，客观公正地裁决案件。

3. 重视审判职能的主导作用。根据法律规定，法院享有对案件事实、证据的调查核实权。在控、辩双方充分发挥各自作用的基础上，审判人员不仅有权主持审判、维护法庭秩序，而且还有权审讯被告人、询问证人和鉴定人，有权主持调查、核实各种证据，主持控辩双方对证据和案件事实的辩论，制止与案件无关的发问。此外，《刑事诉讼法》还规定，在庭审过程中，合议庭对证据有疑问的，可以宣布休庭，采取勘验、检查、查封、扣押、鉴定和查询、冻结等方式对证据进行调查核实。

（二）法庭审判阶段

根据《刑事诉讼法》的规定，法庭审判程序可以分为开庭、法庭调查、法庭辩论、被告人最后陈述、评议和宣判五个阶段。

1. 开庭。开庭是正式进行法庭审判前的准备阶段。开庭审理前，人民法院书记员应当依次进行下列工作：①受审判长委托，查明公诉人、当事人、辩护人、诉讼代理人、证人及其他诉讼参与人是否到庭；②核实旁听人员中是否有证人、鉴定人、有专门知识的人；③请公诉人、辩护人、诉讼代理人及其他诉讼参与人入庭；④宣读法庭规则；⑤请审判长、审判员、人民陪审员入庭；⑥审判人员就座后，向审判长报告开庭前的准备工作已经就绪。

根据《刑事诉讼法》第190条和《高法解释》的有关规定，开庭的具体程序和内容包括：

（1）审判长宣布开庭，传被告人到庭后，应当查明被告人的下列情况：①姓名、出生日期、民族、出生地、文化程度、职业、住址，或者被告单位的名称、住所地、法定代表人、实际控制人以及诉讼代表人的姓名、职务；②是否受过刑事处罚、行政处罚、处分及其种类、时间；③是否被采取留置措施及留置的时间，是否被采取强制措施及强制措施的种类、时间；④收到起诉书副本的日期；有附带民事诉讼的，附带民事诉讼被告人收到附带民事起诉状的日期。被告人较多的，可以在开庭前查明上述情况，但开庭时审判长应当作出说明。

（2）审判长宣布案件的来源、起诉的案由、附带民事诉讼当事人的姓名及是否公开审理；不公开审理的，应当庭宣布不公开审理的理由。

（3）审判长宣布合议庭组成人员、法官助理、书记员、公诉人的名单，以及辩护人、诉讼代理人、鉴定人、翻译人员等诉讼参与人的名单。

（4）审判长应当告知当事人及其法定代理人、辩护人、诉讼代理人在法庭审理过程中依法享有下列诉讼权利：①可以申请合议庭组成人员、法官助理、书记员、公诉人、鉴定人和翻译人员回避；②可以提出证据，申请通知新的证人到庭、调取新的证据、申请重新鉴定或者勘验；③被告人可以自行辩护；④被告人可以在法庭辩论终结后作最后陈述。

（5）审判长应当询问当事人及其法定代理人、辩护人、诉讼代理人是否申请回避、申请何人回避和申请回避的理由。对于当事人及其法定代理人、辩护人、诉讼代理人申请回避的，依照《刑事诉讼法》及《高法解释》的有关规定处理。同意或者驳回回避申请的决定及复议决定，由审判长宣布，并说明理由。必要时，也可以由院长到庭宣布。

（6）被告人认罪认罚的案件，审判长应当告知和审查下列相关事项：①告知被告人享有辩护等的诉讼权利。②告知被告人认罪认罚的法律规定，包括依法可以获得从宽处罚，可以选择适用简易程序、速裁程序等简便快捷的诉讼程序处理案件。保证被告人在充分了解法律规定的前提下，作出程序选择。③审查被告人认罪认罚的自愿性。这是适用认罪认罚从宽制度的前提，也是对案件适用简便快捷程序所必需的。④审查认罪认罚具结书内容的真实性、合法性。

根据《刑事诉讼法》第 174 条第 1 款的规定，犯罪嫌疑人自愿认罪认罚，同意量刑建议和程序适用的，应当在辩护人或者值班律师在场的情况下签署认罪认罚具结书。认罪认罚具结书是被告人认罪认罚的重要材料，在人民检察院起诉时随案移送。认罪认罚具结书一般会载明犯罪嫌疑人的身份信息；犯罪嫌疑人对相关权利是否知悉；犯罪嫌疑人对认罪认罚的内容，包括人民检察院指控的犯罪事实、提出的量刑建议、适用程序等是否确认；犯罪嫌疑人自愿签署认罪认罚具结书的声明等内容。此外，犯罪嫌疑人的辩护人或者值班律师应根据犯罪嫌疑人自愿签署认罪认罚具结书的情况签署意见。审判长要就具结书的内容、签署具结书的主体等情况进行审核。

对共同犯罪案件，应当将各被告人同时传唤到庭，查明身份及基本情况后，集中告知依法应当享有的诉讼权利，询问是否申请回避，以节省开庭时间。

2. 法庭调查。《刑事诉讼法》第 198 条第 1 款规定："法庭审理过程中，对与定罪、量刑有关的事实、证据都应当调查、辩论。"法庭调查，是指审判人员在公诉人、当事人和其他诉讼参与人的参加下，当庭对案件事实和证据进行审查核实的一种诉讼活动，是法庭审判的核心阶段。通过法庭调查，提出和质证证据，能够全面查清案件事实，为法庭作出正确裁判提供事实根据。根据《刑事诉讼法》第 191~197 条及《高法解释》的有关规定，法庭调查应按下列步骤和程序进行：

（1）公诉人宣读起诉书。审判长宣布法庭调查开始后，先由公诉人宣读起诉书；公诉人宣读起诉书后，审判长应当询问被告人对起诉书指控的犯罪事实和罪名有无异议。有附带民事诉讼的，公诉人宣读起诉书后，由附带民事诉讼原告人或者其法定代理人、诉讼代理人宣读附带民事起诉状。起诉书既是人民法院公正审判的合法依据，又是法庭审判的基础。没有控诉，就没有辩护和审判；法庭审判不得超出起诉的内容和范围。同时，宣读起诉书可以使当事人和其他诉讼参与人，以及旁听群众了解案件基本情况，从而更有利于他们监督法庭的审判活动和接受法制宣传教育。如果一案有数名被告人，宣读起诉书时应同时在场，但宣读起诉书后，审问被告人应分别进行，以免相互影响。

（2）被告人、被害人陈述。公诉人宣读起诉书后，在审判长主持下，被告人、被害人可以就起诉书指控的犯罪事实分别陈述。听取被告人的陈述，可以使法庭了解被告人对起诉书指控的犯罪事实的基本态度。如果被告人承认起诉书所指控的犯罪事实，就应当让其详细陈述作案的全部过程；如果被告人否认起诉书的指控，则应当让他对指控的事实和证据提出无罪、罪轻的意见。在被告人陈述之后，被害人也可以就起诉书指控被告人的犯罪事实陈述自己受害的经过以及有关的诉讼请求。审判人员认真听取被告人、被害人的陈述，有利于查明案件事实真相。

（3）讯问被告人，发问被告人、被害人和附带民事诉讼原告人。在审判长主持下，公诉人可以就起诉书中所指控的犯罪事实讯问被告人。通过被告人的供述或辩解，法庭能够查明案件事实。审判人员不仅是诉讼活动的指挥者，而且需要通过庭审认定案件事实，进而适用法律进行裁判，所以，对于审理过程中出现的疑点以及被告人陈述中表述不清的地方，审判人员可以直接讯问被告人。必要时，审判人员也可以向被害人、附带民事诉讼当事人发问。（《高法解释》第 245 条）

经审判长准许，被害人及其法定代理人、诉讼代理人可以就公诉人讯问的犯罪事实补充发问；附带民事诉讼原告人及其法定代理人、诉讼代理人可以就附带民事部分的事实向被告人发问；被告人的法定代理人、辩护人，附带民事诉讼被告人及其法定代理人、诉讼代理人可以在控诉方、附带民事诉讼原告方就某一问题讯问、发问完毕后向被告人发问。此后，经审判长准许，控辩双方可以向被害人、附带民事诉讼原告人发问。

审判长在主持讯问、发问时，还须注意：①起诉书指控的被告人的犯罪事实为两起以上的，法庭调查一般应当分别进行；②讯问同案审理的被告人，应当分别进行。必要时，可以传唤同案被告人等到庭对质。

（4）控辩双方向法庭提供证据，并进行交叉质证。控辩双方向法庭提供的证据，都应当经当庭质证、辨认和辩论。根据控方承担举证责任的要求，公诉人对每一起指控的犯罪事实都应向法庭举证。因此，法庭调查阶段审查核实证据由控方向法庭举证开始。在审判长的主持下，公诉人对指控的每一起案件事实，逐一或者分组举证，由辩方进行质证，审判人员认为有必要的，也可以发问。然后由辩方举证，质证方式相同。

在法庭调查阶段审查核实证据，主要是通过询问证人、鉴定人、有专门知识的人、调查人员、侦查人员，出示和辨认物证、书证、视听资料、电子数据，宣读有关书面证据等方法进行。控辩双方要求证人、鉴定人等出庭作证，向法庭出示物证、书证、视听资料、电子数据等证据，应当向审判长说明证据的名称、来源和拟证明的事实。法庭认为有必要的，应当准许；对方提出异议，认为有关证据与案件无关或者明显重复、不必要，法庭经审查异议成立的，可以不予准许。

对不同的证据，法庭采用不同的方法调查核实。

第一，证人、鉴定人、有专门知识的人、调查人员、侦查人员或者其他人员出庭作证或发表意见。根据《刑事诉讼法》第 192 条第 1、2 款的规定，公诉人、当事人或者辩护人、诉讼代理人对证人证言有异议，且该证人证言对案件定罪量刑有重大影响，人民法院认为证人有必要出庭作证的，证人应当出庭作证。人民警察就其执行职务时目击的犯罪情况，也应当作为证人出庭作证。《刑事诉讼法》第 193 条规定，经人民法院通知，证人没有正当理由不出庭作证的，人民法院可以强制其到庭，但被告人的配偶、父母、子女除外。证人没有正当理由拒绝出庭或者出庭后拒绝作证的，予以训诫，情节严重的，经院长批准，处以 10 日以下拘留。被处罚人对拘留决定不服的，可以向上一级人民法院申请复议。复议期间不停止执行。"强制证人出庭的，应当由院长签发强制证人出庭令，由法警执行。必要时，可以商请公安机关协助。"（《高法解释》第 255 条）根据《高法解释》第 253 条的规定，证人具有下列情形之一，确实无法在庭审期间出庭作证的，人民法院可以准许其不出庭，但可以通过视频等方式听取其证言：①在庭审期间身患严重疾病或者行动极为不便的；②居所远离开庭地点且交通极为不便的；③身处国外短期无法回国的；④有其他客观原因，确实无法出庭的。

本章导入案例中，证人陈某作为被告人朱某的同事，不愿意出庭指证朱某实施了伤害行为，以证人可以不出庭为由拒绝出庭作证，不属于正当理由。如果法庭认为该证人必须出庭作证，可以强制其到庭作证。同时，本案中证人陈某不属于可以拒绝出庭作证的被告人的近亲属范围，根据《高法解释》的规定，法庭应当报请法院院长签发强制证人出庭令，强制证人陈某到庭作证。

经人民法院通知，证人没有正当理由拒绝出庭或者出庭后拒绝作证，法庭对其证言的真实性无法确认的，该证人证言不得作为定案的根据。（《高法解释》第 91 条第 3 款）

关于鉴定人出庭，《刑事诉讼法》第 192 条第 3 款规定："公诉人、当事人或者辩护人、诉讼代理人对鉴定意见有异议，人民法院认为鉴定人有必要出庭的，鉴定人应当出庭作证。经人民法院通知，鉴定人拒不出庭作证的，鉴定意见不得作为定案的根据。"

有专门知识的人出庭对鉴定意见提出意见。《刑事诉讼法》第 197 条第 2 款规定："公诉人、当事人和辩护人、诉讼代理人可以申请法庭通知有专门知识的人出庭，就鉴定人作出的鉴定意见提出意见。"鉴定意见涉及专业性知识，往往对案情认定具有决定性意义，而公诉人、当事人或者辩护人、诉讼代理人由于缺乏专门的知识，难以有效地对鉴定意见进行质疑。法律规定控辩双方均有权申请法庭通知鉴定人以外的、有专门知识的人出庭进行说明、解释，对鉴定意见提出意见。有专门知识的人可以辅助控辩双方对鉴定意见进行质证，也可以辅助法官对鉴定意见是否采信作出判断。[1] 公诉人、当事人等申请法庭通知有专门知识的人出庭，就鉴定意见提出意见的，应当说明理由。法庭认为有必要的，应当通知有专门知识的人出庭。申请有专门知识的人出庭，不得超过2人。有多种类鉴定意见的，可以相应增加人数。（《高法解释》第250条）

关于调查人员、侦查人员等出庭说明情况，《高法解释》第249条第2款规定，控辩双方对侦破经过、证据来源、证据真实性或者合法性等有异议，申请调查人员、侦查人员或者有关人员出庭，人民法院认为有必要的，应当通知调查人员、侦查人员或者有关人员出庭。

为查明案件事实、调查核实证据，人民法院可以依职权通知证人、鉴定人、有专门知识的人、调查人员、侦查人员或者其他人员出庭。

证人、鉴定人、有专门知识的人、调查人员、侦查人员或者有关人员出庭作证或发表意见应当遵循法定程序。

根据《刑事诉讼法》第194条及《高法解释》的有关规定，证人到庭后，审判人员应当首先核实其身份、与当事人以及本案的关系，并告知其有关作证的权利义务和法律责任。证人作证前，应当保证向法庭如实提供证言，并在保证书上签名。

询问证人、鉴定人应当在审判长的主持下进行。公诉人、当事人和辩护人、诉讼代理人经审判长许可，可以对证人、鉴定人发问。证人出庭后，一般先向法庭陈述证言；其后，经审判长许可，由提请通知证人出庭的一方发问；发问完毕后，经审判长准许，对方也可以发问。[2] 根据《高法解释》第262条的规定，控辩双方的发问方式不当或者内容与本案无关的，[3] 对方可以提出异议，申请审判长制止，审判长应当判明情况予以支持或者驳回；对方未提出异议的，审判长也可以根据情况予以制止。

庭审过程中，审判人员认为有必要时，可以询问证人、鉴定人、有专门知识的人、调查人员、侦查人员或者其他人员。

向证人、鉴定人、调查人员、侦查人员的发问、询问应当分别进行。证人、

---

〔1〕 有专门知识的人，不需要具有鉴定人资格。提出意见不是重新鉴定。最高人民检察院《关于指派、聘请有专门知识的人参与办案若干问题的规定（试行）》第2条规定，"有专门知识的人"，是指运用专门知识参与人民检察院的办案活动，协助解决专门性问题或者提出意见的人，但不包括以鉴定人身份参与办案的人。

〔2〕 鉴定人、有专门知识的人、调查人员、侦查人员或者其他人员出庭的，参照适用证人出庭的规定。

〔3〕 《高法解释》第261条规定了向证人发问应当遵循的规则：①发问的内容应当与本案事实有关；②不得以诱导方式发问；③不得威胁证人；④不得损害证人的人格尊严。这一规定也适用于对被告人、被害人、附带民事诉讼当事人、鉴定人、有专门知识的人、调查人员、侦查人员或者其他人员的讯问、发问。

鉴定人、有专门知识的人、调查人员、侦查人员或者其他人员不得旁听对本案的审理。有关人员作证或者发表意见后，审判长应当告知其退庭。(《高法解释》第 265 条)

第二，出示物证、宣读鉴定意见和有关笔录。公诉人、辩护人应当向法庭出示物证，让当事人辨认。对未到庭的证人的证言笔录、鉴定人的鉴定意见、勘验笔录和其他作为证据的文书，应当当庭宣读。举证方当庭出示证据后，由对方进行辨认并发表意见。控辩双方可以互相质问、辩论。

当庭出示的证据，尚未移送人民法院的，应当在质证后移交法庭。

公诉人申请出示开庭前未移送人民法院的证据，辩护方提出异议的，审判长应当要求公诉人说明理由；理由成立并确有出示必要的，应当准许。辩护方提出需要对新的证据作辩护准备的，法庭可以宣布休庭，并确定准备辩护的时间。辩护方申请出示开庭前未提交的证据，参照上述规定适用。(《高法解释》第 272 条)

(5) 调取新的证据。《刑事诉讼法》第 197 条第 1 款规定："法庭审理过程中，当事人和辩护人、诉讼代理人有权申请通知新的证人到庭，调取新的物证，申请重新鉴定或者勘验。"当事人等申请通知新的证人到庭，调取新的证据，申请重新鉴定或者勘验的，应当提供证人的基本信息、证据的存放地点，说明拟证明的案件事项，申请重新鉴定或者勘验的理由。法庭认为有必要的，应当同意，并宣布休庭；根据案件情况，可以决定延期审理。人民法院决定重新鉴定的，应当及时委托鉴定，并将鉴定意见告知人民检察院、当事人及其辩护人、诉讼代理人。

(6) 合议庭调查核实证据。在法庭审理过程中，合议庭对证据有疑问的，可以告知公诉人、当事人及其法定代理人、辩护人、诉讼代理人补充证据或者作出说明；必要时，可以宣布休庭，对证据进行调查核实。人民法院调查核实证据，可以进行勘验、检查、查封、扣押、鉴定和查询、冻结。对公诉人、当事人及其法定代理人、辩护人、诉讼代理人补充的和法庭庭外调查核实取得的证据，应当经过当庭质证才能作为定案的根据。但是，经庭外征求意见，控辩双方没有异议的除外。有关情况，应当记录在案。

人民法院向人民检察院调取需要调查核实的证据材料，或者根据被告人、辩护人的申请，向人民检察院调取在调查、侦查、审查起诉期间收集的有关被告人无罪或者罪轻的证据材料，应当通知人民检察院在收到调取证据材料决定书后 3 日内移交。

(7) 量刑事实、证据的调查。法庭调查中，不仅应当调查核实与定罪有关的事实、证据，还应当对与量刑有关的事实、证据进行调查。根据《高法解释》

第 276~278 条的规定，对被告人认罪的案件，在确认被告人了解起诉书指控的犯罪事实和罪名，自愿认罪且知悉认罪的法律后果后，法庭调查可以主要围绕量刑和其他有争议的问题进行。对被告人不认罪或者辩护人作无罪辩护的案件，法庭调查应当在查明定罪事实的基础上，查明有关量刑事实。法庭审理过程中，人民法院除应当审查被告人是否具有法定量刑情节外，还应当根据案件情况审查以下影响量刑的情节：①案件起因；②被害人有无过错及过错程度，是否对矛盾激化负有责任及责任大小；③被告人的近亲属是否协助抓获被告人；④被告人平时表现，有无悔罪态度；⑤退赃、退赔及赔偿情况；⑥被告人是否取得被害人或者其近亲属谅解；⑦影响量刑的其他情节。审判期间，合议庭发现被告人可能有自首、坦白、立功等法定量刑情节，而人民检察院移送的案卷中没有相关证据材料的，应当通知人民检察院在指定时间内移送。审判期间，被告人提出新的立功线索的，人民法院可以建议人民检察院补充侦查。

（8）对涉案财物的调查。法庭审理过程中，应当对查封、扣押、冻结财物及其孳息的权属、来源等情况，是否属于违法所得或者依法应当追缴的其他涉案财物进行调查，由公诉人说明情况、出示证据、提出处理建议，并听取被告人、辩护人等诉讼参与人的意见。案外人对查封、扣押、冻结的财物及其孳息提出权属异议的，人民法院应当听取案外人的意见；必要时，可以通知案外人出庭。经审查，不能确认查封、扣押、冻结的财物及其孳息属于违法所得或者依法应当追缴的其他涉案财物的，不得没收。

合议庭认为案件事实已经调查清楚，应当由审判长宣布法庭调查结束，开始就定罪、量刑、涉案财物处理的事实、证据和适用法律等问题进行法庭辩论。

3. 法庭辩论。法庭辩论，是指控辩双方在审判长的主持下，在法庭调查的基础上，就被告人的行为是否构成犯罪、犯罪的性质、证据是否确实、充分，以及如何适用刑罚等问题互相进行争论和反驳的一种诉讼活动。法庭辩论活动，既是控方揭露犯罪、证实犯罪的活动，也是辩方据理反驳控诉、维护被告人合法权益的活动，是刑事审判的一个重要环节。

根据《刑事诉讼法》和《高法解释》第 281 条的规定，法庭辩论应当在审判长的主持下，按照下列顺序进行：①公诉人发言；②被害人及其诉讼代理人发言；③被告人自行辩护；④辩护人辩护；⑤控辩双方进行辩论。附带民事部分的辩论应当在刑事部分的辩论结束后进行，先由附带民事诉讼原告人及其诉讼代理人发言，后由附带民事诉讼被告人及其诉讼代理人答辩。总之，法庭辩论中，公诉人、当事人和辩护人、诉讼代理人应当经审判长许可后发言；控辩双方发表意见和互相辩论的机会是均等的，只要控诉方发言，就应当允许辩护方辩驳，每一轮发言都应当完整，即每一轮的法庭辩论，总是以控方发言开始，以辩方发言为止的。双方在此阶段可以依次反复辩论，直至审判长宣布法庭辩论结束。

在司法实践中，公诉人的第一次发言通常称为发表公诉词，辩护人的第一次发言称作发表辩护词。公诉词是公诉人代表人民检察院，为揭露犯罪，在总结法庭调查的事实、证据和适用法律的基础上，着重阐明人民检察院对追究被告人刑事责任的意见。其重点是阐明指控被告人犯罪的根据和理由，指出犯罪的危害后果，说明犯罪的根源，提出预防措施和意见，以达到支持公诉、宣传法制、教育群众的目的。辩护词是辩护人以法庭调查核实的事实、证据为基础，综合全案，从保护被告人的合法权益方面出发，提出的综合性辩护意见。其重点是指出指控的不实之处，说明被告人应当无罪、罪轻、从轻、减轻、免除处罚的根据和理由，并请求法庭采纳己方辩护意见。

在法庭辩论中，审判长要善于抓住双方辩论的焦点，积极引导，使辩论始终集中在与定罪量刑有关的问题上。对被告人认罪的案件，法庭辩论时，应当指引控辩双方主要围绕量刑和其他有争议的问题进行。对被告人不认罪或者辩护人作无罪辩护的案件，法庭辩论时，可以指引控辩双方先辩论定罪问题，后辩论量刑和其他问题。[1] 法庭辩论过程中，审判长应当充分听取控辩双方的意见，对控辩双方与案件无关、重复或者指责对方的发言应当提醒、制止。如果合议庭发现与定罪、量刑有关的新的事实，有必要调查的，审判长可以宣布恢复法庭调查，在对新的事实调查后，继续法庭辩论。经过一轮或几轮法庭辩论，案情已经查明、罪责已经分清或者控辩双方的意见已经充分发表，均提不出新的意见时，审判长应及时宣布辩论终结。从保障被告人权益出发，在宣布辩论终结前，审判长应询问被告人和辩护人是否还有新的辩护意见。

根据《高法解释》第 282 条的规定，人民检察院可以提出量刑建议并说明理由；建议判处管制、宣告缓刑的，一般应当附有调查评估报告，或者附有委托调查函。当事人及其辩护人、诉讼代理人可以对量刑提出意见并说明理由。

4. 被告人最后陈述。《刑事诉讼法》第 198 条第 3 款规定："审判长在宣布辩论终结后，被告人有最后陈述的权利。"被告人最后陈述既是法庭审判的一个独立阶段，又是被告人依法享有的一项重要的诉讼权利，审判长在宣布法庭辩论终结后，应当告知被告人享有此项权利。

合议庭应当切实保障被告人最后陈述的权利。对于被告人的最后陈述，审判人员应当认真听取，在发言的时间上一般不应加以限制，或随意打断其发言，

---

〔1〕《保障律师权利规定》第 35 条规定，辩护律师作无罪辩护的，可以当庭就量刑问题发表辩护意见，也可以庭后提交量刑辩护意见。

只要他的陈述不超出本案的范围，就让其充分陈述。被告人在最后陈述中多次重复自己的意见的，法庭可以制止；最后陈述内容蔑视法庭、公诉人，损害他人及社会公共利益，或者与本案无关的，应当制止。在公开审理的案件中，被告人最后陈述的内容涉及国家秘密、个人隐私或者商业秘密的，应当制止。

被告人在最后陈述中提出新的事实、证据，合议庭认为可能影响正确裁判的，应当恢复法庭调查；被告人提出新的辩解理由，合议庭认为可能影响正确裁判的，应当恢复法庭辩论。（《高法解释》第288条）

5. 评议和宣判。被告人最后陈述完毕，审判长应当宣布休庭，由合议庭进行评议，法庭审判进入评议和宣判阶段。评议是指合议庭组成人员在法庭审理的基础上，共同对案件事实的认定和法律的适用进行讨论并作出处理决定的诉讼活动。合议庭评议案件，应当根据已经查明的事实、证据和有关法律规定，在充分考虑控辩双方意见的基础上，确定被告人是否有罪、构成何罪，有无从重、从轻、减轻或者免除处罚情节，应否处以刑罚、判处何种刑罚，附带民事诉讼如何解决，查封、扣押、冻结的财物及其孳息如何处理等，并依法作出判决、裁定。

合议庭评议由审判长主持。合议庭成员在评议案件时，应当独立表达意见并说明理由。如果意见分歧，应当按多数人意见作出决定，但是少数人意见应当由书记员记入笔录。评议笔录由合议庭成员、法官助理、书记员在审阅确认无误后签名。评议情况应当保密。对于疑难、复杂、重大的案件，合议庭成员意见分歧较大，难以对案件作出处理决定的，可提出申请经院长决定提交审判委员会讨论决定。审判委员会的决定，合议庭应当执行。根据《刑事诉讼法》第200条以及《高法解释》的有关规定，对第一审公诉案件，人民法院审理后，应当按照不同情形分别作出判决、裁定：

案件的不同情形	裁判结果
起诉指控的事实清楚，证据确实、充分，依据法律认定指控被告人的罪名成立	应当作出有罪判决
起诉指控的事实清楚，证据确实、充分，指控的罪名与审理认定的罪名不一致	应当按照审理认定的罪名作出有罪判决[1]

---

〔1〕 作出此项判决前，人民法院应当听取控辩双方的意见，保障被告人、辩护人充分行使辩护权。必要时，可以重新开庭，组织控辩双方围绕被告人的行为构成何罪进行辩论。

案件的不同情形	裁判结果
案件事实清楚，证据确实、充分，依据法律认定被告人无罪	应当判决宣告被告人无罪
证据不足，不能认定被告人有罪	应当以证据不足、指控的犯罪不能成立，判决宣告被告人无罪
案件部分事实清楚，证据确实、充分	应当作出有罪或者无罪的判决；对事实不清、证据不足部分，不予认定
被告人因不满 16 周岁，不予刑事处罚	应当判决宣告被告人不负刑事责任
被告人是精神病人，在不能辨认或者不能控制自己行为时造成危害结果，不予刑事处罚	应当判决宣告被告人不负刑事责任
犯罪已过追诉时效期限且不是必须追诉，或者经特赦令免除刑罚	应当裁定终止审理
被告人死亡	应当裁定终止审理；根据已查明的案件事实和认定的证据，能够确认无罪的，应当判决宣告被告人无罪

根据《刑事诉讼法》第 201 条的规定，对被告人认罪认罚的案件，人民法院依法作出判决时，一般应当采纳人民检察院指控的罪名和量刑建议。但有下列情形的除外：①被告人的行为不构成犯罪或者不应当追究其刑事责任的；②被告人违背意愿认罪认罚的；③被告人否认指控的犯罪事实的；④起诉指控的罪名与审理认定的罪名不一致的；⑤其他可能影响公正审判的情形。人民法院经审理认为量刑建议明显不当，或者被告人、辩护人对量刑建议提出异议的，人民检察院可以调整量刑建议。人民检察院不调整量刑建议或者调整量刑建议后仍然明显不当的，人民法院应当依法作出判决。

在开庭后、宣告判决前，人民检察院要求撤回起诉的，人民法院应当审查撤回起诉的理由，作出是否准许的裁定。审判期间，人民法院发现新的事实，可能影响定罪量刑的，或者需要补查补证的，应当通知人民检察院，由其决定是否补充、变更、追加起诉或者补充侦查。人民检察院不同意或者在指定时间内未回复书面意见的，人民法院应当就起诉指控的事实，依法作出判决、裁定。（《高法解释》第 296、297 条）

评议结束后，进入法庭宣判阶段。宣判是人民法院将判决书的内容以一定的方式向当事人和社会宣告，使当事人和人民群众知道人民法院对案件作出的处理决定。根据《刑事诉讼法》第 202 条第 1 款的规定，不管案件是否公开审理，宣告判决一律公开进行。宣告判决结果时，法庭内全体人员应当起立。宣判时，公诉人、辩护人、诉讼代理人、被害人、自诉人或者附带民事诉讼原告人未到庭的，不影响宣判的进行。宣告判决有两种方式：当庭宣判和定期宣判。当庭宣判的，应当在 5 日内送达判决书。定期宣判的，应当先期公告宣判的时间和地点，传唤当事人并通知公诉人、法定代理人、辩护人和诉讼代理人；判决宣告后，应当立即送达判决书。判决书应当送达当事人和提起公诉的人民检察院，应当同时送达法定代理人、辩护人、诉讼代理人，并可以送达被告人的近亲属。判决生效后，还应当送达被告人的所在单位或者原户籍地的公安派出所，或者被告单位的注册登记机关。被告人系外国人，且在境内有居住地的，应当送达居住地的公安派出所。

地方各级人民法院宣告一审判决时，无论当庭宣判或者定期宣判，审判长均应告知当事人有上诉权，并说明上诉期限和上诉法院。

（三）法庭审判笔录

法庭审判笔录，是全面记载法庭审判活动的诉讼文书。它不仅是合议庭分析研究案情、进行评议和对案件作出裁判的依据，也是对案件进行复查以及上级人民法院检查下级人民法院办案质量，进行工作指导的依据。另外，它还是第二审程序、死刑复核程序和审判监督程序不可缺少的书面材料。

根据《刑事诉讼法》第 207 条第 1 款的规定，法庭审判的全部活动，应当由书记员写成笔录。因此，制作法庭审判笔录，是书记员的一项重要工作。书记员应当按照法庭审判活动的顺序，准确、如实地记录、反映审判活动的全部过程。对当事人、证人的陈述不能遗漏，不能增减，不能自行涂改，做到客观、真实、准确、全面。

法庭审判笔录经审判长审阅后，由审判长和书记员签名。法庭笔录应当在庭审后交由当事人、法定代理人、辩护人、诉讼代理人阅读或者向其宣读。法庭笔录中的出庭证人、鉴定人、有专门知识的人、调查人员、侦查人员或者其他人员的证言、意见部分，应当在庭审后分别交由有关人员阅读或者向其宣读，证人、鉴定人、有专门知识的人等在确认无误后，应当签名；拒绝签名的，应当记录在案；要求改变庭审中陈述的，不予准许。

（四）审判障碍及处理

1. 延期审理。延期审理，是指在法庭审理过程中，由于遇到了影响审判继续进行的情况，法庭决定将案件的审理推迟，待影响审理进行的原因消失后，再继续开庭审理。

根据《刑事诉讼法》第 204 条的规定，在法庭审理过程中，遇有下列情形之一，影响审判进行的，可以延期审理：①需要通知新的证人到庭，调取新的物证，重新鉴定或者勘验的；②检察人员发现提起公诉的案件需要补充侦查，提出建议的；[1] ③由于申请回避而不能进行审判的，包括合议庭对回避的申请不能当庭作出决定以及被申请回避的人员应当回避，需要更换人员的情形。

审判期间，公诉人发现案件需要补充侦查，建议延期审理的，合议庭可以同意，但建议延期审理不得超过 2 次。人民检察院将补充收集的证据移送人民法院的，人民法院应当通知辩护人、诉讼代理人查阅、摘抄、复制。补充侦查期限届满后，人民检察院未将补充的证据材料移送人民法院的，人民法院可以根据在案证据作出判决、裁定。《高检诉讼规则》第 421 条强调，人民检察院建议延期审理进行补充侦查的案件，应当在 1 个月内补充侦查完毕，应当在补充侦查的期限内提请人民法院恢复法庭审理或者撤回起诉。

诉讼实践中，可以延期审理的情形还包括：①公诉人或者辩护方申请出示开庭前未移送或者提交人民法院的证据，对方提出需要对新的证据作准备的；②人民检察院当庭变更、追加、补充起诉，人民法院需要给予被告人及其辩护人必要的准备时间的；③辩护人严重扰乱法庭秩序，被责令退出法庭、强行带出法庭或者被处以罚款、拘留，被告人要求另行委托辩护人，或者被告人属于应当提供法律援助情形的；④被告人当庭拒绝辩护人辩护，或者辩护人拒绝为被告人辩护，被告人要求另行委托辩护人或者要求另行指派律师的。（《高法解释》第 272、289、310、311、312 条）

2. 中止审理。中止审理，是指人民法院在审理刑事案件的过程中，因出现足以影响案件正常审理的情形，而作出的暂时停止正在进行的诉讼活动的一种决定，待该障碍消除后再恢复诉讼。

根据《刑事诉讼法》第 206 条的规定，在审判过程中，有下列情形之一，致使案件在较长时间内无法继续审理的，可以中止审理：①被告人患有严重疾病，无法出庭的；②被告人脱逃的；③自诉人患有严重疾病，无法出庭，未委托诉讼代理人出庭的；④由于不能抗拒的原因。

中止审理的原因消失后，应当恢复审理。中止审理的期限不计入审理期限。

（五）法庭秩序

法庭秩序，是指人民法院开庭审判案件时，诉讼参与人和旁听人员应当遵

---

[1]　《高检诉讼规则》第 420 条、第 436 条规定了公诉人可以建议法庭延期审理的 9 种情形。

守的秩序和纪律。[1]

根据《刑事诉讼法》第199条、《高法解释》的有关规定，在法庭审理过程中，有关人员危害法庭安全或者扰乱法庭秩序的，审判长应当按照下列情形分别处理：①情节较轻的，应当警告制止；根据具体情况，也可以进行训诫；②训诫无效的，责令退出法庭；拒不退出的，指令法警强行带出法庭；③情节严重的，报经院长批准后，可以对行为人处1000元以下的罚款或者15日以下的拘留；未经许可录音、录像、拍照或者使用即时通讯工具等传播庭审活动的，可以暂扣相关设备及存储介质，删除相关内容。有关人员对罚款、拘留的决定不服的，可以直接向上一级人民法院申请复议，也可以通过决定罚款、拘留的人民法院向上一级人民法院申请复议。通过决定罚款、拘留的人民法院申请复议的，该人民法院应当自收到复议申请之日起3日内，将复议申请、罚款或者拘留决定书和有关事实、证据材料一并报上一级人民法院复议。复议期间，不停止决定的执行。

对非法携带枪支、弹药、管制刀具或者爆炸性、易燃性、毒害性、放射性以及传染病病原体等危险物质进入法庭；哄闹、冲击法庭；侮辱、诽谤、威胁、殴打司法工作人员或者诉讼参与人；毁坏法庭设施，抢夺、损毁诉讼文书、证据，或者其他严重危害法庭安全或者扰乱法庭秩序的行为，构成犯罪的，依法追究刑事责任。

四、刑事第一审程序的审理期限

根据《刑事诉讼法》第208条的规定，第一审程序的审理期限为：

1. 人民法院审理公诉案件，应当在受理后2个月以内宣判，至迟不得超过3个月。

2. 具有下列情形之一的，经上一级人民法院批准，审理期限可以延长3个月：①可能判处死刑的案件；②附带民事诉讼的案件；③有《刑事诉讼法》第158条规定情形之一的案件，包括交通十分不便的边远地区的重大复杂案件；重大的犯罪集团案件；流窜作案的重大复杂案件；犯罪涉及面广，取证困难的重大复杂案件。

如因特殊情况还需要延长的，报请最高人民法院批准。由最高人民法院决定是否延长以及延长的具体期限，不受3个月的限制。

———————————

[1]《高法解释》第306条规定，庭审期间，全体人员应当服从法庭指挥，遵守法庭纪律，尊重司法礼仪，不得实施下列行为：①鼓掌、喧哗、随意走动；②吸烟、进食；③拨打、接听电话，或者使用即时通讯工具；④对庭审活动进行录音、录像、拍照或者使用即时通讯工具等传播庭审活动；⑤其他危害法庭安全或者扰乱法庭秩序的行为。旁听人员不得进入审判活动区，不得随意站立、走动，不得发言和提问。记者经许可实施上述第四项规定的行为，应当在指定的时间及区域进行，不得干扰庭审活动。

3. 人民法院改变管辖的案件，从改变后的人民法院收到案件之日起计算审理期限。

4. 人民检察院补充侦查的案件，补充侦查完毕移送人民法院后，人民法院重新计算审理期限。

第三节　自诉案件的第一审程序

[案例] 拒不执行判决裁定自诉案[1]

王某与赵某机动车交通事故责任一案，法院一审判令赵某赔偿王某各项损失 6.3 万余元。赵某不服提出上诉，后二审法院作出驳回上诉，维持原判的终审裁定。赵某一直未履行义务。后王某向枣阳市法院申请强制执行。执行中，枣阳市法院依法向赵某送达了执行通知书、报告财产令等文书，但赵某既不按执行通知书履行义务，又不申报财产。经执行法官查询，确认赵某属于有能力履行生效判决义务而拒不履行。

2022 年 7 月 21 日，申请执行人王某依法向枣阳市法院提起刑事自诉，要求追究赵某刑事责任。枣阳市法院依法予以立案受理，并向赵某送达了刑事自诉状等法律文书。该案审理过程中，赵某主动与王某某达成执行和解协议，并于 2022 年 8 月 15 日支付王某赔偿款及延迟履行期间的利息共计 7 万元。随后，王某申请撤回自诉。枣阳市法院经审查后，裁定准予撤诉。

一、自诉案件的提起

《刑事诉讼法》第 114 条规定："对于自诉案件，被害人有权向人民法院直接起诉。被害人死亡或者丧失行为能力的，被害人的法定代理人、近亲属有权向人民法院起诉。人民法院应当依法受理。"在我国，自诉案件，是指被害人或者其法定代理人、近亲属为追究被告人的刑事责任，以书面或口头形式直接向人民法院起诉，并由人民法院直接受理的刑事案件。

（一）提起自诉案件的主体

提起自诉案件的主体是自诉人。《高法解释》第 316 条、第 317 条的规定，自诉人一般情况下就是被害人，他是犯罪行为的直接受害者。被害人依法享有受到法律保护的正当权利或利益，包括人身权利、财产权利、名誉权利等。如果被害人死亡、丧失行为能力或者因受强制、威吓等无法告诉，或者是限制行为能力人以及因年老、患病、盲、聋、哑等不能亲自告诉，其法定代理人、近

────────

〔1〕 案例来源：湖北省枣阳市首例"拒执罪"自诉案和解撤诉，https://baijiahao.baidu.com/s? id =1742596810067809085&wfr=spider&for=pc，根据报道内容改写。

亲属告诉或者代为告诉的，人民法院应当依法受理，但上述人员应当提供与被害人关系的证明和被害人不能亲自告诉的原因的证明。

（二）提起自诉的条件和程序

根据《高法解释》第316条的规定，人民法院受理的自诉案件，必须符合下列条件：

1. 案件属于《刑事诉讼法》第210条、《高法解释》第1条规定的自诉案件范围；

2. 案件属于受诉人民法院管辖；

3. 刑事案件的被害人告诉的；

4. 有明确的被告人、具体的诉讼请求和证明被告人犯罪事实的证据。

自诉人提起自诉时，应当向人民法院提交刑事自诉状，并按被告人的人数提供副本；提起附带民事诉讼的，还应当提交刑事附带民事自诉状。如果自诉人书写自诉状确有困难的，可以口头告诉，由人民法院工作人员作出告诉笔录，向自诉人宣读。自诉人确认无误后，应当签名或者盖章。自诉状一般应当包括以下内容：①自诉人（代为告诉人）、被告人的姓名、性别、年龄、民族、出生地、文化程度、职业、工作单位、住址、联系方式；②被告人实施犯罪的时间、地点、手段、情节和危害后果等；③具体的诉讼请求；④致送的人民法院和具状时间；⑤证据的名称、来源等；⑥证人的姓名、住址、联系方式等。

二、自诉案件的受理

对于提起的自诉案件，人民法院应当在15日内审查完毕。经审查，符合受理条件的，应当决定立案，并书面通知自诉人或者代为告诉人。

人民法院对自诉案件主要按立案受理条件进行审查，根据《刑事诉讼法》第211条和《高法解释》的有关规定分别处理：

1. 对犯罪事实清楚，有足够证据的案件，应当开庭审理。

2. 具有下列情形之一的案件，应当说服自诉人撤回起诉；自诉人不撤回起诉的，裁定不予受理：①不属于自诉案件范围的；②缺乏罪证的；③犯罪已过追诉时效期限的；④被告人死亡的；⑤被告人下落不明的；⑥除因证据不足而撤诉的以外，自诉人撤诉后，就同一事实又告诉的；⑦经人民法院调解结案后，自诉人反悔，就同一事实再行告诉的；⑧属于被害人有证据证明的轻微刑事案件，公安机关正在立案侦查或者人民检察院正在审查起诉的；⑨不服人民检察院对未成年犯罪嫌疑人作出的附条件不起诉决定或者附条件不起诉考验期满后作出的不起诉决定，向人民法院起诉的。

3. 对已经立案，经审查缺乏罪证的自诉案件，自诉人提不出补充证据的，人民法院应当说服其撤回起诉或者裁定驳回起诉；自诉人撤回起诉或者被驳回起诉后，又提出了新的足以证明被告人有罪的证据，再次提起自诉的，人民法院应当受理。

自诉人对不予受理或者驳回起诉的裁定不服的，可以提起上诉。第二审人民法院查明第一审人民法院作出的不予受理裁定有错误的，应当在撤销原裁定的同时，指令第一审人民法院立案受理；查明第一审人民法院驳回起诉裁定有错误的，应当在撤销原裁定的同时，指令第一审人民法院进行审理。

4. 自诉人明知有其他共同侵害人，但只对部分侵害人提起自诉的，人民法院应当受理，并告知其放弃告诉的法律后果；自诉人放弃告诉，判决宣告后又对其他共同侵害人就同一事实提起自诉的，人民法院不予受理。共同被害人中只有部分人告诉的，人民法院应当通知其他被害人参加诉讼，并告知其不参加诉讼的法律后果。被通知人接到通知后表示不参加诉讼或者不出庭的，视为放弃告诉。第一审宣判后，被通知人就同一事实又提起自诉的，人民法院不予受理。但是，当事人另行提起民事诉讼的，不受此限制。

5. 必须由人民检察院提起公诉的案件，应当移送人民检察院。被告人实施两个以上犯罪行为，分别属于公诉案件和自诉案件，人民法院在审理公诉案件时可以对自诉案件一并审理。

三、自诉案件的审判

（一）自诉案件的第一审审判程序

根据《刑事诉讼法》第 211 条及《高法解释》的有关规定，人民法院对犯罪事实清楚、有足够证据的自诉案件，应当开庭审理。自诉案件的第一审程序应当遵循以下规定：

1. 自诉案件符合简易程序适用条件的，可以适用简易程序审理；不适用简易程序审理的自诉案件，参照公诉案件第一审普通程序的有关规定审理。

2. 自诉人经两次传唤，无正当理由拒不到庭，或者未经法庭准许中途退庭的，人民法院应当裁定按撤诉处理。部分自诉人撤诉或者被裁定按撤诉处理的，不影响案件的继续审理。

3. 在自诉案件审判过程中，审判人员对证据有疑问的，可以宣布休庭，对证据进行调查核实。人民法院调查核实证据，可以进行勘验、检查、查封、扣押、鉴定和查询、冻结。对当事人因客观原因不能取得的证据，申请人民法院调取并提供相关线索或者材料，人民法院认为有必要的，应当及时调取。对通过信息网络实施的侮辱、诽谤行为，被害人向人民法院告诉，但提供证据确有困难的，人民法院可以要求公安机关提供协助。

4. 被告人在自诉案件审判期间下落不明的，人民法院可以裁定中止审理；符合条件的，可以对被告人依法决定逮捕。被告人到案后，应当恢复审理。

5. 自诉案件审理后，应当参照《刑事诉讼法》第 200 条和《高法解释》第 295 条的的规定作出判决。对于依法宣告无罪的案件，有附带民事诉讼的，其附带民事诉讼部分可以依法进行调解或者一并作出判决，也可以告知附带民事诉讼原告人另行提起民事诉讼。

（二）自诉案件第一审程序的特点

自诉案件主要是直接侵害公民个人合法权益的轻微刑事案件，《刑事诉讼法》和《高法解释》对其审判程序作了一些特殊规定。据此，自诉案件的第一审程序具有以下特点：

1. 人民法院审理自诉案件，可以在查明事实、分清是非的基础上，根据自愿、合法的原则进行调解。但对《刑事诉讼法》第 210 条第 3 项规定的自诉案件，即被害人有证据证明对被告人侵犯自己人身、财产权利的行为应当依法追究刑事责任，而公安机关、人民检察院不予追究被告人刑事责任的案件，不适用调解。

调解是人民法院审理案件的一种方式，应当在查明事实、分清是非的基础上，根据自愿、合法的原则进行。调解达成协议的，应当制作刑事调解书，由审判人员、法官助理、书记员署名，并加盖人民法院印章。调解书经双方当事人签收后，即具有法律效力。调解没有达成协议，或者调解书签收前当事人反悔的，应当及时作出判决。

2. 自诉人在判决宣告前，可以同被告人自行和解或者撤回自诉。人民法院经审查，认为和解、撤回自诉确属自愿的，应当裁定准许；认为和解、撤回自诉系被强迫、威吓，并非出于自愿的，不予准许。对于已经审理的自诉案件，当事人自行和解的，应当记录在卷。

人民法院裁定准许撤诉或者当事人自行和解的自诉案件，被告人被采取强制措施的，人民法院应当立即解除。自诉人经两次传唤，无正当理由拒不到庭，或者未经法庭准许中途退庭的，人民法院应当裁定按撤诉处理。部分自诉人撤诉或者被裁定按撤诉处理的，不影响案件的继续审理。

3. 告诉才处理和被害人有证据证明的轻微刑事案件的被告人或者其法定代理人在诉讼过程中，可以对自诉人提出反诉。反诉必须符合下列条件：①反诉的对象必须是本案自诉人；②反诉的内容必须是与本案有关的行为；③反诉的案件必须是告诉才处理的案件和被害人有证据证明的轻微刑事案件；④反诉应在自诉案件宣告判决以前提出。

反诉案件适用自诉案件的规定。反诉成立，应当与自诉案件一并审理。自诉人撤诉的，不影响反诉案件的继续审理。如果对双方当事人都必须判处刑罚，应当根据各自应负的罪责分别判处，不能互相抵销刑罚。

(三) 自诉案件的审理期限

根据《刑事诉讼法》第 212 条第 2 款的规定，人民法院审理自诉案件的期限，因被告人是否被羁押而有所不同。自诉案件被告人被羁押的，人民法院应当在受理后 2 个月以内宣判，至迟不得超过 3 个月。有附带民事诉讼的案件，经上一级人民法院批准，审理期限可以延长 3 个月。自诉案件被告人未被羁押的，应当在受理后 6 个月以内宣判。

人民法院对自诉案件改变管辖的，从改变后的人民法院收到案件之日起计算审理期限。

第四节　刑事简易程序

[案例] 王某危险驾驶罪公诉案件适用简易程序案[1]

2016 年 3 月 18 日 21 时 23 分，王某驾驶机动车行驶至某市南山区中航区路段时被民警查获。随后民警将其带至医院抽取血样。经鉴定，王某血样中检出乙醇，酒精含量为 119.57/100 毫升，属于醉酒驾驶机动车。应以危险驾驶罪追究其刑事责任。本案经公安机关侦查终结，检察机关以王某犯危险驾驶罪向法院提起公诉，同时递交了量刑建议书，建议对被告人王某判处 1~2 个月拘役，并处罚金。南山区法院受理后，依法进行了审查，询问了被告人对指控的犯罪事实的意见，告知其适用简易程序的法律规定，决定依法适用简易程序。

4 月 22 日，南山区法院依法适用简易程序，实行独任审判，公开开庭审理了本案。南山区人民检察院指派检察员张某出庭支持公诉，被告人王某及其辩护人倪某某到庭参加诉讼。经审理查明的事实与公诉机关的指控一致，被告人对指控的犯罪事实和罪名无异议，并当庭表示认罪。辩护人提出辩护意见称：被告人系初犯、偶犯，归案后积极配合，认罪态度好，有悔罪表现，且被告人系其家中唯一的经济来源。法院认为，被告人王某在道路上醉酒驾驶机动车，其行为已构成危险驾驶罪。公诉机关指控罪名成立。被告人归案后能如实供述犯罪事实，认罪态度较好，可以从轻处罚。公诉机关的量刑建议合理，予以采纳。结合被告人王某的犯罪情节和悔罪表现，可对其宣告缓刑。法院当庭宣判：被告人王某犯危险驾驶罪，判处拘役 2 个月，缓刑 6 个月，并处罚金人民币4000 元。

一、刑事简易程序的概念和意义

刑事简易程序，是指基层人民法院审判某些简单轻微刑事案件时，依法适

---

〔1〕 案例来源：https://www.pkulaw.com/pfnl/a25051f3312b07f339bba6e72d051d2cdf0445987325caf8bdfb.html? keyword，内容改写。

用的较普通审判程序相对简化的一种审判程序。

简易程序是依法对第一审普通程序的简化，其设置是刑事案件自身特点的内在要求，符合我国审判实践的客观需要，顺应了当今世界各国刑事诉讼制度改革的趋势。在刑事诉讼中适用简易程序，一方面有利于保护当事人的合法权益，使被告人早日摆脱缠讼之苦，也使被害人等尽快获得确定的裁判。另一方面，简易程序有利于合理配置审判资源，提高人民法院的审判效率，缓解人民法院面临的日益繁重的审判任务。

二、简易程序的适用范围和条件

根据《刑事诉讼法》第214条的规定，基层人民法院管辖的案件，符合下列条件的，可以适用简易程序审判；人民检察院在提起公诉的时候，可以建议人民法院适用简易程序：

1. 案件事实清楚、证据充分的。即人民法院根据起诉书指控的事实，认为案件事实简单、明确，定罪量刑的证据客观、全面，足以认定被告人有罪。

2. 被告人承认自己所犯罪行，对指控的犯罪事实没有异议的。即被告人对公诉机关起诉书或者自诉人自诉状所指控的犯罪行为供认不讳，对指控的犯罪行为和证据没有异议。

3. 被告人对适用简易程序没有异议的。

上述三个条件必须同时具备，才可以适用简易程序。只要被告人对罪名或者犯罪事实或者证据提出异议，或者对适用简易程序提出不同意见，就不应适用简易程序，应当按照普通程序进行审理。

根据《刑事诉讼法》第215条和《高法解释》第360条的规定，具有下列情形之一的，不适用简易程序：①被告人是盲、聋、哑人；②被告人是尚未完全丧失辨认或者控制自己行为能力的精神病人；③案件有重大社会影响的；④共同犯罪案件中部分被告人不认罪或者对适用简易程序有异议的；⑤辩护人作无罪辩护的；⑥被告人认罪但经审查认为可能不构成犯罪的；⑦不宜适用简易程序审理的其他情形。

根据法律有关规定和《高法解释》第359条的规定，在具体适用简易程序时，应当注意：

1. 基层人民法院受理公诉案件后，经审查认为案件事实清楚、证据充分的，在将起诉书副本送达被告人时，应当询问被告人对指控的犯罪事实的意见，告知其适用简易程序的法律规定。被告人对指控的犯罪事实没有异议并同意适用简易程序的，可以决定适用简易程序，并在开庭前通知人民检察院和辩护人。

2. 对人民检察院建议或者被告人及其辩护人申请适用简易程序审理的案件，经审查不符合简易程序适用条件的，应当通知人民检察院或者被告人及其辩护人。

三、适用简易程序案件的审理程序

（一）开庭前的准备

1. 确定审判组织。根据《刑事诉讼法》第 216 条的规定，适用简易程序审理案件，可以组成合议庭进行审判，也可以由审判员 1 人独任审判。对可能判处 3 年有期徒刑以下刑罚的，可以组成合议庭进行审判，也可以由审判员 1 人独任审判；对可能判处有期徒刑超过 3 年的，应当组成合议庭进行审判。《高法解释》第 366 条要求，适用简易程序独任审判过程中，发现对被告人可能判处的有期徒刑超过 3 年的，应当转由合议庭审理。

2. 通知开庭。根据《刑事诉讼法》和《高法解释》的有关规定：①人民法院适用简易程序审理公诉案件，检察机关应当派员出庭支持公诉；②被告人有辩护人的，应当通知其出庭；③符合申请提供法律援助规定的，人民法院应当告知被告人及其近亲属可以申请法律援助。因此，人民法院适用简易程序审理案件，应当在开庭前，将开庭的时间、地点通知人民检察院、自诉人、被告人以及辩护人、诉讼代理人，也可以通知其他诉讼参与人。通知可以采用简便方式，但应当记录在案。

（二）刑事简易程序的法庭审判

简易程序是依法对第一审普通程序的简化，以保证案件得以迅速处理。但程序简化到何种程度，均由法律明文规定，而不是由法院、检察院或当事人任意选择。根据简易程序的特点，《刑事诉讼法》作了一些不同于第一审普通程序的规定。人民法院适用简易程序时，应当严格遵守这些规定，在没有特殊规定时，应参照第一审程序进行。根据《刑事诉讼法》第 216～219 条和《高法解释》的有关规定，简易程序的法庭审理程序是：

1. 开庭。审判人员宣布开庭后，应当查明被告人的基本情况，依次宣布案由、审判组织、书记员、公诉人或自诉人、辩护人、诉讼代理人的名单，告知有关诉讼权利。

2. 法庭调查与法庭辩论。在公诉人或者自诉人宣读起诉书或者自诉状后，审判人员或者独任审判员应当当庭询问被告人对指控的犯罪事实的意见，告知被告人适用简易程序审理的法律规定，确认被告人是否同意适用简易程序审理。经过上述审查核实程序，人民法院再决定是否继续适用简易程序进行审理。无论是检察院建议适用简易程序的案件，还是法院经审查认为应当适用简易程序审理的案件，只要在开庭审查核实阶段被告人不同意适用简易程序，或者不符合简易程序适用条件之一的，人民法院应当决定转为适用普通程序进行审理。

适用简易程序审理案件，经审判人员许可，被告人及其辩护人可以同公诉人、自诉人及其诉讼代理人互相辩论。

适用简易程序的案件是案情简单、事实清楚、证据较充分，且被告人认罪，对指控的犯罪事实和适用简易程序没有异议的案件，因而对法庭调查、法庭辩论程序可以相应简化，以提高办案效率。《刑事诉讼法》第 219 条规定："适用简易程序审理案件，不受本章第一节关于送达期限、讯问被告人、询问证人、鉴定人、出示证据、法庭辩论程序规定的限制……"根据《高法解释》第 365 条第 1 款的规定，适用简易程序审理案件，可以对庭审作如下简化：①公诉人可以摘要宣读起诉书；②公诉人、辩护人、审判人员对被告人的讯问、发问可以简化或者省略；③对控辩双方无异议的证据，可以仅就证据的名称及所证明的事项作出说明；对控辩双方有异议或者法庭认为有必要调查核实的证据，应当出示，并进行质证；④控辩双方对与定罪量刑有关的事实、证据没有异议的，法庭审理可以直接围绕罪名确定和量刑问题进行。

3. 被告人最后陈述。在判决宣告前，应当听取被告人的最后陈述意见。这是适用简易程序审理案件不可简略的程序。

4. 评议与宣判。适用简易程序审理案件，裁判文书可以简化，一般应当当庭宣判。

四、刑事简易程序的变更

《刑事诉讼法》第 221 条规定："人民法院在审理过程中，发现不宜适用简易程序的，应当按照本章第一节或者第二节的规定重新审理。"根据这一规定，人民法院在适用简易程序审理案件的过程中，发现不应当或不宜以简易程序审判的情形，即应转为适用公诉案件第一审普通程序或者自诉案件第一审普通程序，重新开庭审理。根据《高法解释》第 368 条的规定，人民法院在适用简易程序审理案件过程中，有下列情形之一的，应当转为普通程序审理：①被告人的行为可能不构成犯罪的；②被告人可能不负刑事责任的；③被告人当庭对起诉指控的犯罪事实予以否认的；④案件事实不清、证据不足的；⑤不应当或者不宜适用简易程序的其他情形。决定转为普通程序审理的案件，审理期限应当从作出决定之日起计算。

五、刑事简易程序的审理期限

根据《刑事诉讼法》第 220 条的规定，适用简易程序审理案件，人民法院应当在受理后 20 日以内审结；对可能判处的有期徒刑超过 3 年的，可以延长至一个半月。

第五节　刑事速裁程序

[案例]　适用刑事速裁程序案件当庭宣判[1]

2018 年 11 月 14 日，延津县人民检察院就被告人李某危险驾驶一案向县法院提起公诉，并建议适用刑事速裁程序。县法院承办法官经审查认为，该起犯罪事实清楚，证据确实、充分，在县人民检察院移送审查起诉阶段，被告人李某对指控的犯罪事实及罪名无异议，同意适用刑事速裁程序，并签订了认罪认罚具结书，符合刑事速裁程序的适用条件，因此决定适用刑事速裁程序审理本案。

在送达起诉书副本时，县法院专门就是否同意适用速裁程序审理、是否委托辩护及有权获得法律帮助等情况进行了详细告知。被告人李某表示同意适用速裁程序。

开庭审理过程中，审判员当庭核实了被告人李某是否自愿签订认罪认罚具结书。被告人李某对县人民检察院指控的犯罪事实、罪名、量刑建议均无异议，表示自愿签订了认罪认罚具结书。在听取控辩双方意见后，不再进行法庭调查、法庭辩论，直接听取被告人最后陈述，并当庭宣判。整个庭审过程用时不到 10 分钟，有效提高了庭审效率。

一、刑事速裁程序的概念和意义

刑事速裁程序，是指基层人民法院对于事实清楚，证据确实、充分，可能判处 3 年有期徒刑以下刑罚的公诉案件，被告人认罪认罚的，适用的较简易程序更为简化的一种审判程序。

《刑事诉讼法》设立刑事速裁程序，目的是在简易程序的基础上，进一步简化诉讼程序，在确保司法公正的前提下，实现"简单案件快办、疑难案件精办"，以贯彻宽严相济的刑事政策，优化司法资源配置，实现案件繁简分流，构建与案件难易、刑罚轻重程度相适应的多层次刑事诉讼程序体系。

二、刑事速裁程序的适用范围和条件

《刑事诉讼法》第 222 条规定："基层人民法院管辖的可能判处三年有期徒刑以下刑罚的案件，案件事实清楚，证据确实、充分，被告人认罪认罚并同意适用速裁程序的，可以适用速裁程序，由审判员一人独任审判。人民检察院在提起公诉的时候，可以建议人民法院适用速裁程序。"这一规定明确了速裁程序的案件适用范围和适用条件。

---

〔1〕　案例来源：http://hnyjxfy. hncourt. gov. cn/public/detail. php? id=1169，内容改写。

1. 案件范围，限于基层人民法院管辖的可能判处 3 年有期徒刑以下刑罚的公诉案件，没有具体罪名的限制。自诉案件不适用刑事速裁程序进行审理。[1]

2. 被告人所涉罪行可能判处 3 年有期徒刑以下刑罚。这是适用速裁程序的刑罚条件。"可能判处"，是指根据被告人犯罪的事实、性质、情节和危害程度，依照《刑法》有关规定的具体量刑幅度确定的刑罚。

3. 案件事实清楚、证据确实、充分。这是适用速裁程序的证据条件。"案件事实清楚，证据确实、充分"是指人民法院根据指控的事实，认为案件事实明确，定罪量刑的证据客观、全面，符合《刑事诉讼法》第 55 条第 2 款规定的"证据确实、充分"的条件。

4. 被告人认罪认罚并同意适用速裁程序。这是适用速裁程序的程序条件。"被告人认罪认罚"是指被告人自愿如实供述自己的罪行，承认指控的犯罪事实，愿意接受处罚。在认罪认罚从宽制度试点工作中，确认被告人认罪认罚，还要求被告人同意人民检察院提出的量刑建议，签署认罪认罚具结书。根据《刑事诉讼法》的有关规定，公安机关、人民检察院、人民法院都应当告知犯罪嫌疑人、被告人认罪认罚的法律规定；人民法院对于拟适用速裁程序的被告人，还应当审查认罪认罚的自愿性和具结书的真实性、合法性，确保被告人理解法律规定的含义，自愿适用刑事速裁程序。

根据《刑事诉讼法》第 223 条的规定，具有下列情形之一的，不适用速裁程序：①被告人是盲、聋、哑人，或者是尚未完全丧失辨认或者控制自己行为能力的精神病人的；②被告人是未成年人的；③案件有重大社会影响的；④共同犯罪案件中部分被告人对指控的犯罪事实、罪名、量刑建议或者适用速裁程序有异议的；⑤被告人与被害人或者其法定代理人没有就附带民事诉讼赔偿等事项达成调解或者和解协议的；⑥其他不宜适用速裁程序审理的。

根据《刑事诉讼法》第 222 条的规定，关于公诉案件速裁程序的启动，可以是人民检察院建议，也可以是人民法院决定。犯罪嫌疑人在审查起诉阶段已经认罪认罚，人民检察院认为符合适用速裁程序条件的，可以建议适用速裁程序。人民检察院应当在起诉书中写明被告人认罪认罚的情况，应当就主刑、附加刑、是否适用缓刑等提出量刑建议，并随案移送认罪认罚具结书等材料。《高法解释》第 369 条规定，对人民检察院在提起公诉时建议适用速裁程序的案件，基层人民法院经审查认为案件事实清楚，证据确实、充分，可能判处 3 年有期

---

〔1〕　自诉案件由自诉人自行提起，案件没有经过侦查、审查起诉，法院在开庭前很难判断证据是否确实、充分。同时，自诉人与被告人往往对案件事实等存在较大争议。而且，没有检察机关的主持，也无法在审判前提出量刑建议，签署认罪认罚具结书。参见王爱立、雷建斌主编：《〈中华人民共和国刑事诉讼法〉释解与适用》，人民法院出版社 2018 年版，第 418 页。

徒刑以下刑罚的，在将起诉书副本送达被告人时，应当告知被告人适用速裁程序的法律规定，询问其是否同意适用速裁程序。被告人同意适用速裁程序的，可以决定适用速裁程序，并在开庭前通知人民检察院和辩护人。对人民检察院未建议适用速裁程序的案件，人民法院经审查认为符合速裁程序适用条件的，可以决定适用速裁程序，并在开庭前通知人民检察院和辩护人。被告人及其辩护人可以向人民法院提出适用速裁程序的申请。

三、适用刑事速裁程序审理案件的程序

根据《刑事诉讼法》第 222 条、第 224 条的规定，刑事速裁程序是对刑事简易程序的进一步简化，以达到提高审判效率、实现简案快审的目标。但为了守住司法公正的底线，庭审程序中一些基本要素不能被简化或者省略，否则难以维护被告人的合法权益和其他诉讼参与人基本的诉讼权利。

（一）速裁程序的庭前准备

1. 确定独任法官。适用速裁程序审理案件，由审判员 1 人独任审判。

2. 不受第一审普通程序关于开庭审理案件送达期限的限制。《刑事诉讼法》第 187 条第 1 款、第 3 款规定，人民法院决定开庭审判后，应当将人民检察院的起诉书副本至迟在开庭 10 日以前送达被告人及其辩护人；人民法院确定开庭日期后，应当将开庭的时间、地点通知人民检察院，传唤当事人，通知辩护人、诉讼代理人、证人、鉴定人和翻译人员，传票和通知书至迟在开庭 3 日以前送达。适用速裁程序的刑事公诉案件案情简单明确，证据确实、充分，被告人认罪认罚，审判期限较短。人民法院送达起诉书副本的时间，送达开庭通知书和传票的时间，不受《刑事诉讼法》第一审普通程序有关送达期限的限制。人民法院应当在开庭前将开庭的时间、地点通知人民检察院、被告人、辩护人，也可以通知其他诉讼参与人。通知可以采用简便方式，但应当记录在案。

（二）速裁程序的法庭审判

1. 开庭。人民法院审理被告人认罪认罚的案件，应当告知被告人享有的诉讼权利和认罪认罚的法律规定，应当审查被告人认罪认罚的自愿性和认罪认罚具结书内容的真实性、合法性，确认被告人是否同意适用速裁程序审理案件。适用速裁程序审理案件，可以集中开庭，逐案审理。公诉人简要宣读起诉书后，审判人员应当当庭询问被告人对指控事实、证据、量刑建议以及适用速裁程序的意见，核实具结书签署的自愿性、真实性、合法性，并核实附带民事诉讼赔偿等情况。（《高法解释》第 372 条）

2. 一般不进行法庭调查、法庭辩论。法庭调查是人民法院在开庭审理过程中，对案件事实和证据进行调查核实的活动，包括就案件事实讯问被告人，询问证人、鉴定人，审查物证、书证、鉴定意见、勘验笔录，必要时通知新的证人到庭，调取新的物证，进行重新鉴定或者勘验等。法庭辩论是在法庭审理过程中，公诉人、当事人和辩护人、诉讼代理人对案件定罪和量刑问题，在法庭主持下发表各自意见，互相辩论。适用速裁程序审理的案件，事实清楚，证据确实、充分，被告人认罪认罚，一般情况下没有必要在法庭上再进行调查、辩论。

3. 应当听取辩护人的意见和被告人的最后陈述意见（《刑事诉讼法》第 224 条第 1 款）。为切实保障被告人的辩护权和速裁程序的公正有效进行，适用速裁程序审理的案件，在判决宣告前应当听取辩护人的意见和被告人的最后陈述意见，保证法庭了解被告人的主张和态度。

4. 应当当庭作出判决并宣判。适用速裁程序审理案件，裁判文书可以简化，应当当庭宣判。如果在庭审中因各种原因导致无法当庭宣判，应当转为适用简易程序或普通程序进行审理。

四、刑事速裁程序的变更

《刑事诉讼法》第 226 条规定："人民法院在审理过程中，发现有被告人的行为不构成犯罪或者不应当追究其刑事责任、被告人违背意愿认罪认罚、被告人否认指控的犯罪事实或者其他不宜适用[1]速裁程序审理的情形的，应当按照本章第一节或者第三节的规定重新审理。"根据这一规定，人民法院在适用速裁程序审理案件过程中，发现案件不宜适用速裁程序的，应当转为公诉案件第一审普通程序或者简易程序重新审理。《高法解释》第 375 条规定，适用速裁程序审理案件，在法庭审理过程中，具有下列情形之一的，应当转为普通程序或者简易程序审理：①被告人的行为可能不构成犯罪或者不应当追究刑事责任的；②被告人违背意愿认罪认罚的；③被告人否认指控的犯罪事实的；④案件疑难、复杂或者对适用法律有重大争议的；⑤其他不宜适用速裁程序的情形。决定转为普通程序或者简易程序审理的案件，审理期限应当从作出决定之日起计算。

五、刑事速裁程序的审理期限

《刑事诉讼法》第 225 条规定："适用速裁程序审理案件，人民法院应当在受理后十日以内审结；对可能判处的有期徒刑超过一年的，可以延长至十五日。"

---

　[1]　凡是不符合《刑事诉讼法》第 222 条规定条件的案件，或者属于《刑事诉讼法》第 223 条规定情形之一的，均可以认定为"其他不宜适用速裁程序的情形"。

第六节　刑事判决、裁定和决定

一、刑事判决

（一）判决的概念和特点

判决，是指人民法院对案件的实体问题所作出的处理决定。具体而言，刑事案件的判决，是指人民法院经过法庭审理，依据事实和法律，对于被告人是否犯罪，犯何罪，应否处以刑罚以及处以何种刑罚等问题所作出的一种结论。判决是人民法院代表国家行使审判权和执行国家法律的具体结果，是惩罚犯罪，保护人民，维护社会主义法制的有力武器，在刑事诉讼中具有重要作用。

判决一经发生法律效力，就具有强制性、稳定性和排他性。生效判决由国家强制力保证执行。拒不执行人民法院已经发生法律效力的判决，情节严重、构成犯罪的，将依法追究当事人的刑事责任。同时，生效判决非经法定程序不能变更。即使判决在认定事实或者适用法律上确有错误，也只能由人民法院按照审判监督程序予以变更或者撤销。当事人及其法定代理人、近亲属，对于已经发生法律效力的判决，可以向人民法院或者人民检察院提出申诉，但不能停止判决的执行，而且申诉必须符合法定条件，人民法院才能进行再审，对原判决予以变更。一个案件只能有一个生效的判决。对生效判决所确定的事实，检察机关和当事人不得再行起诉，人民法院也不能再次受理和审判判决已经确定的案件。

（二）刑事判决的种类

根据《刑事诉讼法》第200条的规定，人民法院的刑事判决可以分为有罪判决和无罪判决。有罪判决是人民法院对案件事实清楚，证据确实充分，依法确认被告人有罪时所作出的处理决定。有罪判决又可以分为有罪科刑判决和有罪免刑判决。其中，有罪科刑判决是人民法院认定被告人的行为构成犯罪，决定给予适当刑事处罚的判决；而有罪免刑判决则是人民法院认定被告人的行为构成犯罪，但因犯罪情节轻微不需要判处刑罚或者有其他法定免刑情节而免除对被告人刑事处罚的判决。无罪判决是人民法院作出的确认被告人的行为不构成犯罪或者因证据不足，不能认定被告人有罪的判决。无罪判决也可以分为两种情况：一种是人民法院依法认定被告人的行为不构成犯罪时所作的无罪判决；另一种则是人民法院认为证据不足，不能认定被告人有罪时所作的"证据不足、指控的犯罪不能成立"的无罪判决。

（三）判决书的制作要求和内容

人民法院对案件作出判决，应当制作判决书。由于判决书是人民法院行使国家审判权处理案件的重要法律文书，必须按照规定的格式和要求制作。判决书的制作要求和内容，具体包括以下几个方面：

1. 首部。包括：①人民法院名称、判决书的类别、案号；②公诉机关的名称或自诉人的姓名等基本情况；③被告人的姓名、性别、出生年月日、民族、出生地和户籍地、职业或工作单位和职务、住址和因本案所受强制措施情况等，现在何处，是否在押；④辩护人、诉讼代理人的姓名、工作单位和职务；⑤案由、开庭日期、审判组织以及是否公开审理等。

2. 事实部分。应先写明控方指控的基本内容，被告人、辩护人对指控的看法、态度，然后写明人民法院认定的事实。如果是有罪判决，应当写明犯罪的时间、地点、动机、目的、手段、危害后果等情况；被告人犯数罪的，应写明各罪的犯罪事实和情节；共同犯罪的案件，应写明每个被告人犯罪的事实和情节，以及在共同犯罪中的地位和作用。叙述上列各项犯罪事实都必须有经法庭查证属实的证据为依据，但涉及国家秘密和个人隐私的部分，不宜具体叙述。无罪判决应当写明起诉书所指控的犯罪事实不能成立或者并非被告人所实施的情况，事实部分可以和理由部分合并起来写。

3. 理由部分。主要写明经法庭查证属实的认定被告人有罪或者无罪的事实根据以及有关法律依据，并写明对被告人是否应处以刑罚，以及从重、加重、从轻、减轻或免除刑罚的理由和法律依据。这些理由和根据应当包括对辩护意见肯定或否定的理由和根据。

4. 结果部分。这是判决书的实质内容，是人民法院对案件所作的结论。有罪判决应当写明被告人所犯罪名，判处的刑罚或免除刑罚的决定；数罪并罚的，应当写明各罪所判处的刑罚和决定执行的刑罚；被告人已被羁押的，应写明执行前的羁押期限如何折抵刑期、刑期的起止日期；在宣告缓刑的判决书中，应写明缓刑的考验期限；有附带民事诉讼的案件，应写明附带民事部分的处理结果；有赃款赃物的，应当写明赃款赃物的处理情况。无罪判决，应当写明对被告人宣告无罪的结论。

5. 尾部。应写明被告人享有上诉权利、上诉期限、上诉法院、上诉方式和途径；判决书应当由审判人员和书记员署名；判决书制作、宣判日期；最后要加盖人民法院印章。

二、刑事裁定

裁定，是指人民法院在案件审理和判决执行过程中，对案件的诉讼程序问题和部分实体问题所作的处理决定。

裁定与判决的法律性质和特点基本相同，但二者是有区别的。裁定主要用于解决程序问题或只直接针对诉讼行为，包括起诉、上诉、抗诉、申诉行为，在整个审判过程中以及执行过程中都可以采用裁定，故一个案件中可以有多个生效裁定。

裁定按其性质可以分为程序性裁定和实体性裁定。

程序性裁定	对自诉案件驳回起诉的裁定；撤销原判决发回重审的裁定；有关是否恢复诉讼期限的裁定
实体性裁定	驳回上诉、抗诉、申诉的裁定；决定减刑、假释的裁定；核准死刑的裁定

裁定按审判程序可以分为第一审裁定、第二审裁定、死刑复核裁定和再审裁定。第一审裁定即第一审人民法院作出的裁定，除最高人民法院作出的以外，都可以上诉或抗诉。第一审裁定都是程序性裁定。

裁定书是与判决书同等重要的法律文书，其制作要求、格式等与判决书基本相同，只是内容比判决书简单，因为裁定要解决的问题比较单一。

三、刑事决定

决定，是人民法院在办理案件过程中对某些程序性问题进行处理的一种形式。决定的对象都是法庭审理中的程序性问题或人民法院自己行使权力的问题。决定作出后，除对驳回回避申请的决定，当事人及其法定代理人可以申请复议一次外，其余的决定均立即生效，不允许上诉或抗诉。

决定既可以是口头的，也可以是书面的。书面决定应制作决定书，写明处理结论及理由。口头决定应当记录在案，以供核查。它与书面决定具有同等效力。

思考题

1. 什么是公开审判？在我国，哪些刑事案件不公开审理？
2. 简述公诉案件第一审程序的庭前审查程序。
3. 刑事第一审程序中，人民法院在开庭前应当做哪些准备工作？
4. 简述人民法院刑事法庭审理的程序。
5. 刑事自诉案件第一审程序有何特点？
6. 什么是刑事简易程序？简述适用刑事简易程序的案件范围。
7. 什么是刑事速裁程序？适用刑事速裁程序审理的案件应当符合哪些条件？

实务训练

案例一：被告人赵某犯故意杀人罪一案被 L 县人民检察院起诉至该县人民法院。L 县人民法院经审查后认为该案不属本院管辖，遂决定将案件移送 M 市中级人民法院。市中级人民法院受理案件后，由审判员钱某、孙某、李某组成合议庭对被告人赵某故意杀人一案进行公开审理。审判过程中，被告人赵某趁人不备脱逃，案件在较长时间内无法继续审理，审判长于是宣布案件延期审理。6月6日，赵某被抓获归案后，市中级人民法院对案件继续进行审理，以故意杀人罪当庭宣告判处被告人赵某无期徒刑。6月13日，市中级人民法院将判决书送达了当事人和M市检察院。

[问题]

分析本案中人民法院对案件的处理程序有哪些不当之处，并说明理由。

[分析提示]

1. L县人民法院认为案件不属本院管辖，不应决定将案件移送中级人民法院。

2. 审判过程中，被告人脱逃，审判长不应宣布延期审理。

3. 市中级人民法院不应在宣判后第7天才送达判决书。

案例二：何某（男，24岁）、季某（男，21岁）持刀抢劫致人重伤一案由某市人民检察院向市人民法院提起公诉。人民法院经过庭前审查，认为符合开庭审判条件，决定开庭审理此案。为此，人民法院做了下列准备工作：①确定合议庭的组成人员。合议庭由3名审判人员和1名人民陪审员组成。②在开庭前7日给被告人送达起诉书副本。③在开庭前3日通知人民检察院开庭的时间、地点。④在开庭前3日给当事人、辩护人、证人、鉴定人送达传票和通知书。

法院审理过程中，被告人季某在最后陈述中提出，其参与抢劫是由于何某的胁迫，由于害怕何某报复，以前一直不敢说，并提出了可以证明被胁迫参与抢劫的证人的姓名，希望法院从轻判处。

[问题]

1. 人民法院在开庭前的准备工作合法吗？

2. 对于季某在最后陈述中提出其受胁迫的事实，合议庭应如何处理？

[分析提示]

1. 不合法。①合议庭成员应当是单数；②送达起诉书副本的时间是开庭10日前。此外，还应当先期公告。

2. 应当恢复法庭调查。

第十五章

刑事第二审程序

学习目标

通过本章的学习与训练，了解刑事第二审程序的概念和特点；了解上诉权、上诉主体、抗诉机关、二审抗诉的法律规定，熟练掌握上诉、抗诉的理由和上诉、抗诉程序，能够针对一审裁判为当事人上诉提供帮助。理解全面审查原则、上诉不加刑原则，熟悉第二审程序的审理方式；掌握第二审法院对上诉、抗诉案件审理后的不同处理。能够依法参与上诉、抗诉案件的审理。

导入案例

李某、张某持刀抢劫一案由某市人民检察院向市中级人民法院提起公诉，被害人提出附带民事诉讼。法庭经审理后认为，被告人李某、张某的行为构成抢劫罪，后果严重，给被害人造成了财产损失。根据《刑法》有关规定，法院作出刑事附带民事判决，判处李某无期徒刑，判处张某有期徒刑 10 年，同时赔偿附带民事诉讼原告人物质损失。一审判决后，李某不服，以量刑过重为由向上一级法院提出上诉；张某未上诉，市人民检察院亦未抗诉。被害人作为附带民事诉讼原告人就民事赔偿部分提出上诉。

[任务提出]

根据本案，思考并完成以下学习任务：

1. 本案被害人对一审刑事判决不服，可以提出上诉吗？

2. 李某以量刑过重为由提出上诉，合法吗？

3. 李某直接向二审法院提起上诉，合法吗？

4. 李某直接向二审法院提起上诉，二审法院应如何处理？

5. 二审法院对共同犯罪案件只有部分被告人上诉的，应当如何审理？

6. 如果二审法院认为原判对被告人李某、张某的量刑均过轻，可以改判加重刑罚吗？

第一节　刑事第二审程序的功能

一、刑事第二审程序的概念和特点

刑事第二审程序，又称上诉审程序，是指第二审人民法院根据上诉人的上诉或人民检察院的抗诉，就第一审人民法院尚未发生法律效力的判决或裁定所认定的事实和适用的法律进行审理时应当遵循的步骤、方式和方法。

第二审程序不是审理刑事案件的必经程序。一个案件是否经过第二审程序，关键在于上诉人或检察机关是否依法提起了上诉或抗诉。提起上诉或抗诉的，该案就应由上一级人民法院依第二审程序再次审理，否则就不产生第二审程序。

与第一审程序相比，第二审程序有以下特点：①特定的案件来源。第二审程序的案件来源是下级人民检察院依法提出的抗诉，或者是有上诉权的诉讼参与人依法提出的上诉。②特定的审理对象。第二审程序是审理第一审的判决或裁定认定的事实是否清楚，适用法律是否正确，处理是否适当。其内容集中反映在一审的判决书或裁定书之中。③特定的审理法院。第二审程序只能由第一审人民法院的上一级人民法院进行，基层人民法院无权审理第二审案件。④审理程序和方式有专门的要求。第二审程序除必须遵守第一审程序的各项原则和制度以外，还有某些特有原则。第二审程序应当开庭审理，有些案件可以不开庭审理，但不得适用简易程序、速裁程序。⑤裁判结果的特殊性。第二审程序审理的案件结果包括维持原判、直接改判和发回重审。第二审的判决和裁定，除判处死刑的案件外，一经作出立即生效。

二、刑事第二审程序的功能

第二审程序是刑事诉讼中一个独立的诉讼阶段，其任务是：第二审人民法院对第一审人民法院作出的判决或裁定所认定的事实是否清楚，证据是否确实、充分，适用法律是否正确，诉讼程序是否合法，进行全面审查和审理，并依法作出判决或裁定，以维护正确的一审判决和裁定，纠正错误的一审判决和裁定，实现刑事诉讼的任务。

第二审程序在纠正一审裁判错误，监督一审程序的审判活动，保证刑事裁判的公正性方面发挥着重要的功能。

1. 及时发现、纠正一审的错误裁判。通过第二审程序对第一审程序认定事实和适用法律进行全面审查，不受上诉、抗诉范围的限制，可以及时发现、纠正第一审法院的裁判错误，保证生效判决的正确性。

2. 监督一审法院的审判活动。第二审程序是上级人民法院对下级人民法院审判工作实行监督的有效方法。上级人民法院通过第二审程序，撤销、变更一审法院的错误裁判，是对一审法院审判活动的监督、检查。通过监督，可以促使第一审程序的审判活动严格依法进行，保障人民法院刑事审判的质量。

3. 满足当事人的程序性需求。向上一级法院上诉并由上一级法院对案件进行复审，是当事人的一项重要权利。通过第二审程序的审理，当事人可以表达对第一审裁判的不满，这在一定程度上满足了当事人的程序性需求，增强了刑事裁判的可接受性。

第二节　刑事第二审程序的提起

一、上诉、抗诉的概念

第二审程序是由合法的上诉或抗诉引起的。一个案件是否经过二审，取决于上诉人是否上诉或抗诉机关是否抗诉。

上诉既是一项重要的审判制度，也是当事人的一项重要的诉讼权利。我国刑事诉讼中的上诉，是指法定的诉讼参与人在不服地方各级人民法院第一审的刑事判决或裁定时，依照法定的程序要求上一级人民法院重新审判的诉讼行为。

抗诉属于法律监督的一种，是指人民检察院认为判决或裁定确有错误的时候，提请审判机关重新审判并予以纠正的审判监督行为，是行使检察权的一种方式。我国刑事诉讼中的抗诉有两种：一种是对未生效裁判的抗诉，是指地方各级人民检察院认为本级人民法院第一审的判决或裁定确有错误的时候，在法定期限内提请上一级法院重新审判的法律监督行为；另一种是对生效裁判的抗诉。这两种抗诉的权力主体机关、提起的程序、提起的期限、受理的法院和审理的程序都是有所不同的。

依法对地方各级人民法院第一审的未生效裁判的上诉和抗诉，其直接作用是阻却判决和裁定的生效，并移送上一级人民法院进行第二审审判。

二、提起上诉、抗诉的主体

（一）上诉主体

根据《刑事诉讼法》第 227 条的规定，有权提起上诉的人员是：自诉人、被告人和他们的法定代理人，以及经被告人同意的辩护人、近亲属，还有附带民事诉讼的当事人及其法定代理人。由于各上诉人在刑事诉讼中所处的地位不同，《刑事诉讼法》对他们的上诉权限也作了不同的规定。

1. 自诉人、被告人有独立上诉权。自诉人、被告人在诉讼活动中，分别处于原告或者被告一方，人民法院审理该案件所作出的判决、裁定对他们有直接的利害关系。法律赋予他们独立的上诉权，只要依法提出上诉，就引起第二审程序。

2. 自诉人、被告人的法定代理人有独立上诉权。作为未成年人或者精神病人这类不能进行正常诉讼活动的自诉人、被告人的合法权益的维护者，法律赋予其独立上诉权。他们的上诉，即使被告人、自诉人不同意，也是有效的。

3. 被告人的辩护人和近亲属有条件地享有上诉权。被告人的辩护人和近亲属，只有在征得被告人同意后，才可以提出上诉。在被告人没有提起上诉的情况下，辩护人和近亲属认为应当提出上诉的，可以在征得被告人同意后提出上诉。

4. 附带民事诉讼的当事人及其法定代理人对判决、裁定中的附带民事诉讼部分有权提出上诉。附带民事诉讼的当事人及其法定代理人作为附带民事诉讼的原告人，对附带民事诉讼部分提出的上诉，无权涉及判决、裁定中的刑事部分。当然，附带民事诉讼的当事人如果同时也是刑事诉讼当事人中的被告人、自诉人，则他们既可以对附带民事诉讼部分提起上诉，也可以对刑事诉讼部分提起上诉。如果对刑事诉讼部分的判决没有人提出上诉，人民检察院也没有提出抗诉，只有附带民事诉讼当事人及其法定代理人的上诉，第一审刑事部分的判决在上诉期满后即发生法律效力。应当送监执行的第一审刑事被告人是第二审附带民事诉讼被告人的，在第二审附带民事诉讼案件审结前，可以暂缓送监执行。(《高法解释》第 408 条)。

为了保证被告人行使上诉权，《刑事诉讼法》第 227 条第 3 款明确规定："对被告人的上诉权，不得以任何借口加以剥夺。"保护被告人的上诉权，有利于司法机关公正执法，有利于提高办案质量，有利于维护被告人的合法权益。任何剥夺或者侵犯被告人的上诉权的行为，既是被告人及其近亲属依法提出申诉和控告的理由，也是第二审人民法院撤销原判的法定依据，均被视为是严重地违反诉讼程序的行为。

被害人及其法定代理人不服第一审判决的，没有上诉权，但有权请求人民检察院提出抗诉。《刑事诉讼法》第 229 条规定："被害人及其法定代理人不服地方各级人民法院第一审的判决的，自收到判决书后五日以内，有权请求人民检察院提出抗诉。人民检察院自收到被害人及其法定代理人的请求后五日以内，应当作出是否抗诉的决定并且答复请求人。"被害人及其法定代理人请求抗诉的，由人民检察院决定是否受理。

本章导入案例中，被害人不服一审法院刑事判决的，不能提出上诉。被害人可以在收到一审判决书后 5 日以内，向人民检察院请求，要求提出抗诉。

[案例][1] 2009 年 7 月 20 日，杭州市西湖区人民法院对"5·7"交通肇事案进行了一审公开宣判，以交通肇事罪判处被告人胡某有期徒刑 3 年。7 月 27 日 17 时许，杭州市人民检察院和西湖区人民检察院收到了"5·7"交通肇事案被害人（在交通肇事案中死亡）的父亲谭某于 7 月 24 日以特快专递邮件方式提交的抗诉申请书，谭某以法院对胡某的犯罪事实定性不准确，适用法律不当，应以"其他危险方式危害公共安全罪"严加惩处为由，请求检察机关对一审判决提出抗诉。收到抗诉申请书后，西湖区人民检察院依法对请求抗诉的理由等进行了审查，认为：杭州市西湖区法院对"5·7"交通肇事案所作出的一审判决，在认定事实、确定性质、适用法律方面与西湖区人民检察院的起诉书所认定的完全一致，量刑也在法定幅度内，故决定不提出抗诉。7 月 30 日，浙江杭州西湖区检察院依法决定不对胡某提出抗诉，并将该决定以特快专递邮件方式邮寄给了谭某。

该案中，被害人的父亲向人民检察院提出抗诉申请的时间，人民检察院作出不提起抗诉决定的时间，是符合《刑事诉讼法》规定的。

（二）抗诉机关

有权提出抗诉的是地方各级人民检察院。《刑事诉讼法》第 228 条规定："地方各级人民检察院认为本级人民法院第一审的判决、裁定确有错误的时候，应当向上一级人民法院提出抗诉。"人民检察院是国家法律监督机关，对于人民法院的审判活动是否合法，应当实行监督。对被告人有利或不利的错误判决、裁定，人民检察院都应当提起抗诉。

三、提起上诉、抗诉的理由

《刑事诉讼法》对提出上诉的理由没有规定任何限制条件，有上诉权的人只要"不服"一审未生效的判决、裁定，并在法定期限内提出上诉，不论其理由是否充分、正确，上诉都具有法律效力，都必然引起第二审程序。

根据《刑事诉讼法》第 228 条的规定，人民检察院只有认为判决、裁定"确有错误"时，才能提出抗诉。当然，这里所说的"确有错误"，只是人民检察院基于证据审查判断后的一种主观认识，还有待后续审判程序予以查明。如果一审裁判实际是正确的，二审经过审理后可以驳回抗诉。

---

　〔1〕　被害人父亲请求检察院抗诉，载 http://news.sohu.com/20090731/n265621972.shtml，内容有改动。

在司法实践中，作为上诉或抗诉的理由，主要有以下几点[1]：

1. 事实认定错误。这是指原判决、裁定对案件事实作出了错误认定，或者案件中的主要犯罪事实和重大情节没有查清，或者缺乏确实、充分的证据。

2. 法律适用错误。这是指原判决、裁定所依据的法律不正确，混淆了罪与非罪、此罪与彼罪、一罪与数罪的界限。适用法律不当，必然导致定罪量刑不准。

3. 诉讼程序错误。这是指人民法院在审判中违反《刑事诉讼法》的规定，超越或滥用诉讼权限，限制或剥夺当事人及其他诉讼参与人的诉讼权利。诉讼程序是司法机关正确办理案件的重要保证，如果违反了诉讼程序，就有可能影响案件的公正处理，导致判决、裁定发生错误。

本章导入案例中，被告人李某以一审判决"量刑过重"为理由提出上诉，是合法的。为保障被告人的上诉权，《刑事诉讼法》对上诉理由没有明确要求。但能够根据案件具体情况提出有针对性的上诉理由，更有利于实现上诉目的。

四、提起上诉、抗诉的期限

对地方各级人民法院第一审判决、裁定的上诉或者抗诉，必须在法定的上诉或抗诉期间内提出。《刑事诉讼法》第230条规定："不服判决的上诉和抗诉的期限为十日，不服裁定的上诉和抗诉的期限为五日，从接到判决书、裁定书的第二日起算。"对附带民事判决、裁定的上诉、抗诉期限，应当按照刑事部分的上诉、抗诉期限确定。附带民事部分另行审判的，上诉期限也应当按照《刑事诉讼法》规定的期限确定。

法律规定上诉、抗诉期限的目的，一方面是为了保证有权上诉、抗诉的人和机关有必要的考虑和准备时间；同时也有利于上级人民法院迅速地审理上诉、抗诉案件，使确有错误的判决、裁定能及时得到纠正，或保证正确的裁判能够得到及时执行，以免拖延诉讼。

五、提起上诉、抗诉的方式和程序

（一）提起上诉的方式和程序

《刑事诉讼法》第227条第1款规定，上诉可以用书状或者口头形式提出。无论以哪种形式提出上诉，人民法院均应受理。人民法院受理的上诉案件，一般应当有上诉状正本及副本。上诉状内容一般包括：第一审判决书、裁定书的

---

[1]　《高检诉讼规则》第584条规定，人民检察院认为同级人民法院第一审判决、裁定具有下列情形之一的，应当提出抗诉：①认定的事实确有错误或者据以定罪量刑的证据不确实、不充分的；②有确实、充分证据证明有罪判无罪，或者无罪判有罪的；③重罪轻判，轻罪重判，适用刑罚明显不当的；④认定罪名不正确，一罪判数罪、数罪判一罪，影响量刑或者造成严重社会影响的；⑤免除刑事处罚或者适用缓刑、禁止令、限制减刑等错误的；⑥人民法院在审理过程中严重违反法律规定的诉讼程序的。

文号和上诉人收到的时间，第一审人民法院的名称，上诉的请求和理由，提出上诉的时间。被告人的辩护人、近亲属经被告人同意提出上诉的，还应当写明其与被告人的关系，并应当以被告人作为上诉人。口头上诉的，人民法院应当制作笔录。

根据《刑事诉讼法》第 231 条和《高法解释》的有关规定，上诉人上诉可以通过第一审人民法院提出，也可以直接向第二审人民法院提出。上诉人通过第一审人民法院提出上诉的，第一审人民法院应当审查。上诉符合法律规定的，应当在上诉期满后 3 日内将上诉状连同案卷、证据移送上一级人民法院，并将上诉状副本送交同级人民检察院和对方当事人。上诉人直接向第二审人民法院提出上诉的，第二审人民法院应当在收到上诉状后 3 日内将上诉状交第一审人民法院。第一审人民法院应当审查上诉是否符合法律规定。符合法律规定的，应当在接到上诉状后 3 日内将上诉状连同案卷、证据移送上一级人民法院，并将上诉状副本送交同级人民检察院和对方当事人。

本章导入案例中，被告人李某不服一审判决提出上诉，既可以通过第一审人民法院提出，也可以直接向第二审人民法院提出。法律充分保障被告人行使上诉权。

上诉可以撤回。上诉人在上诉期限内要求撤回上诉的，人民法院应当准许。上诉人在上诉期满后要求撤回上诉的，第二审人民法院应当审查。经审查，认为原判认定事实和适用法律正确，量刑适当的，应当裁定准许撤回上诉；认为原判确有错误的，应当不予准许，继续按照上诉案件审理。被判处死刑立即执行的被告人提出上诉，在第二审开庭后宣告裁判前申请撤回上诉的，应当不予准许，继续按照上诉案件审理。被告人、自诉人、附带民事诉讼当事人及其法定代理人是否提出上诉，以其在上诉期满前最后一次的意思表示为准。

（二）提起抗诉的方式和程序

抗诉应当以书面形式提出。《刑事诉讼法》第 232 条规定，地方各级人民检察院对同级人民法院第一审判决或裁定的抗诉，只能以抗诉书的形式提出。

抗诉书应当通过第一审人民法院提出，并将抗诉书副本连同案卷材料报送上一级人民检察院。第一审人民法院接到抗诉书后，应当在抗诉期满后 3 日内将抗诉书连同案卷、证据移送上一级人民法院，并将抗诉书副本送交当事人。根据《高检诉讼规则》第 589 条第 1、2 款规定，上一级人民检察院对下级人民检察院按照第二审程序提出抗诉的案件，应就抗诉的理由和根据进行认真审核。认为抗诉正确的，应当支持抗诉。如果认为抗诉不当的，应当听取下级人民检察院的意见。听取意见后，仍然认为抗诉不当的，应当向同级人民法院撤回抗诉，并且通知下级人民检察院。

人民检察院在抗诉期限内要求撤回抗诉的，人民法院应当准许。人民检察院在抗诉期满后要求撤回抗诉的，第二审人民法院可以裁定准许，但是认为原判存在将无罪判为有罪、轻罪重判等情形的，应当不予准许，继续审理。

第三节　刑事第二审程序的审判

一、受理上诉、抗诉案件

根据《高法解释》第 387 条的规定，第二审人民法院对第一审人民法院移送的上诉、抗诉案卷、证据，应当审查是否包括下列内容：①移送上诉、抗诉案件函；②上诉状或者抗诉书；③第一审判决书、裁定书 8 份（每增加 1 名被告人增加 1 份）及其电子文本；④全部案卷、证据，包括案件审理报告和其他应当移送的材料。如果上述材料齐全的，第二审人民法院应当收案；材料不全的，应当通知第一审人民法院及时补送。

二、全面审查原则

《刑事诉讼法》第 233 条规定："第二审人民法院应当就第一审判决认定的事实和适用法律进行全面审查，不受上诉或者抗诉范围的限制。共同犯罪的案件只有部分被告人上诉的，应当对全案进行审查，一并处理。"这就是第二审程序的全面审查原则。

（一）全面审查的要求

1. 第二审人民法院既要审查一审判决认定的事实是否正确，证据是否确实、充分，又要审查一审判决适用法律有无错误。

2. 既要审查一审判决中已被提出上诉或者抗诉的部分，又要审查其中没有被提出上诉或者抗诉的部分。

3. 在共同犯罪案件中，只有部分被告人提出上诉，或者自诉人只对部分被告人的判决提出上诉，或者人民检察院只对部分被告人的判决提出抗诉的，二审法院应当对全案进行审查，一并处理。共同犯罪案件，上诉的被告人死亡，其他被告人未上诉的，第二审人民法院应当对死亡的被告人终止审理；但有证据证明被告人无罪，经缺席审理确认无罪的，应当判决宣告被告人无罪。第二审人民法院仍应对全案进行审查，对其他同案被告人作出判决、裁定。

4. 既要从实体上审查一审判决的定罪、量刑问题，又要从程序上审查一审法院审判活动的合法性。

5. 审理附带民事诉讼的上诉、抗诉案件，对于仅就附带民事诉讼部分提出上诉的，不仅要审理附带民事诉讼部分，也要审理刑事诉讼部分，以正确确定民事责任。

（二）全面审查的内容

根据《高法解释》第 391 条规定，对于上诉、抗诉案件，应当着重审查下列内容：①第一审判决认定的事实是否清楚，证据是否确实、充分；②第一审判决适用法律是否正确，量刑是否适当；③在调查、侦查、审查起诉、第一审程序中，有无违反法定诉讼程序的情形；④上诉、抗诉是否提出新的事实、证据；⑤被告人的供述和辩解情况；⑥辩护人的辩护意见及采纳情况；⑦附带民事部分的判决、裁定是否合法、适当；⑧对涉案财物的处理是否正确；⑨第一审人民法院合议庭、审判委员会讨论的意见。

本章导入案例中，李某、张某因共同抢劫犯罪被一审法院分别判处刑罚。一审宣判后，只有李某以量刑过重为由提出上诉，张某服判，附带民事诉讼原告人提出上诉。根据全面审查原则，二审法院不仅应当审查一审判决中李某的量刑是否适当，也要审查一审判决中李某的定罪是否正确；还应当对没有提出上诉的张某的定罪、量刑问题进行审查；应当对一审判决中附带民事诉讼部分进行审查；同时，也应当对一审法院审判程序是否合法进行审查。

三、刑事第二审案件的审理

根据《刑事诉讼法》第 183 条第 4 款和第 234 条第 1、2 款的规定，第二审人民法院审判上诉、抗诉案件，由审判员 3 人或 5 人组成合议庭进行。第二审人民法院审理上诉、抗诉案件，可以采用开庭审理和不开庭审理两种方式。

（一）开庭审理的方式和程序

1. 适用开庭审理的案件范围。根据《刑事诉讼法》第 234 条第 1 款和《高法解释》的有关规定，下列案件，第二审人民法院应当开庭审：①被告人、自诉人及其法定代理人对第一审认定的事实、证据提出异议，可能影响定罪量刑的上诉案件；②被告人被判处死刑的上诉案件；③人民检察院抗诉的案件；④被判处死刑的被告人没有上诉，同案的其他被告人上诉的案件；⑤应当开庭审理的其他案件。

2. 开庭前的准备工作。根据《刑事诉讼法》第 234 条第 3 款的规定，第二审人民法院开庭审理上诉、抗诉案件，可以到案件发生地或者第一审人民法院所在地进行。

开庭审理上诉、抗诉案件的公诉案件，应当通知同级人民检察院派员出庭。《刑事诉讼法》第 235 条规定："人民检察院提出抗诉的案件或者第二审人民法院开庭审理的公诉案件，同级人民检察院都应当派员出席法庭。第二审人民法院应当在决定开庭审理后及时通知人民检察院查阅案卷。人民检察院应当在一个月以内查阅完毕。人民检察院查阅案卷的时间不计入审理期限。"抗诉案件，人民检察院接到开庭通知后不派员出庭，且未说明原因的，人民法院可以裁定按人民检察院撤回抗诉处理。

通知辩护人出庭。在第二审程序中，被告人除自行辩护外，还可以继续委托第一审辩护人或者另行委托辩护人辩护。共同犯罪案件，只有部分被告人提出上诉，或者自诉人只对部分被告人的判决提出上诉，或者人民检察院只对部分被告人的判决提出抗诉的，其他同案被告人也可以委托辩护人辩护。

3. 开庭审理。第二审程序开庭不是对第一审程序的简单重复，而是要围绕第二审程序的任务，既要全面审查，又要突出重点。《高法解释》第399条第1款规定，开庭审理上诉、抗诉案件，可以重点围绕对第一审判决、裁定有争议的问题或者有疑问的部分进行。根据《高法解释》的规定，第二审人民法院开庭审理上诉或者抗诉案件，除参照第一审程序的规定外，还应当按照下列规定进行：

（1）法庭调查阶段，审判人员宣读第一审判决书、裁定书后，上诉案件由上诉人或者辩护人先宣读上诉状或者陈述上诉理由，抗诉案件由检察员先宣读抗诉书；既有上诉又有抗诉的案件，先由检察员宣读抗诉书，再由上诉人或者辩护人宣读上诉状或者陈述上诉理由。

宣读第一审判决书，可以只宣读案由、主要事实、证据名称和判决主文等；法庭调查应当重点围绕对第一审判决提出异议的事实、证据以及提交的新的证据等进行；对没有异议的事实、证据和情节，可以直接确认；对同案审理案件中未上诉的被告人，未被申请出庭或者人民法院认为没有必要到庭的，可以不再传唤到庭；被告人犯有数罪的案件，对其中事实清楚且无异议的犯罪，可以不在庭审时审理。同案审理的案件，未提出上诉、人民检察院也未对其判决提出抗诉的被告人要求出庭的，应当准许。出庭的被告人可以参加法庭调查和辩论。

（2）法庭辩论阶段，上诉案件，先由上诉人、辩护人发言，后由检察员、诉讼代理人发言；抗诉案件，先由检察员、诉讼代理人发言，后由被告人、辩护人发言；既有上诉又有抗诉的案件，先由检察员、诉讼代理人发言，后由上诉人、辩护人发言。

（二）不开庭审理的方式

不开庭审理的方式，是指第二审法院的合议庭经过阅卷、讯问被告人、听取其他当事人、辩护人、诉讼代理人的意见，认为事实清楚的上诉案件，决定不开庭审理，可以不开庭审理即作出裁判的审理方式。《高法解释》第394条规定，对上诉、抗诉案件，第二审人民法院经审查，认为原判事实不清、证据不足，或者具有《刑事诉讼法》第238条规定的违反法定诉讼程序情形，需要发回重新审判的，可以不开庭审理。

《高法解释》第 400 条规定，第二审法院采用不开庭方式审理上诉案件的，应当遵循相应的程序：

1. 合议庭全体成员应当阅卷，必要时应当提交书面阅卷意见。

2. 应当讯问被告人，直接听取被告人对一审裁判的意见，对案件事实的供述和辩解。

3. 应当听取其他当事人、辩护人、诉讼代理人对案件事实和证据的意见，听取他们对一审判决中被告人定罪量刑的意见。

4. 经合议庭评议，对上诉案件作出相应的二审裁判。

四、对第二审案件的处理

(一) 对上诉、抗诉案件的处理

根据《刑事诉讼法》第 236 条、第 238 条规定，第二审人民法院对不服第一审判决的上诉、抗诉案件经过审理后，应当按照下列情形分别处理：

案件情形	裁判结果
原判决认定事实和适用法律正确、量刑适当	应当裁定驳回上诉或抗诉，维持原判
原判决认定事实没有错误，但适用法律有错误，或者量刑不当	应当改判
原判决事实不清楚或者证据不足	可以在查清事实后改判；也可以裁定撤销原判，发回原审人民法院重新审判
第一审人民法院的审理有违反法律规定的诉讼程序的情形〔1〕	应当裁定撤销原判，发回原审人民法院重新审判

对发回重新审判的案件，应当注意：①以原判事实不清、证据不足为由发回重审的，以一次为限。根据《刑事诉讼法》第 236 条第 2 款的规定，对于原判事实不清、证据不足，第二审人民法院发回重新审判的案件，原审人民法院重新作出判决后，被告人上诉或者人民检察院抗诉的，第二审人民法院应当依法作出判决、裁定，不得再发回重新审判。避免在实践中一个案件反复、多次发回重审，造成超期羁押的情况，使案件及时审结，维护被告人的合法权益。②原审人民法院应当另行组成合议庭，依照第一审程序进行审理。对重新审判后作出的判决，依法可以上诉或抗诉。(《刑事诉讼法》第 239 条) ③第二审人民法院发回原审人民法院重新审判的案件，原审人民法院从收到发回的案件之

---

〔1〕 违反法律规定的诉讼程序的情形包括：①违反法律有关公开审判的规定的；②违反回避制度的；③剥夺或者限制了当事人的法定诉讼权利，可能影响公正审判的；④审判组织的组成不合法的；⑤其他违反法律规定的诉讼程序，可能影响公正审判的。

日起，重新计算审理期限。(《刑事诉讼法》第 241 条)

第二审人民法院作出的判决或者裁定属于终审判决或者终审裁定，自宣告之日起发生法律效力。对于终审判决或者终审裁定，上诉人无权提起上诉，人民检察院也不能按照第二审程序提起抗诉。根据法律规定，死刑案件以及根据《刑法》第 63 条第 2 款规定在法定刑以下判处刑罚的第二审裁判并不能产生法律效力，必须报经最高人民法院核准。

(二) 对刑事附带民事诉讼案件的处理

第二审人民法院对刑事附带民事案件的处理，应当根据上诉、抗诉的具体情况进行区分，并按照《高法解释》的有关规定予以处理：

1. 第二审人民法院审理对刑事部分提出上诉、抗诉，附带民事部分已经发生法律效力的案件，发现第一审判决、裁定中的附带民事部分确有错误的，应当依照审判监督程序对附带民事部分予以纠正。

2. 第二审人民法院审理对附带民事部分提出上诉，刑事部分已经发生法律效力的案件，应当对全案进行审查，并按照不同情形分别处理：①第一审判决的刑事部分并无不当的，只需就附带民事部分作出处理；②第一审判决的刑事部分确有错误的，依照审判监督程序对刑事部分进行再审，并将附带民事部分与刑事部分一并审理。

3. 第二审期间，第一审附带民事诉讼原告人增加独立的诉讼请求或者第一审附带民事诉讼被告人提出反诉的，第二审人民法院可以根据自愿、合法的原则进行调解；调解不成的，告知当事人另行起诉。

(三) 对自诉案件的处理

对第二审自诉案件，必要时可以调解，当事人也可以自行和解。调解结案的，应当制作调解书，第一审判决、裁定视为自动撤销；当事人自行和解的，第二审人民法院应当进行审查，认为和解确属自愿的，应当裁定准许；认为系被强迫、威吓等，并非自愿的，不予准许。裁定准许撤回自诉的，应当撤销第一审判决、裁定。(《高法解释》第 411 条)

第二审期间，自诉案件的当事人提出反诉的，应当告知其另行起诉。(《高法解释》第 412 条)

五、上诉不加刑原则

(一) 上诉不加刑原则的概念和意义

《刑事诉讼法》第 237 条规定："第二审人民法院审理被告人或者他的法定代理人、辩护人、近亲属上诉的案件，不得加重被告人的刑罚。第二审人民法院发回原审人民法院重新审判的案件，除有新的犯罪事实，人民检察院补充起诉的以外，原审人民法院也不得加重被告人的刑罚。人民检察院提出抗诉或者自诉人提出上诉的，不受前款规定的限制。"这一规定明确了我国的上诉不加刑原则。

上诉不加刑，是指第二审人民法院审判仅有被告人一方上诉的案件，不得以任何理由加重被告人刑罚的一项审判原则。根据法律规定，上诉不加刑原则只适用于被告人和他的法定代理人、辩护人、近亲属单方面提起上诉的案件。人民检察院提出抗诉的或者自诉案件自诉人提出上诉的案件，无论被告人一方是否提出上诉，都不适用上诉不加刑原则。

刑事诉讼中确立上诉不加刑原则，旨在充分保障被告人依法行使上诉权。它对于促使一审人民法院加强责任心，提高办案质量；促使人民检察院履行审判监督职责，提高检察机关的公诉和抗诉水平，均具有重要意义。

（二）上诉不加刑原则的适用

第二审法院审理只有被告人一方提出上诉的案件，不得以任何理由或者任何形式加重被告人的刑罚。根据《高法解释》第401条第1款、第402条的规定，第二审人民法院审理被告人或者其法定代理人、辩护人、近亲属提出上诉的案件，不得对被告人的刑罚作出实质不利的改判，并应当执行下列规定：

1. 同案审理的案件，只有部分被告人上诉的，既不得加重上诉人的刑罚，也不得加重其他同案被告人的刑罚。

2. 原判认定的罪名不当的，可以改变罪名，但不得加重刑罚或者对刑罚执行产生不利影响。

3. 原判认定的罪数不当的，可以改变罪数，并调整刑罚，但不得加重决定执行的刑罚或者对刑罚执行产生不利影响。

4. 原判对被告人宣告缓刑的，不得撤销缓刑或者延长缓刑考验期。

5. 原判没有宣告职业禁止、禁止令的，不得增加宣告；原判宣告职业禁止、禁止令的，不得增加内容、延长期限。

6. 原判对被告人判处死刑缓期执行没有限制减刑、决定终身监禁的，不得限制减刑、决定终身监禁。

7. 原判判处的刑罚不当、应当适用附加刑而没有适用的，不得直接加重刑罚、适用附加刑。原判判处的刑罚畸轻，必须依法改判的，应当在第二审判决、裁定生效后，依照审判监督程序重新审判。

8. 人民检察院只对部分被告人的判决提出抗诉，或者自诉人只对部分被告人的判决提出上诉的，第二审人民法院不得对其他同案被告人加重刑罚。

本章导入案例中，一审判决作出后，人民检察院没有提出抗诉，共同犯罪人张某服判，也没有提出上诉。只有被告人李某以"量刑过重"为由提出上诉。二审法院经过审理，如果认为原判对李某、张某的量刑均过轻，应当遵循上诉不加刑原则。对只有被告人一方上诉的案件，既不能改判加重提出上诉的被告人李某的刑罚，也不能加重没有提出上诉的被告人张某的刑罚。

本章导入案例中，如果人民检察院也对被告人李某、张某的判决提出了抗诉，则二审法院的审判不适用上诉不加刑原则，可以根据案件事实依法作出终审裁判。

此外，根据《刑事诉讼法》第 237 条的规定，第二审人民法院发回原审人民法院重新审判的案件，除有新的犯罪事实，人民检察院补充起诉的以外，原审人民法院应当适用上诉不加刑原则，不得加重被告人的刑罚。《高法解释》第 403 条第 2 款进一步强调，原审人民法院对上诉发回重新审判的案件依法作出判决后，人民检察院抗诉的，第二审人民法院不得改判为重于原审人民法院第一次判处的刑罚。

六、刑事第二审程序的审判期限

根据《刑事诉讼法》第 243 条的规定，第二审程序的审理期限为：

1. 第二审人民法院受理上诉、抗诉案件，应当在 2 个月以内审结。

2. 具有下列情形之一的第二审案件，经省、自治区、直辖市高级人民法院批准或者决定，审理期限可以延长 2 个月：①可能判处死刑的案件；②附带民事诉讼的案件；③有《刑事诉讼法》第 158 条规定情形之一的案件，包括交通十分不便的边远地区的重大复杂案件；重大的犯罪集团案件；流窜作案的重大复杂案件；犯罪涉及面广，取证困难的重大复杂案件。因特殊情况还需要延长的，报请最高人民法院批准。由最高人民法院决定是否延长以及延长的具体期限，不受 2 个月的限制。

3. 最高人民法院受理上诉、抗诉案件的审理期限，由最高人民法院决定。

七、对查封、扣押、冻结的财物及其孳息的处理

根据《刑事诉讼法》第 245 条的规定，对在诉讼中查封、扣押、冻结的犯罪嫌疑人、被告人的财物及其孳息，按以下规定处理：

公安机关、人民检察院和人民法院对查封、扣押、冻结的犯罪嫌疑人、被告人的财物及其孳息，应当妥善保管，以供核查，并制作清单，随案移送。任何单位和个人不得挪用或者自行处理。对被害人的合法财产，应当及时返还。对违禁品或者不宜长期保存的物品，应当依照国家有关规定处理。

对作为证据使用的实物应当随案移送，对不宜移送的，应当将其清单、照片或者其他证明文件随案移送。

人民法院作出的判决，应当对查封、扣押、冻结的财物及其孳息作出处理。

人民法院作出的判决生效以后，有关机关应当根据判决对查封、扣押、冻结的财物及其孳息进行处理。对查封、扣押、冻结的赃款赃物及其孳息，除依

法返还被害人的以外，一律上缴国库。

司法工作人员贪污、挪用或者私自处理查封、扣押、冻结的财物及其孳息的，依法追究刑事责任；不构成犯罪的，给予处分。

思考题

1. 有权提起刑事第二审程序的人员和机关有哪些？
2. 上诉、抗诉案件的审判方式有哪些？
3. 如何正确理解全面审理的原则？
4. 如何正确适用上诉不加刑原则？
5. 第二审程序对上诉、抗诉案件作出的处理有哪些？

实务训练

案例一：被告人王某因犯故意伤害罪被某区人民检察院提起公诉。某区人民法院经法庭审理，认为被告人的行为已构成故意伤害罪，依法判处被告人王某有期徒刑3年，缓刑3年。检察院认为，一审法院对被告人王某量刑过轻，直接向二审法院提交抗诉书，提起抗诉。二审法院经不开庭审理后，认为一审法院认定事实正确，但量刑过轻，裁定撤销原判，改处被告人王某有期徒刑7年。

[问题]

1. 该案中人民检察院的做法有哪些不合法？
2. 该案中二审人民法院的程序有哪些不合法？
3. 二审法院改判是否正确？为什么？

[分析提示]

1. 人民检察院应当通过原审法院提交抗诉书。
2. 二审法院对于检察院抗诉的案件必须开庭审理。
3. 正确。对检察院抗诉的案件不适用上诉不加刑原则。

案例二：徐某因故意杀人罪被某市人民检察院提起公诉。经某市人民法院审理后认为，被告人徐某构成故意杀人罪，依法判处徐某无期徒刑。一审判决后，辩护律师林某在征得徐某的同意后向二审法院提出上诉。

[问题]

1. 律师林某应当以谁的名义提起上诉？
2. 假如徐某在提出上诉后，又要求撤回上诉，二审法院应当如何处理？

[分析提示]

1. 应当以徐某的名义提起上诉。
2. 徐某在上诉期限内要求撤回上诉的，应当准许。徐某在上诉期满后要求撤回上诉的，二审法院应当进行审查。

延伸阅读

上诉状的内容与制作

上诉状的内容包括：第一审判决书、裁定书的文号和上诉人收到的时间；第一审法院的名称；上诉的请求和理由；提出上诉的时间；上诉人签名或者盖章。如果是被告人的辩护人、近亲属经被告人同意提出上诉的，还应当写明提出上诉的人与被告人的关系，并应当以被告人作为上诉人。

上诉状主要由三部分组成：

1. 首部。应写明以下事项：

（1）标题，写明"刑事上诉状"。

（2）在上诉人栏内，写明上诉人的姓名、性别、年龄、民族、籍贯、职业、住址。

（3）在被上诉人栏内，写明被上诉人的姓名、性别、年龄、民族、籍贯、职业、住址（刑事公诉案件被告人提出上诉者不列被上诉人）。

（4）案由，写明不服原审判决（或裁定）的事由："上诉人因××一案，于×××年××月××日收到×××人民法院××××年××月××日（××）×字第××号刑事×××，现因不服该×××提出上诉。"

2. 上诉请求和理由。上诉请求，主要写明上诉人不服原审裁判，要求二审法院撤销、变更原审裁判，或请求重新审理。上诉理由，主要是针对原审裁判的不当，在反驳中阐述上诉的根据。

到此，正文结束，写："……为此，特向你院上诉，请求依法撤销原判决（或裁定）予以改判（或重新审判）。此致×××人民法院"。

3. 附项及尾部。附项应写明下列事项：本上诉状副本×份。尾部：在右下角由上诉人签名盖章，注明具状年月日。

第十六章

死刑复核程序

学习目标

通过本章的学习与训练，了解死刑复核程序的概念；掌握死刑复核程序与第二审程序及审判监督程序的区别；明确死刑立即执行案件的核准权及报请复核程序及复核后的处理；把握死刑缓期执行案件的核准权、报请复核程序及复核后的处理，能够正确处理相关案件。

导入案例

被告人秦某被单位辞退，对单位领导极度不满，心存报复。一天，秦某纠集郑某、武某携带匕首闯至厂长孔某办公室，将孔某当场杀死。某市中级人民法院一审对秦某以故意杀人罪判处死刑，剥夺政治权利终身；对郑某以故意杀人罪判处死刑，缓期二年执行，剥夺政治权利终身；对武某以故意杀人罪判处有期徒刑15年，剥夺政治权利3年。

[任务提出]

根据本案例，思考并完成以下学习任务：

1. 如一审宣判后，被告人秦某、郑某、武某均未上诉，检察机关亦未抗诉，对被告人秦某的一审判决，中级人民法院和高级人民法院分别应当如何处理？

2. 如一审宣判后，被告人秦某、郑某、武某均未上诉，检察机关亦未抗诉，对被告人郑某的一审判决，中级人民法院和高级人民法院分别应当如何处理？

第一节　特殊的死刑复核程序

一、死刑复核程序的概念和特点

死刑复核程序，是指人民法院对判处死刑的案件报请有核准权的人民法院审查核准应遵守的步骤、方式和方法。它是人民法院审判案件的一种特殊程序。

死刑是剥夺犯罪分子生命的刑罚，是《刑法》所规定的诸刑种中最严厉的一种，称为极刑。我国法律一方面把死刑作为打击犯罪、保护人民的有力武器，另一方面又强调严格控制死刑的适用。因此，除在《刑法》中规定了死刑不适用于不满18周岁的未成年人、怀孕妇女等限制性要求外，还在程序法中对判处死刑的案件规定了一项特别的审查核准程序——死刑复核程序。

死刑复核程序具有不同于其他审判程序的特点：①特定的适用对象。这一程序只适用于判处死刑的案件，包括判处死刑立即执行和判处死刑缓期二年执行的案件。②是死刑案件必经的终审程序。一般刑事案件经过第一审、第二审程序以后，判决就发生法律效力。而判处死刑的案件，只有经过复核并核准的死刑判决才发生法律效力。从这一意义上说，死刑复核程序是两审终审制的一种例外。③所处的诉讼阶段特殊。死刑复核程序的进行一般是在死刑判决作出之后，发生法律效力并交付执行之前。④核准权具有专属性。依据《刑事诉讼法》的规定，有权进行死刑复核的机关只有最高人民法院和高级人民法院。⑤程序启动具有自动性。死刑复核程序的启动既不需要检察机关提起公诉或者抗诉，也不需要当事人提起自诉或者上诉，只要二审法院审理完毕或者一审后经过法定的上诉、抗诉期被告人没有提出上诉、检察院没有提起抗诉，人民法院应自动将案件报送高级人民法院或者最高人民法院核准。⑥报请复核方式特殊。依照法律有关规定，报请复核应当按照法院的组织系统逐级上报，不得越级报核。

二、死刑复核程序的任务和意义

死刑复核程序是一个独立诉讼阶段，其具体任务是：由享有复核权的人民法院对下级人民法院报请复核的死刑判决、裁定，在认定事实和适用法律上是否正确进行全面审查，依法作出是否核准死刑的决定，以保证正确地适用死刑。

死刑复核程序的设置，充分体现了我国法律对适用死刑一贯坚持的慎杀与少杀的方针政策，对于保证办案质量，正确适用死刑，坚持少杀，防止错杀，切实保障公民的人身权利、财产权利和其他合法权益，保障社会的长治久安，均有重要意义。

第二节　判处死刑立即执行案件的复核程序

一、判处死刑立即执行案件的核准权

死刑核准权是指对死刑（含死缓）判决、裁定由哪一审判机关进行复核与批准的权限。死刑核准权是死刑复核程序中最核心的问题，关系到设立这一程序的根本目的能否得以实现和能否使其在严惩非杀不可的罪犯、防止错杀无辜和罚不当罪等方面充分发挥应有的作用。因此，法律对死刑判决的核准权限作了特别严格的规定。

《刑事诉讼法》第 246 条规定："死刑由最高人民法院核准。"该条明确规定了死刑立即执行案件的复核权由最高人民法院统一行使。

二、判处死刑立即执行案件的报请复核

《刑事诉讼法》第 247 条第 1 款规定："中级人民法院判处死刑的第一审案件，被告人不上诉的，应当由高级人民法院复核后，报请最高人民法院核准。高级人民法院不同意判处死刑的，可以提审或者发回重新审判。"第 2 款规定："高级人民法院判处死刑的第一审案件被告人不上诉的，和判处死刑的第二审案件，都应当报请最高人民法院核准。"根据《高法解释》第 423 条第 1 款的规定，最高人民法院核准的死刑立即执行案件的报请复核应当遵循以下要求：

1. 中级人民法院判处死刑的第一审案件，被告人不上诉、人民检察院不抗诉的，在上诉、抗诉期满后 10 日以内报请高级人民法院复核。高级人民法院经复核同意判处死刑的，应当在作出裁定后 10 日内报请最高人民法院核准。高级人民法院不同意判处死刑的，应当依照第二审程序提审直接改判或者发回重新审判。

本章导入案例中，对被告人秦某来说，中级人民法院判处死刑的第一审案件，被告人未上诉、人民检察院未抗诉的，在上诉、抗诉期满后 10 日内报请高级人民法院复核。高级人民法院同意判处死刑的，应当在作出裁定后 10 日内报请最高人民法院核准；不同意的，应当依照第二审程序提审或者发回重新审判。

2. 中级人民法院判处死刑的第一审案件，被告人提出上诉或者人民检察院提出抗诉，高级人民法院终审裁定维持死刑判决的，应当在作出裁定后 10 日内报请最高人民法院核准。高级人民法院经第二审程序不同意判处死刑而改判为死缓的，不再报请最高人民法院核准。

3. 高级人民法院判处死刑的第一审案件，被告人不上诉、人民检察院不抗诉的，在上诉、抗诉期满后 10 日内报请最高人民法院核准。

4. 判处死刑缓期二年执行的罪犯，在死刑缓期执行期间，如果故意犯罪，情节恶劣，查证属实，应当执行死刑的，由高级人民法院报请最高人民法院核准。

三、判处死刑立即执行案件报请复核的材料及要求

根据《高法解释》第 425 条的规定，报请复核的死刑、死刑缓期执行案件，应当一案一报。报送的材料包括报请复核的报告，第一、二审裁判文书，死刑案件综合报告各 5 份以及全部案卷、证据。死刑案件综合报告，第一、二审裁判文书和审理报告应当附送电子文本。同案审理的案件应当报送全案案卷、证据。曾经发回重新审判的案件，原第一、二审案卷应当一并报送。

根据《高法解释》第 426 条的规定，报请复核的报告，应当写明案由、简要案情、审理过程和判决结果。死刑案件综合报告应当包括以下内容：①被告人、被害人的基本情况。被告人有前科或者曾受过行政处罚、处分的，应当写明。②案件的由来和审理经过。案件曾经发回重新审判的，应当写明发回重新审判的原因、时间、案号等。③案件侦破情况。通过技术调查、侦查措施抓获被告人、侦破案件，以及与自首、立功认定有关的情况，应当写明。④第一审审理情况。包括控辩双方意见，第一审认定的犯罪事实，合议庭和审判委员会意见。⑤第二审审理或者高级人民法院复核情况。包括上诉理由、检察机关的意见，第二审审理或者高级人民法院复核认定的事实，证据采信情况及理由，控辩双方意见及采纳情况。⑥需要说明的问题。包括共同犯罪案件中另案处理的同案犯的处理情况，案件有无重大社会影响，以及当事人的反应等情况。⑦处理意见。写明合议庭和审判委员会的意见。

四、判处死刑立即执行案件的复核程序

最高人民法院复核死刑案件，应当由审判员 3 人组成合议庭进行。复核死刑案件一般要进行以下活动：

1. 提审被告人。《刑事诉讼法》第 251 条第 1 款规定："最高人民法院复核死刑案件，应当讯问被告人，辩护律师提出要求的，应当听取辩护律师的意见。"复核死刑案件，应当重视审查被告人及其辩护人的辩解、辩护意见。提审被告人是最高人民法院核准死刑案件的必经程序。提审被告人不仅有利于使其得到最后辩解的机会，而且有利于查明案件真实情况，发现和纠正错判，切实保障被告人的辩护权。《高法解释》第 434 条规定，死刑复核期间，辩护律师要求当面反映意见的，最高人民法院有关合议庭应当在办公场所听取其意见，并制作笔录；辩护律师提出书面意见的，应当附卷。

2. 审查、核实案卷材料（阅卷）。通过全面审查案卷，可以发现原判认定犯罪事实是否清楚，证据是否确实、充分，定性是否准确，法律手续是否完备，对被告人判处死刑是否正确，以便结合提审被告人对案件作出正确的处理。根据《高法解释》第 427 条的规定，审阅案卷应当全面审查以下内容：①被告人的年龄、有无刑事责任能力、是否系怀孕的妇女；②原判决认定的主要事实是否清楚，证据是否确实、充分；③犯罪情节、后果及危害程度；④原审判决适用法律是否正确，是否必须判处死刑，是否必须立即执行；⑤有无法定、酌定从重、从轻或者减轻处罚的情节；⑥诉讼程序是否合法；⑦其他应当审查的情况。

3. 制作复核审理报告。最高人民法院、高级人民法院对报请复核的死刑案件进行全面审查后，合议庭应当进行评议并写出复核审理报告。

4. 最高人民检察院的监督。《刑事诉讼法》第 251 条第 2 款规定："在复核死刑案件过程中，最高人民检察院可以向最高人民法院提出意见。最高人民法院应当将死刑复核结果通报最高人民检察院。"死刑复核期间，最高人民检察院提出意见的，最高人民法院应当审查，并将采纳情况及理由反馈最高人民检察院。（《高法解释》第 435 条）

五、判处死刑立即执行案件复核后的处理

最高人民法院复核死刑立即执行案件，应当作出核准或者作出不核准的裁定。《刑事诉讼法》第 250 条规定："最高人民法院复核死刑案件，应当作出核准或者不核准死刑的裁定。对于不核准死刑的，最高人民法院可以发回重新审判或者予以改判。"《高法解释》第 429 条对死刑立即执行案件复核后的处理作了具体规定。

1. 最高人民法院复核死刑案件，对有下列情形的，应当核准死刑：①原判认定事实和适用法律正确、量刑适当、诉讼程序合法的，应当裁定核准；②原判认定的某一具体事实或者引用的法律条款等存在瑕疵，但判处被告人死刑并无不当的，可以在纠正后作出核准的判决、裁定。

2. 最高人民法院复核死刑案件，对有下列情形的，应当不予核准死刑：①原判事实不清、证据不足的，应当裁定不予核准，并撤销原判，发回重新审判；②复核期间出现新的影响定罪量刑的事实、证据的，应当裁定不予核准，并撤销原判，发回重新审判；③原判认定事实正确、证据充分，但依法不应当判处死刑的，应当裁定不予核准，并撤销原判，发回重新审判；根据案件情况，必要时，也可以依法改判；④原审违反法定诉讼程序，可能影响公正审判的，应当裁定不予核准，并撤销原判，发回重新审判。

最高人民法院裁定不予核准死刑的，根据案件情况，可以发回第二审人民法院或者第一审人民法院重新审判。对最高人民法院发回第二审人民法院重新审判的案件，第二审人民法院一般不得发回第一审人民法院重新审判。第一审人民法院重新审判的，应当开庭审理。第二审人民法院重新审判的，可以直接改判；必须通过开庭查清事实、核实证据或者纠正原审程序违法的，应当开庭审理。

高级人民法院依照复核程序审理后报请最高人民法院核准死刑，最高人民法院裁定不予核准，发回高级人民法院重新审判的，高级人民法院可以依照第二审程序提审或者发回重新审判。

最高人民法院裁定不予核准死刑，发回重新审判的案件，除因复核期间出现新的影响定罪量刑的事实、证据和原判认定事实正确、证据充分，但依法不应当判处死刑而裁定不予核准，并撤销原判，发回重新审判的案件以外，原审人民法院应当另行组成合议庭审理。

[**案例**]　糯康等湄公河杀人案由云南省昆明市中级人民法院进行一审。一审法院经审理查明后认为，糯康犯罪集团长期盘踞在湄公河流域，实施运输毒品、绑架、劫持船只等犯罪活动，严重危及了周边地区国家安全及该流域的航运秩序。被告人糯康、桑康、依莱、扎西卡、扎波、扎拖波武装劫持中国船只、放置并运输毒品、杀害中国公民、绑架人质勒索赎金，其行为分别构成故意杀人罪、运输毒品罪、绑架罪和劫持船只罪。2012年11月6日，云南省昆明市中级人民法院一审宣判，以故意杀人罪、运输毒品罪、绑架罪、劫持船只罪数罪并罚，判处被告人糯康、桑康、依莱死刑；以故意杀人罪、绑架罪、劫持船只罪数罪并罚，判处被告人扎西卡死刑；以故意杀人罪、绑架罪、劫持船只罪数罪并罚，判处被告人扎波死刑，缓期二年执行；以劫持船只罪判处被告人扎拖波有期徒刑8年；同时，判决6名被告人连带赔偿各附带民事诉讼原告人共计人民币600万元。一审宣判后，糯康等6名被告人上诉。云南省高级人民法院对此案进行了二审开庭审理。12月26日，云南省高级人民法院进行二审宣判，对糯康等6名上诉人（原审被告人）故意杀人、运输毒品、绑架、劫持船只案的上诉作出裁定：驳回上诉，维持对糯康、桑康、依莱、扎西卡的死刑判决，维持并核准对扎波死刑缓期二年执行的判决，维持对扎拖波有期徒刑8年的判决。对糯康、桑康、依莱、扎西卡的死刑裁定，将依法报请中华人民共和国最高人民法院核准。糯康犯罪集团杀害13名中国船员一案在二审维持原判之后依法进入了死刑复核程序。最高人民法院进行核准后由最高人民法院院长签发了执行死刑命令。2013年2月22日，昆明市中级人民法院收到最高人民法院关于糯康等4名被告人的死刑复核裁定和死刑执行命令。

第三节　判处死刑缓期执行案件的复核程序

一、死刑缓期执行案件的核准权

《刑事诉讼法》第248条规定："中级人民法院判处死刑缓期二年执行的案件，由高级人民法院核准。"根据这一规定，死刑缓期执行案件的核准权由高级人民法院统一行使。

判处死刑缓期执行，是我国创立的一种执行死刑的制度。它创立于新中国成立初期，其目的是为了贯彻"严肃谨慎相结合"的方针，给罪该处死还不是非杀不可的犯罪分子一个悔过自新的机会。

判处死刑立即执行与判处死刑缓期执行，都属于判处死刑。后者虽不立即执行死刑，但若在缓期执行期间故意犯罪，仍可能执行死刑。所以，法律对判处死刑缓期执行的案件，也规定应通过复核程序核准。

二、死刑缓期执行案件报请复核

中级人民法院判处死刑缓期二年执行的案件，被告人不上诉，人民检察院也不抗诉的，在上诉和抗诉期限届满后，中级人民法院应当立即将呈请复核的报告、死缓案件综合报告和判决书，以及全部诉讼案卷和证据，报送高级人民法院核准。报送死缓复核案件的要求，与报送死刑立即执行案件相同，必须做到犯罪事实清楚，证据确实、充分，适用法律正确，诉讼文书齐备，并且一案一报。共同犯罪的案件，对其中一名或者几名被告人判处死刑缓期二年执行的，也要报送全案的诉讼案卷和证据。

对本章导入案例中的郑某来说，中级人民法院在上诉、抗诉期满后应当报请高级人民法院核准。高级人民法院同意判处死刑缓期二年执行的，应当裁定予以核准；认为原判事实不清、证据不足的，应当裁定发回原中级人民法院重新审判；认为原判量刑过重的应当依法改判。

高级人民法院判处死刑缓期二年执行的第一审案件，被告人不上诉，人民检察院也不抗诉的，以及裁定维持第一审判处死刑缓期二年执行的第二审案件，其所作出的判决、裁定，均应发生法律效力。所以，只有中级人民法院判处的死刑缓期二年执行的案件，被告人不上诉，检察院也不抗诉的，才需要依法报请复核。

三、死刑缓期执行案件的复核与处理

《刑事诉讼法》第249条规定："最高人民法院复核死刑案件，高级人民法院复核死刑缓期执行的案件，应当由审判员三人组成合议庭进行。"高级人民法院复核死刑缓期执行案件，应当讯问被告人。应当重视审查被告人及其辩护人的辩解、辩护意见。

根据《刑事诉讼法》以及《高法解释》第428条的规定，高级人民法院核准死刑缓期执行的案件，应当按照下列情形分别处理：

（1）原判认定事实和适用法律正确、量刑适当、诉讼程序合法的，应当裁定核准；

（2）原判认定的某一具体事实或者引用的法律条款等存在瑕疵，但判处被告人死刑缓期执行并无不当的，可以在纠正后作出核准的判决、裁定；

（3）原判认定事实正确，但适用法律有错误，或者量刑过重的，应当改判；

（4）原判事实不清、证据不足的，可以裁定不予核准，并撤销原判，发回重新审判，或者依法改判；

（5）复核期间出现新的影响定罪量刑的事实、证据的，可以裁定不予核准，

并撤销原判，发回重新审判，或者依照《高法解释》第 271 条的规定审理后依法改判;[1]

（6）原审违反法定诉讼程序，可能影响公正审判的，应当裁定不予核准，并撤销原判，发回重新审判。

高级人民法院复核死刑缓期执行案件，不得加重被告人的刑罚。

思考题

1. 死刑立即执行和死刑缓期执行的核准权是如何规定的？
2. 判处死刑立即执行案件复核程序是如何规定的？
3. 判处死刑立即执行案件复核后的处理方式有哪些？
3. 简述死刑缓期执行案件复核后的处理方式。

实务训练

案例： 被告人甲某因抢劫罪被某中级人民法院判处死刑缓期二年执行。甲某不上诉，同级人民检察院也未提出抗诉。该中级人民法院报请该省高级人民法院复核，该省高级人民法院指派审判员乙某复核此案。乙某通过书面审查的方式，查阅了相关材料和证据，发现该中级人民法院在审理甲某抢劫案时，无故不公开审理，而且审判组织的组成不合法，严重违反了法定的诉讼程序，遂决定提审该案。高级人民法院最后以提审的方式改判甲某有期徒刑 10 年。

[问题]
在甲某死刑缓期执行案件的复核过程中，存在哪些程序性错误？

[分析提示]
（1）书面审查的方式是错误的。
（2）乙某查阅了相关材料和证据是片面的。应当全面审查案件的内容。
（3）高级人民法院最后以提审的方式改判甲某有期徒刑 10 年是错误的。

---

〔1〕《高法解释》第 271 条规定："法庭对证据有疑问的，可以告知公诉人、当事人及其法定代理人、辩护人、诉讼代理人补充证据或者作出说明；必要时，可以宣布休庭，对证据进行调查核实。对公诉人、当事人及其法定代理人、辩护人、诉讼代理人补充的和审判人员庭外调查核实取得的证据，应当经过当庭质证才能作为定案的根据。但是，对不影响定罪量刑的非关键证据、有利于被告人的量刑证据以及认定被告人有犯罪前科的裁判文书等证据，经庭外征求意见，控辩双方没有异议的除外。有关情况，应当记录在案。"

第十七章

刑事审判监督程序

学习目标

　　通过本章的学习与训练，了解审判监督程序的概念、意义；掌握审判监督程序启动的条件和再审的程序；理解申诉权以及必然引起再审程序的申诉理由；了解重新审判的原则与程序；能够对当事人的申诉依法给予指导。

导入案例

　　程某，男，25 岁。2016 年 6 月，程某因盗窃罪被某县人民法院判处有期徒刑 10 年。判决宣告后，程某没有上诉，同级人民检察院也未提出抗诉。同年 12 月，该县人民法院发生人事变动，原院长退休。新任院长在审查案卷时，发现程某盗窃案认定事实有误，而且量刑过重，遂决定提起再审。该院长指令原审判此案的合议庭重新审理。2017 年 1 月，经再审改判程某有期徒刑 5 年。

　　[任务提出]

　　根据本案，思考并完成以下学习任务：

　　1. 对已经生效的判决，法院院长是否有权直接决定重新审理？

　　2. 本案例中，原合议庭重新审理的做法是否正确？

第一节　特别的审判监督程序

一、审判监督程序的概念和特点

　　审判监督程序，又称再审程序，是指人民法院、人民检察院对于已经发生法律效力的判决和裁定，发现在认定事实或者适用法律上确有错误，依法提起重新审理并由人民法院对该案重新审判所应遵循的步骤和方式、方法。审判监督程序是整个刑事诉讼的重要组成部分，但它并不是每个案件的必经程序，只有对于已经发生法律效力而且确有错误的判决和裁定才能适用。

审判监督程序是刑事诉讼的特殊程序，具有以下特点：①审理对象的特定性。审判监督程序的审理对象是已经发生法律效力的判决和裁定，包括正在执行和已经执行完毕的判决和裁定。②提起主体的局限性。审判监督程序是由各级人民法院院长提交本院审判委员会决定，最高人民法院和上级人民法院决定以及最高人民检察院和上级人民检察院提出抗诉而提起的。③提起条件的严格性。有权的人民法院或者人民检察院经过审查，认为已生效的判决、裁定在认定事实或者适用法律上确有错误时，才能提起审判监督程序。④提起的无期限性。对于审判监督程序的提起，《刑事诉讼法》没有规定期限。因为审判监督程序的目的，是贯彻实事求是、有错必纠的方针，发现错误，及时纠正，切实保护公民的合法权益。⑤审判法院的广泛性。按照审判监督程序审判案件的法院，既可以是原审人民法院，也可以是提审的任何上级人民法院，还可以是由上级人民法院依法指令再审的其他法院；⑥审判程序的重复性。按照审判监督程序审判案件，根据原来是第一审案件或者第二审案件而分别依照刑事第一审程序和第二审程序进行。⑦效力的两重性。按照审判监督程序所作的判决、裁定的效力取决于再审的审级。如果原来是第一审案件，应当依照第一审程序进行审判，所作的判决、裁定，可以上诉、抗诉；如果原来是第二审案件，或者是上级人民法院提审的案件，应当依照第二审程序进行审判，所作的判决、裁定，是终审的判决、裁定，当事人不可以上诉，检察院不能抗诉。

二、审判监督程序的任务和意义

从诉讼实质上讲，审判监督程序是一种对错误裁判的补救性程序，其任务是：纠正已发生法律效力而又确有错误的判决和裁定，使案件的处理建立在事实清楚、证据充分、程序合法、适用法律正确的基础上，准确有效地惩罚犯罪分子，使无辜的人免受惩罚，以维护法律的公正。

在我国，审判监督程序是贯彻"实事求是，有错必纠"司法方针的一种特殊程序。刑事审判监督程序的设立，有利于保障当事人的合法权利；有利于实现上级司法机关对下级人民法院审判工作的监督，对于实现刑事诉讼的任务具有重要的意义。

第二节　当事人等的申诉与审查处理

诉讼实践中，司法机关有很多渠道、途径可以发现生效判决、裁定的错误，主要有：当事人及其法定代理人、近亲属的申诉；人民法院、人民检察院在办案过程中和检查工作时发现的错误裁判；各级人民代表大会代表提出的纠正错案的议案；机关、团体、企业事业单位、新闻媒介、人民群众等对生效判决、裁定提出的质疑、意见和情况反映等。这些可称作提起审判监督程序的材料来源。

当事人等的申诉作为提起审判监督程序的材料来源，在司法实践中占有很大比重，是提起审判监督程序的材料来源中最经常和最主要的方面，也是司法机关发现错误裁判的一个重要途径。

一、当事人等提出申诉

《刑事诉讼法》第252条规定："当事人及其法定代理人、近亲属，对已经发生法律效力的判决、裁定，可以向人民法院或者人民检察院提出申诉，但是不能停止判决、裁定的执行。"《高法解释》第451条扩大了申诉人范围："当事人及其法定代理人、近亲属对已经发生法律效力的判决、裁定提出申诉的，人民法院应当审查处理。案外人认为已经发生法律效力的判决、裁定侵害其合法权益，提出申诉的，人民法院应当审查处理。申诉可以委托律师代为进行。"审判监督程序中的申诉，是当事人及其法定代理人、近亲属以及案外人认为人民法院已经发生法律效力的判决、裁定有错误，要求人民法院或者人民检察院进行审查处理的一种请求。申诉不同于上诉。申诉只是提起审判监督程序的一种材料来源，不能停止生效判决、裁定的执行。

根据《高法解释》第452条的规定，申诉人向人民法院申诉，应当提交以下材料：①申诉状，应当载明当事人的基本情况、联系方式以及申诉的事实与理由。②原一、二审判决书、裁定书等法律文书。经过人民法院复查或者再审的，应当附有驳回通知书、再审决定书、再审判决书或裁定书。③其他相关材料。以有新的证据证明原裁判认定的事实确有错误为由申诉的，应当同时附有证据材料；申请人民法院调查取证的，应当附有相关线索或者材料。申诉符合前述规定的，人民法院应当出具收到申诉材料的回执。申诉不符合前述规定的，人民法院应当告知申诉人补充材料；申诉人对必要材料拒绝补充且无正当理由的，人民法院不予审查。

二、对申诉的审查处理

根据《刑事诉讼法》第252条的规定，当事人及其法定代理人、近亲属的申诉，既可以向人民法院提出，也可以向人民检察院提出。受理、审查申诉一般由作出发生法律效力的判决、裁定的人民法院进行。直接向上级人民法院申诉的，如果没有经作出发生法律效力的人民法院审查处理，上级人民法院可以交该人民法院审查，并告知申诉人。经两级法院处理后又提出申诉的，如果没有新的充分理由，法院可以不再受理。

1. 人民法院对申诉的审查处理。根据《高法解释》的有关规定，申诉由终审人民法院审查处理。但是，第二审人民法院裁定准许撤回上诉的案件，申诉人对第一审判决提出申诉的，可以由第一审人民法院审查处理。上一级人民法院对未经终审人民法院审查处理的申诉，可以告知申诉人向终审人民法院提出申诉，或者直接交终审人民法院审查处理，并告知申诉人；案件疑难、复杂、重大的，也可以直接审查处理。对未经终审人民法院及其上一级人民法院审查处理，直接向上级人民法院申诉的，上级人民法院应当告知申诉人向下级人民法院提出。最高人民法院或者上级人民法院可以指定终审人民法院以外的人民法院对申诉进行审查。被指定的人民法院审查后，应当制作审查报告，提出处理意见，层报最高人民法院或者上级人民法院审查处理。对死刑案件的申诉，可以由原核准的人民法院直接审查处理，也可以交由原审人民法院审查。原审人民法院应当写出审查报告，提出处理意见，层报原核准的人民法院审查处理。

对立案审查的申诉案件，人民法院可以听取当事人和原办案单位的意见，也可以对原判据以定罪量刑的证据和新的证据进行核实。必要时，可以进行听证。对立案审查的申诉案件，应当在 3 个月以内作出决定，至迟不得超过 6 个月。因案件疑难、复杂、重大或者其他特殊原因需要延长审查期限的，参照《高法解释》第 210 条的规定处理。

经审查，具有下列情形之一的，应当根据《刑事诉讼法》第 253 条的规定，决定重新审判：①有新的证据[1]证明原判决、裁定认定的事实确有错误，可能影响定罪量刑的；②据以定罪量刑的证据不确实、不充分、依法应当排除的；③证明案件事实的主要证据之间存在矛盾的；④主要事实依据被依法变更或者撤销的；⑤认定罪名错误的；⑥量刑明显不当的；⑦对违法所得或者其他涉案财物的处理确有明显错误的；⑧违反法律关于溯及力规定的；⑨违反法定诉讼程序，可能影响公正裁判的；⑩审判人员在审理该案件时有贪污受贿、徇私舞弊、枉法裁判行为的。申诉不具有上述情形的，应当说服申诉人撤回申诉；对仍然坚持申诉的，应当书面通知驳回。

2. 人民检察院对申诉的审查处理。根据《高检诉讼规则》第 593~595 条的规定，当事人及其法定代理人、近亲属认为人民法院已经发生法律效力的刑事判决、裁定确有错误，向人民检察院申诉的，由作出生效判决、裁定的人民法院的同级人民检察院依法办理。当事人及其法定代理人、近亲属直接向上级人民检察院申诉的，上级人民检察院可以交由作出生效判决、裁定的人民法院的同级人民检察院受理；案情重大、疑难、复杂的，上级人民检察院可以直接受

---

〔1〕"新的证据"，一般认为应当是可能改变原判决、裁定据以定罪量刑的事实的证据。根据《高法解释》第 458 条规定，具有下列情形之一的，应当认定为是"新的证据"：①原判决、裁定生效后新发现的证据；②原判决、裁定生效前已经发现，但未予以收集的证据；③原判决、裁定生效前已经收集，但未经质证的证据；④原判决、裁定所依据的鉴定意见，勘验、检查等笔录或者其他证据被改变或者否定的；⑤原判决、裁定所依据的被告人供述、证人证言等证据发生变化，影响定罪量刑，且有合理理由的。

理。当事人及其法定代理人、近亲属对人民法院已经发生法律效力的判决、裁定提出申诉，经人民检察院复查决定不予抗诉后继续提出申诉的，上一级人民检察院应当受理。对不服人民法院已经发生法律效力的判决、裁定的申诉，经两级人民检察院办理且省级人民检察院已经复查的，如果没有新的证据，人民检察院不再复查，但原审被告人可能被宣告无罪或者判决、裁定有其他重大错误可能的除外。

人民检察院对申诉进行复查后，认为需要提请或者提出抗诉的，报请检察长决定。地方各级人民检察院对不服同级人民法院已经发生法律效力的刑事判决、裁定的申诉复查后，认为需要提出抗诉的，应当提请上一级人民检察院抗诉。上级人民检察院对下一级人民检察院提请抗诉的申诉案件审查后，认为需要提出抗诉的，应当向同级人民法院提出抗诉。人民法院开庭审理时，人民检察院应当派员出席法庭。

第三节　审判监督程序的提起

一、提起审判监督程序的主体

为维护已经发生法律效力的判决和裁定的严肃性和稳定性，《刑事诉讼法》对提起审判监督程序的主体及其权限作了明确规定。根据《刑事诉讼法》第254条的规定，有权提起审判监督程序的主体有：

（一）各级人民法院院长和审判委员会

《刑事诉讼法》第254条第1款规定："各级人民法院院长对本院已经发生法律效力的判决和裁定，如果发现在认定事实上或者在适用法律上确有错误，必须提交审判委员会处理。"

各级人民法院院长和审判委员会提起审判监督程序的对象只能是本院已经发生法律效力的判决、裁定，而不能是上级或者其他同级人民法院已经发生法律效力的判决、裁定。如果院长发现原属本院第一审，但又经上一级人民法院二审的判决或者裁定确有错误，则只能向二审人民法院提出意见，由第二审人民法院决定是否提起审判监督程序。对本院已经发生法律效力的判决、裁定提起审判监督程序的权力，应由院长和审判委员会共同行使，即由院长提交审判委员会处理，由审判委员会讨论决定是否提起审判监督程序。

本章导入案例中，某县法院院长发现本院生效的判决有错误，应当提交审判委员会讨论决定是否再审，而不能由自己直接决定再审。

各级人民法院对于本院已经发生法律效力的判决、裁定决定再审的案件，应当制作再审决定书。

（二）最高人民法院和上级人民法院

《刑事诉讼法》第254条第2款规定："最高人民法院对各级人民法院已经发生法律效力的判决和裁定，上级人民法院对下级人民法院已经发生法律效力的判决和裁定，如果发现确有错误，有权提审或者指令下级人民法院再审。"

指令再审，是最高人民法院对各级人民法院已经发生法律效力的判决、裁定，上级人民法院对下级人民法院已经发生法律效力的判决、裁定，发现确有错误时，指令下级人民法院再审，从而提起审判监督程序的一种方式。

决定提审，是最高人民法院对各级人民法院发生法律效力的判决、裁定，上级人民法院对下级人民法院发生法律效力的判决和裁定，发现确有错误，需要重新审理，而直接组成合议庭，调取原审案卷和材料并进行审判，从而提起审判监督程序的一种方式。

指令再审和决定提审，都是上级人民法院对下级人民法院发生法律效力的判决、裁定提起审判监督程序的方式。为便于再审案件审理时传唤当事人和其他诉讼参与人出庭以及就地复查证据，核实案情，一般应由最高人民法院和上级人民法院指令原终审人民法院再审。对于原判决、裁定认定事实正确，但是在适用法律上有错误，或者案情疑难、复杂、重大的，或者有其他不宜由原审人民法院审理的情况的案件，也可以提审。《刑事诉讼法》第255条规定："上级人民法院指令下级人民法院再审的，应当指令原审人民法院以外的下级人民法院审理；由原审人民法院审理更为适宜的，也可以指令原审人民法院审理。"

人民法院根据上述方式重新审判的案件，应当制作再审决定书。

（三）最高人民检察院和上级人民检察院

《刑事诉讼法》第254条第3款规定："最高人民检察院对各级人民法院已经发生法律效力的判决和裁定，上级人民检察院对下级人民法院已经发生法律效力的判决和裁定，如果发现确有错误，有权按照审判监督程序向同级人民法院提出抗诉。"

人民检察院是我国的法律监督机关，对人民法院已经发生法律效力的判决、裁定，如果发现确有错误，有权按照审判监督程序提出抗诉，这是人民检察院行使审判监督权的重要方式。人民检察院依据审判监督程序提起的抗诉，亦称再审抗诉，它与人民检察院依照第二审程序提出的二审抗诉，都是人民检察院对人民法院的审判活动实施法律监督的重要方式。但有权按照审判监督程序提起抗诉的只能是最高人民检察院和上级人民检察院。地方各级人民检察院发现同级人民法院已经发生法律效力的判决和裁定确有错误时，无权按照审判监督程序提出抗诉，应当报请上级人民检察院按照审判监督程序，向它的同级人民法院提出抗诉。

最高人民检察院发现各级人民法院已经发生法律效力的判决或者裁定，上级人民检察院发现下级人民法院已经发生法律效力的判决或者裁定确有错误时，可以直接向同级人民法院提出抗诉，或者指令作出生效判决、裁定人民法院的上一级人民检察院向同级人民法院提出抗诉。人民检察院按照审判监督程序向人民法院提出抗诉的，应当将抗诉书副本报送上一级人民检察院。

根据《刑事诉讼法》第 254 条第 4 款的规定，人民检察院抗诉的案件，接受抗诉的人民法院应当组成合议庭重新审理，对于原判决事实不清或者证据不足的，可以指令下级人民法院再审。人民法院将指令再审的决定书抄送抗诉的人民检察院。对需要指令下级人民法院再审的，应当自接受抗诉之日起 1 个月以内作出决定。(《刑事诉讼法》第 258 条第 2 款)〔1〕

必须指出的是，人民法院决定按照审判监督程序重新审判的案件，再审期间不停止原判决、裁定的执行，但被告人可能经再审改判无罪，或者可能经再审减轻原判刑罚而致刑期届满的，人民法院可以决定中止原判决、裁定的执行，必要时，可以对被告人采取取保候审、监视居住措施。

[案例]〔2〕 1992 年 12 月 25 日 19 时 30 分许，海南省海口市振东区上坡下村 109 号发生火灾。灭火过程中发现室内有一具尸体。经海口市公安局侦查，认定陈某有重大作案嫌疑。1993 年 11 月 29 日，海口市人民检察院以涉嫌故意杀人罪对陈某提起公诉。1994 年 11 月 9 日，海口市中级人民法院以故意杀人罪判处陈某死刑，缓期二年执行，剥夺政治权利终身；以放火罪，判处陈某有期徒刑 9 年，决定执行死刑，缓期二年执行，剥夺政治权利终身。1994 年 11 月 13 日，海口市人民检察院以原审判决量刑过轻，应当判处死刑立即执行为由提出抗诉。1999 年 4 月 15 日，海南省高级人民法院驳回抗诉，维持原判。判决生效后，陈某的父母提出申诉。2013 年 4 月 9 日，海南省人民检察院经审查，认为申诉人的申诉理由不成立，不符合立案复查条件。陈某不服，向最高人民检察院提出申诉。2015 年 2 月 10 日，最高人民检察院按照审判监督程序向最高人民法院提出抗诉。

2015 年 4 月 24 日，最高人民法院作出再审决定，指令浙江省高级人民法院再审。2016 年 1 月 25 日，浙江省高级人民法院作出再审判决：撤销原审判决，

---

〔1〕《高法解释》第 463 条进一步明确为：对人民检察院依照审判监督程序提出抗诉的案件，接受抗诉的人民法院应当组成合议庭审理。对原判事实不清、证据不足，包括有新的证据证明原判可能有错误，需要指令下级人民法院再审的，应当在立案之日起 1 个月以内作出决定，并将指令再审决定书送达提出抗诉的人民检察院。

〔2〕 陈某申诉案，载 http：//www.spp.gov.cn/xwfbh/wsfbt/201606/t20160606_119454.shtml#6。

原审被告人陈某无罪。

二、提起审判监督程序的理由

为了维护生效判决、裁定的严肃性及稳定性，《刑事诉讼法》对提起审判监督程序的理由，作了严格的限制性规定。《高检诉讼规则》第 591 条、《高法解释》第 457 条分别规定了人民检察院按照审判监督程序向人民法院提出抗诉、人民法院决定重新审判的条件。只有经过认真审查，发现已经生效的判决、裁定在认定事实上或者适用法律上确有错误，才具备提起审判监督程序的理由。

1. 原判决、裁定在认定事实上确有错误。这主要是指原判决、裁定认定的主要事实或者重大情节不清楚或者失实。其主要有以下几种情况：①有新的证据证明原判决、裁定认定的事实确有错误，可能影响定罪量刑的；②据以定罪量刑的证据不确实、不充分、依法应当排除的；③证明案件事实的主要证据之间存在矛盾的；④主要事实依据被依法变更或者撤销的。

2. 原判决、裁定在适用法律上确有错误。这主要是指没有正确地适用刑事实体法和执行刑事政策，导致定罪不准，量刑显失公正。其主要表现是：①行为性质认定错误，混淆罪与非罪的界限；②认定罪名错误，混淆此罪与彼罪、一罪与数罪的界限；③量刑明显不当。

3. 严重违反法律规定的诉讼程序，可能影响对案件的公正裁判。其主要情形包括：①违反《刑事诉讼法》关于公开审判的规定；②违反回避制度；③审判组织的组成不合法；等等。

4. 审判人员在审理该案件时，有贪污受贿、徇私舞弊、枉法裁判的行为。

第四节　再审案件的审判

一、重新审判的程序

（一）重新审判的方式

《刑事诉讼法》第 256 条规定："人民法院按照审判监督程序重新审判的案件，由原审人民法院审理的，应当另行组成合议庭进行。如果原来是第一审案件，应当依照第一审程序进行审判，所作的判决、裁定，可以上诉、抗诉；如果原来是第二审案件，或者是上级人民法院提审的案件，应当依照第二审程序进行审判，所作的判决、裁定，是终审的判决、裁定。人民法院开庭审理的再审案件，同级人民检察院应当派员出席法庭。"

本章导入案例中，某县法院院长指令原审判案件的合议庭重新审理是错误的。原审人民法院按照审判监督程序重新审判案件，应当另行组成合议庭进行。

人民法院按审判监督程序再审案件应当以开庭审理为原则，以不开庭审理为例外。

1. 再审案件的开庭审理。根据最高人民法院《关于刑事再审案件开庭审理程序的具体规定（试行）》（以下称《刑事再审规定》）第 5 条的规定，应当开庭审理的再审案件包括：①依照第一审程序审理的；②依照第二审程序需要对事实或者证据进行审理的；③人民检察院按照审判监督程序提出抗诉的；④可能对原审被告人（原审上诉人）加重刑罚的；⑤有其他应当开庭审理情形的。

再审开庭审理案件，与第一审程序、第二审程序开庭审理案件的程序基本相同。根据《高法解释》和《刑事再审规定》，刑事再审案件的开庭审理应当遵守下列规定。

（1）人民法院在开庭审理前，应当进行下列工作：①确定合议庭的组成人员；②将再审决定书、申诉书副本至迟在开庭 30 日前，重大、疑难案件至迟在开庭 60 日前送达同级人民检察院并通知其查阅案卷和准备出庭；③将再审决定书或抗诉书副本至迟在开庭 30 日以前送达原审被告人（原审上诉人），告知其可以委托辩护人或者依法为其指定承担法律援助义务的律师担任辩护人；④至迟在开庭 15 日前，重大、疑难案件至迟在开庭 60 日前，通知辩护人查阅案卷和准备出庭；⑤将开庭的时间、地点在开庭 7 日以前通知人民检察院；⑥传唤当事人，通知辩护人、诉讼代理人、证人、鉴定人和翻译人员，传票和通知书至迟在开庭 7 日以前送达；⑦公开审判的案件，在开庭 7 日以前先期公布案由、原审被告人（原审上诉人）姓名、开庭时间和地点；⑧提交或者查阅证据。控辩双方收到再审决定书或者抗诉书后，人民法院通知开庭之日前，可以提交新的证据。开庭后，除对原审被告人（原审上诉人）有利的外，人民法院不再接纳新证据。人民法院应当在开庭 30 日前通知人民检察院、当事人或者辩护人查阅、复制双方提交的新证据目录及新证据复印件、照片；应当在开庭 15 日前通知控辩双方查阅、复制人民法院调取的新证据目录及新证据复印件、照片等证据。

（2）开庭审理前，合议庭应当核实原审被告人（原审上诉人）何时因何案被人民法院依法裁判，在服刑中有无重新犯罪，有无减刑、假释，何时刑满释放等情形。原审被告人（原审上诉人）到达开庭地点后，合议庭应当查明原审被告人（原审上诉人）基本情况，告知原审被告人（原审上诉人）享有辩护权和最后陈述权，制作笔录后，分别由该合议庭成员和书记员签名。开庭审理再审案件，再审决定书或者抗诉书只针对部分原审被告人，其他同案原审被告人不出庭不影响审理的，可以不出庭参加诉讼。

（3）开庭审理时，审判长宣布合议庭组成人员及书记员，公诉人、辩护人、鉴定人和翻译人员的名单，并告知当事人、法定代理人享有申请回避的权利。

参与过本案第一审、第二审、复核程序审判的合议庭组成人员，不得参与本案的再审程序的审判。

人民法院审理人民检察院提出抗诉的再审案件，人民检察院在开庭审理前撤回抗诉的，应当裁定准许；人民检察院接到出庭通知后不派员出庭的，且未说明原因的，可以裁定按撤回抗诉处理，并通知诉讼参与人。人民法院审理申诉人申诉的再审案件，申诉人在再审期间撤回申诉的，可以裁定准许；但认为原判确有错误的，应当不予准许，继续按照再审案件审理。申诉人经依法通知无正当理由拒不到庭，或者未经法庭许可中途退庭的，可以裁定按撤回申诉处理，但申诉人不是原审当事人的除外。

（4）开庭审理的再审案件，系人民法院决定再审的，由合议庭组成人员宣读再审决定书。系人民检察院抗诉的，由公诉人宣读抗诉书。系申诉人申诉的，由申诉人或者其辩护人、诉讼代理人陈述申诉理由。

（5）在审判长主持下，控辩双方就案件的事实、证据和适用法律等问题分别进行陈述。合议庭对控辩双方无争议和有争议的事实、证据及适用法律问题进行归纳，予以确认。在审判长主持下，就控辩双方有争议的问题，进行法庭调查和辩论，控辩双方对提出的新证据或者有异议的原审据以定罪量刑的证据进行质证。

（6）进入辩论阶段，原审被告人（原审上诉人）及其法定代理人、近亲属提出申诉的，先由原审被告人（原审上诉人）及其辩护人发表辩护意见，然后由公诉人发言，被害人及其代理人发言；被害人及其法定代理人、近亲属提出申诉的，先由被害人及其代理人发言，公诉人发言，然后由原审被告人（原审上诉人）及其辩护人发表辩护意见；人民检察院提出抗诉的，先由公诉人发言，被害人及其诉讼代理人发言，然后由原审被告人（原审上诉人）及其辩护人发表辩护意见；既有申诉又有抗诉的，先由公诉人发言，后由申诉方当事人及其代理人或者辩护人发言或者发表辩护意见，然后由对方当事人及其代理人或辩护人发言或者发表辩护意见。公诉人、当事人和辩护人、诉讼代理人经审判长许可，可以互相辩论。

合议庭根据控辩双方举证、质证和辩论情况，可以当庭宣布认证结果。

（7）人民法院按照审判监督程序重新审判的案件，应当对原判决、裁定认定的事实、证据和适用法律进行全面审查。按照审判监督程序进行再审的刑事自诉案件，应当依法作出判决、裁定，附带民事部分可以调解结案。再审改判宣告无罪并依法享有申请国家赔偿权利的当事人，人民法院宣判时，应当告知其判决发生法律效力后可以依法申请国家赔偿。

2. 再审案件的不开庭审理。根据《刑事再审规定》第6条的规定，可以不开庭审理的再审案件包括：①原判决、裁定认定事实清楚，证据确实、充分，但适用法律错误，量刑畸重的；②1979年《刑事诉讼法》施行以前裁判的；③原审被告人（原审上诉人）、原审自诉人已经死亡或者丧失刑事责任能力的；④原审被告人（原审上诉人）在交通十分不便的边远地区监狱服刑，提押到庭确有困难的；但人民检察院提出抗诉的，人民法院应征得人民检察院的同意；⑤人民法院按照审判监督程序决定再审，人民检察院不派员出庭的。

对于不需要开庭审理的再审案件，合议庭全体成员应当阅卷，必要时应当提交书面阅卷意见。应当讯问被告人，听取其他当事人、辩护人、诉讼代理人的意见。

（二）中止执行以及采取强制措施

《刑事诉讼法》第257条规定，人民法院决定再审的案件，需要对被告人采取强制措施的，由人民法院依法决定；人民检察院提出抗诉的再审案件，需要对被告人采取强制措施的，由人民检察院依法决定。人民法院按照审判监督程序审判的案件，可以决定中止原判决、裁定的执行。

根据《刑事诉讼法》的规定，人民法院决定再审或者受理抗诉书后，原审被告人（原审上诉人）正在服刑的，人民法院依据再审决定书或者抗诉书及提押票等文书办理提押。原审被告人（原审上诉人）在押，再审可能改判宣告无罪的，人民法院裁定中止执行原裁决后，可以取保候审。原审被告人（原审上诉人）不在押，确有必要采取强制措施并符合法律规定采取强制措施条件的，人民法院裁定中止执行原裁决后，依法采取强制措施。

（三）中止审理与终止审理

原审被告人（原审上诉人）收到再审决定书或者抗诉书后下落不明，或者收到抗诉书后未到案的，人民法院应当裁定中止审理；原审被告人（原审上诉人）到案后，恢复审理。被提出抗诉的原审被告人已经死亡或者在审理过程中死亡的，人民法院应当裁定终止审理，但对能够查清事实，确认原审被告人无罪的案件，应当予以改判。（《关于审理人民检察院按照审判监督程序提出的刑事抗诉案件若干问题的规定》第7、8条）

二、重新审判后的处理

根据《高法解释》第472条的规定，再审案件经过重新审理后，应当按照下列情形分别处理：

1. 原判决、裁定认定事实和适用法律正确、量刑适当的，应当裁定驳回申诉或者抗诉，维持原判决、裁定。

2. 原判决、裁定定罪准确、量刑适当，但在认定事实、适用法律等方面有瑕疵的，应当裁定纠正并维持原判决、裁定。

3. 原判决、裁定认定事实没有错误，但适用法律错误，或者量刑不当的，应当撤销原判决、裁定，依法改判。

应当注意的是，《高法解释》第469条规定："除人民检察院抗诉的以外，再审一般不得加重原审被告人的刑罚。再审决定书或者抗诉书只针对部分原审被告人的，不得加重其他同案原审被告人的刑罚。"

4. 依照第二审程序审理的案件，原判决、裁定事实不清或者证据不足的，可以在查清事实后改判，也可以裁定撤销原判，发回原审人民法院重新审判。

原判决、裁定事实不清或者证据不足，经审理事实已经查清的，应当根据查清的事实依法裁判；事实仍无法查清，证据不足，不能认定被告人有罪的，应当撤销原判决、裁定，判决宣告被告人无罪。

根据《高法解释》第607条规定，人民法院按照审判监督程序重新审判的案件，被告人死亡的，可以缺席审理。有证据证明被告人无罪，经缺席审理确认被告人无罪的，应当判决宣告被告人无罪；虽然构成犯罪，但原判量刑畸重的，应当依法作出判决。

三、重新审判的期限

《刑事诉讼法》第258条规定："人民法院按照审判监督程序重新审判的案件，应当在作出提审、再审决定之日起三个月以内审结，需要延长期限的，不得超过六个月。接受抗诉的人民法院按照审判监督程序审判抗诉的案件，审理期限适用前款规定；对需要指令下级人民法院再审的，应当自接受抗诉之日起一个月以内作出决定，下级人民法院审理案件的期限适用前款规定。"

思考题

1. 什么是审判监督程序？比较审判监督程序与二审程序的区别。
2. 刑事诉讼中申诉的概念和理由是什么？
3. 哪些机关有权提起刑事审判监督程序？
4. 提起审判监督程序的条件是什么？
5. 依照审判监督程序再审案件适用什么程序？

实务训练

案例一：2016年1月24日下午，薛某经预谋将被害人付某骗至薛某开的聊吧，对被害人使用暴力劫取银行卡并逼问出密码，用付某银行卡取款5000元。后将被害人杀死并将尸体分解后遗弃。后薛某到郑州、广州、北京将付某银行卡上剩余的4.73万元取走。2016年8月薛某被抓获。

2019年8月5日，A市某区法院一审以抢劫罪判处薛某有期徒刑15年。薛某上诉，A 市中级法院二审裁定维持原判。A 市检察院认为法院对薛某量刑畸轻，于 2022 年 8 月提请 H 省检察院抗诉。H 省检察院受理后，审查了案件卷宗，依法讯问了被告人，复核了案件的主要证据，认为，被告人薛某犯罪手段特别残忍、后果特别严重，情节特别恶劣，判处其有期徒刑 15 年量刑畸轻，于 2023 年 1 月按照审判监督程序向 H 省高级法院提出抗诉。

[问题]

H 省检察院仅以量刑畸轻为由按审判监督程序向法院提起抗诉，是否合法？

[分析提示]

原审裁判量刑畸轻属于适用法律上有错误的情形，依法可以启动审判监督程序。

案例二：葛某与金某发生口角，盛怒之下向金某臀部连刺两刀，金某被在场群众送到医院后，该院医生及时将金某的伤口缝合，然后让其离开医院。离开医院 3 小时后，金某被再次送到医院，终因流血过多，抢救无效死亡。案件经公安机关立案侦查，某市人民检察院依法提起公诉。某市中级人民法院经审理认为，被告人葛某犯故意伤害罪，判处其死刑，缓期二年执行，剥夺政治权利终身。被告人不服，提起上诉。二审法院经审理，裁定驳回上诉，维持原判。在判决执行中，被告人葛某又提出申诉，要求人民法院依审判监督程序重新审理。

[问题]

1. 被告人是否有权提起审判监督程序？

2. 本案的审判监督程序如何提起？

3. 被告人如何才能令其申诉符合提起审判监督程序的条件？

[分析提示]

1. 被告人无权提起审判监督程序，只有人民法院和人民检察院才是审判监督程序的提起主体。但被告人可以向人民法院申诉，为人民法院提起审判监督程序提供材料来源。

2. 被告人应先向原审人民法院申诉，若原审人民法院不受理或者驳回申诉的，可以向上级人民法院申诉，由有关人民法院院长提请审判委员会决定重新审判，审判委员会决定重新审判的，审判监督程序才正式启动。

3. 申诉如果符合《刑事诉讼法》第 253 条规定的理由的，人民法院应当重新审判。

模块七　刑事裁判生效后的执行

第十八章

刑事执行程序

学习目标

通过本章的学习与训练，了解刑事诉讼的执行、变更执行、暂予监外执行等概念，明确各种生效判决、裁定的执行程序，执行的变更及其程序，以及对新罪和申诉的处理。能够运用刑事执行的基本原理和法律规定，将各种生效裁判交付执行和正确执行各种生效裁判；能够根据具体情况，提出执行变更的意见和建议，作出执行变更决定；能够准确提出撤销缓刑、假释、对暂予监外执行罪犯收监的建议以及作出决定。

导入案例

在一起共同犯罪案件中，主犯王某被判处有期徒刑 15 年，剥夺政治权利 3 年，并处没收个人财产；主犯朱某被判处有期徒刑 10 年，剥夺政治权利 2 年，罚金 2 万元；从犯李某被判处有期徒刑 8 个月；从犯周某被判处管制 1 年，剥夺政治权利 1 年。

[任务提出]

根据本案，思考并完成以下学习任务：

1. 对所判处的有期徒刑应如何执行？

2. 被判处管制刑应如何执行？

3. 剥夺政治权利刑应如何执行？

第一节　刑事执行的根据与执行机关

一、刑事执行的概念和意义

刑事诉讼中的执行，是指人民法院、人民检察院、公安机关和其他刑罚执行机关将人民法院作出的已经发生法律效力的判决或裁定所确定的内容依法付诸实施，以及解决实施中出现的特定问题应遵循的步骤和采取的方法。

执行是刑事诉讼的最后阶段和最终程序，也是使刑罚权得以实现的关键程序，在整个刑事诉讼活动中占有举足轻重的地位。但是，并非对判决、裁定执行的整个过程和各个活动都属于刑事诉讼的范畴。属于刑事诉讼活动的仅包括：将生效判决、裁定所确定的内容付诸实施而进行的活动；解决刑事执行过程中的刑罚变更等所进行的活动。至于监狱、公安机关等执行机关对罪犯进行的监管、教育、组织劳动生产、社区服务等活动，是一种司法行政管理工作，不具有刑事诉讼的性质。另外，司法机关在执行期间处理申诉、新罪、漏罪等问题，也不属于刑事执行活动。

生效的判决、裁定对某一刑事案件的处理来说具有最高的权威性，人民法院的判决、裁定一经发生法律效力，必须迅速及时地予以执行，以体现刑罚的及时性和司法的权威性。已经发生法律效力的裁判具有普遍的约束力，是以国家强制力为后盾保证其得到执行的。无论当事人的意愿如何，都必须无条件地执行生效的裁判。执行机关必须严格按照裁判所确定的内容实施，任何机关、团体和个人都无权以任何借口阻碍和拖延执行。尤其是被判刑的人，不论其是否同意裁判所确定的内容，都应当被强制无条件地执行。根据《刑法》第313条的规定，对人民法院的生效判决、裁定有能力执行而拒不执行，情节严重的，应当以拒不执行判决、裁定罪追究其刑事责任。

二、刑事执行的依据

《刑事诉讼法》第259条第1款规定："判决和裁定在发生法律效力后执行"。刑事执行的依据只能是人民法院依照法定程序审理后作出的且已发生法律效力的判决和裁定。人民法院对未生效的判决、裁定不得交付执行。如若交付，有关刑罚执行机关有权拒绝接收和执行。根据《刑事诉讼法》第259条第2款的规定，下列判决和裁定是发生法律效力的判决和裁定：①已过法定期限没有上诉、抗诉的判决和裁定；②终审的判决和裁定，包括中级、高级、最高人民法院第二审案件的判决、裁定和最高人民法院第一审案件的判决、裁定；③最高人民法院核准的死刑的判决和高级人民法院核准的死刑缓期二年执行的判决。所有的刑事执行，都必须依据上述判决、裁定。

三、刑事执行的机关

根据执行职能的不同，可以把刑事执行的主体分为交付执行的机关、执行机关和机构、执行的指挥机关和执行的监督机关。

（一）交付执行的机关

交付执行的机关，是将生效裁判和罪犯按照法定程序交给有关机关、机构执行刑罚的机关。作出生效判决、裁定的人民法院是交付执行的机关。人民法院根据生效裁判所确定的内容及其刑罚执行方式不同，交由不同的刑罚执行机关、机构执行。一般认为，交付执行包括人民法院将有关的法律文书送达公安机关、监狱或者其他执行机关，以及人民法院自己实施生效裁判所确定的内容的活动，如第一审人民法院释放被判决无罪或免除刑事处罚的在押被告人的活动等。发生法律效力的判决和裁定一般由原第一审人民法院交付执行。但是，罪犯关押在第二审人民法院所在地的，也可以由第二审人民法院交付执行。

（二）执行机关和机构

执行机关和机构，是指将生效裁判所确定的内容付诸实施的机关和机构。根据《刑事诉讼法》的规定，判决、裁定所确定的内容不同，负责执行的机关、机构也就不同，具体包括人民法院、公安机关、监狱、看守所、未成年犯管教所和社区矫正机构等。因此，人民法院对于生效的判决、裁定，应当根据不同的情况和法律的规定，交付不同的执行机关、机构执行。各执行机关所承担的具体执行职能如下：

1. 人民法院负责对无罪、免除刑事处罚、罚金、没收财产和死刑立即执行判决的执行。

2. 监狱和未成年犯管教所负责对无期徒刑和有期徒刑判决的执行，监狱还负责对死刑缓期二年执行判决的执行。

3. 对被判处有期徒刑的罪犯，在被交付执行刑罚前，剩余刑期在 3 个月以下的，由看守所代为执行。

4. 对被判处拘役和剥夺政治权利的罪犯，由公安机关负责执行。

5. 对被判处管制、宣告缓刑、假释或者暂予监外执行的罪犯，依法实行社区矫正，由社区矫正机构负责执行。

（三）执行的指挥机关

执行的指挥机关，是指在执行死刑立即执行判决时依法承担指挥任务的机关，即具体执行死刑判决的人民法院。

（四）执行的监督机关

执行的监督机关，是指对刑事执行活动是否合法有权实行法律监督的机关。人民检察院是国家法律监督机关，依法对刑事诉讼实行法律监督，当然也就是刑事执行活动的监督机关。为了保障刑事判决、裁定的正确执行，《刑事诉讼法》"执行"一编中有多个条款规定人民检察院有权和应当对执行活动进行监督。

本章导入案例中，对人民法院生效裁判的执行机关包括人民法院、监狱、公安机关和社区矫正机构。其中，主犯王某、朱某被判处的没收财产和罚金刑由人民法院负责执行，被判处的有期徒刑由监狱负责执行，有期徒刑执行完毕后，再由公安机关执行各自被判处的剥夺政治权利刑；从犯李某被判处的 8 个月有期徒刑应由监狱负责执行，如果李某在判决执行以前已被羁押，且在被交付执行刑罚前，剩余刑期在 3 个月以下的，则由看守所代为执行；从犯周某被判处的管制和剥夺政治权利刑罚，分别由社区矫正机构和公安机关负责执行，且同时执行、同时结束。

第二节　生效判决、裁定的执行程序

一、无罪判决和免除刑罚判决的执行

无罪判决，是指人民法院经审理依法确认被告人的行为不构成犯罪，或者因证据不足，不能认定被告人有罪，或者具有法定情形不应追究刑事责任的判决。免除刑罚判决，是指人民法院依法作出的确认被告人有罪但因具有法定免除刑罚情节而免予刑事处罚的判决。

《刑事诉讼法》第 260 条规定："第一审人民法院判决被告人无罪、免除刑事处罚的，如果被告人在押，在宣判后应当立即释放。"该规定表明，如果人民法院经审理后作出无罪判决或者免除刑罚判决，在宣判后就应当立即释放在押被告人，而不能等到判决发生法律效力后再释放。即使在判决宣告后当事人提出上诉或者人民检察院提出抗诉，也应当立即释放在押被告人，决不能对其继续关押。这样规定的目的，在于保障无罪公民的人身自由和合法权利及时得到恢复，使有罪但应当免除刑罚的人避免继续遭受羁押之苦。

人民法院在交付执行无罪判决、免除刑罚判决时，应当将无罪或免除刑罚的判决书和执行通知书送交执行羁押等强制措施的公安机关。公安机关收到法律文书后应当立即办理释放手续，包括释放在押的被告人，发给释放证明；对人民法院建议给予行政处理的，应当依照有关规定处理或者移送有关部门。人民检察院应当监督在押被告人是否被立即释放。发现被告人没有被立即释放的，应当立即向人民法院或者看守所提出纠正意见。

应当注意，根据《刑事诉讼法》第 259 条第 1 款的规定，刑事诉讼中的执行，是"判决和裁定在发生法律效力后执行"。而第一审人民法院在宣告无罪、免除刑罚判决后立即释放在押被告人，是在判决生效之前进行的。因此，它不属于执行的范畴，而是《刑事诉讼法》的一项特殊规定。当然，如果无罪判决或者免除刑罚判决是由第二审人民法院作出的，人民法院应当在宣判后立即执行，立即释放在押的被告人或解除其他强制措施，这应当属于执行的范畴。

二、死刑立即执行判决的执行

死刑是依法剥夺犯罪分子生命的最严厉的刑罚方法。生命的丧失具有不可

恢复性，因此，无论是判处死刑还是执行死刑，都必须十分慎重。为了防止错杀，《刑事诉讼法》和《高法解释》对死刑立即执行判决的执行程序作了周密、严格的规定，主要包括以下内容：

（一）执行死刑命令的签发

死刑案件除了经过一审、二审程序外，还必须经过死刑复核程序（最高人民法院判决的除外），经最高人民法院核准后死刑判决才能生效。对于生效的死刑立即执行判决，在交付执行时还必须签发执行死刑的命令。《刑事诉讼法》第261条第1款规定："最高人民法院判处和核准的死刑立即执行的判决，应当由最高人民法院院长签发执行死刑的命令。"执行死刑命令应当按照统一格式填写，然后由院长签名，并加盖人民法院印章。否则，不得执行死刑。

（二）执行死刑的机关和期限

就一般死刑立即执行案件而言，原审人民法院是死刑的执行机关。原审人民法院一般是原第一审人民法院。最高人民法院的执行死刑命令，应当由高级人民法院交付原审人民法院执行。但是，死缓罪犯在死刑缓期执行期间故意犯罪，最高人民法院核准执行死刑的，由罪犯服刑地的中级人民法院执行。《刑事诉讼法》第262条规定："下级人民法院接到最高人民法院执行死刑的命令后，应当在七日以内交付执行……"死刑执行工作，应当由人民法院的审判人员担任指挥，负责死刑执行的具体实施。

公安机关是协助执行死刑的机关，主要负责执行死刑时的警戒事宜。在人民法院没有条件执行枪决时，经负责执行死刑判决的人民法院指定，由公安机关的武装警察执行枪决。

人民检察院是执行死刑的监督机关。关于人民检察院对执行死刑活动的临场监督，后面将专门介绍。

（三）执行死刑的临场监督

《刑事诉讼法》第263条第1款规定："人民法院在交付执行死刑前，应当通知同级人民检察院派员临场监督。"《高法解释》第506条规定："第一审人民法院在执行死刑三日以前，应当通知同级人民检察院派员临场监督。"人民检察院在接到人民法院通知后，应当查明同级人民法院是否收到最高人民法院核准死刑的裁定或者作出的死刑判决、裁定和执行死刑的命令，派检察人员临场监督，并配备书记员担任记录。人民检察院主要应做好以下监督工作：①依法监督执行死刑的场所、方法和执行死刑的活动是否合法。②在执行死刑前发现有《刑事诉讼法》规定的"应当停止执行"或"应当暂停执行"的情形后，应当建议人民法院立即停止执行。③在执行死刑过程中，人民检察院临场监督人员根据需要可以进行拍照、录像。④执行死刑后，人民检察院临场监督人员应当检查罪犯是否确已死亡，并填写死刑临场监督笔录，签名后入卷归档。⑤人民检察院发现人民法院在执行死刑活动中有侵犯被执行死刑罪犯的人身权、财产权或者其近亲属、继承人合法权利等违法情形的，应当依法向人民法院提出纠正意见。

（四）执行死刑的方法和场所

根据《刑事诉讼法》第263条第2、3款的规定，死刑可以在刑场或者指定的羁押场所内执行，死刑采用枪决或者注射等方法执行。采用注射方法执行死刑的，应当在指定的刑场或者羁押场所内执行。采用枪决、注射以外的其他方法执行死刑的，应当事先层报最高人民法院批准。

（五）执行死刑的具体程序

1. 验明正身和讯问有无遗言、信札。根据《刑事诉讼法》第263条第4款的规定，执行死刑前，指挥执行的审判人员，对罪犯应当验明正身，讯问有无遗言、信札，并应当制作笔录，然后交付执行人员执行死刑。

2. 验证死亡、上报执行情况。《刑事诉讼法》第263条第6款规定："执行死刑后，在场书记员应当写成笔录。交付执行的人民法院应当将执行死刑情况报告最高人民法院。"《高法解释》第509条规定，执行死刑后，应当由法医验明罪犯确实死亡，在场书记员制作笔录。负责执行的人民法院应当在执行死刑后15日内将执行情况，包括罪犯被执行死刑前后的照片，上报最高人民法院。

（六）执行死刑后的工作

1. 通知罪犯家属。《刑事诉讼法》第263条第7款规定："执行死刑后，交付执行的人民法院应当通知罪犯家属。"

2. 办理执行死刑后的有关事项。《高法解释》第510条规定，执行死刑后，负责执行的人民法院应当办理以下事项：①对于死刑罪犯的遗书、遗言笔录，应当及时进行审查；涉及财产继承、债务清偿、家事嘱托等内容的，将遗书、遗言笔录交给家属，同时复制附卷备查；涉及案件线索等问题的，抄送有关机关。②通知罪犯家属在限期内领取罪犯骨灰；没有火化条件或者因民族、宗教等原因不宜火化的，通知领取尸体；过期不领取的，由人民法院通知有关单位处理，并要求有关单位出具处理情况的说明；对罪犯骨灰或者尸体的处理情况，应当记录在案。③对外国籍罪犯执行死刑后，通知外国驻华使、领馆的程序和时限，依照有关规定办理。

（七）其他应当注意的问题

1. 死刑罪犯同近亲属会见问题。在执行死刑前，罪犯能否会见其近亲属，《刑事诉讼法》没有规定。根据《高法解释》第505条第1、2、5、6款的规定，第一审人民法院在执行死刑前，应当告知罪犯有权会见其近亲属。罪犯申请会见并提供具体联系方式的，人民法院应当通知其近亲属。罪犯近亲属申请会见的，人民法院应当准许，并及时安排会见。会见一般在罪犯羁押场所进行。会见情况应当记录在案，附卷存档。

2. 执行死刑应当公布，不应示众。执行死刑，应当选择适当的场所张贴布告，但禁止游街示众或者其他有辱罪犯人格的行为。

[案例] 2013 年 2 月 24 日，昆明市中级人民法院向制造震惊中外的湄公河"10·5"惨案的糯康等 4 名罪犯送达了最高人民法院的死刑复核裁定书。依照执行死刑命令，3 月 1 日，在昆明市人民检察院临场监督下，昆明市中级人民法院依法按照死刑执行程序对 4 名罪犯执行死刑，执行死刑采用注射方式。在执行死刑前，法院已按涉外程序及时通知泰国、缅甸两国驻昆明领事馆对各罪犯进行会见，并通过领事馆联系了各罪犯的近亲属安排探视，保障了他们所享有的各项诉讼权利。在死刑执行后，还对 4 名罪犯的骨灰、遗书及遗物等向其近亲属或所在国驻昆明领事馆进行移交。

（八）死刑的停止执行

为了防止错杀，《刑事诉讼法》明确规定了死刑应当停止执行的情形和程序。

1. 停止执行的情形和条件。《刑事诉讼法》第 262 条第 1 款规定："下级人民法院接到最高人民法院执行死刑的命令后，应当在七日以内交付执行。但是发现有下列情形之一的，应当停止执行，并且立即报告最高人民法院，由最高人民法院作出裁定：（一）在执行前发现判决可能有错误的；（二）在执行前罪犯揭发重大犯罪事实或者有其他重大立功表现，可能需要改判的；（三）罪犯正在怀孕。"第 262 条第 2 款规定："前款第一项、第二项停止执行的原因消失后，必须报请最高人民法院院长再签发执行死刑的命令才能执行；由于前款第三项原因停止执行的，应当报请最高人民法院依法改判。"

上述条款中所指的"可能有错误"，根据《高法解释》第 500 条的规定，包括下列情形：①罪犯可能有其他犯罪的；②共同犯罪的其他犯罪嫌疑人到案，可能影响罪犯量刑的；③共同犯罪的其他罪犯被暂停或者停止执行死刑，可能影响罪犯量刑的；④罪犯揭发重大犯罪事实或者有其他重大立功表现，可能需要改判的；⑤罪犯怀孕的；⑥判决、裁定可能有影响定罪量刑的其他错误的。如发现被判处死刑的罪犯属于犯罪时不满 18 周岁的人，或者审判时已满 75 周岁（特别残忍手段致人死亡的除外）的人，等等。

2. 停止执行的程序。

（1）第一审人民法院在接到执行死刑命令后、执行前，发现有《刑事诉讼法》规定的"应当停止执行"或"应当暂停执行"的情形之一的，应当暂停执行，并立即将请求停止执行死刑的报告和相关材料层报最高人民法院。

（2）最高人民法院在执行死刑命令签发后、执行前，发现有《刑事诉讼法》规定的"应当停止执行"或"应当暂停执行"的情形之一的，应当立即裁定停止执行死刑，并将有关材料移交下级人民法院。下级人民法院接到最高人民法院停止执行死刑的裁定后，应当会同有关部门调查核实停止执行死刑的事由，并及时将调查结果和意见层报最高人民法院审核。

（3）对下级人民法院报送的停止执行死刑的调查结果和意见，由最高人民法院原作出核准死刑判决、裁定的合议庭负责审查，必要时，另行组成合议庭进行审查。

（4）最高人民法院经审查，认为可能影响罪犯定罪量刑的，应当裁定停止执行死刑；认为不影响的，应当决定继续执行死刑。

三、死刑缓期执行、无期徒刑、有期徒刑和拘役的执行

死刑缓期执行、无期徒刑、有期徒刑和拘役可以统称为"监禁刑"。《刑事诉讼法》及其司法解释、《监狱法》等法律法规对监禁刑交付执行的机关、期限和执行机关、执行场所、执行程序等作出了具体规定，有关机关必须严格遵守，依法执行。

（一）交付执行的机关和期限

判处死刑缓期执行、无期徒刑、有期徒刑、拘役的罪犯，一般是由第一审人民法院交付执行。《刑事诉讼法》第264条第1款规定："罪犯被交付执行刑罚的时候，应当由交付执行的人民法院在判决生效后十日以内将有关的法律文书送达公安机关、监狱或者其他执行机关。"根据该条规定，人民法院交付执行的期限是"在判决生效后十日以内"。同案审理的案件中，部分被告人被判处死刑，对未被判处死刑的同案被告人需要羁押执行刑罚的，应当在其判决、裁定生效后10日内交付执行。但是，该同案被告人参与实施有关死刑之罪的，应当在最高人民法院复核讯问被判处死刑的被告人后交付执行。

（二）执行程序和执行场所

1. 被判处死刑缓期执行、无期徒刑、有期徒刑、拘役的罪犯，交付执行时在押的，第一审人民法院应当在判决、裁定生效后10日内，将判决书、裁定书、起诉书副本、自诉状复印件、执行通知书、结案登记表送达看守所，由公安机关将罪犯交付执行。罪犯在判决、裁定生效前未被羁押的，人民法院应当根据生效的判决书、裁定书将罪犯送交看守所羁押，并依照前述的规定办理执行手续。执行通知书回执经看守所盖章后，人民法院应当附卷备查。

2. 公安机关接到人民法院生效的判处死刑缓期二年执行、无期徒刑、有期徒刑的判决书、裁定书以及执行通知书后，应当在1个月以内将罪犯送交监狱执行刑罚。对被判处有期徒刑的罪犯，在被交付执行刑罚前，剩余刑期在 3 个月以下的，由看守所代为执行。对未成年犯应当送交未成年犯管教所执行刑罚。

3. 对被判处拘役的罪犯，由公安机关执行。

4. 执行机关应当将罪犯及时收押，并且通知罪犯家属。

5. 判处有期徒刑、拘役的罪犯，执行期满，应当由执行机关发给释放证明书。罪犯释放后，公安机关凭释放证明书办理户籍登记。

（三）人民检察院对监禁刑执行活动的监督

根据《高检诉讼规则》的有关规定，人民检察院对监禁刑执行活动的监督，包括对监禁刑交付执行的监督、对监狱收押罪犯活动的监督、对监所执行活动的监督。概括而言，就是发现人民法院、公安机关、看守所的交付执行活动存在违法情形的，发现监狱在收押罪犯活动中有违反规定情形的，发现监狱、看守所等执行机关在管理、教育改造罪犯等活动中有违法行为的，发现监狱、看守所对服刑期满或者依法应当予以释放的人员没有按期释放的，对被裁定假释的罪犯依法应当交付罪犯居住地社区矫正机构实行社区矫正而不交付的，或者对服刑期未满又无合法释放根据的罪犯予以释放等违法行为的，应当依法提出纠正意见。

四、有期徒刑缓刑、拘役缓刑的执行

缓刑不是独立的刑种，而是刑罚的特殊执行方法。缓刑包括有期徒刑缓刑和拘役缓刑。被宣告缓刑的犯罪分子，在缓刑考验期限内，如果没有出现《刑法》第 77 条规定的情形，缓刑考验期满，原判的有期徒刑或拘役就不再执行。将有期徒刑、拘役缓刑罪犯交付执行的机关是作出生效判决的人民法院。

关于对缓刑犯的交付执行、执行内容以及缓刑的撤销等，详见本章第四节。

五、剥夺政治权利的执行

（一）公安机关对剥夺政治权利的执行

剥夺政治权利，是剥夺犯罪分子参加国家管理和政治活动权利的刑罚方法。剥夺政治权利是一种附加刑，既可以附加适用，也可以单独适用。附加剥夺政治权利的刑期，从徒刑、拘役执行完毕之日或者从假释之日起计算；剥夺政治权利的效力当然适用于主刑执行期间。

对被剥夺政治权利的罪犯，由公安机关执行。人民法院对单处剥夺政治权利的罪犯，如果罪犯在押，应当在宣判后立即予以释放。待判决、裁定生效后 10 日内，将判决书、裁定书、执行通知书等法律文书送达罪犯居住地的县级公安机关，并抄送罪犯居住地的县级人民检察院。县级公安机关收到判决书、裁定书、执行通知书等法律文书后，应当交由罪犯居住地的派出所负责执行。负责执行剥夺政治权利的派出所应当按照人民法院的判决，向罪犯及其所在单位、居住地基层组织宣布其犯罪事实、被剥夺政治权利的期限，以及罪犯在执行期间应当遵守的规定。[1]

被剥夺政治权利的罪犯，执行期满，公安机关应当书面通知本人及其所在单位、居住地基层组织，宣布恢复政治权利。

（二）人民检察院对执行剥夺政治权利刑的监督

对于单处剥夺政治权利，被告人被羁押的，人民检察院应当监督被告人是否被立即释放。发现被告人没有被立即释放的，应当立即向人民法院或者看守所提出纠正意见。对被单处剥夺政治权利的罪犯，在判决、裁定生效后，未依法交付罪犯居住地公安机关执行的，对主刑执行完毕仍然需要执行附加剥夺政治权利的罪犯，依法应当交付罪犯居住地公安机关执行而不交付，人民检察院应当依法提出纠正意见。人民检察院依法对公安机关执行剥夺政治权利的活动实行监督，发现公安机关未依法执行或者剥夺政治权利执行期满未书面通知本人及其所在单位、居住地基层组织等违法情形的，应当依法提出纠正意见。

六、刑事裁判涉财产部分和附带民事裁判的执行

刑事裁判涉财产部分的执行，是指发生法律效力的刑事裁判中下列判项的执行：①罚金、没收财产；②追缴、责令退赔违法所得；③处置随案移送的赃款赃物；④没收随案移送的供犯罪所用本人财物；⑤其他应当由人民法院执行的相关涉财产的判项。《刑事诉讼法》第 271、272 条及《高法解释》第 522~532 条对刑事裁判涉财产部分和附带民事裁判的执行机关、执行程序等，有较详细的规定。

（一）执行机关

刑事裁判涉财产部分和附带民事裁判应当由人民法院执行的，由第一审人民法院负责裁判执行的机构执行。被执行财产在外地的，第一审人民法院可以委托财产所在地的同级人民法院执行。

（二）执行程序

罚金应当在判决规定的期限内一次或者分期缴纳。期满无故不缴纳或者未足额缴纳的，人民法院应当强制缴纳。经强制缴纳仍不能全部缴纳的，在任何

---

〔1〕《刑法》第 58 条第 2 款规定："被剥夺政治权利的犯罪分子，在执行期间，应当遵守法律、行政法规和国务院公安部门有关监督管理的规定，服从监督；不得行使本法第五十四条规定的各项权利。"《公安部规定》第 312、313 条规定，被剥夺政治权利的罪犯在执行期间应当遵守下列规定：①遵守国家法律、行政法规和公安部制定的有关规定，服从监督管理；②不得享有选举权和被选举权；③不得组织或者参加集会、游行、示威、结社活动；④不得出版、制作、发行书籍、音像制品；⑤不得接受采访、发表演说；⑥不得在境内外发表有损国家荣誉、利益或者其他具有社会危害性的言论；⑦不得担任国家机关职务；⑧不得担任国有公司、企业、事业单位和人民团体的领导职务。被剥夺政治权利的罪犯违反上述规定，尚未构成新的犯罪的，公安机关依法可以给予治安管理处罚。

时候，包括主刑执行完毕后，发现被执行人有可供执行的财产的，应当追缴。因遭遇不能抗拒的灾祸等原因缴纳罚金确有困难，被执行人申请延期缴纳、酌情减少或者免除罚金的，应当提交相关证明材料。人民法院应当在收到申请后 1 个月以内作出裁定。符合法定条件的，应当准许；不符合条件的，驳回申请。

判处没收财产的，判决生效后，应当立即执行。

执行罚金或没收财产刑，应当参照被扶养人住所地政府公布的上年度当地居民最低生活费标准，保留被执行人及其所扶养人的生活必需费用。

被判处财产刑，同时又承担附带民事赔偿责任的被执行人，应当先履行民事赔偿责任。

（三）执行异议和终结执行

执行刑事裁判涉财产部分、附带民事裁判过程中，当事人、利害关系人认为执行行为违反法律规定，或者案外人对被执行标的书面提出异议的，人民法院应当参照民事诉讼法的有关规定处理。

执行刑事裁判涉财产部分、附带民事裁判过程中，具有下列情形之一的，人民法院应当裁定终结执行：①据以执行的判决、裁定被撤销的；②被执行人死亡或者被执行死刑，且无财产可供执行的；③被判处罚金的单位终止，且无财产可供执行的；④依照刑法第 53 条规定免除罚金的；⑤应当终结执行的其他情形。裁定终结执行后，发现被执行人的财产有被隐匿、转移等情形的，应当追缴。

刑事裁判涉财产部分、附带民事裁判全部或者部分被撤销的，已经执行的财产应当全部或者部分返还被执行人；无法返还的，应当依法赔偿。

（四）人民检察院对刑事裁判涉财产部分执行的监督

人民检察院发现人民法院执行刑事裁判涉财产部分具有下列情形之一的，应当依法提出纠正意见：①执行立案活动违法的；②延期缴纳、酌情减少或者免除罚金违法的；③中止执行或者终结执行违法的；④被执行人有履行能力，应当执行而不执行的；⑤损害被执行人、被害人、利害关系人或者案外人合法权益的；⑥刑事裁判全部或者部分被撤销后未依法返还或者赔偿的；⑦执行的财产未依法上缴国库的；⑧其他违法情形。（《高检诉讼规则》）第 645 条）

第三节　执行的变更与其他处理

执行的变更，是指刑罚执行机关对生效裁判在交付执行或者执行过程中因出现法定需要变更刑罚种类或执行方法的情形后，依照法定程序予以改变的制度和活动。刑事执行的变更主要包括以下内容：

一、死刑执行和死刑缓期二年执行的变更

（一）死刑执行的变更

变更死刑执行判决的前提是停止执行死刑。对于最高人民法院裁定停止执行死刑的案件，下级人民法院应当会同有关部门调查核实停止执行死刑的事由，并及时将调查结果和意见层报最高人民法院审核。根据《高法解释》第504条的规定，最高人民法院对停止执行死刑的案件依照法定程序进行审查后，应当按照下列情形分别处理：

1. 确认罪犯怀孕的，应当改判，[1] 即改判为死刑以外的其他刑种。

2. 确认罪犯有其他犯罪，依法应当追诉的，应当裁定不予核准死刑，撤销原判，发回重新审判。

3. 确认原判决、裁定有错误或者罪犯有重大立功表现，需要改判的，应当裁定不予核准死刑，撤销原判，发回重新审判。原审人民法院进行重新审理后，只能判处死刑以外的其他刑种。

4. 确认原判决、裁定没有错误，罪犯没有重大立功表现，或者重大立功表现不影响原判决、裁定执行的，应当裁定继续执行死刑，并由院长重新签发执行死刑的命令。

（二）死刑缓期二年执行的变更

《刑事诉讼法》第261条第2款规定："被判处死刑缓期二年执行的罪犯，在死刑缓期执行期间，如果没有故意犯罪，死刑缓期执行期满，应当予以减刑的，由执行机关提出书面意见，报请高级人民法院裁定；如果故意犯罪，情节恶劣，查证属实，应当执行死刑的，由高级人民法院报请最高人民法院核准……"该规定表明，死缓判决在执行中必然涉及刑种或执行方法的变更，包括减刑和执行死刑两种变更。

1. 对死缓罪犯予以减刑的程序。根据《刑法》第50条的规定，死缓罪犯在死刑缓期执行期间，如果没有故意犯罪，2年期满以后，应当减为无期徒刑；如果确有重大立功表现，2年期满以后，应当减为25年有期徒刑。但是，对被判处死刑缓期执行的累犯以及因故意杀人、强奸、抢劫、绑架、放火、爆炸、投放危险物质或者有组织的暴力性犯罪被判处死刑缓期执行的犯罪分子，人民法院根据犯罪情节等情况可以同时决定对其限制减刑。

死刑缓期执行的期间，从判决或者裁定核准死刑缓期执行的法律文书宣告或者送达之日起计算。对死缓罪犯的减刑必须待二年考验期满后进行，由执行

---

[1] 确认罪犯属于犯罪时不满18周岁的人，或者属于审判时已满75周岁（特别残忍手段致人死亡的除外）的人，也应当依法改判。

机关提出减刑建议书，报经省、自治区、直辖市监狱管理机关审核同意后，提交罪犯服刑地的高级人民法院依法裁定。人民法院作出减刑裁定后，应当在 7 日内送达提请减刑的执行机关、同级人民检察院以及罪犯本人。

2. 对死缓罪犯需要执行死刑的程序。对死缓罪犯执行死刑的条件是其在缓期执行的二年期间实施了故意犯罪，情节恶劣，查证属实。应当指出，如果死缓罪犯在死刑缓期二年执行期满后尚未裁定减刑前故意犯罪的，不应被视为死缓期间故意犯罪，应当依法减刑后对其所犯新罪另行审判。

对死缓罪犯执行死刑的程序，根据有关法律和司法解释的规定，死缓罪犯在死刑缓期执行期间故意犯罪的，由罪犯服刑的监狱进行侦查，侦查终结后根据《刑事诉讼法》第 273 条第 1 款的规定移送罪犯服刑所在地的分、州、市人民检察院审查决定是否提起公诉。人民检察院认为犯罪事实已经查清，证据确实、充分，依法应当追究刑事责任的，应当向罪犯服刑地的中级人民法院提起公诉，由罪犯服刑地的中级人民法院依法审判，所作的判决可以上诉、抗诉。认定构成故意犯罪的判决、裁定发生法律效力后，应当层报最高人民法院核准执行死刑。最高人民法院核准执行死刑后，由院长签发执行死刑命令，交由罪犯服刑地的中级人民法院执行死刑。

3. 人民检察院对死刑缓期二年执行的变更的监督。在死刑缓期二年执行的判决、裁定执行过程中，人民检察院监督的内容主要包括：①死刑缓期执行期满，符合法定减刑条件的，监狱是否及时提出减刑建议，人民法院是否依法裁定；②罪犯在缓期执行期间故意犯罪，监狱是否依法侦查和移送起诉；罪犯确系故意犯罪，情节恶劣，查证属实，应当执行死刑的，人民法院是否依法核准或者裁定执行死刑。人民检察院发现人民法院对死缓罪犯减刑不当的，应当在收到裁定书副本后 20 日以内，报经检察长批准，向作出减刑裁定的人民法院提出书面纠正意见。罪犯在死刑缓期执行期间又故意犯罪，经人民检察院起诉后，人民法院仍然予以减刑的，人民检察院应当依法向人民法院提出抗诉。

二、暂予监外执行

(一) 暂予监外执行的概念和性质

暂予监外执行，是指对于被处以有期徒刑、拘役刑或者无期徒刑的罪犯，因具备或出现某些法定情形不宜在监内执行，司法机关批准暂时将其放在监外交由社区矫正机构执行刑罚的一种变通方法，包括执行场所和执行方式的变更。但它只是对执行监禁刑的暂时变更。监外执行的情形消失后，罪犯仍会被收监执行刑罚。

监外执行与监内执行一样，仍是对罪犯执行原判处的刑罚，只是执行的场所不同，因此，监外执行的期间应计入执行刑期。但是，对于不符合暂予监外执行条件的罪犯通过贿赂等非法手段被暂予监外执行的，在监外执行的期间不计入执行刑期。罪犯在暂予监外执行期间脱逃的，脱逃的期间不计入执行刑期。另外，罪犯在暂予监外执行期间死亡的，执行机关应当及时通知监狱或者看守所。

（二）暂予监外执行的适用对象和条件

根据《刑事诉讼法》第265条的规定，暂予监外执行只能适用于被处以有期徒刑、拘役或者无期徒刑的罪犯。暂予监外执行的适用条件因所判刑种的不同而有所区别。

被判处有期徒刑或者拘役的罪犯，有下列情形之一的，可以暂予监外执行：①罪犯有严重疾病需要保外就医的。这主要是指罪犯病危或者患有恶性传染病、不治之症等，不宜在监狱或者其他执行机关的医院治疗。但对适用保外就医可能有社会危险性的罪犯，或者自伤自残的罪犯，不得保外就医。对罪犯确有严重疾病，必须保外就医的，由省级人民政府指定的医院诊断并开具证明文件。②罪犯是怀孕或者正在哺乳自己婴儿的妇女。③罪犯生活不能自理，适用暂予监外执行不致危害社会的。这是指罪犯由于老、弱、病、残等原因需要他人照顾才能生活。对这些罪犯决定暂予监外执行，体现了人道主义精神。

被判处无期徒刑的罪犯，如果是怀孕或者正在哺乳自己婴儿的妇女，可以暂予监外执行。

（三）暂予监外执行的决定、批准机关和程序

《刑事诉讼法》第265条第5款规定："在交付执行前，暂予监外执行由交付执行的人民法院决定；在交付执行后，暂予监外执行由监狱或者看守所提出书面意见，报省级以上监狱管理机关或者设区的市一级以上公安机关批准。"

1. 人民法院决定暂予监外执行的程序。罪犯在被交付执行刑罚前，因患有严重疾病、怀孕或者是正在哺乳自己婴儿的妇女、生活不能自理的原因，依法提出监外执行的申请，具备暂予监外执行的某一情形的，由人民法院在宣告判决的同时，直接作出暂予监外执行的决定。

人民法院决定暂予监外执行的，应当制作暂予监外执行决定书，写明罪犯的基本情况、判决确定的罪名和刑罚、决定暂予监外执行的原因、依据等，通知罪犯居住地的县级司法行政机关派员办理交接手续，并将暂予监外执行决定书抄送罪犯居住地的县级人民检察院和公安机关。

2. 监狱管理机关和公安机关批准暂予监外执行的程序。罪犯在被交付执行后具备暂予监外执行某一情形的，由所在监狱或看守所提出书面意见，报省级以上监狱管理机关或设区的市一级以上公安机关批准，并应当将暂予监外执行的书面意见的副本抄送人民检察院，人民检察院可以向批准机关提出书面意见。

经审查批准的，由批准机关将暂予监外执行决定通知原审人民法院、罪犯居住地的县级司法行政机关。

3. 人民检察院对暂予监外执行的监督。《刑事诉讼法》第 267 条规定："决定或者批准暂予监外执行的机关应当将暂予监外执行决定抄送人民检察院。人民检察院认为暂予监外执行不当的，应当自接到通知之日起一个月以内将书面意见送交决定或者批准暂予监外执行的机关，决定或者批准暂予监外执行的机关接到人民检察院的书面意见后，应当立即对该决定进行重新核查。"《高检诉讼规则》第 629~634 条对暂予监外执行的执法活动的监督内容、方式和程序作出了具体规定。对于暂予监外执行的罪犯，人民检察院发现罪犯不符合暂予监外执行条件、严重违反有关暂予监外执行的监督管理规定或者暂予监外执行的情形消失而罪犯刑期未满的，应当通知执行机关收监执行，或者建议决定或者批准暂予监外执行的机关作出收监执行决定。

三、减刑和假释

（一）减刑、假释案件的管辖和审理期限

《刑法》规定，非经法定程序不得减刑、假释，对于犯罪分子的减刑、假释，由执行机关向中级以上人民法院提出减刑、假释建议书。《刑事诉讼法》第 273 条第 2 款规定："被判处管制、拘役、有期徒刑或者无期徒刑的罪犯，在执行期间确有悔改或者立功表现，应当依法予以减刑、假释的时候，由执行机关提出建议书，报请人民法院审核裁定，并将建议书副本抄送人民检察院。人民检察院可以向人民法院提出书面意见。"这些规定明确了减刑、假释案件的管辖以及提出建议、审核和监督的机关。《高法解释》和《高检诉讼规则》对此作出了具体规定：

1. 对被判处死刑缓期执行的罪犯的减刑，由罪犯服刑地的高级人民法院在收到同级监狱管理机关审核同意的减刑建议书后 1 个月内作出裁定。

2. 对被判处无期徒刑的罪犯的减刑、假释，由罪犯服刑地的高级人民法院在收到同级监狱管理机关审核同意的减刑、假释建议书后 1 个月内作出裁定，案情复杂或者情况特殊的，可以延长 1 个月。

3. 对被判处有期徒刑和被减为有期徒刑的罪犯的减刑、假释，由罪犯服刑地的中级人民法院在收到执行机关提出的减刑、假释建议书后 1 个月内作出裁定，案情复杂或者情况特殊的，可以延长 1 个月。

4. 对被判处拘役的罪犯的减刑，由罪犯服刑地中级人民法院在收到同级执行机关审核同意的减刑建议书后 1 个月内作出裁定。

5. 对社区矫正对象的减刑，由社区矫正执行地的中级以上人民法院在收到社区矫正机构减刑建议书后 30 日以内作出裁定。

6. 人民检察院收到执行机关抄送的减刑、假释建议书副本后，应当逐案进行审查。发现减刑、假释建议不当或者提请减刑、假释违反法定程序的，应当在 10 日以内报经检察长批准，向审理减刑、假释案件的人民法院提出书面检察意见，同时也可以向执行机关提出书面纠正意见。案情复杂或者情况特殊的，可以延长 10 日。

（二）对减刑、假释案件的受理和审理

1. 受理。人民法院受理减刑、假释案件，应当审查执行机关是否移送下列材料：①减刑或者假释建议书；②原审法院的裁判文书、执行通知书、历次减刑裁定书的复制件；③证明罪犯确有悔改、立功或者重大立功表现具体事实的书面材料；④罪犯评审鉴定表、奖惩审批表等；⑤罪犯假释后对所居住社区影响的调查评估报告；⑥刑事裁判涉财产部分、附带民事裁判的执行、履行情况；⑦根据案件情况需要移送的其他材料。人民检察院对提请减刑、假释案件提出的检察意见，应当一并移送受理减刑、假释案件的人民法院。人民法院经审查，材料齐全的，应当立案；材料不全的，应当通知提请减刑、假释的执行机关在 3 日以内补送。

2. 公示。人民法院审理减刑、假释案件，应当在 5 日以内对以下内容予以公示：①罪犯的姓名、年龄等个人基本情况；②原判认定的罪名和刑期；③罪犯历次减刑的情况；④执行机关的减刑、假释建议和依据。公示应当写明公示期限和提出意见的方式。公示地点为罪犯服刑场所的公共区域。有条件的地方，可以面向社会公示。

3. 审理、裁定与送达。审理减刑、假释案件，应当组成合议庭开庭审理，可以采用书面审理的方式。但下列案件应当开庭审理：①因罪犯有重大立功表现提请减刑的；②提请减刑的起始时间、间隔时间或者减刑幅度不符合一般规定的；③被提请减刑、假释罪犯系职务犯罪罪犯，组织、领导、参加、包庇、纵容黑社会性质组织罪犯，破坏金融管理秩序罪犯或者金融诈骗罪犯的；④社会影响重大或者社会关注度高的；⑤公示期间收到不同意见的；⑥人民检察院提出异议的；⑦有必要开庭审理的其他案件。

人民法院作出减刑、假释裁定后，应当在 7 日内将减刑、假释裁定送达提请减刑、假释的执行机关、同级人民检察院以及罪犯本人。

4. 减刑、假释建议的撤回和错误裁定的纠正。减刑、假释裁定作出前，执行机关书面提请撤回减刑、假释建议的，是否准许，由人民法院决定。人民检察院认为减刑、假释的裁定不当，应当在收到裁定书副本后 20 日以内提出书面纠正意见。人民法院应当在收到意见后 1 个月以内重新组成合议庭进行审理，作出最终裁定。人民法院发现本院已经生效的减刑、假释裁定确有错误的，应当另行组成合议庭审理；发现下级人民法院已经生效的减刑、假释裁定确有错误的，可以指令下级人民法院另行组成合议庭审理，也可以自行组成合议庭审理。

四、发现错判和对申诉的处理

《刑事诉讼法》第 275 条规定："监狱和其他执行机关在刑罚执行中，如果认为判决有错误或者罪犯提出申诉，应当转请人民检察院或者原判人民法院处理。"根据这一规定，监狱和其他执行机关在执行刑罚过程中，如果发现对罪犯的判决有错误，应当全面收集证据，整理好材料，提出意见，报请主管机关审查或者直接转送原办理的人民检察院、人民法院处理。如果认为案情重大，需要由上级司法机关处理的，也可以经主管机关审查同意后，转送相应的上级人民检察院或者人民法院处理。

根据《监狱法》等法律的规定，罪犯对生效的判决或裁定不服，可以提出申诉。对于罪犯的申诉及其撤销、变更刑罚的请求，监狱和其他执行机关应当及时转递，不得扣押。监狱根据罪犯的申诉，认为判决可能有错误的，应当提请人民检察院或者人民法院处理。不得因罪犯不服判决提出申诉而认为罪犯不认罪服法，不自觉改造。

人民检察院、人民法院接到执行机关转送的材料和意见，或者罪犯的申诉材料后，应当及时进行审查。根据《监狱法》第 24 条的规定，人民检察院、人民法院自收到监狱及其他执行机关提请处理意见书之日起 6 个月内，将处理结果通知监狱等执行机关。

第四节 社区矫正

一、社区矫正的概念和法律根据

社区矫正是与监禁矫正相对的非监禁刑罚执行方式，是指将符合法定条件的罪犯置于社区内，由专门的国家机关在相关社会团体、民间组织和社会志愿者的协助下，在判决、裁定或决定确定的期限内，矫正其犯罪心理和行为恶习，促进其顺利回归社会的非监禁刑罚执行活动。《刑法修正案（八）》明确规定，对被判处管制、宣告缓刑、裁定假释的罪犯，依法实行社区矫正。《刑事诉讼法》第 269 条规定："对被判处管制、宣告缓刑、假释或者暂予监外执行的罪犯，依法实行社区矫正，由社区矫正机构负责执行。"这标志着我国社区矫正法律制度的确立。

《社区矫正法》第 4 条进一步规定，社区矫正对象应当依法接受社区矫正，服从监督管理。社区矫正工作应当依法进行，尊重和保障人权。社区矫正对象依法享有的人身权利、财产权利和其他权利不受侵犯，在就业、就学和享受社会保障等方面不受歧视。

二、社区矫正的机关、人员及其任务

社区矫正的执行机关是社区矫正机构。根据《社区矫正法》第 17 条、第 8~12 条的规定，社区矫正工作涉及的机关、人员及其任务如下：①依法判处管制、宣告缓刑、裁定假释、决定暂予监外执行的人民法院和依法批准暂予监外执行的监狱管理机关、公安机关，是社区矫正决定机关。②人民检察院依法对社区矫正实行法律监督。③地方人民政府根据需要设立社区矫正委员会，负责统筹协调和指导本行政区域内的社区矫正工作。④县级以上地方人民政府根据需要设置社区矫正机构，负责社区矫正工作的具体实施。司法所根据社区矫正机构的委托，承担社区矫正相关工作。⑤社区矫正机构工作人员履行监督管理、教育帮扶等执法职责。⑥社会工作者在社区矫正机构组织下开展社区矫正相关工作。⑦居民委员会、村民委员会依法协助社区矫正机构做好社区矫正工作。社区矫正对象的监护人、家庭成员，所在单位或者就读学校应当协助社区矫正机构做好社区矫正工作。

三、社区矫正人员的交付程序

根据《社区矫正法》有关规定，社区矫正的决定和接收应当依照相关的程序进行。

（一）确定社区矫正执行地

人民法院、监狱管理机关和公安机关等社区矫正决定机关在判处管制、宣告缓刑、裁定假释、决定或者批准暂予监外执行时应当确定社区矫正执行地。

社区矫正执行地为社区矫正对象的居住地。社区矫正对象在多个地方居住的，可以确定经常居住地为执行地。

社区矫正对象的居住地、经常居住地无法确定或者不适宜执行社区矫正的，社区矫正决定机关应当根据有利于社区矫正对象接受矫正、更好地融入社会的原则，确定执行地。

（二）告知社区矫正对象有关事项

社区矫正决定机关应当对社区矫正对象进行教育，告知其在社区矫正期间应当遵守的规定以及违反规定的法律后果，责令其按时报到。根据《社区矫正法》第 23 条规定，社区矫正对象在社区矫正期间应当遵守法律、行政法规，履行判决、裁定、暂予监外执行决定等法律文书确定的义务，遵守国务院司法行政部门关于报告、会客、外出、迁居、保外就医等监督管理规定，服从社区矫正机构的管理。

（三）通知社区矫正执行机构

社区矫正决定机关应当自判决、裁定或者决定生效之日起 5 日内通知执行地社区矫正机构，并在 10 日内送达有关法律文书，同时抄送人民检察院和执行地公安机关。社区矫正决定地与执行地不在同一地方的，由执行地社区矫正机构将法律文书转送所在地的人民检察院、公安机关。

（四）社区矫正对象的接收

被判处管制、宣告缓刑、裁定假释的社区矫正对象，应当自判决、裁定生效之日起 10 日内到执行地社区矫正机构报到。人民法院决定暂予监外执行的社区矫正对象，由看守所或者执行取保候审、监视居住的公安机关自收到决定之日起 10 日内将社区矫正对象移送社区矫正机构。监狱管理机关、公安机关批准暂予监外执行的社区矫正对象，由监狱或者看守所自收到批准决定之日起 10 日内将社区矫正对象移送社区矫正机构。

社区矫正机构应当依法接收社区矫正对象，核对法律文书、核实身份、办理接收登记、建立档案，并宣告社区矫正对象的犯罪事实、执行社区矫正的期限以及应当遵守的规定。

四、社区矫正期满的解除和终止

社区矫正对象矫正期满或者被赦免的，社区矫正机构应当向社区矫正对象发放解除社区矫正证明书，并通知社区矫正决定机关、所在地的人民检察院、公安机关。（《社区矫正法》第 44 条）

社区矫正对象被裁定撤销缓刑、假释，被决定收监执行，或者社区矫正对象死亡的，社区矫正终止。（《社区矫正法》第 45 条）

五、人民检察院对社区矫正的监督

《社区矫正法》第 8 条第 2 款规定："人民检察院依法对社区矫正工作实行法律监督。"第 62 条规定："人民检察院发现社区矫正工作违反法律规定的，应当依法提出纠正意见、检察建议。有关单位应当将采纳纠正意见、检察建议的情况书面回复人民检察院，没有采纳的应当说明理由。"根据《高检诉讼规则》第 642 条的规定，人民检察院发现社区矫正决定机关、看守所、监狱、社区矫正机构在交付、接收社区矫正对象活动中违反有关规定的，应当依法提出纠正意见。

思考题

1. 什么是刑事诉讼执行？它有哪些特点？
2. 哪些判决和裁定是发生法律效力的判决和裁定？
3. 刑事诉讼的执行机关和机构有哪些？各自的执行职能是什么？
4. 简述判处死刑立即执行判决的执行程序。
5. 停止执行死刑的情形和条件是什么？

6. 什么是社区矫正？社区矫正人员包括哪些罪犯？

7. 什么是暂予监外执行？暂予监外执行的适用对象和条件是什么？

8. 试述人民检察院对刑事诉讼执行活动的监督。

实务训练

案例一： 周小妹因故意杀人被判处死刑，下级人民法院接到最高人民法院执行死刑命令后，发现周小妹正在怀孕。

[问题]

人民法院应当如何处理？

[分析提示]

根据《刑事诉讼法》第 262 条的规定，原审中级人民法院应当对周小妹停止执行死刑，并立即报请最高人民法院依法改判。

案例二： 伍某因犯抢劫罪被某中级人民法院一审判处死刑，缓期两年执行，并经高级人民法院核准。在死刑缓期两年执行期间伍某未犯新罪。两年期满后的第二天，高级人民法院尚未裁定减刑，伍某将同监另一罪犯打成重伤。

[问题]

该高级人民法院对伍某应当作出何种处理？

[分析提示]

应当依法裁定减刑，然后对其所犯新罪另行审判。

模块八　特别案件特别处理程序

第十九章

刑事特别程序

通过本章的学习与训练，了解未成年人诉讼程序的基本概念和特点；了解适用刑事和解程序的公诉案件的范围和具体程序；了解缺席审判程序的概念和特点；理解对于实施暴力行为的依法不负刑事责任的精神病人采用强制医疗的程序。重点掌握未成年人诉讼程序与一般普通刑事诉讼程序的区别；掌握缺席审判程序的范围和条件；掌握处理犯罪嫌疑人、被告人逃匿、死亡案件违法所得的具体程序；明确未成年人在诉讼过程中应享有的特殊权利及保障措施；能够依法办理未成年人犯罪案件；能够依据法律规定处理相关案件。

石某 16 岁时因家境贫穷到某大城市打工，无法找到固定工作，后发现贩卖淫秽光盘有钱可赚，便跟一些同乡摸清黑市分销渠道，干起了贩卖淫秽光盘的"生意"。在该市一次大规模打击淫秽活动的集中行动中，石某由于涉嫌数额较大而被拘传。公安机关在讯问石某后，决定提请人民检察院对其实施逮捕。后检察机关认为，在本案中石某是起策划作用的主犯，故以石某和其他共同犯罪人犯有贩卖淫秽物品牟利罪向法院一并提起了公诉。

[任务提出]

根据本案，思考并完成以下学习任务：

1. 该案中侦查机关的侦查活动是否正确？为什么？
2. 该案中检察机关的起诉程序是否正确？为什么？

第一节　未成年人刑事案件诉讼程序

一、未成年人刑事案件诉讼程序的概述

根据我国《刑法》第 17 条的规定，已满 14 周岁不满 18 周岁的未成年人实施的危害社会的、违反刑法的、应予以刑事处罚的行为就是未成年人犯罪。追究未成年人刑事责任所适用的程序就是未成年人刑事案件诉讼程序。所谓未成年人刑事案件诉讼程序，是指专门适用未成年人刑事案件的侦查、起诉、审判、执行等程序的一种特别刑事诉讼程序。

未成年人刑事案件诉讼程序应当与成年人的刑事案件诉讼程序区别开来，这是由未成年人的心理和生理特点决定的。在刑事诉讼活动中，适用与成年人不同的特别程序处理未成年人刑事案件，对于教育、挽救犯罪的未成年人有着特别的意义，也符合国际上未成年人立法的发展趋势。

二、未成年人刑事案件的处理原则和制度

在对未成年人犯罪追诉过程中，要体现我国对未成年当事人的特殊保护，使办理未成年人案件的程序更有针对性，更有利于通过诉讼活动为犯罪的未成年人改过自新和回归社会创造有利条件。除应遵守我国《刑事诉讼法》的基本原则外，还应贯彻以下原则和制度：

（一）教育为主、惩罚为辅的原则

《刑事诉讼法》第 277 条第 1 款规定："对犯罪的未成年人实行教育、感化、挽救的方针，坚持教育为主、惩罚为辅的原则。"教育为主、惩罚为辅的原则，是处理未成年人刑事案件的主导思想，在整个未成年人案件诉讼中起着重要的指导作用。未成年人刑事案件的其他诉讼原则基本上都围绕此原则展开。

这一原则要求，在未成年人刑事诉讼的各个阶段，司法机关都必须坚持教育为主、惩罚为辅，对未成年人不失时机地进行教育、挽救。司法人员应当照顾未成年人的身心特点，尊重其人格尊严，保障其合法权益；教育他们认清自己所犯的罪行及其严重性、危害性，唤醒他们的悔罪意识和忏悔心理，教育他们认罪服法，接受改造，重新做人。

（二）办案人员专业化制度

《刑事诉讼法》第 277 条第 2 款规定，对于未成年人刑事案件，"由熟悉未成年人身心特点的审判人员、检察人员、侦查人员承办"。这就要求应当设立专门机构或者设立相对稳定的专门人员办理未成年人案件，要求办案人员熟悉未成年人的特点、善于做未成年人的教育工作，要求办案人员具有一定的专业性。

《社区矫正法》第 52 条规定对未成年人社区矫正实行"专门化机制"，社区

矫正机构应当根据未成年社区矫正对象的年龄、心理特点、发育需要、成长经历、犯罪原因、家庭监护教育条件等情况，采取针对性的矫正措施。社区矫正机构为未成年社区矫正对象确定矫正小组，应当吸收熟悉未成年人身心特点的人员参加。

《未成年人保护法》专门规定，公安机关、人民检察院、人民法院办理未成年人犯罪的案件，应当照顾未成年人的身心特点，并可以根据需要设立专门机构或者指定专人办理。《公安部规定》《高检诉讼规则》和《高法解释》的有关规定都要求，[1] 公安机关、人民检察院、人民法院办理未成年人刑事案件，应当由熟悉未成年人身心特点，善于做未成年人思想教育工作，具有一定办案经验的人员办理。参加审理未成年人刑事案件的人民陪审员，可以从熟悉未成年人身心特点、关心未成年人保护工作的人民陪审员名单中随机抽取确定。

（三）法律援助辩护制度

《刑事诉讼法》第 278 条规定："未成年犯罪嫌疑人、被告人没有委托辩护人的，人民法院、人民检察院、公安机关应当通知法律援助机构指派律师为其提供辩护。"未成年人由于年龄、智力发育程度的限制，通常很难理解控辩双方争辩的实质内容，有辩护人的参与，为其及时提供需要的法律帮助，能够有效保护其合法权益。

（四）社会调查制度

《刑事诉讼法》第 279 条规定："公安机关、人民检察院、人民法院办理未成年人刑事案件，根据情况可以对未成年犯罪嫌疑人、被告人的成长经历、犯罪原因、监护教育等情况进行调查。"要求办理未成年人犯罪案件，要综合考虑未成年人实施犯罪的动机和目的、犯罪性质、情节和社会危害程度，以及是否属于初犯，归案后是否悔罪，成长经历、一贯表现和监护教育条件等因素。通过进行社会调查，可以全面把握未成年人的生活、成长环境，了解其人格、素质等情况，查明犯罪的原因和条件。这不仅可以有针对性地对犯罪的未成年人进行教育挽救，还可以促使其认罪悔改。

（五）严格适用逮捕措施和分案处理

《刑事诉讼法》第 280 条规定："对未成年犯罪嫌疑人、被告人应当严格限制适用逮捕措施。人民检察院审查批准逮捕和人民法院决定逮捕，应当讯问未成年犯罪嫌疑人、被告人，听取辩护律师的意见。对被拘留、逮捕和执行刑罚的未成年人与成年人应当分别关押、分别管理、分别教育。"逮捕是最严厉的强制措施，对涉嫌犯罪的未成年人要求尽量不适用逮捕措施，以减少关押带来的

---

〔1〕　参见《公安部规定》第 319 条、《高检诉讼规则》第 458 条和《高法解释》第 549 条。

弊端,使未成年人能顺利回归社会。分案处理,是指对未成年人案件与成年人案件实行诉讼程序分离、分别关押、分别执行。诉讼程序分离,是指未成年人与成年人共同犯罪或者有牵连的案件,只要不妨碍诉讼,要分案处理。分别关押,是指对未成年人适用拘留、逮捕等强制措施时,要将未成年人和成年人分别关押看管。分别执行,是指对未成年人犯罪案件已生效的判决、裁定的执行,未成年罪犯不能与成年罪犯放在同一场所,以防止成年罪犯对未成年罪犯产生不良影响。《社区矫正法》第52条第3款规定,"对未成年人的社区矫正,应当与成年人分别进行"。

本章导入案例中,犯罪嫌疑人石某16周岁,属于未成年犯罪嫌疑人,在刑事诉讼中对其应当严格限制适用逮捕措施。

(六)合适成年人在场制度

《刑事诉讼法》第281条第1~4款规定:"对于未成年人刑事案件,在讯问和审判的时候,应当通知未成年犯罪嫌疑人、被告人的法定代理人到场。无法通知、法定代理人不能到场或者法定代理人是共犯的,也可以通知未成年犯罪嫌疑人、被告人的其他成年亲属,所在学校、单位、居住地基层组织或者未成年人保护组织的代表到场,并将有关情况记录在案。到场的法定代理人可以代为行使未成年犯罪嫌疑人、被告人的诉讼权利。到场的法定代理人或者其他人员认为办案人员在讯问、审判中侵犯未成年人合法权益的,可以提出意见。讯问笔录、法庭笔录应当交给到场的法定代理人或者其他人员阅读或者向他宣读。讯问女性未成年犯罪嫌疑人,应当有女工作人员在场。审判未成年人刑事案件,未成年被告人最后陈述后,其法定代理人可以进行补充陈述。"[1] 未成年人心理尚未成熟,法定代理人或合适成年人在讯问、审判时到场,有利于稳定未成年人的情绪,可以帮助未成年人与讯问人沟通,有利于诉讼的顺利进行;还可以对讯问过程是否合法、合适进行监督,保护未成年人的合法权益。

(七)犯罪记录封存制度

《刑事诉讼法》第286条规定:"犯罪的时候不满十八周岁,被判处五年有期徒刑以下刑罚的,应当对相关犯罪记录予以封存。犯罪记录被封存的,不得向任何单位和个人提供,但司法机关为办案需要或者有关单位根据国家规定进行查询的除外。依法进行查询的单位,应当对被封存的犯罪记录的情况予以保密。"未成年人犯罪记录封存制度充分考虑到"一失足成千古恨"的不良影响,消除对犯罪未成年人今后生活和工作中的不良记录,给犯罪未成年人顺利回归

---

〔1〕 根据《刑事诉讼法》第281条第5款的规定,如果被害人、证人是未成年人,询问时也应当通知其法定代理人到场,法定代理人无法到场时应通知合适的成年人到场。

社会提供机会，减少社会对立面，有利于社会长久稳定。

三、未成年人刑事案件诉讼程序的特别规定

（一）立案程序

在决定立案时，重点审查立案对象的年龄。在立案时，要查证未成年人是否系被教唆犯罪。同时，为贯彻教育、挽救方针，要扩大审查的范围，除应查明立案的事实条件和法律条件外，对认定案情有意义的材料，都要尽量予以查证。对案件材料审查后，对符合立案条件的，予以立案；对情节轻微，危害不大，不构成犯罪或者不需要处以刑事处罚，不符合立案条件的，可以将案件材料转交有关部门审查处理。

（二）侦查程序

采用适当的传唤和讯问方式。在未成年人刑事案件的侦查中，对未成年犯罪嫌疑人一般可通过其父母、监护人等间接传唤而不宜直接传唤。在讯问未成年犯罪嫌疑人时，尽量选择其熟悉的场所和地点，坚持教育、挽救的方针，要注意讯问的方式，减缓其心理压力。

人民检察院办理未成年犯罪嫌疑人审查逮捕案件，应当根据未成年犯罪嫌疑人涉嫌犯罪的事实、主观恶性、有无监护与社会帮教条件等，综合衡量其社会危险性，严格限制适用逮捕措施。《高检诉讼规则》第 462～464 条明确规定了人民检察院办理未成年犯罪案件时应当不批准逮捕或者可以不批准逮捕的情形。

（三）起诉程序

审查起诉应由专门的部门和人员负责。起诉书的内容应根据未成年犯罪嫌疑人的具体情况，对未成年人的心理、生理、性格特征及其成长的家庭、社会环境等加以说明。对不起诉的案件要做好后续工作，与有关部门协作配合，做好帮教工作，这也是教育、感化、挽救原则的要求。

依法实行附条件不起诉。《刑事诉讼法》第 282 条规定："对于未成年人涉嫌刑法分则第四章、第五章、第六章规定的犯罪，可能判处一年有期徒刑以下刑罚，符合起诉条件，但有悔罪表现的，人民检察院可以作出附条件不起诉的决定。人民检察院在作出附条件不起诉的决定以前，应当听取公安机关、被害人的意见。对附条件不起诉的决定，公安机关要求复议、提请复核或者被害人申诉的，适用本法第一百七十九条、第一百八十条的规定。未成年犯罪嫌疑人及其法定代理人对人民检察院决定附条件不起诉有异议的，人民检察院应当作出起诉的决定。"

1. 适用附条件不起诉的条件。①案件范围：限定于侵犯公民人身权利、民主权利，侵犯财产以及妨害社会管理秩序的犯罪案件；②事实认定：犯罪嫌疑人可能被判处一年有期徒刑以下刑罚，符合起诉条件；③实质条件：犯罪嫌疑

人有悔罪表现；④程序上，应当事先听取公安机关、被害人意见；未成年犯罪嫌疑人及其法定代理人对适用附条件不起诉没有异议。

本章导入案例中，人民检察院对石某可以作出附条件不起诉的决定。

2. 对被附条件不起诉的未成年犯罪嫌疑人的考察。《刑事诉讼法》第283条规定，在附条件不起诉的考验期内，由人民检察院对被附条件不起诉的未成年犯罪嫌疑人进行监督考察。未成年犯罪嫌疑人的监护人，应当对犯罪嫌疑人加强管教，配合人民检察院做好监督考察工作。

附条件不起诉的考验期为6个月以上1年以下，从人民检察院作出附条件不起诉的决定之日起计算。

被附条件不起诉的未成年犯罪嫌疑人，应当遵守下列规定：①遵守法律法规，服从监督；②按照考察机关的规定报告自己的活动情况；③离开所居住的市、县或者迁居，应当报经考察机关批准；④按照考察机关的要求接受矫治和教育。

3. 附条件不起诉决定的撤销。根据《刑事诉讼法》第284条的规定，被附条件不起诉的未成年犯罪嫌疑人，在考验期内有下列情形之一的，人民检察院应当撤销附条件不起诉的决定，提起公诉：①实施新的犯罪或者发现决定附条件不起诉以前还有其他犯罪需要追诉的；②违反治安管理规定或者考察机关有关附条件不起诉的监督管理规定，情节严重的。被附条件不起诉的未成年犯罪嫌疑人，在考验期内没有上述情形，考验期满的，人民检察院应当作出不起诉的决定。

（四）审判程序

1. 审判组织的专业化。根据《高法解释》第549条的规定，人民法院应当确定专门机构或者指定专门人员，负责审理未成年人刑事案件。审理未成年人刑事案件的人员应当经过专门培训，熟悉未成年人身心特点、善于做未成年人思想教育工作。

2. 审判的技术和方法。人民法院受理未成年人案件后，应当进行广泛、周到的特别调查，并适用合适的审理方式、方法。审判人员要恰当运用审判语言，缓和未成年人紧张情绪，保证诉讼的顺利进行。法庭审理过程中，审判人员应当根据未成年被告人的智力发育程度和心理状态，使用适合未成年人的语言表达方式。

3. 坚持直接审理、不公开审理原则，切实保证未成年人依法享有的诉讼权利，如不公开审理、法定代理人到庭、获得指定辩护人帮助等权利。

《刑事诉讼法》第285条规定："审判的时候被告人不满十八周岁的案件，不公开审理。但是，经未成年被告人及其法定代理人同意，未成年被告人所在学校和未成年人保护组织可以派代表到场。"开庭前和休庭时，法庭根据情况，可以安排未成年被告人与其法定代理人或者合适成年人会见。不公开审理要求人民法院在审理未成年人犯罪案件时，不对社会公开，不允许公民旁听和记者采访。《高法解释》要求，审理涉及未成年人的刑事案件，不得向外界披露未成年人的姓名、住所、照片以及可能推断出该未成年人身份的其他资料。查阅、摘抄、复制的案卷材料，涉及未成年人的，不得公开和传播。未成年人案件不公开审理，有利于保护未成年被告人的名誉、自尊心和人格尊严，防止公开诉讼给他们造成不必要的心灵创伤和过大的精神压力，有助于他们接受教育和挽救，重新做人。对依法公开审理，但可能需要封存犯罪记录的案件，不得组织人员旁听；有旁听人员的，应当告知其不得传播案件信息。

（五）执行程序

1. 应当与成年犯分开关押。为了更好地教育、挽救和改造 18 周岁以下的未成年犯罪人，我国建立了专门执行未成年人犯罪案件生效判决的未成年犯管教所。《高法解释》第 580 条规定，将未成年罪犯送监执行刑罚或者送交社区矫正时，人民法院应当将有关未成年罪犯的调查报告及其在案件审理中的表现材料，连同有关法律文书，一并送达执行机关。

2. 对未成年罪犯改造时，要注重思想改造、知识教育和劳动技能训练，使其将来回归社会时，不但在思想上能弃恶从善，而且能掌握一定的谋生技能，立足于社会。要注重发挥社会组织、未成年犯家庭的作用，使未成年犯感受到社会的关怀、家庭的亲情，促进其思想的转变，以早日回归社会。

第二节　当事人和解的公诉案件诉讼程序

一、刑事和解的概念和特征

《刑事诉讼法》第 288 条第 1 款规定："下列公诉案件，犯罪嫌疑人、被告人真诚悔罪，通过向被害人赔偿损失、赔礼道歉等方式获得被害人谅解，被害人自愿和解的，双方当事人可以和解：（一）因民间纠纷引起，涉嫌刑法分则第四章、第五章规定的犯罪案件，可能判处三年有期徒刑以下刑罚的；（二）除渎职犯罪以外的可能判处七年有期徒刑以下刑罚的过失犯罪案件。"这一规定表明，我国司法实践中的刑事和解程序获得了立法的肯定。

综合《刑事诉讼法》的规定，刑事和解，是指在刑事诉讼程序运行过程中，犯罪嫌疑人、被告人真诚悔罪，以赔偿、道歉等方式取得被害人的谅解，经司法机关确认后，对犯罪嫌疑人、被告人作出不予起诉或者从轻、减轻处罚的一项刑事诉讼活动。

公诉案件的刑事和解程序不是简单的"私了"，不同于自诉案件中自诉人与被告人的自行和解。公诉案件的刑事和解程序强调以下特征：

1. 公诉案件的刑事和解的内容是因犯罪行为引起的民事问题部分，涉及对被害人一方经济损失的赔偿、赔礼道歉等。刑事和解的本质依然是附带民事部分的和解。

2. 刑事和解的表现是犯罪嫌疑人、被告人得到被害人一方一定程度的谅解。

3. 刑事和解的结果是犯罪嫌疑人、被告人可以得到从轻、减轻处罚。但不能免予追究刑事责任，犯罪嫌疑人、被告人的刑事责任不能通过和解的方式化解。

二、适用刑事和解的案件范围和条件

（一）适用刑事和解的案件范围

根据《刑事诉讼法》第 288 条的规定，可以适用刑事和解程序的公诉案件有：

1. 因民间纠纷引起的，[1] 涉嫌刑法分则第四章（侵犯公民人身权利、民主权利罪）、第五章（侵犯财产罪）规定的犯罪，可能判处 3 年有期徒刑以下刑罚的案件。

2. 除渎职犯罪以外的可能判处 7 年有期徒刑以下刑罚的过失犯罪案件。

但是，犯罪嫌疑人、被告人在 5 年以内曾经故意犯罪的，[2] 不能适用刑事和解程序。

（二）适用刑事和解的条件

根据《刑事诉讼法》第 288 条的规定，可以适用刑事和解的条件，主要是指犯罪嫌疑人真诚悔罪，自愿向被害人赔礼道歉、赔偿损失并得到被害人谅解。

1. 犯罪嫌疑人、被告人真诚悔罪、认罪。

2. 有明确的被害人或者被害单位、组织。

3. 犯罪嫌疑人、被告人自愿向被害人一方赔礼道歉、赔偿损失，得到被害人的谅解。

根据《高检诉讼规则》第 492 条第 2 款的规定，公诉案件同时符合下列条件的，双方当事人可以和解：①犯罪嫌疑人真诚悔罪，向被害人赔偿损失、赔礼道歉等；②被害人明确表示对犯罪嫌疑人予以谅解；③双方当事人自愿和解，

---

[1] 《公安部规定》第 334 条规定，有下列情形之一的，不属于因民间纠纷引起的犯罪案件：①雇凶伤害他人的；②涉及黑社会性质组织犯罪的；③涉及寻衅滋事的；④涉及聚众斗殴的；⑤多次故意伤害他人身体的；⑥其他不宜和解的。

[2] 《高检诉讼规则》第 492 条第 4 款规定，犯罪嫌疑人在犯《刑事诉讼法》第 288 条第 1 款规定的犯罪前 5 年内曾经故意犯罪，无论该故意犯罪是否已经追究，均应当认定为 5 年以内曾经故意犯罪。

符合有关法律规定；④属于侵害特定被害人的故意犯罪或者有直接被害人的过失犯罪；⑤案件事实清楚，证据确实、充分。

三、刑事和解的程序

根据《刑事诉讼法》的规定，公诉案件的刑事和解贯穿于刑事诉讼的各个阶段。公安机关、人民检察院、人民法院在侦查、起诉和审判阶段，都可以适用刑事和解程序处理符合条件的公诉案件。

1. 公诉案件刑事和解程序的启动权由诉讼当事人和司法机关共同行使。《刑事诉讼法》第 289 条规定："双方当事人和解的，公安机关、人民检察院、人民法院应当听取当事人和其他有关人员的意见，对和解的自愿性、合法性进行审查，并主持制作和解协议书。"

从刑事诉讼法的规定看，刑事和解程序适用的前提是双方当事人自愿。犯罪嫌疑人、被告人在充分认识到自己的犯罪行为造成的严重后果之后，愿意通过积极赔偿、赔礼道歉等方式获得被害人的谅解。被害人有权选择谅解，也可以表示拒绝。因此，刑事和解能否成功，主要取决于诉讼当事人的意志和要求，而不是主要依靠国家强制力的作用。《高法解释》第 587 条规定，对符合刑事诉讼法第 288 条规定的公诉案件，事实清楚、证据充分的，人民法院应当告知当事人可以自行和解；当事人提出申请的，人民法院可以主持双方当事人协商以达成和解。根据案件情况，人民法院可以邀请人民调解员、辩护人、诉讼代理人、当事人亲友等参与促成双方当事人和解。

2. 当事人达成的和解协议必须得到公安司法机关的审查和确认。当事人达成的协议内容是司法机关对犯罪嫌疑人、被告人作出轻缓处理的依据，对此应当进行认真审查。根据《刑事诉讼法》第 289 条的规定，公安机关、人民检察院、人民法院应当对当事人双方和解的"自愿性、合法性进行审查"。根据《高检诉讼规则》第 497 条的规定，人民检察院应当对和解的自愿性、合法性进行审查，重点审查以下内容：①双方当事人是否自愿和解；②犯罪嫌疑人是否真诚悔罪，是否向被害人赔礼道歉，赔偿数额与其所造成的损害和赔偿能力是否相适应；③被害人及其法定代理人或者近亲属是否明确表示对犯罪嫌疑人予以谅解；④是否符合法律规定；⑤是否损害国家、集体和社会公共利益或者他人的合法权益；⑥是否符合社会公德。审查时，应当听取双方当事人和其他有关人员对和解的意见，告知刑事案件可能从宽处理的法律后果和双方的权利义务，并制作笔录附卷。《高法解释》第 590 条规定，对公安机关、人民检察院主持制作的和解协议书，当事人提出异议的，人民法院应当审查。经审查，和解自愿、合法的，予以确认，无需重新制作和解协议书；和解违反自愿、合法原则的，应当认定无效。和解协议被认定无效后，双方当事人重新达成和解的，人民法院应当主持制作新的和解协议书。

在审查的过程中，公安司法机关应当明确告知当事人，在和解协议达成后可能会对刑事诉讼程序产生的影响。如果双方当事人明知在和解协议书上签字的法律后果，仍然同意和解的，公安司法机关应当主持制作和解协议书。和解协议书的主要内容包括：①双方当事人的基本情况；②案件的主要事实；③犯罪嫌疑人、被告人真诚悔罪，承认自己所犯罪行，对指控的犯罪没有异议；④犯罪嫌疑人、被告人向被害人赔偿损失、赔礼道歉等。涉及赔偿损失的，应当写明赔偿的数额、履行的方式、期限等；提起附带民事诉讼的，由附带民事诉讼原告人撤回起诉；⑤被害人及其法定代理人或者近亲属对犯罪嫌疑人、被告人予以谅解，自愿和解，并要求或者同意公安机关、人民检察院、人民法院对犯罪嫌疑人、被告人依法从宽处理。

四、刑事和解的处理方式

公诉案件的刑事和解诉讼程序的终结，只能发生在审查起诉阶段或者审判阶段。根据《刑事诉讼法》第 290 条的规定，对于达成和解协议的公诉案件有三种处理方式：

1. 在侦查阶段，如果双方达成了和解协议，公安机关可以向人民检察院提出对犯罪嫌疑人从宽处理的建议。但侦查机关不具有对刑事和解的处置权，侦查阶段不能因为刑事和解而终结诉讼程序。

2. 在审查起诉阶段，如果双方达成了和解协议，人民检察院可以向人民法院提出从宽处罚的建议。这意味着和解协议已成为一项法定的从宽量刑的情节。其中，对于犯罪情节轻微，不需要判处刑罚的，人民检察院可以作出不起诉的决定。

3. 在审判阶段，对于当事人双方达成和解协议的，人民法院可以依法对被告人从宽处罚。

第三节　刑事缺席审判程序

一、缺席审判程序的概念和特征

缺席审判程序是与对席审判[1]相对的概念，是指法庭对案件进行开庭审理时，诉讼主体中的辩方因故未出席庭审，法庭根据到庭一方的陈述、辩论对案件进行审理，依法查明案件的事实，作出裁决的诉讼活动。对席审判是近代诉

---

〔1〕　对席审判程序，是指诉讼主体双方必须在案件的审理过程中出庭受审，在审判过程中举出证据并依据言词辩论以支持自己的诉讼主张，处于中立地位的法官依法进行审理作出判决。对席审判程序有利于实现实体公正。

讼制度的重要原则。诉讼主体应当出席庭审并进行充分的辩论，法官依据事实和法律作出判决。但在诉讼实践中，某些事实清楚、证据确凿的案件，却由于被告人的缺席，导致案件无法及时审结，处于久拖不决的状态。为了打击犯罪和保证诉讼效率，《刑事诉讼法》规定了缺席审判程序，以达到诉讼公平和诉讼效率的平衡。缺席审判是对普通诉讼程序特殊和例外的处理方式。

刑事缺席审判程序的特点：

1. 缺席审判程序缺席的主体是被告人。诉讼实践中，犯罪嫌疑人、被告人可能使用自杀、逃跑的方式来逃避刑事责任。公诉案件的公诉人和自诉案件的自诉人，在诉讼程序中承担着控诉的职能。自诉人缺席或者未经许可中途退庭的，视为自诉人撤诉。公诉案件的庭审中，检察官作为国家公诉人必须出庭支持公诉。

2. 刑事缺席不具有制裁和惩罚的性质。现代刑事诉讼中，在被告人缺席情形下法官仍会调查案件事实，听取诉讼控方、辩护人、证人的陈述和辩论，在查明事实和适用法律之后作出公正的判决。在充分证实缺席被告人无罪时，也不会因被告人的缺席而对其进行惩罚。缺席审判程序的判决，是在查明案件事实的基础上作出的，并非对缺席方不利，对缺席主体也不具有制裁和惩罚性质。

缺席审判仍然是审判程序。在被告人缺席的情形下，法院应当遵守《刑事诉讼法》规定的各项基本原则，依据控方、辩护人和证人的陈述、辩护和举证，法庭调查中的相关证据，查明案件事实，作出公正的判决。

我国建立刑事缺席审判制度，为海外追逃追赃工作奠定了更加坚实的法律基础，对推动司法机关积极履职、惩治犯罪，促进反腐败国际追逃追赃工作具有重要意义。刑事缺席审判制度，解决了以往司法实践中由于嫌犯没有到案而产生的无法定罪量刑、无法处置赃款赃物、无法及时补偿被害人损失等问题。对一些案件进行缺席审判，也可以使案件得到及时处理，及时固定证据，避免因为时间过长当事人记忆减退，以及一些证据灭失情况的发生。一旦刑事缺席审判的判决生效，在法律上就确定了被告人的罪犯身份，对外逃的犯罪分子给予了法律上的否定评价，彰显了法律权威，维护了国家和社会的公共利益。

二、缺席审判的案件及适用条件

（一）犯罪嫌疑人、被告人潜逃境外的案件

《刑事诉讼法》第 291 条第 1 款规定："对于贪污贿赂犯罪案件，以及需要及时进行审判，经最高人民检察院核准的严重危害国家安全犯罪、恐怖活动犯罪案件，犯罪嫌疑人、被告人在境外，监察机关、公安机关移送起诉，人民检察院认为犯罪事实已经查清，证据确实、充分，依法应当追究刑事责任的，可以向人民法院提起公诉。人民法院进行审查后，对于起诉书中有明确的指控犯罪事实，符合缺席审判程序适用条件的，应当决定开庭审判。"由此，这类案件适用缺席审判的条件是：①案件范围限于贪污贿赂犯罪，以及需要及时进行审判，经最高人民检察院核准的严重危害国家安全犯罪、恐怖活动犯罪案件。②犯罪嫌疑人、被告人确实在境外。应有足够的证据证明犯罪嫌疑人、被告人确实潜逃境外，如有被告人出入国境记录、境外相关国家或者地区主管机关的通报等证据材料证明。③调查或侦查、起诉阶段依法完成。监察机关依法调查、侦查机关依法侦查终结后，监察、侦查机关认为犯罪事实清楚，证据确实、充分的，并移送审查起诉。人民检察院认为犯罪事实已经查清，证据确实、充分，依法应当追究刑事责任的，并向人民法院提起公诉。④案件已达到法定的定罪标准。案件已调查、侦查终结、检察机关审查起诉，除没有被告人供述之外，根据现有的在案证据特别是客观证据，已经足以查清案件事实，并能够确认被告人的行为构成犯罪，依法应当追究刑事责任。

（二）被告人患有严重疾病，无法出庭的案件

《刑事诉讼法》第 296 条规定："因被告人患有严重疾病无法出庭，中止审理超过六个月，被告人仍无法出庭，被告人及其法定代理人、近亲属申请或者同意恢复审理的，人民法院可以在被告人不出庭的情况下缺席审理，依法作出判决。"此类案件适用缺席审判的条件是：①被告人患有严重疾病，无法出庭，案件中止审理超过 6 个月，被告人仍无法出庭。②被告人及其法定代理人申请或者同意继续审理。人民法院可以在被告人不出庭的情况下缺席审理，依法作出判决。

（三）被告人死亡的案件

《刑事诉讼法》第 297 条规定："被告人死亡的，人民法院应当裁定终止审理，但有证据证明被告人无罪，人民法院经缺席审理确认无罪的，应当依法作出判决。人民法院按照审判监督程序重新审判的案件，被告人死亡的，人民法院可以缺席审理，依法作出判决。"根据《刑事诉讼法》第 16 条规定，被告人在审判阶段死亡的，人民法院应当裁定终止审理。如果有证据证明没有犯罪事实、犯罪事实不是被告人所为或者被告人的行为属于正当防卫、紧急避险行为等，人民法院经缺席审理确认死亡被告人无罪的，应当依法作出被告人无罪的判决。如果案件经审理不能认定死亡被告人无罪的，应当裁定终止审理。

后两种情况的缺席审判，实际上是一种排除审判障碍的方式，即普通审判程序在运作中遭遇客观障碍，被告人患有严重疾病、被告人死亡无法出庭，丧失审判要件，导致庭审无法正常进行。在被告人不在场的情况下继续审判，其性质上属于普通程序的一个环节，系普通程序处置审判障碍时的一项诉讼措施。

三、被告人潜逃境外案件缺席审判的程序

根据《刑事诉讼法》第 291 条第 2 款、第 292 条规定，人民法院缺席审判

案件应当遵循相应的程序：

1. 确定管辖法院。缺席审判案件，由犯罪地、被告人离境前居住地或者最高人民法院指定的中级人民法院管辖。

2. 明确审理方式。缺席审判，应当依法组成合议庭进行开庭审理，不得采用书面审理方式，也不得适用独任审理。

3. 依法向在境外的被告人送达开庭传票和起诉书副本。这是人民法院缺席审判的必经程序。具体送达方式包括三种：①有关国际条约规定的司法协助方式。[1] 根据《国际刑事司法协助法》第 20 条的规定，人民法院缺席审判请求外国请求送达文书的，应当制作刑事司法协助请求书并附相关材料，经所属主管机关即最高人民法院审核同意后，由对外联系机关及时向外国提出请求。②通过外交途径提出的司法协助方式。《国际刑事司法协助法》第 5 条第 3 款规定，我国和外国之间没有刑事司法协助条约的，通过外交途径联系。③被告人所在地法律允许的其他方式。送达文书是一国的司法主权事务，各国法律制度和刑事司法协助实践情况不同，不排除有的国家法律规定在一定条件下允许通过其他方式送达。

4. 决定缺席开庭审判。当传票和起诉书副本送达后，被告人未按照要求到案的，人民法院应当组成合议庭进行开庭审理。被告人的近亲属申请参加诉讼的，应当在收到起诉书副本后、第一审开庭前提出，并提供与被告人关系的证明材料。被告人的近亲属参加诉讼的，可以发表意见，出示证据，申请法庭通知证人、鉴定人等出庭，进行辩论。人民法院审理后应当依法作出判决，并对违法所得及其他涉案财产作出处理。

四、被告人潜逃缺席审判案件的救济程序

1. 依法保障被告人的辩护权。人民法院缺席审判案件，被告人有权委托辩护人，被告人的近亲属可以代为委托辩护人。被告人及其近亲属没有委托辩护人的，人民法院应当通知法律援助机构指派律师为其提供辩护。（《刑事诉讼法》第 293 条）

2. 保障被告人的上诉权。缺席审判的，人民法院应当将判决书送达被告人及其近亲属、辩护人。被告人或者其近亲属不服判决的，有权向上一级人民法院上诉。辩护人经被告人或者其近亲属同意，可以提出上诉。同时，人民检察院认为人民法院的判决确有错误的，应当向上一级人民法院提出抗诉。（《刑事诉讼法》第 294 条）

---

〔1〕 我国已经批准的有关刑事司法协助的双边条约有 54 条，已经批准和加入了包括《联合国反腐败公约》《联合国打击跨国有组织犯罪公约》等多项含有刑事司法协助内容的国际条约。条约一般都对送达文书做了专门的规定。

3. 依法重新审理。根据《刑事诉讼法》第 295 条的规定，在审理过程中，被告人自动投案或者被抓获的，人民法院应当重新审理。罪犯在判决、裁定发生法律效力后到案的，人民法院应当将罪犯交付执行刑罚。交付执行刑罚前，人民法院应当告知罪犯有权对判决、裁定提出异议。罪犯对判决、裁定提出异议的，人民法院应当重新审理。依照生效判决、裁定对罪犯的财产进行的处理确有错误的，应当予以返还、赔偿。

第四节　违法所得的没收程序

[**案例**]〔1〕 2014 年 1 月 2 日，某市江宁区人民检察院以张某犯受贿罪向江宁区人民法院提起公诉。法院经审理查明，被告人张某在担任某国有公司招投标管理办公室主任期间，利用负责工程招标、预决算及合同签订等职务便利，为当地 22 家公司提供帮助，先后多次收受购物卡、加油卡、茅台酒、现金等财物，价值共计 90.79 万元。案发后，江宁区检察院扣押了在案涉案款 87.8 万元以及 50 年贵州茅台酒 1 瓶。2014 年 1 月 16 日，张某在法院审理期间因病死亡，案件终止审理。后某市人民检察院向某市中级人民法院提出没收被告人张某受贿违法所得的申请。法院审理认为，被告人张某身为国家工作人员，利用职务上的便利，实施受贿犯罪共获违法所得 87.8 万元及 50 年贵州茅台酒 1 瓶，依法应予没收。法院于 2015 年 3 月 19 日作出刑事裁定，没收扣押在江宁区人民检察院的被告人张某违法所得 87.8 万元及 50 年贵州茅台酒 1 瓶。

一、违法所得的没收程序的概念和特点

根据《刑事诉讼法》规定，违法所得的没收程序，是指对于贪污贿赂犯罪、恐怖活动犯罪等重大犯罪案件，犯罪嫌疑人、被告人逃匿，在通缉 1 年后不能到案，或者犯罪嫌疑人、被告人死亡，依照《刑法》规定应当追缴其违法所得及其他涉案财产的，人民检察院可以向人民法院提出没收违法所得的申请，人民法院依据特别诉讼程序对该违法所得的追缴进行审理，并依法作出没收裁定的诉讼活动。〔2〕

违法所得的没收程序具有以下特点：

1. 不同于缺席审判程序，不涉及对犯罪嫌疑人、被告人的定罪量刑。违法所得的没收程序是在犯罪嫌疑人、被告人不到案的前提下，仅针对违法所得没

---

〔1〕 新刑诉法实施后多地出现没收死亡被告人违法所得案例，载 http：//www.chinanews.com/sh/2017/07-03/8267171.shtml。

〔2〕 违法所得的没收程序与被告人潜逃境外的缺席审判程序在案件类型、适用条件、管辖法院和证明标准等方面存在区别。

收开展的诉讼活动。

2. 由检察机关向人民法院提出申请,启动违法所得的特别没收程序。如果经公告程序后,犯罪嫌疑人、被告人的近亲属和其他利害关系人没有参加诉讼或者对检察机关申请没收违法所得提出异议的,不影响人民法院依法作出没收裁定。

二、违法所得没收程序的适用条件

《刑事诉讼法》第 298 条第 1 款规定:"对于贪污贿赂犯罪、恐怖活动犯罪等重大犯罪案件,犯罪嫌疑人、被告人逃匿,在通缉一年后不能到案,或者犯罪嫌疑人、被告人死亡,依照刑法规定应当追缴其违法所得及其他涉案财产的,人民检察院可以向人民法院提出没收违法所得的申请。"这一规定明确了违法所得没收程序的案件受理范围和条件:

1. 犯罪嫌疑人、被告人实施了贪污贿赂犯罪、恐怖活动犯罪等重大犯罪后逃匿,在通缉 1 年后不能到案的。[1]

2. 犯罪嫌疑人、被告人死亡的。在刑事诉讼过程中,根据已经查清的犯罪事实、证据,证明犯罪嫌疑人、被告人应当被追究刑事责任,但犯罪嫌疑人、被告人已经在诉讼过程中死亡。

3. 属于《刑法》规定的应当追缴的违法所得范围。特别没收程序的没收范围,是指犯罪嫌疑人、被告人逃匿、死亡前的违法所得。《刑法》第 64 条规定,在对犯罪分子处以刑罚的同时,对犯罪分子违法所得的一切财物应当予以追缴或者责令退赔;对违禁品和供犯罪所用的本人财物,应当予以没收。关于"违法所得",《高检诉讼规则》第 515、516 条明确,犯罪嫌疑人、被告人通过实施犯罪直接或者间接产生、获得的任何财产,应当认定为"违法所得"。违法所得已经部分或者全部转变、转化为其他财产的,转变、转化后的财产应当视为"违法所得"。来自违法所得转变、转化后的财产收益,或者来自已经与违法所得相混合财产中违法所得相应部分的收益,也应当视为"违法所得"。犯罪嫌疑

---

〔1〕《高法解释》第 609 条规定,刑事诉讼法第 298 条规定的"贪污贿赂犯罪、恐怖活动犯罪等"犯罪案件,是指下列案件:①贪污贿赂、失职渎职等职务犯罪案件;②刑法分则第二章规定的相关恐怖活动犯罪案件,以及恐怖活动组织、恐怖活动人员实施的杀人、爆炸、绑架等犯罪案件;③危害国家安全、走私、洗钱、金融诈骗、黑社会性质组织、毒品犯罪案件;④电信诈骗、网络诈骗犯罪案件。《高法解释》第 610 条规定,在省、自治区、直辖市或者全国范围内具有较大影响的犯罪案件,或者犯罪嫌疑人、被告人逃匿境外的犯罪案件,应当认定为刑事诉讼法第 298 条第 1 款规定的"重大犯罪案件"。犯罪嫌疑人、被告人为逃避侦查和刑事追究潜逃、隐匿,或者在刑事诉讼过程中脱逃的,应当认定为"逃匿"。犯罪嫌疑人、被告人因意外事故下落不明满 2 年,或者因意外事故下落不明,经有关机关证明其不可能生存的,按照"逃匿"处理。公安机关发布通缉令或者公安部通过国际刑警组织发布红色国际通报,应当认定为"通缉"。

人、被告人非法持有的违禁品、供犯罪所用的本人财物，应当认定为"其他涉案财产"。

三、违法所得的没收程序

（一）提请程序

根据《刑事诉讼法》第298条第1款、第3款的规定，对于依照《刑法》规定应当追缴其违法所得及其他涉案财产的，人民检察院可以向人民法院提出没收违法所得的申请。"没收违法所得的申请应当提供与犯罪事实、违法所得相关的证据材料，并列明财产的种类、数量、所在地及查封、扣押、冻结的情况。"

没收违法所得的申请，应当由有管辖权的中级人民法院的同级人民检察院提出。人民检察院向人民法院提出没收违法所得的申请，应当制作没收违法所得申请书。监察机关或者公安机关向人民检察院移送没收违法所得意见书，应当由有管辖权的人民检察院的同级监察机关或者公安机关移送。（《高检规则》第519～521条）

（二）审理程序

根据《刑事诉讼法》第299条第1款的规定，没收违法所得的申请，由犯罪地或者犯罪嫌疑人、被告人居住地的中级人民法院组成合议庭进行审理。根据《刑事诉讼法》第299～301条的规定，人民法院在审理没收违法所得案件时，应遵循以下内容：

1. 公告。人民法院受理没收违法所得的申请后，应当发出公告。公告期间为6个月。在此期间，犯罪嫌疑人、被告人的近亲属和其他利害关系人有权申请参加诉讼，也可以委托诉讼代理人参加诉讼。"其他利害关系人"，是指除犯罪嫌疑人、被告人的近亲属以外的，对申请没收的财产主张权利的自然人和单位。

2. 审理。人民法院在公告期满后对没收违法所得的申请进行审理。利害关系人参加诉讼的，人民法院应当开庭审理。人民法院在必要的时候，可以查封、扣押、冻结申请没收的财产。

在审理过程中，在逃的犯罪嫌疑人、被告人到案的，人民法院应当裁定终止审理。人民检察院向原受理申请的人民法院提起公诉的，可以由同一审判组织审理。审理案件过程中，被告人脱逃或者死亡，符合刑事诉讼法第298条第1款规定的，人民检察院可以向人民法院提出没收违法所得的申请；符合刑事诉讼法第291条第1款规定的，人民检察院可以按照缺席审判程序向人民法院提起公诉。

3. 作出裁定。人民法院经审理，应当按照下列情形分别处理：①申请没收的财产属于违法所得及其他涉案财产，除依法返还被害人的以外，应当裁定予以没收；②对不属于应当追缴的财产的，应当裁定驳回申请，解除查封、扣押、冻结措施。申请没收的财产具有高度可能属于违法所得及其他涉案财产的，应当认定为"申请没收的财产属于违法所得及其他涉案财产"。巨额财产来源不明犯罪案件中，没有利害关系人对违法所得及其他涉案财产主张权利，或者利害关系人对违法所得及其他涉案财产虽然主张权利但提供的证据没有达到相应证明标准的，应当视为"申请没收的财产属于违法所得及其他涉案财产"。

4. 上诉和抗诉。对于人民法院作出没收违法所得或者驳回申请的裁定，犯罪嫌疑人、被告人的近亲属和其他利害关系人或者人民检察院可以在 5 日以内提出上诉、抗诉。

5. 没收裁定的异议处理。没收违法所得裁定生效后，犯罪嫌疑人、被告人到案并对没收裁定提出异议，人民检察院向原作出裁定的人民法院提起公诉的，可以由同一审判组织审理。人民法院经审理，应当按照下列情形分别处理：①原裁定正确的，予以维持，不再对涉案财产作出判决；②原裁定确有错误的，应当撤销原裁定，并在判决中对有关涉案财产一并作出处理。

第五节　精神病人的强制医疗程序

[**案例**][1] 易某患偏执型精神分裂症，曾在某精神病医院就诊治疗。2023年 11 月 30 日 18 时许，易某怀疑父母要杀害他，便从家中拿了一把菜刀用于防身，随后来到某酒店要求开房。酒店前台工作人员杨某、梁某等人告知其应按照酒店程序办理。易某见杨某等人未给他开房，便用带来的菜刀砍击杨某、梁某的头部、手部，二人的伤情被鉴定为轻伤二级。经司法精神病鉴定，认为易某作案时的表现符合精神分裂症的诊断标准，辨认及控制能力丧失，无刑事责任能力，且有继续危害社会的可能。

某市公安局鹤城分局认为易某的情况符合强制医疗条件，依法作出强制医疗意见书，移送人民检察院审查。经检察机关审查后，向人民法院提出强制医疗的申请。法院审查受理后，依法组成合议庭，并会见了被申请人易某，听取了公诉人、法定代理人、诉讼代理人、主治医生等人的意见，按照刑事诉讼法的特别程序审理此案。

鹤城区人民法院经审理认为，被申请人易某实施故意伤害行为，严重危害公共安全及公民人身安全，经法定程序鉴定被申请人易某属依法不负刑事责任

---

〔1〕 精神病人持刀伤人被强制医疗，https：//m. thepaper. cn/baijiahao_27459737，根据报道改写。

的精神病人，有继续危害社会的可能，符合强制医疗的条件。公诉机关对被申请人易某的强制医疗申请符合法律规定，遂依法作出对被申请人易某强制医疗的决定。

一、精神病人的强制医疗程序的概念和特点

《刑事诉讼法》第 302 条规定："实施暴力行为，危害公共安全或者严重危害公民人身安全，经法定程序鉴定依法不负刑事责任的精神病人，有继续危害社会可能的，可以予以强制医疗。"根据法律规定，所谓精神病人的强制医疗程序，是指在刑事诉讼中，对于在无刑事责任能力状态下实施了暴力行为，危害公共安全或者严重危害公民人身安全，有继续危害社会可能的，不适合判处任何执行刑罚的精神病人，经人民检察院申请，人民法院决定对其是否适用强制医疗措施的一项特别程序。

我国的精神病人强制医疗程序具有以下特点：

1. 强制医疗是一种特殊的刑事措施，但不属于刑事责任范畴。从《刑法》和《刑事诉讼法》的规定来看，我国针对精神病人的强制医疗程序，是建立在精神病人不负刑事责任的基础之上的非刑事处分的诉讼方式。对精神病人实施强制医疗，不具有刑罚的惩治、威慑功能。施强制医疗的目的是通过约束治疗，预防精神病人再度实施危害社会的行为，也避免精神病人由于其自身的行为而受到伤害。

2. 强制医疗的决定权由人民法院行使。根据法律规定，精神病人的强制医疗程序，由人民检察院提出申请，人民法院通过法庭审理方式作出决定。排除了过去直接由公安机关对精神病人强制医疗的决定权。

3. 法院对强制医疗案件审理后，作出的是"决定"，而非裁定。这表明有关当事人对强制医疗决定不能上诉，根据法律规定可以申请复议。

二、刑事强制医疗程序的适用对象和适用条件

根据《刑事诉讼法》第 302 条的规定，刑事强制医疗程序的适用对象是指实施了暴力行为，危害公共安全或者严重危害公民人身安全，经法定程序鉴定依法不负刑事责任的精神病人。

具体而言，适用刑事强制医疗程序的对象应符合以下条件：

1. 行为人实施了暴力行为，危害公共安全或者严重危害他人的人身安全。

2. 行为人具有严重的人身危险性，这种人身危险性不能在非强制手段的情况下得到消除，并给社会和公民的人身、财产带来严重的损害后果。

3. 行为人属于不具有刑事责任能力的精神病人。即经过司法精神病鉴定，行为人符合医学上的精神病成立标准，且暴力行为发生在其丧失刑事责任能力之后。

三、刑事强制医疗程序的启动

精神病人强制医疗程序的启动，是指由人民检察院在刑事追诉、审查起诉过程中，向人民法院提出强制医疗的申请，或者在审判过程中由人民法院依职权决定对符合条件的被告人适用强制医疗措施。

1. 人民检察院申请启动刑事强制医疗程序。《刑事诉讼法》第 303 条第 2 款规定：“公安机关发现精神病人符合强制医疗条件的，应当写出强制医疗意见书，移送人民检察院。对于公安机关移送的或者在审查起诉过程中发现的精神病人符合强制医疗条件的，人民检察院应当向人民法院提出强制医疗的申请。人民法院在审理案件过程中发现被告人符合强制医疗条件的，可以作出强制医疗的决定。”

从这一规定可以看出，在立案侦查和审查起诉阶段，人民检察院是提起精神病人强制医疗程序的唯一主体。精神病人实施严重的暴力行为，是因无刑事责任能力而被决定强制医疗，不能以起诉的方式提起强制医疗。根据法律规定，人民检察院对精神病人提起强制医疗的申请，可以单独提出，也可以在提起公诉的同时附带提出。申请应当以书面方式提出，申请书必须列明提起强制医疗申请的理由和证据材料，并且附有司法精神病鉴定报告书。

当然，对于与强制医疗程序有直接利害关系的人，包括被害人及其法定代理人或者近亲属，犯罪嫌疑人、被告人及其法定代理人或者近亲属，法律没有赋予其申请启动强制医疗程序的权利。

2. 人民法院决定是否实施强制医疗。《刑事诉讼法》第 303 条第 1 款规定：“根据本章规定对精神病人强制医疗的，由人民法院决定。”第 2 款规定：“……人民法院在审理案件过程中发现被告人符合强制医疗条件的，可以作出强制医疗的决定。”人民检察院对于公安机关移送的或者在审查起诉过程中发现的精神病人符合强制医疗条件的，“应当向人民法院提出强制医疗的申请”，而无权决定对其进行强制医疗。

根据《刑事诉讼法》第 303 条第 3 款的规定，对实施暴力行为的精神病人，在人民法院决定强制医疗前，公安机关可以采取临时的保护性约束措施。

四、强制医疗案件的审理程序

根据《刑事诉讼法》第 304 条、《高法解释》的有关规定，人民法院决定是否实施强制医疗的，应当按照法定程序进行审查处理。

1. 采用组成合议庭、开庭审理方式。人民检察院申请对依法不负刑事责任的精神病人强制医疗的案件，由被申请人实施暴力行为所在地的基层人民法院管辖；由被申请人居住地的人民法院审判更为适宜的，可以由被申请人居住地的基层人民法院管辖。人民法院应当组成合议庭，开庭审理强制医疗案件。强制医疗案件涉及当事人的刑事责任能力判定问题，专业性强，人民法院在审理时，应当尽可能采用由法官和具有精神病学专业知识的人民陪审员组成合议庭。这不但符合审判程序民主化的要求，也可以避免裁判者完全依赖司法精神病鉴定的问题。根据《高法解释》第 635 条的规定，审理应当采用开庭审理方式。但是，被申请人、被告人的法定代理人请求不开庭审理，并经人民法院审查同意的除外。审理人民检察院申请强制医疗的案件，应当会见被申请人，听取被害人及其法定代理人的意见。

2. 被申请人或者被告人及其法定代理人享有程序参与权。为保护被申请人或者被告人的权益，《刑事诉讼法》第 304 条第 2 款规定："人民法院审理强制医疗案件，应当通知被申请人或者被告人的法定代理人到场……"。被申请人或者被告人的法定代理人经通知未到场的，可以通知被申请人或者被告人的其他近亲属到场。出庭的被申请人，在法庭调查、辩论阶段，可以发表意见。

对于人民检察院提出的强制医疗的申请，案件中的行为人称为"被申请人"；在人民检察院提起公诉后，人民法院在审判过程中决定适用强制医疗的，案件中的行为人称为"被告人"。强制医疗案件中的被申请人或者被告人，很可能是完全丧失或者部分丧失辨认或者控制自己行为能力的精神病人，不具有诉讼行为能力，不能有效地行使有关的诉讼权利。为保证庭审活动的顺利进行，有必要通知其法定代理人到场，帮助其行使诉讼权利。

3. 被申请人或者被告人有权获得律师的帮助。强制医疗案件涉及复杂的医学专业知识，为了更好地维护被申请人或者被告人的合法权利，保障强制医疗程序的正常进行，《刑事诉讼法》第 304 条第 2 款规定："……被申请人或者被告人没有委托诉讼代理人的，人民法院应当通知法律援助机构指派律师为其提供法律帮助。"人民法院应当自受理强制医疗申请或者发现被告人符合强制医疗条件之日起 3 日以内，通知法律援助机构指派律师担任其诉讼代理人，为其提供法律帮助。

4. 案件审理期限。《刑事诉讼法》第 305 条第 1 款规定："人民法院经审理，对于被申请人或者被告人符合强制医疗条件的，应当在一个月以内作出强制医疗的决定。"

五、对刑事强制医疗决定的救济程序

精神病人的强制医疗程序事关当事人的尊严和权利，应当赋予当事人对人民法院作出的精神病强制医疗决定的救济权。从《刑事诉讼法》的规定看，主要包括两个方面：

1. 对刑事强制医疗决定申请复议。《刑事诉讼法》的规定表明，法院的强制医疗的"决定"，一经作出，立即生效。当事人不能上诉，人民检察院也不能

抗诉。《刑事诉讼法》第305条第2款的规定："被决定强制医疗的人、被害人及其法定代理人、近亲属对强制医疗决定不服的，可以向上一级人民法院申请复议。"复议期间不停止执行强制医疗的决定。

2. 申请解除强制医疗。根据《刑事诉讼法》第306条第2款的规定，被强制医疗的人及其近亲属有权申请解除强制医疗。被强制医疗的人及其近亲属申请解除强制医疗的，应当向决定强制医疗的人民法院提出。被强制医疗的人及其近亲属提出的解除强制医疗申请被人民法院驳回，6个月后再次提出申请的，人民法院应当受理。同时，《刑事诉讼法》第306条第1款规定："强制医疗机构应当定期对被强制医疗的人进行诊断评估。对于已不具有人身危险性，不需要继续强制医疗的，应当及时提出解除意见，报决定强制医疗的人民法院批准。"强制医疗机构在强制医疗过程中能够获得经济利益，有必要要求强制医疗机构对被强制医疗的人进行定期评估，并依据评估的结果决定是否有必要继续进行强制治疗。

对于提出的解除强制医疗申请和解除意见，人民法院应当依法决定给予解除。[1] 有关强制医疗机构应当在诊断评估的基础上主动提请予以解除。

应当特别指出的是，不需要继续强制医疗，只是因为当事人已经不具有人身危险性，并不意味着其已经痊愈不再需要治疗。

六、对精神病人强制医疗的监督

《刑事诉讼法》第307条规定，人民检察院对强制医疗的决定和执行实行监督。强制医疗的主要目的，是通过治疗精神疾病，使精神病人的精神健康状况得到恢复，消除其人身危险性，使其重新回归社会。强制医疗制度的良好运作，将使社会和患者的利益兼得。由于强制医疗机构在强制医疗的过程中是受益者，因此，如果缺乏有效的、常态性的监督，有可能导致强制医疗的滥用。最典型的，可能出现被强制医疗的人已经不再具有人身危险性，而强制医疗机构却不愿对其解除强制医疗。这既是对被强制医疗人的权益的伤害，也给国家和社会造成了负担。因此，有必要通过法律规定明确对于强制医疗的监督。

作为国家的法律监督机关，人民检察院对刑事诉讼的全过程都负有监督职责，有权利也有义务对依法不负刑事责任的精神病人的强制医疗程序实行监督。

---

[1] 根据《高法解释》第647条第1款、第3款的规定，强制医疗机构提出解除强制医疗意见，或者被强制医疗的人及其近亲属申请解除强制医疗的，人民法院应当组成合议庭进行审查，并在1个月内，按照下列情形分别处理：①被强制医疗的人已不具有人身危险性，不需要继续强制医疗的，应当作出解除强制医疗的决定，并可责令被强制医疗的人的家属严加看管和医疗；②被强制医疗的人仍具有人身危险性，需要继续强制医疗的，应当作出继续强制医疗的决定。人民法院应当在作出决定后5日内，将决定书送达强制医疗机构、申请解除强制医疗的人、被决定强制医疗的人和人民检察院。决定解除强制医疗的，应当通知强制医疗机构在收到决定书的当日解除强制医疗。

人民检察院对强制医疗的监督，包括对人民法院作出的强制医疗决定合法性的监督，以及对强制医疗机构的执行活动的监督。人民检察院认为强制医疗决定或者解除强制医疗决定不当，在收到决定书后 20 日内提出书面纠正意见的，人民法院应当另行组成合议庭审理，并在 1 个月内作出决定。(《高法解释》第 648 条)

思考题

1. 办理未成年人刑事案件应当遵循哪些原则和制度？
2. 《刑事诉讼法》对未成年人犯罪嫌疑人、被告人有哪些特殊的保护规定？
3. 简述刑事缺席审判程序的适用范围和适用条件。
4. 简述公诉案件刑事和解程序的案件适用范围和适用条件。
5. 公诉案件刑事和解程序有什么特点？
6. 简述违法所得的没收程序的适用条件。
7. 精神病人的强制医疗程序的适用条件有哪些？

实务训练

案例一：2018 年 10 月的一天，被告人沙某驾驶轿车，因对被害人倪某驾驶轻型货车同向超车不满，遂驾车追赶至某高架桥附近，将倪某驾驶的货车逼停。沙某下车将倪某的车门拉开，对倪某进行殴打，沙某在与倪某互殴过程中，手持着一根空心铁管，并用铁管猛击倪某面部，致倪某右眼受伤。经公安机关刑事科学技术研究所鉴定，被害人倪某右眼损伤的程度属重伤。2019 年 2 月 24 日，被告人沙某自行到公安机关投案。案件到了某基层法院时，双方经过充分协商，自愿达成和解协议，被告人沙某赔偿了被害人的损失，取得了被害人的谅解。法官认为可酌情对被告人从轻、减轻处罚，于 2019 年 8 月作出判决，判处被告人沙某犯故意伤害罪，判处有期徒刑 1 年零 10 个月。

[问题]
1. 本案符合适用刑事和解的案件范围吗？
2. 本案刑事和解的效果是什么？

[分析提示]
1. 符合。
2. 本案刑事和解的效果是被告人可以得到从轻、减轻处罚。

案例二[1]：犯罪嫌疑人段某，1984 年出生，甲市丁区人，自幼患有间歇

---

〔1〕 2014 年司法考试卷四第 3 题，有改动。

性精神分裂症而辍学在社会上流浪，由于生活无着落，便经常偷拿东西。2018年3月，段某窜至丁区一小区内行窃时被事主发现，遂用随身携带的刀子将事主刺成重伤后夺路逃走。丁区人民检察院以抢劫罪将此案起诉到丁区人民法院，法院审理中发现段某符合强制医疗条件，决定适用强制医疗程序审理案件。

丁区人民法院对段某依法进行了精神病鉴定，结果清晰表明段某患有精神分裂症。该案便由审判员张某一人不公开审理，检察员马某和被告人段某出庭分别发表意见。庭审后，法庭作出对段某予以强制医疗的决定。

[问题]

本案中，丁区法院的做法是否合法？为什么？

[分析提示]

不合法。按照《刑事诉讼法》和有关司法解释的规定，丁区法院有下列违法行为：①审理强制医疗案件应当组成合议庭进行；②本案被告人系成年人，所犯抢劫罪不属于不公开审理的案件；③审理强制医疗案件，应当通知段某的法定代理人到庭；④段某没有委托辩护人，法院应当通知法律援助机构指派律师担任辩护人。

主要参考书目

1. 程荣斌、王新清主编：《刑事诉讼法》，中国人民大学出版社 2021 年版。

2. 王爱立、雷建斌主编：《〈中华人民共和国刑事诉讼法〉释解与适用》，人民法院出版社 2018 年版。

3. 杨万明主编：《新刑事诉讼法司法适用解答》，人民法院出版社 2018 年版。

4. 郑旭著：《刑事诉讼法学》，中国人民大学出版社 2018 年版。

5. 《刑事诉讼法学》编写组编：《刑事诉讼法学》，高等教育出版社 2017 年版。

6. 樊崇义主编：《证据法学》，法律出版社 2004 年版。

7. 樊崇义主编：《刑事诉讼法学》，法律出版社 2016 年版。

8. 陈卫东主编：《刑事诉讼法学原理与案例教程》，中国人民大学出版社 2015 年版。

9. 陈光中主编：《刑事诉讼法》，北京大学出版社、高等教育出版社 2013 年版。

10. 陈卫东主编：《刑事诉讼法理解与适用》，人民出版社 2012 年版。

11. 王敏远主编：《中国刑事诉讼法教程》，中国政法大学出版社 2012 年版。

12. 刘玫、洪道德编著：《刑事诉讼法案例研习》，中国政法大学出版社 2013 年版。

13. 孙孝福、雷震主编：《刑事诉讼法学》，中国政法大学出版社 2011 年版。

14. 宋英辉、汤维建主编：《我国证据制度的理论与实践》，中国人民公安大学出版社 2006 年版。

15. 陈立主编：《刑事诉讼疑难案例评析》，厦门大学出版社 2005 年版。